皮书系列

皮书系列

皮书系列

皮书系列

权威·前沿·原创

皮书系列

皮书系列

皮书系列

皮书系列

皮书系列

软件和信息服务业蓝皮书

BLUE BOOK OF
SOFTWARE AND INFORMATION
SERVICE INDUSTRY

中国软件和信息服务业发展报告（2012）

ANNUAL REPORT ON CHINA S SOFTWARE AND
INFORMATION SERVICE INDUSTRY (2012)

主　编／洪京一

工业和信息化部电子科学技术情报研究所

社会科学文献出版社
SOCIAL SCIENCES ACADEMIC PRESS (CHINA)

图书在版编目（CIP）数据

中国软件和信息服务业发展报告．2012/洪京一主编．—北京：社会科学文献出版社，2012.6
（软件和信息服务业蓝皮书）
ISBN 978－7－5097－3389－9

Ⅰ.①中… Ⅱ.①洪… Ⅲ.①软件产业－产业发展－研究报告－中国－2012 ②信息服务业－经济发展－研究报告－中国－2012 Ⅳ.①F426.67 ②F719.9

中国版本图书馆 CIP 数据核字（2012）第 091015 号

软件和信息服务业蓝皮书
中国软件和信息服务业发展报告（2012）

主　　编／洪京一

出 版 人／谢寿光
出 版 者／社会科学文献出版社
地　　址／北京市西城区北三环中路甲 29 号院 3 号楼华龙大厦
邮政编码／100029

责任部门／皮书出版中心（010）59367127
电子信箱／pishubu@ssap.cn
项目统筹／邓泳红
责任编辑／吴　敏　任文武
责任校对／杨　楠
责任印制／岳　阳
总 经 销／社会科学文献出版社发行部（010）59367081　59367089
读者服务／读者服务中心（010）59367028

印　　装／北京鹏润伟业印刷有限公司
开　　本／787mm×1092mm　1/16
印　　张／21.25
版　　次／2012 年 6 月第 1 版
字　　数／364 千字
印　　次／2012 年 6 月第 1 次印刷
书　　号／ISBN 978－7－5097－3389－9
定　　价／98.00 元

软件和信息服务业蓝皮书编写组

顾　　问　李　颖

组　　长　洪京一

副 组 长　毕开春　邱惠君

成　　员　黄　鹏　李德升　陈新河　曲柳莺
刘　巍　李　飞　王文忠　田奇峰
王　忠　宋艳飞　付万琳　付　伟
夏　弈　张毅夫　修松博　王晓华

摘要

2011 年，我国软件和信息服务业保持持续快速增长的态势，实现了"十二五"的良好开局。一是产业加速发展。经过几十年的发展，我国软件和信息服务业在 2010 年突破万亿元大关，达到 13364 亿元，2011 年同比增速达到 32.4%，产业规模为 1.84 万亿元，预计 2012 年将超过 2 万亿元。二是规划为产业明确发展目标。《软件和信息技术服务业"十二五"发展规划》提出，到 2015 年，业务收入突破 4 万亿元，占信息产业比重达到 25%，年均增长 24.5% 以上，软件出口达到 600 亿美元；培育 10 家以上年收入超过 100 亿元的软件企业，产生 3 ~ 5 个千亿级企业；形成 10 个以上产业收入超过千亿元的城市，培育 2 ~ 3 个产业收入超过 5000 亿元的产业集聚区。三是政策及时出台。2011 年 2 月，国务院发布《进一步鼓励软件产业和集成电路产业发展的若干政策》（国发〔2011〕4 号），分别从财税、投融资、研发、进出口、人才、知识产权和市场政策等七个方面对软件产业和集成电路产业进行了优先扶持。四是战略性新兴产业发展迅猛，以移动互联网、云计算、物联网为代表的战略性新兴产业迅速发展成规模行业。

《中国软件和信息服务业发展报告（2012）》针对上述特点，分六个部分展开研究。第一部分是总报告，总结全国软件和信息服务业市场规模、技术创新、产业集聚、政策、规划、企业发展特点，并对 2012 年进行展望。第二部分是产业篇，分别对基础软件、信息安全、工业软件、系统集成、服务外包和游戏动漫等重点行业进行深入分析。第三部分是热点篇，针对电子商务、社交网络、移动互联网、云计算、物联网等热点领域进行研究，并对年度发生的十大热点事件进行了点评。第四部分是资本篇，从融资、上市、并购等方面对中国软件和信息服务业资本市场进行深入分析，并对全球 500 强和国内软件收入前百家企业进行比较分析。第五部分是城市篇，对 19 个副省级以上城市进行了全方位的比较分析。第六部分是政策篇，梳理了 2011 年出台的产业规划和政策。

《中国软件和信息服务业发展报告（2012）》除了继续保持2011版客观反映中国软件和信息服务业发展的情况之外，进一步突出了软件和信息服务业对国民经济的全面带动作用，从支撑经济社会发展的角度分析软件业的作用。同时，在系统集成行业、融资、上市和并购等方面进行了更加深入的数据分析和整理工作。

Abstract

As the first year of *the plan of national economic and social development of the twelfth five years*, there are some new features in the Chinese software and information service industry in 2011. First of all, industry developments are accelerating. For decades of developing, the size of industry met its break point in 2010, surpassing 1000 billion RMB to 1336. 4 billion RMB. It maintained the trend of expansion at the rate of 32. 4% in 2011 while the size reached 1840 billion RMB. According to this tendency, the industrial scale is expected to be more than 2000 billion RMB in 2012 and will meet the second break point of 2000 billion for only two years. Secondly, the target is clearer in this period as plans are formulating. *The plan of software and information service industrial development of the twelfth five years* points out the business revenue is expected to surpass 4000 billion RMB and take up 25 percent of information industry and more than 60 percent of total revenue. Besides, it also plans to cultivate ten big software enterprises which realize income of more than 10 billion, spring up three to five industry cluster in the scale of more than 500 billion. Thirdly, industrial policy is drawn up in time. The State Council publishes the *policies for further encouraging software industry and integrated circuit industry* which supports the software and integrated circuit in several different ways involved in research, im/exporting, tax, investment, financing, etc. Fourthly, as the representatives of mobile internet, cloud computing and the internet of things, strategic emerging industry is developing rapidly. The mobile internet industry has achieved the scale of more than 100 billion.

This report will discusses these important issues in six parts. Part I fully discusses the development and future of the industry which describes the software market scale, the tech-innovation, industry cluster, policies, plan and enterprise development and put up some forecast on the industry. Part II is a summarize report which makes up of deep analysis of basic software, system integration, industry software, services outsourcing, game animation and information safety. Part IIIinvolves in some hot points of the industry in 2011, which raises comment on the hot fields and does research in the fields of electronic business, social networks, mobile internet, cloud computing, the internet of things. Part IV is about industrial capital, which analyzes the enterprise financing and investment, listing and merging. Besides, it does a comparison between the top 100 home firms and top 500 abroad firms. Part V bases on the industry city. It compares in every aspects among 19 provincial semi-capitals. Part VI is a report of governmental plan and policy, sums up the industrial plan and policies in 2011.

The report emphasizes and analyzes the pulling and driving function of software to the economic and social development while maintaining reflecting the total industrial situation. Besides, it tries to give the full and accurate data and deep analysis on the system integration, enterprises investment and financing, listing and merging.

序

2011 年，国际金融危机的阴影依然笼罩世界经济，美国经济复苏缓慢，欧洲深陷主权债务危机的泥潭。软件作为经济增长的倍增器、产业升级的助推器、发展方式的转换器、新兴产业的孵化器，在全球经济复苏之路上发挥着更加积极的作用。

软件对经济社会的核心支撑作用正在凸显。正如网景（Netscape）创始人马克·安德森在《软件正在吞噬整个世界》中所述，越来越多的大型企业及行业将离不开软件，从电影、农业到国防，网络服务将无所不在。未来十年，更多的行业将被软件所瓦解，传统产业加速转型，新兴产业不断涌现。软件对世界的影响将使得我们有足够的信心对世界经济的未来增长保持乐观情绪。

软件产业自身的变革速度也在不断加快。当前以云计算、物联网、移动互联网等为代表的新一代信息技术的兴起，大大提高了软件产业的地位和促进了软件产业的发展，由此推动了 IT 架构的变革，产业链的重组和商业模式的创新。基于云计算的 IaaS、PaaS、SaaS 等服务正在加速普及，例如苹果于 2011 年 10 月推出的 iCloud 平台的注册用户已超过 1 亿，在短短的 21 天内增长了 1500 万个文件。多年来垄断 PC 领域的 Wintel 架构在移动智能终端领域已风光不再，倒是 iOS、安卓（Android）等操作系统平台和 ARM 等非 Intel 架构 CPU 在引领潮流。2010 年第四季度包括智能手机和平板电脑在内的移动智能终端出货量已超越了 PC。这些新平台在短短几年时间内形成数以亿计的用户，应用软件数量迅速达到几十万个，下载量超过百亿次。在个人计算机时期与私有软件分庭抗礼的开源软件在新一波 IT 浪潮中，其作用和比重有增大的趋势，数据表明全球 90% 以上的云计算均在开源软件之上运行。不过一般开软许可证并不要求提供 Web 服务的软件开放源代码，这些应用着的开源软件未必对外开源。云计算使计算资源高度集中，云端设备使信息随时随地可资利用，这一切都大大突出了信息安全、网络空间安全问题，强化了重要信息系统采用自主可控软硬件的要求。软件虽然不像硬件那样遵循摩尔定律，但其创新速度也不断加快。研究显示，微软的Windows Mobile的产品更新周期是2年，刚推出的Windows Phone更新周期是1年，而Android的更新周期仅为半年。总之，上述软件产业的大环境对于我国软件和信息服务业的发展是十分有利的。

在软件技术创新不断深化，商业模式加速变革，产业格局深刻调整之际，我国软件和信息服务业规模再创新高，2011年达1.84万亿元，同比增长32.4%，呈加速增长的态势。在软件革命浪潮下，客观分析我国软件和信息服务业发展现状，洞悉产业发展趋势，准确把握产业发展方向，对于促进我国经济转型和产业结构升级十分重要。《中国软件和信息服务业发展报告（2012）》围绕年度中国软件和信息服务业发展热点问题，进行深入分析和研究，同时对产业“十二五”发展趋势进行前瞻分析，是行业主管部门、企业家及业界同仁们值得一读的研究报告。

2012年5月8日

前　言

从2009年起，我们连续三年编写发行《世界软件产业发展年度报告》，得到中央部委、行业主管部门、软件企业和广大软件从业人员的肯定和好评。在各位忠实读者的要求下，2011年，我们编写发行了《中国软件和信息服务业发展报告（2011）》，并被纳入社会科学文献出版社的蓝皮书系列。《中国软件和信息服务业发展报告（2012）》是在2011版经验的基础上公开发行的，反映2011年度中国软件和信息服务业发展态势及热点的研究报告。

2011年，尽管全球经济复苏乏力，但我国软件和信息服务业无论从产业规模、发展速度，还是结构调整上都有不错的表现。软件和信息服务业规模在2010年13364亿元的基础上，继续呈现加速增长态势，同比均增速32.4%，产业规模达18400亿元，占GDP的比重达3.9%，占电子信息产业的比重首次突破20%，在国民经济中的作用进一步增强。企业的创新能力不断提高，2006～2010年，北京市3000多家软件企业每年新增国内外申请发明专利从每6家新增1个上升至每家新增1个。一批企业已经走向国际舞台，华为、中兴公司人员规模超过5万，年营收超过千亿元，已成为具有国际竞争力的电信设备供应商、电信系统解决方案供应商。

2011年由工业和信息化部发布的《软件和信息技术服务业“十二五”发展规划》为行业发展指明了方向，明确了目标。该规划提出，到2015年，我国软件行业收入将突破4万亿元，年均增长25%以上，出口突破600亿美元。根据目前收集到的26个省市的软件和信息服务业“十二五”发展规划，有21个省市发展目标超过千亿元，有4个超过5000亿元。基于此，编写组将《中国软件和信息服务业发展报告（2012）》主题定为“面向‘十二五’的中国软件和信息服务业”，并从技术趋势、产品形态、市场竞争、企业发展、资本动态、政策措施等多层面深入分析，为行业主管部门、企业及从业人员提供决策参考和最新的产业态势分析。

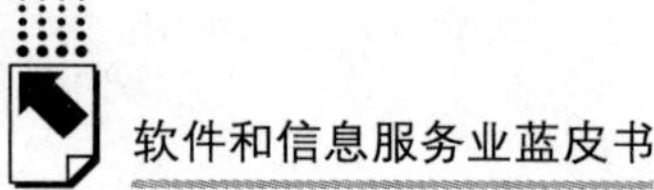

本报告在编写过程中，得到工业和信息化部软件服务业司的大力指导和帮助，以及各省市软件和信息服务业主管部门的积极协助，也得到业内专家的热心指点，在此一并表示诚挚的谢意！

由于时间仓促、水平有限，不足之处恳请批评指正。

工业和信息化部电子科学技术情报研究所
2012 年 5 月

目 录

𝔹 Ⅰ 总报告

𝔹 Ⅱ 产业篇

𝔹 Ⅲ 热点篇

BⅣ 资本篇

BⅤ 城市篇

BⅥ 政策篇

BⅦ 附录

皮书数据库阅读**使用指南**

CONTENTS

𝔹 I General Report

𝔹 II Industry Reports

𝔹 III Hot-spot Reports

BⅣ Capital Reports

BⅤ Cities Report

BⅥ The Plans and Policies

Ⅶ Appendix

总　报　告

General Report

B.1 面向“十二五”的中国软件和信息服务业

摘　要：2011年，我国软件和信息服务业尽管受到债务危机、通货膨胀和经济增速放缓等诸多不利因素的影响，但是，在国家4号文件、新型网络经济、产品和技术创新、产业集聚和政策规划落实等有利条件的驱动下仍然实现了加速发展，整个产业步入新的发展阶段。同时，软件和信息服务业产业结构不断优化，万人级企业群开始出现，中心城市集聚效应凸显，产品和服务的竞争力不断提高，实现了我国软件和信息服务业“十二五”的良好开局，为推动信息化和工业化深度融合，培育和发展战略性新兴产业，建设创新型国家，加快经济发展方式转变和产业结构调整奠定了良好的基础。

关键词：产业规模　技术创新　互联网经济

2011年，我国软件和信息服务业加速发展，产业规模达1.84万亿元，同比增长32.4%，超过“十一五”期间平均增速4.4个百分点，有力地支撑了国民经济和社会信息化建设。企业规模和创新能力不断提升，涌现2000多家规模上亿的企业，越来越多企业进入国际市场，国际竞争力不断提高。

自2010年中国软件和信息服务业收入首次超过1万亿元之后，2012年产业规模有望超过2万亿元。经过几十年的发展，我国软件和信息服务业规模才完成第一个万亿元，仅用两年的时间迅速完成了第二个万亿元，预计“十二五”末产业规模将超过4万亿元。

一　经济社会稳步发展，新型网络经济蓬勃发展，为软件和信息服务业提供良好的发展环境

债务危机、通货膨胀、经济增速放缓等仍然影响着世界经济的复苏进程。2011年，欧洲债务危机愈演愈烈，世界经济复苏的步伐显得缓慢而脆弱。据国际货币基金组织（IMF）发布的《世界经济展望》显示，2011年，全球经济增速为4.0%，比年初的预测值降低了0.4个百分点。

尽管全球经济危机阴霾未散，但是我国经济仍保持稳定的发展速度。2011年，我国国内生产总值（GDP）增速为9.2%，增速保持高位且合理回调。良好的经济发展环境为以内需为主的软件和信息服务业提供了肥沃的土壤。在国际金融危机时，全球软件产业增速从2008年的10.4%剧烈下滑至2009年的-0.3%，2009年中国软件和信息服务业仍保持约32%的增速。尽管全球软件产业在2011年处在强劲复苏中，但远不及同期中国32.4%的增速（见图1）。部分上市软件企业的增速更进一步论证了上述观点，IBM（同比增速为7%，下同）、微软（12%）、SAP（13%）、谷歌（29%）、雅虎（-21.2%）等国际软件企业平均仅有10%左右的增速，用友（38%）、金蝶（40%）、百度（83%）、网易（32%）和畅游（37%）等中国软件和信息服务业企业的增速则高达30%以上。

（一）信息化加速推进，为软件和信息服务业提供持续发展的推动力

我国工业企业“两化融合”发展进程大体可分为起步阶段、局部应用阶段、综合应用阶段和深度应用阶段等。据工业和信息化部电子科学技术情报研究所（ETIRI）对钢铁、化肥、重型机械、轿车、造纸、棉纺织、肉制品加工等七个

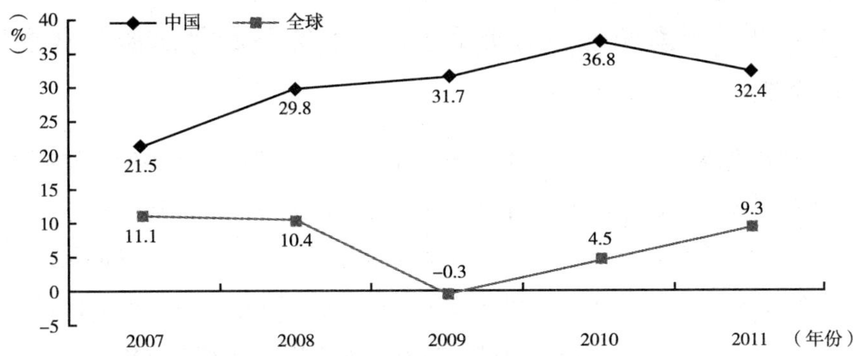

图 1　2007～2011 年全球软件产业与中国软件和信息服务业的增速比较

资料来源：工业和信息化部，ETIRI。

重点行业开展的企业信息化与工业化融合发展水平评估结果显示，七大行业的“两化融合”总体上仍处于以局部应用为主的阶段，有向综合应用阶段发展的趋势。国际经验表明，企业信息化从局部应用阶段向综合应用阶段发展过程中，IT投资中软件的投资将超过硬件的投资。国内系统集成行业数据分析显示，企业IT 投资比例中软硬件的投资比例为 4∶6，正在向软件超越硬件的临界点逼近。

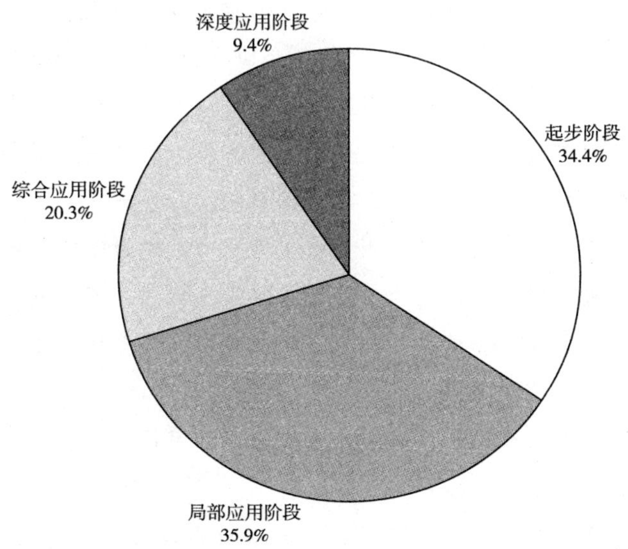

图 2　重型机械行业企业“两化融合”发展阶段分布

资料来源：ETIRI。

（二）产业转型升级的迫切需求，成为软件和信息服务业投资的重要驱动力

产业转型升级是进一步调整和优化产业结构，促进经济转型的必然选择。软件作为经济增长的倍增器、产业升级的助推器、发展方式的转换器和新兴产业的孵化器在经济发展和社会活动中发挥着越来越重要的作用。充分发挥软件在产业转型升级中的支撑和牵引作用，深化信息技术应用，促进粗放型农业向精细化农业转变，促进生产型制造向服务型制造转变，促进服务业向工业化转变。

专栏1　软件革命促进产业转型升级

2011年10月，Netscape创始人、硅谷著名投资人马克·安德森（Marc Andreessen）在《华尔街日报》刊登了一篇引起广泛反响的文章《软件正在吞噬整个世界》，其核心内容是越来越多的大型企业及行业将离不开软件，从电影、农业到国防，网络服务将无所不在。许多赢家将是硅谷式的创新科技公司，它们侵入并推翻了已经建立起来的行业结构。未来十年，预计将有更多的行业被软件所瓦解，出类拔萃的硅谷新公司将会成为这一趋势的主要推动者。

软件革命的本质是社会全方位的数字化。软件作为数字化的核心和灵魂，在国民经济和社会发展各个领域将充分发挥全面覆盖、全面支撑和全面服务的作用。目前，在信息技术进入全面覆盖、深度融合的时期，软件摧毁、改造传统产业，催生新兴产业的速度更快，力度更强，软件革命的作用也更加凸显。软件服务化、智能化和平台化的趋势促进产业转型升级。

第一，服务化。社会的生产、消费被软件驱动，通过网络化的管道，跨越时空的限制，加速进入服务经济时代，一切皆服务！传统工业在软件的作用下重新解构，由垂直产业整合加速向精细化水平产业分工，工业由生产型制造向服务型制造转变。

第二，智能化。软件革命带来智能化浪潮，利用软件提升生产线的自动化水平，大幅提高了生产效率。把软件植入各种工业产品，不但提高了产品的智慧水平，而且提高了产品的附加值，同时还能创造新的需求。各类服务业利用软件，大幅提高了服务能力和服务效率，实现大规模定制服务。

第三，平台化。软件的广泛应用使其成为产业链上下游、供应链各环节连接

的纽带，进而演化成各种平台，在商业模式创新的带动下，开始出现一批垂直整合的商业平台，电子商务交易平台、电子书网上交易平台、网络视频分发平台等利用软件改造和提升传统产业、促进新兴产业快速发展的平台不断涌现。

在软件革命的推动下，产业加速重构、消费加速转型、社会加速变革，多领域的企业将面临适者生存、优胜劣败的演变。

资料来源：ETIRI。

（三）互联网经济快速增长，为软件和信息服务业提供了新的发展空间

数以亿计的互联网用户、移动互联网用户创造了新的市场需求空间，为企业提供了良好的创业空间。根据中国互联网络信息中心（CNNIC）的统计数据，2011 年我国互联网用户达 4.85 亿，居世界第一，手机网民数量达到了 3.4 亿，总体网民当中手机用户普及率达到 65.5%。庞大的用户群体带来巨大的网络消费能力。艾瑞的报告显示，2011 年我国互联网经济市场规模是 1555 亿元；电子商务协会的数据显示，2011 年我国电子商务总的交易额超过 6 万亿元。2011 年支付宝中的资金流动情况显示，北京用户在网络上的人均年花费达到 9230 元。

专栏 2　麦肯锡：互联网对中国 GDP 的贡献率达 2.6%

麦肯锡 2011 年的报告显示，互联网是经济增长的巨大引擎，它对 GDP 的贡献率达 3%，甚至比建筑和能源产业的贡献还要大，在过去五年里，它在经济增长中的贡献超过 20%。互联网每摧毁 1 个职位，就会创造 2.6 个新职位。

1. 互联网对全球 GDP 的贡献为 1.672 万亿美元

麦肯锡共研究了 13 个国家，包括 G8 国家，还有中国、印度、巴西等新兴市场国家，以及瑞典和韩国等宽带普及率高的国家。这些国家互联网经济对 GDP 的贡献达到 3.4%。互联网对全球 GDP 的贡献为 1.672 万亿美元，对全球 GDP 的贡献为 2.9%。

2. 互联网对中国 GDP 的贡献达到 2.6%

从互联网对 GDP 的贡献来看，瑞典为 6.3%，英国为 5.4%，韩国为 4.6%，日本为 4.0%，美国为 3.8%，德国为 3.2%，印度为 3.2%，法国为 3.2%，加拿大为 2.7%，中国为 2.6%，意大利为 1.7%，俄罗斯为 0.8%，巴西为 0.5%。

3. 中国是电信驱动型的互联网经济

通过对这些国家250家互联网相关公司的营收分析，全球只有美国建立了成功的“混合型”互联网经济，它以电信为基础，上溯至互联网和服务等。巴西、俄罗斯、意大利、英国、法国、加拿大、瑞典、德国和中国是电信驱动型的互联网经济。韩国和日本是硬件驱动型的互联网经济。印度是服务驱动型的互联网经济。

以下是一些国家互联网相关公司利润的分布情况：

美国：硬件利润占总利润的42%，互联网占2%，软件和服务占26%，电信占30%；德国：硬件占52%，软件和服务占7%，电信占41%；韩国：硬件占84%，电信占16%；日本：硬件占70%，软件和服务占7%，电信占22%；巴西、俄罗斯和意大利基本100%来自电信业。

资料来源：麦肯锡。

二　产业规模持续扩大，产业结构不断优化

（一）产业快速增长，产业规模不断扩大

2011 年，在信息化建设的推动下，我国软件和信息服务业继续保持快速增长的态势，共实现软件业务收入为 1.84 万亿元，同比增长 32.4%，超过“十一五”期间平均增速 4.4 个百分点，并超过同期电子信息制造业增速 10 个百分点以上（见图 3）。软件业务收入占 GDP 的比重达 3.9%，占电子信息产业的比重首次突破 20%，在国民经济中的作用进一步增强（见图 4）。

（二）产业结构不断优化，新兴信息技术服务增势明显

随着软件服务化趋势的不断加深，我国信息技术服务规模持续加速增长。2011 年，信息技术咨询服务、数据处理和运营服务分别实现收入 1864 亿元和 3028 亿元，同比增长 42.7% 和 42.2%，增速分别高于全行业 5 个和 4.5 个百分点，两者占比达到 26.5%，比上年同期提高 1 个百分点；嵌入式系统软件增速较 2010 年大幅提升，实现收入 2805 亿元，同比增长 30.9%，比 2010 年同期高 1.8 个百分点；软件产品、信息系统集成服务和 IC 设计增长较为平稳，分别实现收入 6158 亿元、3921 亿元和 691 亿元，同比增长 28.5%、28.4% 和 33%。

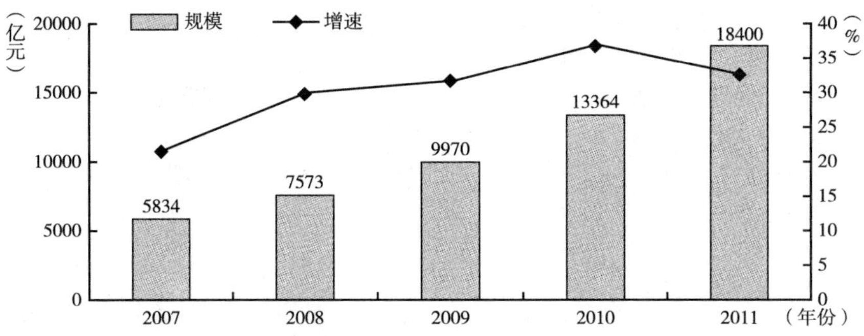

图3　2007～2011年软件和信息服务业规模及增速变化情况

资料来源：工业和信息化部。

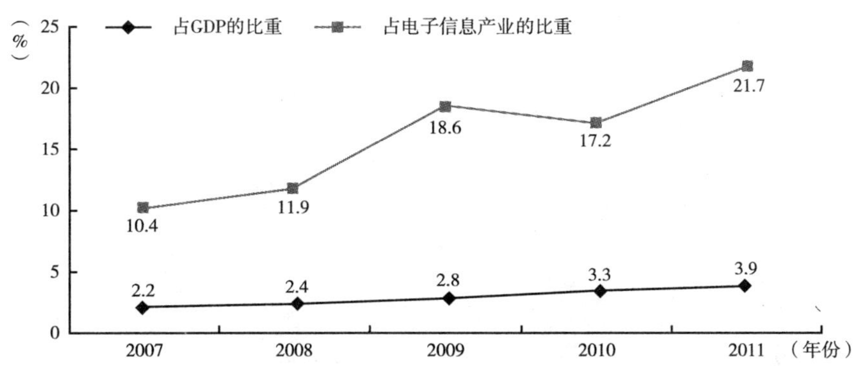

图4　2007～2011年软件和信息服务业分别占GDP和电子信息产业的比重变化情况

资料来源：工业和信息化部。

（三）出口增速下调，外包服务出口保持较快增长

2011年，软件和信息服务业实现出口304亿美元，同比增长18.3%，增速低于2010年18.4个百分点（见图6）。其中，嵌入式系统软件出口持续低迷，同比仅增长7.6%，拉低行业出口增速7个百分点；外包服务出口保持较快增长，实现收入59亿美元，同比增长40.3%，高于软件出口增速21.8个百分点。出现上述结果的原因在于，国际外汇市场美元指数较大幅度上涨，人民币相对升值，影响我国出口；日本震后部分客户企业关闭，订单持续减少；电子信息产品出口受国际市场环境影响明显，嵌入式系统软件出口增速明显降低。

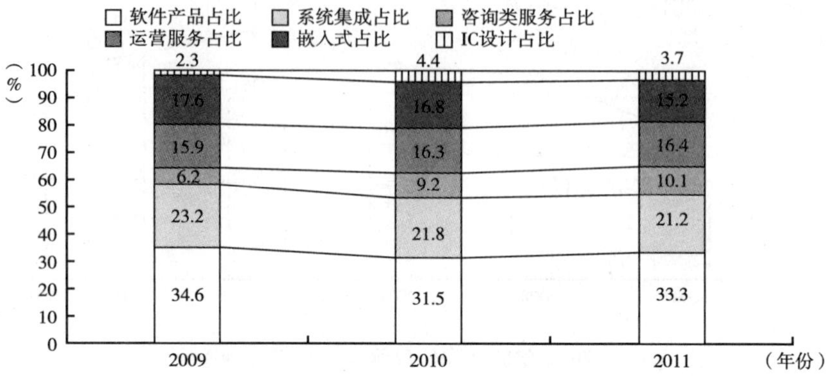

图 5　2009～2011 年软件和信息服务业结构变化趋势

资料来源：工业和信息化部。

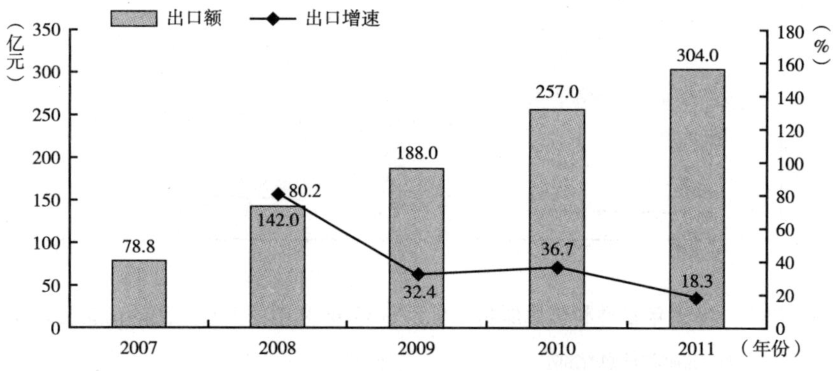

图 6　2007～2011 年软件和信息服务业出口增势

资料来源：工业和信息化部。

三　创新步伐加快，核心技术和产品竞争力不断提升

（一）专利申请数量持续增长，企业创新能力不断增强

我国专利申请量保持持续快速增长。世界知识产权组织（WIPO）公布的数据显示，中国的国际专利申请量由 2009 年的 7900 件增加到 2011 年的

12339 件，增幅达到了 56.2%，总数位列美国、日本和德国之后，居第四位。ETIRI《2011 年信息技术领域专利态势报告》的数据显示，2011 年，我国信息技术领域发明专利申请总量达到 91.6 万件，同比增长 20%；实用新型专利申请总量达到 76.6 万件，同比增长 27%。以北京为例，2006～2010 年 3000 多家软件企业每年新增国内外申请发明专利从每 6 家新增 1 个上升至每一家新增 1 个（见图 7）。

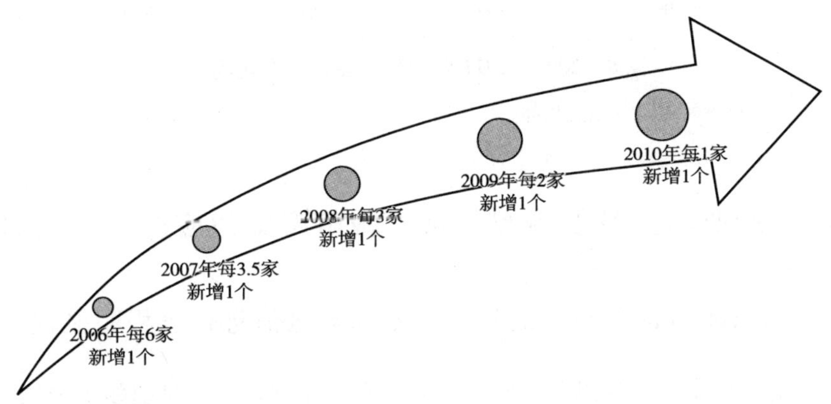

图 7　2006～2010 年北京市软件企业新增国内外申请发明专利趋势

资料来源：ETIRI，《北京市软件和信息服务业“十二五”发展规划研究报告》。

一批企业在全球创新舞台上赢得一席之地。世界知识产权组织官方网站公布的全球国际专利申请情况显示，2011 年中兴通讯和华为两家中国企业的国际专利申请量在全球企业中分列第二位和第四位，与日本的松下和美国的高通公司携手领跑榜单，而在 2009 年中兴通讯的国际专利申请量还只是排在全球第 22 位。腾讯在《福布斯》2011 年全球最具创新力的 100 家公司中排名第四，超过了苹果和谷歌两大科技巨头。该杂志认为，目前约有 7 亿活跃用户的腾讯聊天工具 QQ，改变了中国年轻人的沟通方式。

（二）软件产品登记数量快速增长

2011 年，全国软件产品登记数量快速增长。全年软件产品登记 22729 项，产品变更 1498 项，产品延续 2549 项，进口产品登记 119 项。

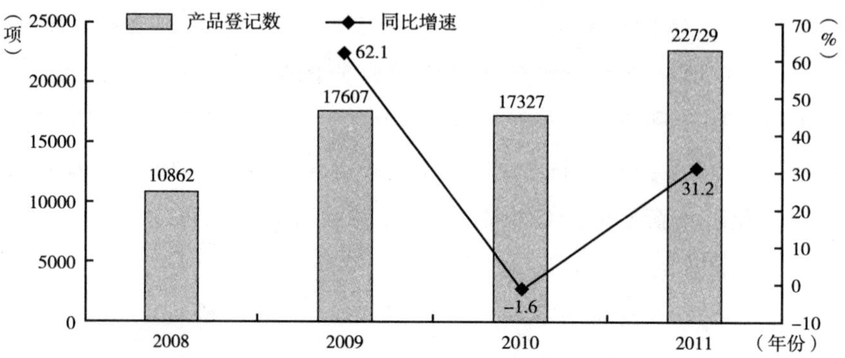

图 8　2008～2011 年软件产品认定变化趋势

资料来源：工业和信息化部。

四　产业集聚发展特点显著，城市聚集效应进一步凸显

（一）东部引领全国产业发展，西部地区信息化进程明显提速

因经济发展水平和信息化进程的差异，我国东部地区仍是引领全国软件和信息服务业发展的核心区域。东部省市继续领先全国发展，2011 年共完成软件业务收入 15656 亿元，同比增长 31.7%，占全国比重达 84.8%，江苏、福建和山东等省的增速均超过 35%。尽管西部省市产业规模占全国的比重仅有 9.8%，但增速明显，同比增速达 43.1%（见图 9）。

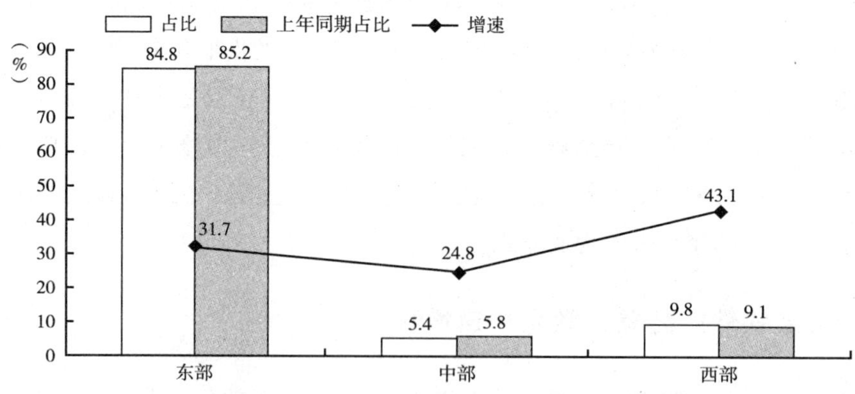

图 9　2011 年软件和信息服务业区域发展情况

资料来源：工业和信息化部。

（二）城市聚集效应明显，软件名城建设步伐加快

中心城市成为软件和信息服务业发展的主要聚集地。2011 年，全国 4 个直辖市和 15 个副省级以上城市实现软件业务收入 15008 亿元，同比增长 34%，占全国软件业务收入的 81.6%，其中软件业务规模超过 500 亿元的城市达到 10 个。2011 年，南京、济南、成都 3 个软件名城以及广州、深圳和上海 3 个软件名城创建试点城市合计完成软件业务收入 8110 亿元，占全国软件业务收入的 44.1%，与 2010 年 6 个城市软件业务收入占全国 39.9% 相比，聚集程度进一步提高。2011 年，南京、济南和成都 3 个城市的软件和信息服务业务收入增速高于全国平均水平（32.4%），分别达到 50.0%、52.0% 和 36.0%（见图 10）。

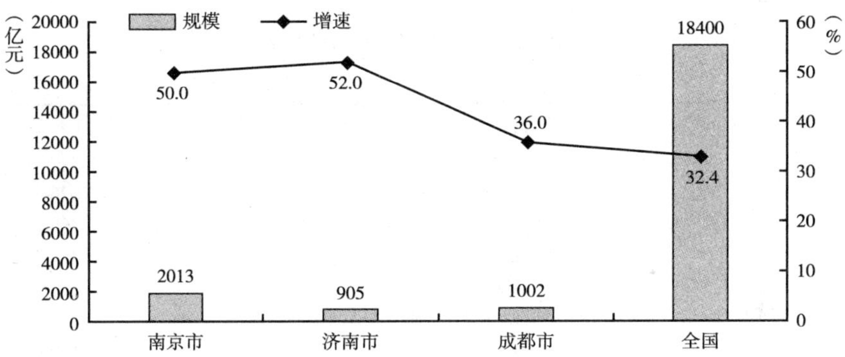

图 10　2011 年与全国相比南京、济南和成都软件业务收入及增长情况

资料来源：工业和信息化部。

五　万人级企业群体出现，企业实力明显增强

（一）万人级企业群体出现，加大进入国际市场的力度

经过二三十年的发展，一批企业开始进入万人规模行列。据不完全统计，国内已有 15 家软件和信息服务企业人员规模过万，既有专注于通信领域的华为、中兴，又有以软件产品和系统集成为主的用友、东软、神州数码等，以嵌入式为

主的海尔，以外包为主的文思和软通等，还有以互联网为主的腾讯、百度等。

我国软件和信息服务企业已具备一定的技术实力，部分企业已开始进入国际市场。华为、中兴人员规模超过5万，年营收超过千亿元，已成为具有国际竞争力的电信系统解决方案供应商。2011年，华为销售收入达到324亿美元，距电信领域排名第一的爱立信仅相差10亿美元，是排名第三的诺基亚西门子的两倍。预计经过5~10年的时间，华为销售收入将从324亿美元增长到1000亿美元左右的规模。亚信联创是世界第二大电信业务运营支持系统（BOSS）的供应商，位居以色列Amdocs之后。随着企业规模和能力的提高，越来越多的企业进入国际舞台。2011年，东软人员规模超过1.5万人，收入接近50亿元，东软规划未来10年收入增长5倍以上，达到300亿元，国际业务占60%，达到25亿~30亿美元（见表1）。

表1　国内万人级软件和信息服务企业

单位：人，万元

序号	企业名称	2010年人员规模	2011年收入
1	华　为	110000	20390000
2	中　兴	70000	7026400
3	海　尔	59814	7366250
4	阿里巴巴	17000	6416890
5	东　软	15000	493769
6	神州数码	14000	5017828
7	文　思	13000	133217
8	软　通	13000	124036
9	航天信息	13000	1153978
10	腾　讯	12000	1964600
11	用　友	12000	297882
12	亚信联创	11000	216246
13	博　彦	10000	42933
14	百　度	10000	791500
15	中软国际	10000	160000

资料来源：各企业年报。

（二）软件企业认定数量快速增长

2011年，全国软件企业认定数量快速增加。全年认定软件企业4092家，同比增长24.08%，企业变更1243家，企业年审11874家（见图11）。

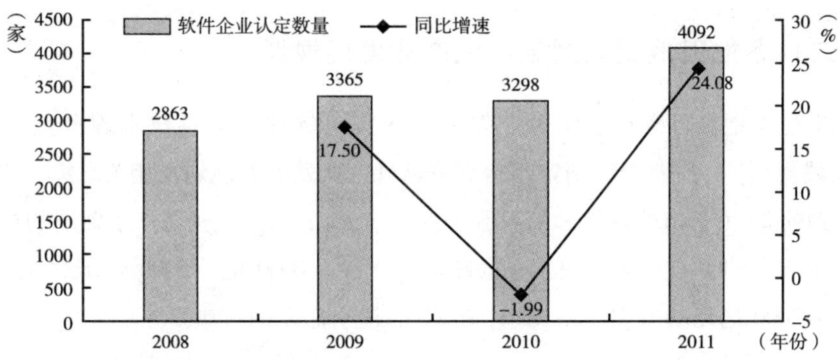

图 11　2008～2011 年软件企业认定数量变化趋势

资料来源：工业和信息化部。

六　规划引领产业发展方向，政策加速产业发展

（一）规划先行，发展提升软件和信息服务业

2011 年 3 月发布的《国民经济和社会发展第十二个五年规划纲要》把推动信息化和工业化深度融合，加快经济社会各领域信息化，发展和提升软件产业作为全面提高信息化水平的重要内容。2011 年 12 月，工业和信息化部印发了《软件和信息技术服务业“十二五”发展规划》，规划提出以培育龙头企业为抓手，提升行业核心竞争力，进一步优化产业发展环境，提高产业发展质量和水平，完善产业链，培育一批有实力和影响力的行业领先企业；明确了发展重点和目标，确定了 10 项发展重点和 8 项重大工程；到 2015 年，我国软件行业收入将突破 4 万亿元，年均增长 25% 以上，出口突破 600 亿美元。

为积极落实 2010 年国务院发布《关于加快培育和发展战略性新兴产业的决定》，2011 年实施智能制造装备、新型显示、云计算等重大产业创新发展和应用示范工程，发布产业关键共性技术发展指南。信息基础设施的加速建设，也将积极促进软件和信息服务业的发展。宽带中国战略即将于 2012 年出台，政府将通过宽带战略、宽带专项资金、普遍服务基金、投融资政策等推进信息化宽带发展，争取到 2015 年末，城市家庭带宽达到 20 兆以上，农村家庭达到 4 兆以上，东部发达地区省会城市家庭达到 100 兆。

（二）各地因地制宜制定本地产业发展规划

为促进本地软件和信息服务业发展，落实《软件和信息技术服务业“十二五”发展规划》，各地纷纷制定出台促进软件产业发展的规划及相关政策。根据目前收集到的26个省市的软件和信息服务业“十二五”发展规划，从规划的产业规模目标来看，5000亿~8000亿元的省市有4个，2000亿~5000亿元的有7个，1000亿~2000亿元的有10个，共计有21个超千亿元的省市。

表2　部分省市“十二五”软件和信息服务业发展目标

省市	产业规模及增速（亿元，%）	出口（亿美元）	从业人员（万人）	大企业培育	增加值占GDP比重（%）	其他
全国	（40000，-）	600	500	出现千亿元企业，千亿元城市10个	（增速24.5%）	已发布
江苏	（8000，-）	120	120	—	（2016年1万亿元）	—
北京	（6800，20）	50	70	一批世界级企业	12	已发布
上海	（6000，20）	—	—	—	—	—
广东	（超过5000，-）	—	23	20家10亿元企业	—	—
南京	（4000，35）	—	50	4000家软件企业	—	—
深圳	（3800，20）	—	—	200家亿元企业	10	—
浙江	（3000，17）	—	—	100家亿元企业	3	—
福建	（3000，39）	—	40	3~5家100亿元企业	—	—
成都	（2800，28）	—	30	3万家软件企业	—	—
广州	（2000，20）	10	40	100家上亿元企业	—	—
四川	（2800，28）		30	—	—	—
济南	（1700，25）	10	28	出现超100亿元和过万人软件企业	10	—
陕西	（1800，-）		30	20家千人企业	—	—
西安	（1500，35）	8	25	软件企业达到2000家	—	—

续表

省市	产业规模及增速（亿元,%）	出口（亿美元）	从业人员（万人）	大企业培育	增加值占GDP比重(%)	其他
重庆	(1500,—)	60	—	50家亿元企业	(2020年2500亿元)	—
沈阳	(1400,25)	—	45	30家10亿元企业	—	—
天津	(1200,35)	25（增速30%）	10	超过700家	—	—
大连	(超过1000,—)	50	—	—	—	—
河北	(1000,32)	0.5	—	500家软件企业	—	—
厦门	(1000,32)	—	—	10家10亿元企业	10	—
青岛	(1000,37)	10	—	—	—	—
长春	(350,32)	—	—	1000家企业	—	—
贵州	(280,50)	—	6	5家10亿元企业	—	—
安徽	(200,20)	—	—	—	—	—
山西	(100,30)	—	—	—	—	—
甘肃	(60,25)	—	—	—	—	—

资料来源：各省市经信委。

（三）更大力度的产业促进政策出台，开启软件和信息服务业发展黄金新十年

2000年，国务院颁布了《鼓励软件产业和集成电路产业发展的若干政策》（国发〔2000〕18号，以下简称“18号文件”），18号文件出台后，各部委、地方先后出台了多达110项配套措施，从财税、投融资、研发、进出口等方面给予政策支持。18号文件推动我国软件和信息服务业规模从百亿元级推升至万亿元级，直接带来就业从十几万人增加到200万人，而且培育出2000多家上亿元规模的企业，造就了我国软件和信息服务业的十年发展黄金期。

2011年，国家加大了对软件和信息服务业的扶持力度，颁发了《国务院关于进一步鼓励软件产业和集成电路产业发展的若干政策》（国发〔2011〕4号，

以下简称“4 号文件”)。4 号文件除了延续 18 号文件对软件产品的优惠政策之外，还顺应软件网络化、服务化的发展趋势，进一步加强了对软件技术服务的政策扶持。2011 年 10 月，财政部、国税总局发布《关于软件产品增值税政策的通知》，销售自行开发生产的计算机软件产品按法定 17% 的税率征收后，对实际税负超过 3% 的部分实行即征即退，所退款项用于研究开发软件产品和扩大再生产，不作为企业所得税应税收入，不予征收企业所得税。2012 年将出台软件企业认定管理办法、所得税细则和国家规划布局内重点软件企业细则，届时 4 号文件将得到全面贯彻落实。

随着 4 号文件细则的不断出台，2012 年将是各省市密集出台软件和信息服务业促进政策的关键时期。随着各地更大力度促进产业发展的政策陆续出台，软件和信息服务业将迎来新一轮的发展热潮，继续谱写我国软件和信息服务业发展的新篇章。

（四）知识产权保护工作稳步推进，产业环境进一步优化

为深入实施国家知识产权战略，全面加强知识产权保护工作，按照国家知识产权战略实施工作部际联席会议安排，28 家成员单位共同制定了《2011 年中国保护知识产权行动计划》。按照“完善制度、加强执法、突出专项、推进协调、强化宣传、规范管理”的指导方针，结合实际和各相关部门职能，从制定及修订知识产权法律法规和规范性文件、提高知识产权执法水平、发展知识产权服务、加强知识产权教育培训和人才队伍建设、推进知识产权宣传和文化建设以及扩大知识产权对外交流合作等 6 个方面提出 100 项具体措施，并明确了牵头和参与部门。

随着信息技术应用的不断深化，软件正成为经济社会各领域重要的支撑工具。软件与硬件、软件与网络、软件与业务融合，以及软件技术加快向传统产业、现代制造业和现代服务业等领域渗透，催生了大量的新技术、新模式、新业态，创造了巨大的市场需求。未来几年，国内各行各业的信息化建设将进入全面渗透、加速转型、深度应用的新阶段，软件和信息服务业将继续保持快速发展的态势，预计 2012 年产业规模将超过 2 万亿元。

产 业 篇

Industry Reports

B.2

国家大力支持，企业不断追赶，基础软件产业迎来新机遇

摘 要：基础软件行业一直以来是我国软件和信息服务业的薄弱环节，国家通过“核高基”和“火炬”计划等重大专项大力扶持国产基础软件。2011 年，全球和国内基础软件行业市场规模继续扩大，微软、IBM、甲骨文、惠普等几大巨头占主导的市场格局基本保持稳定，而国产基础软件厂商通过定制化、专业化路线，在党政军、金融、电信等重点领域中的应用不断增多，国产基础软件成果显著。同时，国产基础软件厂商以云计算、移动互联网、大数据等新技术和新理念为契机，积极布局，不断追赶国外行业巨头。

关键词：基础软件 产业链整合 新技术

本报告所指的基础软件主要包括操作系统、数据库、中间件、办公套件等四类基础性软件。经过半个多世纪的发展，全球基础软件市场格局已基本稳定，

IBM、微软、甲骨文、惠普等几乎控制了全球基础软件90%以上的市场。中国也不例外，微软、IBM、甲骨文、惠普等在中国基础软件市场上一直占据垄断地位。但是，在中国政府和基础软件企业的共同努力下，中国基础软件企业开始走定制化、专业化的路线，通过产业链整合，在电子政务、军队、社保、医疗、电力、交通等领域取得了一定的成绩。“十二五”期间，基础软件发展趋势的变革、“核高基”重大专项的支持等将为中国基础软件企业的突围带来前所未有的机遇。

一　全球基础软件市场规模近千亿美元，市场格局基本稳定

2011年，全球基础软件市场规模继续扩大，达到近千亿美元，同比增长8.4%。其中，操作系统市场规模为328亿美元，占33%；数据库市场规模为255亿美元，占26%；办公软件市场规模为221亿美元，占22%；中间件市场规模为189亿美元，占19%。2011年数据库市场规模同比增长为10.4%，增速最快，操作系统、办公软件、中间件市场规模增速均在7%左右（见图1）。

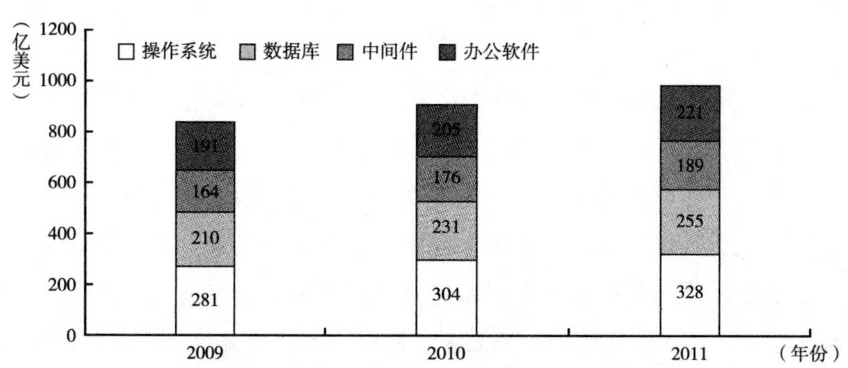

图1　2009～2011年全球基础软件市场规模

资料来源：Gartner，IDC，GIA。

Gartner研究报告显示，2010年全球操作系统软件市场销售收入为304亿美元，比2009年增长8.19%。微软仍然是整个操作系统软件市场的领先者，占市场份额的78.58%（见图2）。在服务器操作系统领域，以红帽、甲骨文为代表的Linux增长速度最快；在桌面操作系统领域，苹果的Mac OS增长速度最快。

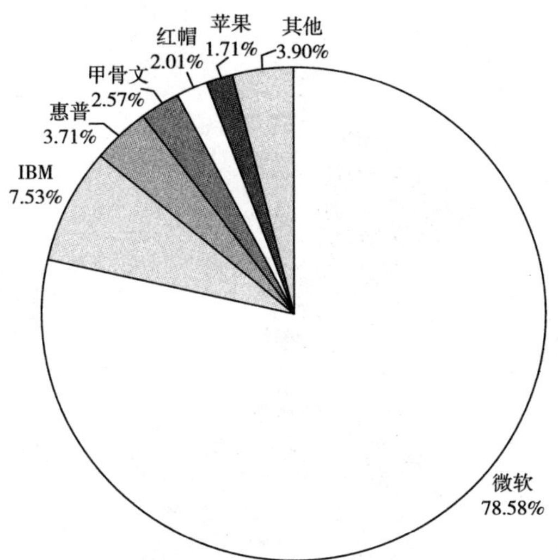

图 2　2010 年全球操作系统市场份额

资料来源：Gartner。

按照产品销售收入衡量，2010 年三大数据库厂商甲骨文、IBM 和微软占领了绝大部分市场，占有率超过了 80%。其中，甲骨文市场占有率接近 40%；IBM 公司的数据库产品 DB2 以 AIX 系统和大型机为基础，占据 25% 的市场份额；微软公司的 SQL Server 数据库产品通过 Windows 系统的裙带，市场占有率达到 20%；其他数据库产品包括 Sybase、Teradata 等市场占有率总和仅为 10%，不过这些数据库产品更多聚焦在数据仓库应用等高端数据库应用领域（见图 3）。

2011 年 4 月，Gartner 的一份研究报告显示，2010 年全球中间件市场规模达到 176 亿美元，较上年增长 7.3%，其中业务流程管理（BMP）业务增速达到了 9.2%。IBM 以 32.6% 的份额高居首位，市场份额排名第二的甲骨文刚刚超过 IBM 市场份额的一半，为 17.0%，微软获得了 5.0% 的市场份额，而 Software AG 和 TIBCO 分别以 3.4% 和 2.8% 的市场份额排名第四和第五，其他公司份额首次跌破 40%（见图 4）。

经过半个多世纪的发展，基础软件市场格局已基本稳定，IBM、微软、惠普、甲骨文等几乎控制了全球基础软件 90% 以上的市场，未来 2 ~3 年市场格局变化不会太大。

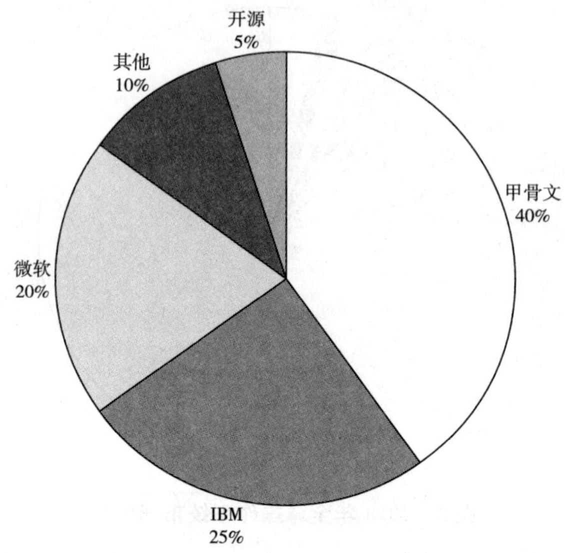

图 3　2010 年全球数据库市场份额

资料来源：IDC。

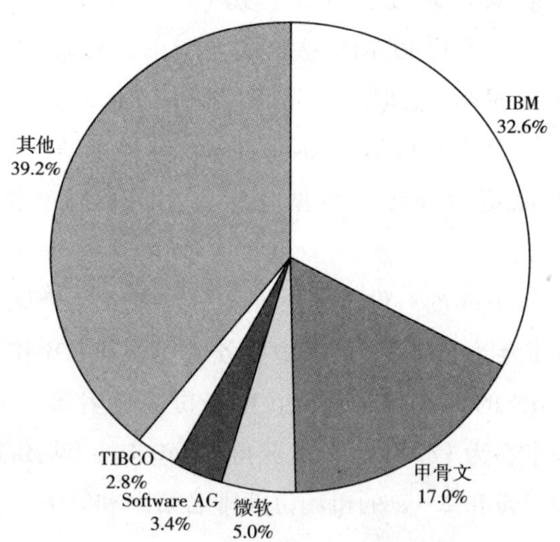

图 4　2010 年全球中间件厂商市场份额

资料来源：Gartner。

二　中国基础软件市场规模近200亿元，八成以上市场被外企垄断

2011年，中国基础软件市场规模持续快速增长，实现收入183亿元，同比增长15.8%，高于全球7.4个百分点。其中，操作系统市场规模69亿元，占38%；数据库市场规模45亿元，占25%；办公软件市场规模45亿元，占25%；中间件市场规模24亿元，占13%（见图5）。由于基础软件多以软件产品形式存在，且国内操作系统、办公软件盗版比较严重，所以我国基础软件市场规模占全球基础软件市场规模的比例较小。

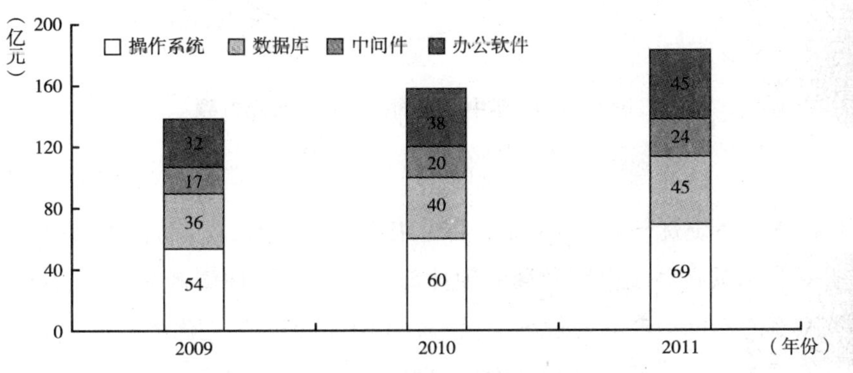

图5　2009～2011年中国基础软件市场规模

资料来源：计世资讯，南大通用，ETIRI。

数据显示，截至2011年底，在中国桌面操作系统市场上，Windows XP经过八年的沉淀，其占有率和使用率均保持最高。同时，2009年发布的Windows 7系统以最快的增长速度占领第二的位置。而无论是有众多发行版本的Linux，还是近期在市场上反响强烈的Mac OS，都没有达到1%的份额（见图6）。国产操作系统还不具备在大众消费类市场与微软正面竞争的实力，应重点面向行业领域，尤其向那些关注安全性较高、系统的保密要求较高的行业提供有针对性的系统定制服务，以提升产品的市场竞争能力。

2010年，国内数据库市场规模大约为40亿元，市场年增长率约为11%。其中，甲骨文以近60%的市场占有率雄霸市场；微软公司SQL Server借助其

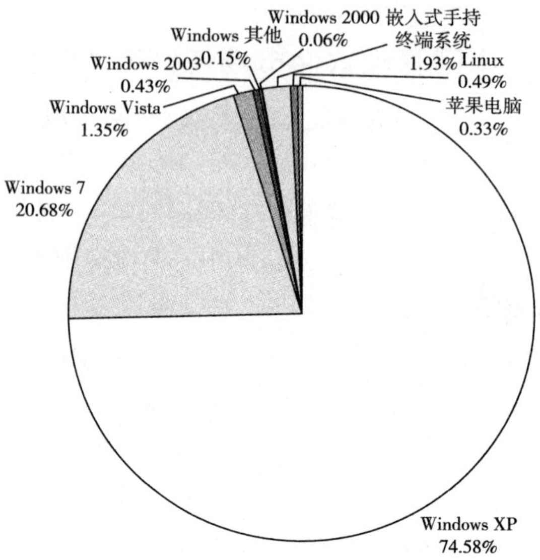

图6　2011 年中国桌面操作系统市场份额

资料来源：CNZZ。

Windows 操作系统优势在中端和低端应用中占据优势，市场占有率达到 10%；IBM 公司凭借其在高端应用领域的硬件部署优势，其 DB2 产品也获得接近 20% 的市场份额；Sybase 产品通过 SAP 公司在 ERP 市场的领先优势，也拿下 5% 左右的市场份额，同时一些开源数据库如 MySQL、PostgreSQL 等也呈增长趋势；国产数据库占有率约为 3%，仅有 1.2 亿元左右（见图 7）。

近几年受到强大的国内需求拉动，中国中间件市场规模不断扩大。计世资讯最新发布的研究报告显示，2008～2010 年，中国中间件市场规模呈现出高速增长态势，年均增长超过 18%，市场规模达到 20 亿元。其中，IBM 以 42% 的市场份额雄踞第一，Oracle 以 33% 的市场份额位居第二（见图 8）。国产中间件中，东方通公司的中间件产品有较高的市场占有率。

虽然我国基础软件厂商在操作系统、数据库、办公软件和中间件的研发上，加大了投入力度，但鉴于我国基础软件起步时间晚、底层硬件不由我国控制等原因，我国国产基础软件一直未能发展壮大起来。2011 年，微软、IBM、甲骨文、惠普等软件巨头仍然垄断着我国的操作系统、数据库、办公软件和中间件市场。

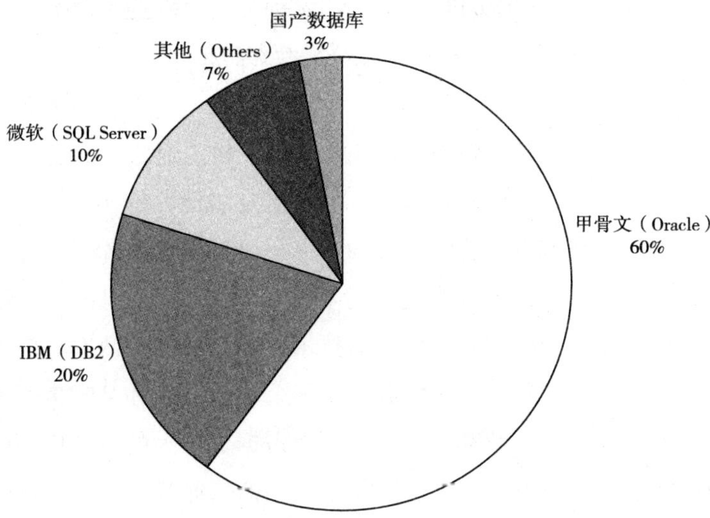

图7　2010 年中国数据库市场份额

资料来源：电脑商情报，各国产数据库公司。

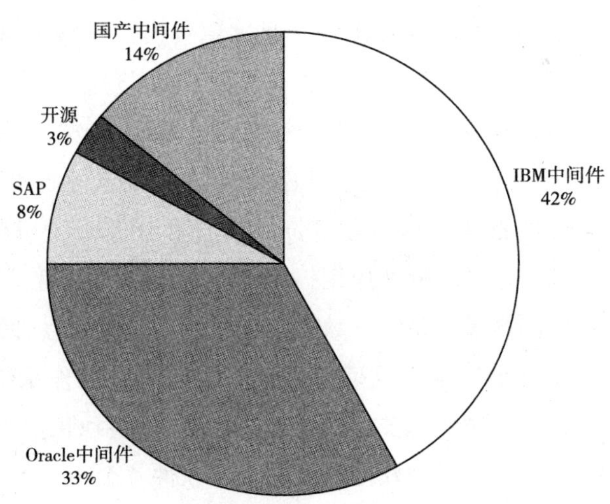

图8　2010 年中国中间件市场份额

资料来源：计世资讯。

三　国产基础软件厂商走定制化、专业化路线，产业链整合有待加强

虽然IBM、微软、甲骨文等外资企业位居产业链上游，垄断着国内基础软件市场，但是国产基础软件厂商不甘示弱，通过走定制化、行业化路线在夹缝中求生存。南大通用数据技术有限公司研发的GBase分析型数据库、内存数据库等专业化数据库产品已经在电信行业的经营分析、金融行业的总账、企业ERP系统等细分领域站稳脚跟。天津神舟通用数据技术有限公司在党政军、航天等特定领域形成了核心竞争力。江苏瑞中数据股份有限公司、北京和利时集团凭借自己的核心业务，在电力、工业领域数据库应用方面占据了较大的市场份额。同样，中标软件、中科红旗、中科方德等传统操作系统厂商依靠其安全、可信的服务器操作系统在政府、社保等领域积累了一定实力。国产中间件产品具有一定的竞争力，所占国内市场的份额比国产数据库或国产操作系统所占的市场份额要大，北京东方通科技发展有限责任公司、中创软件工程股份有限公司、深圳金蝶中间件有限公司等的中间件产品已经在政府、金融、电信、交通等领域占有较大的市场份额。金山软件继续深耕办公套件市场，通过免费模式，金山WPS在中国和日本取得了较大的市场份额，成为民族基础软件的骄傲。

近年来，国产基础软件企业技术创新不断取得重要突破，产品应用水平显著提升。在政府、军队、医疗卫生、电力和信息安全等重点行业和领域，国产软件的优势十分明显，已经逐步占据主导地位。家电下乡、MID、TD上网本等产业的逐渐成形，也给国产基础软件的应用提供了更加广阔的空间。从目前国产基础软件产业的现状看，国产操作系统、数据库、中间件、办公套件等基础软件均聚集了一批企业，并在每个领域形成了几家龙头企业。如操作系统领域的中标软件、中科红旗，数据库领域的达梦、人大金仓，中间件领域的东方通、金蝶中间件、普元软件、锐道信息，办公软件领域的中标软件、金山、永中。

国产基础软件就单个产品来说，已经可用。但现在单一产品越来越难以发挥作用，垂直整合使得产品竞争演化成产业链竞争。国际厂商已在着力打通产业链，构成软件产业链的竞争，市场竞争其实从咨询服务环节就已经开始了。而国产基础软件厂商比较分散，基本上还处于单个产品竞争的局面，竞争力明显不

够。国产基础软件产品彼此间的测试验证机制比较松散，市场占有率基本以“点”为主，“线”和“面”上的突破依然非常欠缺。

表1　国内操作系统企业关键技术、重点产品和主要市场

企业	关键技术	重点产品	主要市场
中标软件	1. 安全技术 2. 虚拟化技术 3. 定制和优化技术 4. 云计算技术 5. 人机交互技术	1. 中标麒麟安全云操作系统 2. 中标麒麟安全操作系统 3. 中标麒麟服务器操作系统(通用、高级) 4. 中标麒麟高可用集群软件 5. 中标普华负载均衡集群系统解决方案 6. 中标普华通用服务器 7. 中标麒麟桌面操作系统(通用、OEM、龙芯、众志版) 8. 中标凌巧移动终端操作系统 9. 中标麒麟多点触摸桌面操作系统	1. 个人电脑 OEM 2. 政府 3. 金融(人行) 4. 物流 5. 航天
中科红旗	1. 安全技术 2. 虚拟化技术 3. 低功耗技术 4. 定制和优化技术	1. Red Flag Asianux Server 2. 红旗安全操作系统 4.0 3. Red Flag HA Cluster 7.0 4. Red Flag Virtual Machine 5. Red Flag Enterprise Manager 6. 红旗 Linux 桌面 6.0 系列 7. 红旗 inMini 2009 8. MIDINUX 和嵌入式 Linux	1. 政府 2. 电力 3. 金融 4. 社保
中科方得	1. 安全技术 2. 虚拟化技术 3. 云计算技术 4. 定制和优化技术	1. 方德方舟安全操作系统 2. 方德高可信服务器操作系统 3. 方德通用桌面操作系统 4. 方德龙芯桌面操作系统 5. 方德云计算平台 6. 内容管理系统	1. 政府 2. 教育 3. OEM

资料来源：ETIRI。

表2　国内数据库企业关键技术、重点产品和主要市场

企业	关键技术	重点产品	主要市场
武汉达梦数据库有限公司	1. DM MPP 2. K-V(Key-Value)数据库 3. 列存储与混合存储 4. 数据仓库套件 5. 虚拟化平台融合	1. 大型通用数据库管理系统(支持列式、k-v 键值对、多维数据存储) 2. 嵌入式、实时、移动数据库管理系统 3. 集群套件 4. 数据仓库套件 5. DM7	1. 电力,国家电网核心业务 2. 电子政务,上海市浦东新区数据中心系统等 3. 金融,非核心业务 4. 电信,非核心业务 5. 商务部产业安全数据库管理系统、卫生医疗等示范性工程 6. 国家安全部数据库买断产品

续表

企业	关键技术	重点产品	主要市场
北京人大金仓信息技术股份有限公司	1. 分布式并行处理技术MPP 2. 数据库安全技术 3. 云存储技术 4. 列存储技术 5. 数据压缩技术	1. Kingbase ES 2. Kingbase Lite 3. Kingbase CS 4. Kingbase Real 5. Kingbase HA 6. Kingbase RS 7. BI 套件	1. 电子政务,审计署金审工程二期等 2. 教育 3. 农业 4. 电力,国家电网 5. 军队、公安等 6. 卫生,社区医疗信息系统 7. 金融,新华保险
天津神舟通用数据技术有限公司	1. 数据压缩 2. 大并发处理技术 3. 智能索引技术 4. 数据聚集技术 5. 高端存储硬件适配技术 6. 列存储技术 7. 数据挖掘技术及各种商务智能技术	1. 神通数据库标准版 2. 神通数据库企业版 3. 神通数据库安全版 4. 神通 KSTORE 5. 专用数据库 6. 整体解决方案	1. 电信,中国联通山东分公司综合结算项目 2. 电网,南方电网数据库实时备份系统 3. 航天,中国空间技术研究院在轨运行实时支持系统等 4. 电子政务,天津市政府信息公开项目等 5. 党、政、军办公系统和机要系统 6. 医疗、社保、税务等
南大通用数据技术有限公司	1. 列存储(colum store)技术 2. key-value(NoSQL)技术 3. 大规模集群(MPP)技术 4. 内存数据库技术 5. 数据压缩技术	1. GBase 8a 分析型数据库 2. GBase BI 3. GBase 8m 内存数据库 4. GBase 8s 安全数据库 5. GBase 8d 目录数据库 6. GBase 8g 数据库管理系统 7. GBase Cluster	1. 电信,应用已经上线运营或已经中标(经营分析、信令监测) 2. 金融,应用将在明年一季度上线(财务大总账) 3. 企业 4. 信息安全领域,安全部、公安部、军队、工信部安全中心等 5. 电子政务,税务、海洋、计生、卫生等行业 6. 与中兴、用友等战略合作
江苏瑞中数据股份有限公司	1. 实时高速吞吐技术 2. 高效的磁盘缓存技术 3. 独创的混合压缩算法 4. 灵活的对象处理机制 5. 跨平台支撑	1. 海迅实时数据库管理软件 2. 海迅实时数据库 3. 海迅生产信息集成平台 4. 海迅信息系统开发平台 5. 海迅数据中心 6. 海迅数据挖掘平台 7. 海迅数据安全接入系统整体解决方案	1. 电力,智能电网 2. 石化、钢铁等工业自动化领域 3. 物联网领域,智能环保、智能交通、智能医疗等

续表

企业	关键技术	重点产品	主要市场
北京和利时集团	1. 实时数据管理技术 2. 数据的对象化、层次化建模技术 3. 数据的动态配置技术 4. 嵌入式实时数据库 5. 历史数据高效存储技术	1. MACS-SCADA RTDB	1. 煤炭 2. 物联网 3. 工业控制

资料来源：ETIRI。

表 3　国内中间件企业关键技术、重点产品和主要市场

企业	关键技术	重点产品	主要市场
北京东方通科技发展有限责任公司	1. 应用集群技术 2. 多进程技术 3. 分布式计算技术 4. 加解密技术 5. 资源管理技术 6. 网络通讯技术 7. 虚拟化技术	1. Tong LINK/Q 2. Tong EASY 3. Tong Web 4. Tong SEC 5. Tong Intgrator 6. Tong Applaud	1. 电信，中国联通 IT 系统 BSS 系统域业务支撑网运营管理系统等 2. 金融，中国人民银行电子商业汇票系统等 3. 政府，湖北电子政务等 4. 交通能源，武汉轻轨自动售票系统等
中创软件工程股份有限公司	1. 微内核技术 2. Web 服务技术 3. 数据访问技术 4. 流程管理技术 5. 数据集成技术 6. CORBA 技术	1. InforSuite AS 2. InforSuite FS 3. InforSuite SIB 4. InforSuite Report 5. InforBus	1. 交通，广州白云机场中央信息集成网关系统等 2. 电力，国家电网 2333 工程 3. 电信，江西电信 IDC 云平台
深圳金蝶中间件有限公司	1. 数据集群技术 2. Web 服务技术 3. 管理控制技术 4. 身份授权技术 5. 数据访问技术 6. 微内核技术 7. 消息队列技术	1. Apusic MQ 2. Apusic ESB 3. Apusic AS 4. Apusic BPM	1. 政府，国家金宏工程等 2. 金融，中国人民银行总行综合信息平台等 3. 电信，中国移动实业管理信息系统 4. 其他，万科地产信息管理系统、南车集团信息管控系统等
上海普元软件技术有限公司	1. 缓存技术 2. Web 服务技术 3. 数据集群技术 4. 应用集成技术 5. 多进程技术 6. 资源管理技术	1. 普元 EOS6 2. 普元 BPS6 3. 普元 ESB6 4. 普元 BFS	1. 电信，中国移动综合网络资源管理系统等 2. 金融，中国银行信用卡进件管理系统等 3. 政府，北京市政风行风热线系统等 4. 其他，首钢 LIMS 项目等

续表

企业	关键技术	重点产品	主要市场
北京中和威软件有限公司	1. 事物处理技术 2. 分布式计算技术 3. CORBA 技术 4. 多线程技术 5. 微内核技术 6. 应用集群技术 7. 消息持久技术	1. InterBus 2. InterBus/E 3. InterWeb 4. InterMQ 5. InterESB	1. 电信，中国联通 GSM 网综合网管系统等 2. 国防，海军某软件集成系统等 3. 企业，普天公司 TD 设备中间件等

资料来源：ETIRI。

四　云计算、移动互联网、大数据等影响基础软件发展走势

操作系统作为云计算技术的基础，在安全性、性能、软硬件冗余、分布式存储、高性能计算等方面都有着广阔的发展空间。全球云计算技术还处于发展阶段，在云计算的市场应用上，没有谁有太大的领先优势。中国企业可以充分利用这一波浪潮，发展自主可控的服务器操作系统。物联网技术的应用也需要前端设备系统与后端业务处理系统提供有效支撑，在实时业务处理及响应方面对操作系统提出了更为苛刻的要求，这也为服务器操作系统的发展带来机遇。伴随着云计算与物联网技术的发展，与新型计算模式相适应且适合我国本土用户需求的国内新型互联网企业，逐渐成为引导我国广义服务器操作系统技术创新的领头羊。另外，随着互联网技术及新型应用模式的推广，传统电信运营商（如电信、联通等）、主干网设备提供商（如华为、中兴）在基础软件新技术发展方面发挥着越来越重要的作用。

3G 时代的来临极大地推动了移动通信与互联网的融合，引领全球民众进入移动互联网时代。移动互联网给用户带来了全新的体验，给移动智能终端带来了全新的要求。移动智能终端操作系统作为管理软硬件和承载应用的关键平台，在移动互联网领域扮演着举足轻重的角色。随着移动智能终端操作系统的不断完善与发展，应用越来越丰富，移动智能终端操作系统成为基础软件领域新的竞争焦点，国际上苹果 iOS、谷歌 Android 和微软 Windows Phone 三分天下，微软重磅推

出 Windows 8 以抢占平板电脑市场，国内移动智能终端操作系统多采取跟随策略，点心 OS、小米、魅族、中兴、华为等多数以定制和本地化 Android 为主，少数以 Windows Phone 为辅。基础软件平台的核心正从 PC 向移动智能终端转移，以移动智能终端操作系统为中心的基础软件平台成为前端的核心平台。

随着政务信息化、企业信息化、移动互联网业务和物联网应用的迅猛发展，IT 技术正进入大规模应用时代，基础软件逐步由 10 亿办公室用户扩展到 70 亿普通消费者用户。用户增多的同时，全球数据规模急剧膨胀，当前 IT 界正迎来大数据（Big Data）时代。Big Data 时代使数据出现多形态、多源、规模急剧膨胀，与之对应的 IT 软硬件更新速度完全无法与之相匹配，存储、管理、查询和分析海量数据已成为亟待解决的关键问题。同时，随着应用需求趋向多样化、数据成几何级数增长，用户需要更灵活、轻便，功能更切合自身需求的数据管理系统，而不是既大又全、价格还昂贵的通用系统。甲骨文、IBM、Microsoft 这类大型关系型数据库软件厂商生产的事务型数据库产品越来越难以满足 OLAP、NoSQL、大规模集群等与传统 OLTP 应用完全不同的新型应用需求，这就对数据库的发展提出了新的要求。同时，在技术不断成熟和市场应用需求不断细化的刺激下，数据库架构也随之发生改变，从一种架构支持所有应用向多种架构支持多类应用的方向发展，内存数据库、列存数据库、NoSQL 数据库等新型架构的数据库不断涌现。这类新型数据库分别满足高性能 OLTP、OLAP 和大规模的互联网 Web2. 0 等高端应用需求（见图 9）。

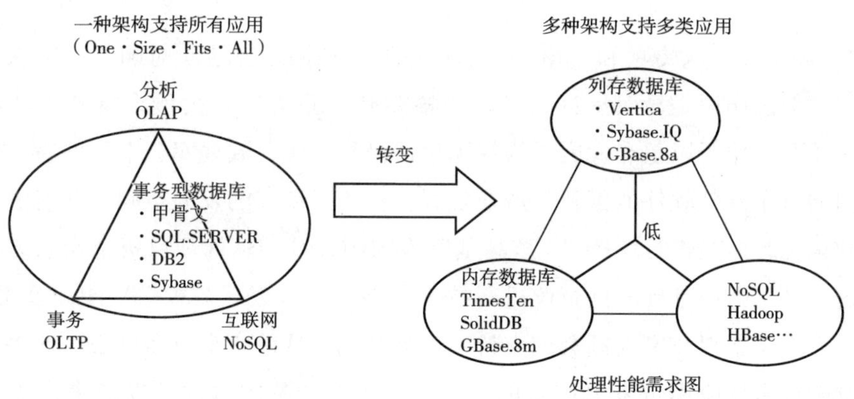

图 9　数据库架构变革

资料来源：M. Stonebraker。

五　国家大力扶持基础软件，基础软件成果显著

“十一五”期间，国家继续大力扶持国产基础软件的发展。2006 年 1 月国务院发布的《国家中长期科学和技术发展规划纲要（2006～2020 年）》将“核高基”（核心电子器件、高端通用芯片及基础软件产品）项目确立为推进我国信息技术发展 16 个重大专项中的核心部分之一，并明确了发展基础软件的目标。2006 年 10 月，“核高基”重大专项领导小组成立，组建了领导小组办公室和“核高基”重大专项实施方案编制专家组，重大专项实施工作启动。2008 年 4 月，国务院常务会议审议并原则通过了“核高基”重大专项实施方案。9 月，完成了“核高基”重大专项实施计划和项目申报指南的编制工作。

2008 年 11 月，科技部正式发布了关于“核心电子器件、高端通用芯片及基础软件产品”科技重大专项 2009 年课题申报的通知。按照规划，“核高基”重大专项将持续 15 年，政府对“核高基”重大专项扶持将持续至 2020 年以后，中央加上地方政府配套资金平均每年的投入约为 40 亿元。专项强调各方资源的集聚，资金的来源包括中央财政、地方财政，以及企业或单位的自筹。

2009 年，为了应对国际经济危机对我国国民经济主要产业带来的冲击，国务院发布了十大产业振兴规划，电子信息产业名列其中。4 月 15 日发布的《电子信息产业调整和振兴规划》再次明确提出对国产基础软件的发展给予扶持。

“核高基”重大专项和《电子信息产业调整和振兴规划》对国产基础软件产业发展的促进作用是显而易见的。以“核高基”重大专项为例，将基础软件作为一项重要工作予以重点发展，为我国包括操作系统、数据库、中间件、办公软件在内的自主基础软件的创新与产业发展，营造了良好的发展空间，并提供了一系列政策配套措施进行扶持。“核高基”专项中，基础软件项目资金投入力度较大，这有利于国产基础软件企业进行技术创新和扩大公司规模等。更重要的是，用户方面由于获得政府大额资金支持，也会对国产软件产生更多信心。这将为国产基础软件市场应用带来更广阔的空间，对于国产基础软件的发展来说十分关键。而核心电子器件、高端通用芯片、基础软件产品的联合协同实施又为产业链上下游企业的协作提供了机会，促进产业生态体系的建设。“核高基”重大专项

的实施为基础软件带来丰硕成果，增强了国产基础软件的安全可控能力，带动了软件产业的发展，有利于基础软件企业做大做强。

表 4 “核高基”重大专项基础软件相关成果

序号	主要成果	备注
1	OPhone 操作系统平台	OPhone 手机已经有 39 款上市销售，累计销售量超过 200 万台
2	沃 Phone 操作系统平台	沃 Phone 手机有 2 款已经上市，另有 3～4 款即将上市
3	麒麟服务器操作系统(Kylin)	64 位的麒麟服务器操作系统突破了硬件适配、内核防护、资源部署等关键技术，通过了军 B + 安全认证、国际自由标准化组织 LSB 4.0 标准符合性认证和 GB18030 中文符合性认证，成功部署于“天河一号”千万亿次计算机中
4	实时控制类嵌入式操作系统	针对汽车电了产品的强实时、高可靠、网络化、平台化以及标准化等要求，研发符合 OSEK/VDX 开放体系结构规范的汽车电子嵌入式实时操作系统，兼容 AUTOSAR 规范的通信诊断支撑软件，16 位、32 位电子控制单元 ECU 硬件环境适配软件以及汽车电子软件开发环境产品，形成统一的软硬件参考平台
5	东方通 TongWeb、TongLINK/Q、TongGTP	TongWeb 已广泛应用于中国移动 80% 以上的新建系统，包括覆盖了 32 个省级移动公司的全面财务预算系统、综合网络资源管理系统等业务系统，实现了规模化应用；TongLINK/Q、TongGTP 等产品实现了对央行、国有大型商业银行、城市商业银行、外资银行等金融机构及企业财务公司的全面覆盖

资料来源：工业和信息化部，东方通。

此外，4 号文件的颁布有助于降低基础软件企业的税负，增强基础软件企业的发展动力。而《软件和信息技术服务业“十二五”发展规划》也将基础软件作为发展重点，强调支持发展高可信服务器操作系统、高可靠高性能大型通用数据库管理系统、云计算平台等基础软件。同时，政府采购加大对国产基础软件的支持力度，2011 年金山 WPS 占据部委及地方政府整体采购量的 57%，在采购套数比例上超过了国内外同类产品，在办公软件领域排名第一，同比增长 200%。

B.3

提升信息安全保障能力，促进信息安全产业发展

摘　要：2011 年，我国信息安全产业在安全理念、核心技术和主流产品等各方面取得了一定的进步。然而，新的信息安全威胁层出不穷，网络安全威胁和移动智能终端安全成为信息安全的重点领域，国内信息安全企业任重道远。针对我国信息安全体系不健全、产业规模较小、企业技术研发实力较为薄弱、市场竞争力不足的现状，我国政府积极推动完善信息安全体系建设，并出台《信息安全产业“十二五”发展规划》及多项政策对信息安全产业进行规划和支持。

关键词：信息安全　移动平台　网络安全

在国内日益严峻的信息安全形势下，我国的信息安全产业在政府引导、企业参与和用户认可的良性循环中稳步成长，产业总体规模持续扩大，企业竞争实力显著增强。中国信息安全产业经过近几年的发展，在安全理念、核心技术和主流产品等各个方面都取得了显著进步。

一　信息安全产业规模持续增长

根据 IDC 的数据，2008 ~ 2011 年中国信息安全产业规模持续增长。由于安全内容与威胁管理软件市场疲软，以及众多安全厂商在 2010 年对部分安全产品实行免费策略，造成 2010 年中国信息安全产业规模增长率仅为 1.6%。但 IDC 预计，日益严峻的信息安全形势和新领域的安全需求将促使 2011 年中国信息安全产业规模恢复强劲增长，产业规模将达到 14.7 亿美元，增长率将达 17.6%（见图 1）。

从信息安全产业的细分市场来看，2011 年中国安全硬件的市场规模将达到

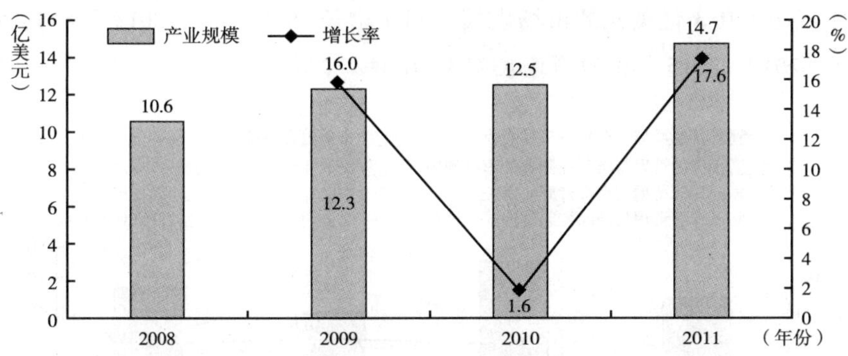

图 1　2008～2011 年中国信息安全产业规模变化情况

资料来源：IDC 中国。

7.3 亿美元，同比增长 19.7%；2011 年中国安全软件的市场规模将达到 3.4 亿美元，同比增长 13.3%；2011 年安全服务市场的规模将达到 4 亿美元，同比增长 17.6%（见图 2）。

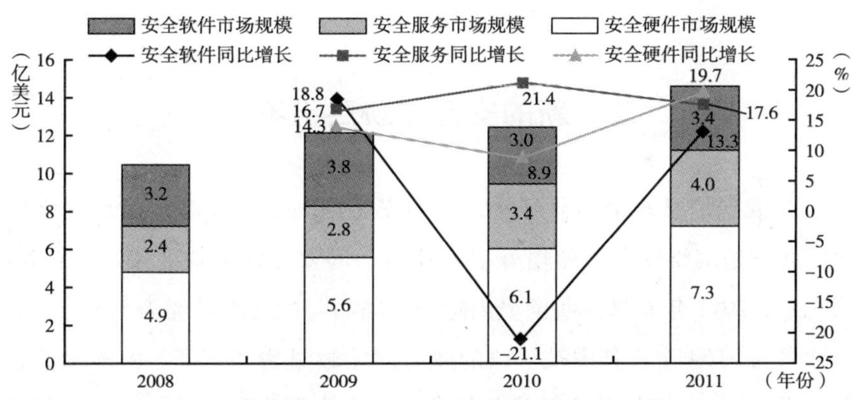

图 2　2008～2011 年中国信息安全产业各细分市场规模

资料来源：IDC 中国。

从安全软件的细分市场来看，2011 年安全内容与威胁管理软件市场的规模将达到 2 亿美元，同比增长 8.0%，预计到 2015 年市场规模为 3.3 亿美元，2010～2015 年的复合增长率为 12.3%；身份管理与访问控制软件市场规模 2011 年将达到 1 亿美元，同比增长 18.0%，预计到 2015 年市场规模为 2 亿美元，2010～2015 年的复合增长率为 14.8%；安全性与漏洞管理软件市场保持稳定增长，

2011 年将达到 0.3 亿美元的市场规模，同比增长 19.8%，到 2015 年将达到 0.5 亿美元，2010～2015 年的复合增长率为 16.1%（见图 3）。

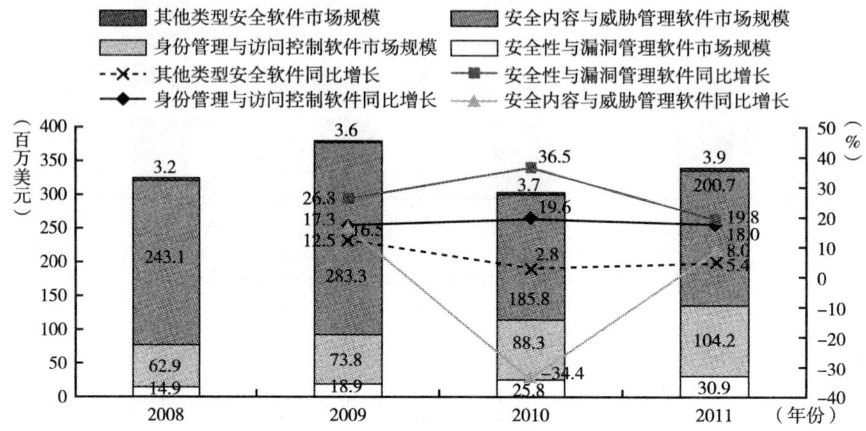

图 3　2008～2011 年中国安全软件细分市场规模

资料来源：IDC 中国。

二　新的安全威胁层出不穷

2011 年我国信息安全形势严峻，新的安全威胁层出不穷，信息安全事故频繁发生，尤其是网络安全威胁格外引人注目。国家互联网应急中心（CNCERT）的数据显示，2011 年 6 月，我国境内感染网络病毒的终端数约为 815 万个，被篡改网站数量为 3164 个，其中被篡改的政府网站数量为 333 个。由国家信息安全漏洞共享平台（CNVD）收集整理的信息系统安全漏洞数量为 447 个，其中高危漏洞 250 个，可被利用来实施远程攻击的漏洞有 406 个。

2011 年我国的木马病毒疫情也非常严重。据 360 安全中心统计，2011 年国内日均约 853.1 万台电脑遭到木马病毒等恶意程序攻击，相比 2010 年增长 48.0%，占每天开机联网电脑的比例约为 5.7%。2011 年，360 安全产品共截获新增恶意程序 10.56 亿个，相比 2010 年增加 87.7%。据 360 安全中心抽样统计发现，2011 年国内流行度最高的恶意程序仍然以木马为主，带有篡改浏览器首页、劫持浏览器访问特定网址、创建桌面广告图标、欺骗安装推广软件等行为特

征的广告木马占据绝大多数。

2011 年我国新增病毒数量则呈现下降趋势。据金山毒霸云安全中心数据显示，2011 年金山毒霸拦截新增病毒达到 1230 万个，较 2010 年呈现下降趋势，日平均拦截次数约 500 万次（见图 4）。

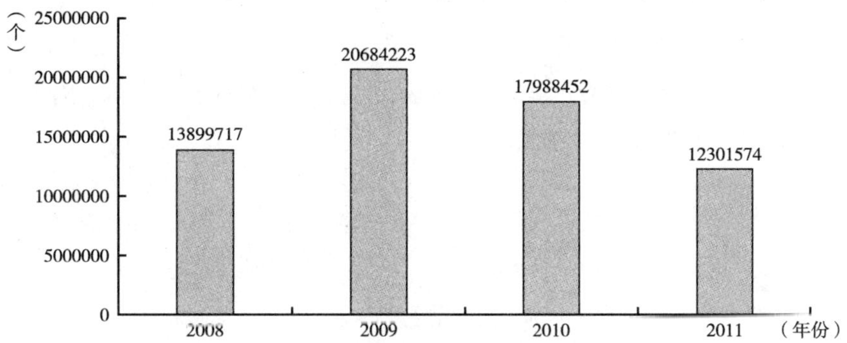

图 4　2008～2011 年我国新增病毒数量变化情况

资料来源：金山毒霸云安全中心。

2011 年我国的钓鱼网站数量增速明显。据 360 安全中心统计，2011 年 360 安全卫士共截获各类钓鱼网站 501078 家，拦截钓鱼网站访问量 21.5 亿次，日均拦截量为 590.1 万次。据金山毒霸云安全中心数据显示，2011 年新增钓鱼网站数量达到 45 万家，钓鱼网站的拦截次数是病毒木马的 5 倍之多。钓鱼网站已经超越木马病毒成为中国互联网安全的首要威胁。

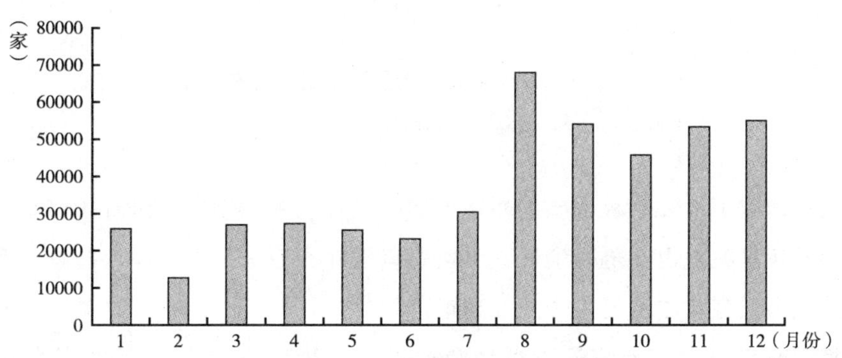

图 5　2011 年 1～12 月我国新增钓鱼网站数量

资料来源：金山毒霸云安全中心。

在2011年出现的钓鱼网站中，虚假购物类网站数量最多，包括假冒淘宝、手机充值欺诈网站、网游交易欺诈网站，以及模仿知名品牌的山寨购物网站等。随着电子商务应用普及，网购人群成为钓鱼网站的主要欺诈目标。在虚假购物网站之后，虚假中奖钓鱼网站的数量排名第二，尤其是在微博应用兴起后，以微博活动、微博抽奖等名义欺骗用户的钓鱼网站数量也水涨船高。此外，金融证券欺诈、假药网站、虚假招聘、假机票假火车票等票务钓鱼网站等也在2011年数量大幅增加，涉及理财、医疗、工作和出行等人们生活中的各个环节，对不熟悉互联网的电脑用户极具威胁（见图6）。

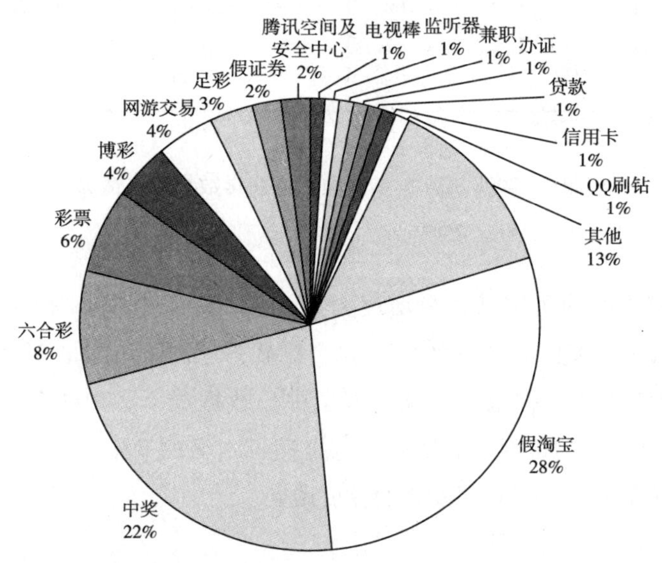

图6　2011年我国钓鱼网站类型分布

资料来源：金山毒霸云安全中心。

随着智能手机和平板电脑的快速发展，以及手机购物、手机游戏等应用的风靡，手机病毒数量也在迅猛增长，手机恶意软件类型也呈现多样化趋势，手机软件漏洞成为黑客攻击的另一个重要通道。

腾讯移动安全实验室病毒后台数据显示，2011年腾讯移动安全实验室共截获被植入手机病毒软件包数25404个。其中，Symbian平台截获被植入病毒软件包数16521个，诱骗欺诈类病毒占42%（Symbian平台病毒最常用的方

式），资费消耗类病毒占 27%，系统破坏类占 22%（见图 7）。Symbian 病毒通过解包再重新打包，设置包中包伪装成正常软件来推广已经成为最惯常的手法。

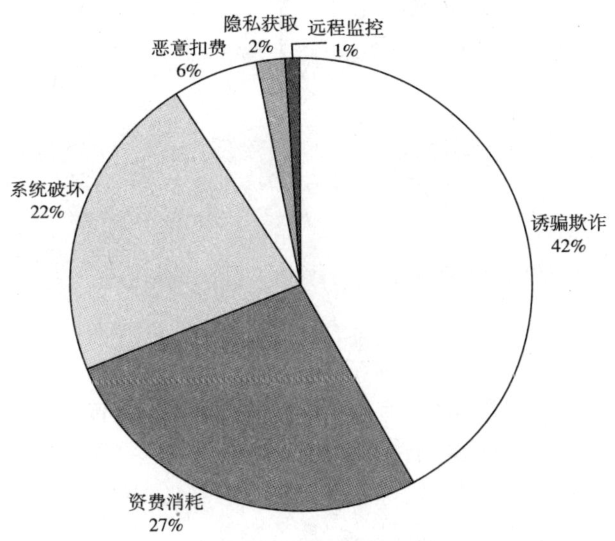

图 7　2011 年 Symbian 平台病毒类型分布

资料来源：腾讯移动安全实验室。

2011 年，Android 平台截获被植入病毒软件包数 8883 个。其中，资费消耗类病毒占 29%，隐私获取类占 25%，诱骗欺诈类占 18%，恶意扣费类占 14%（见图 8）。由于 Android 平台源码开放的特点，各种权限能轻易被手机病毒获取，进而消耗用户的数据流量。此外，病毒还会获取并访问用户隐私信息，因此隐私问题在 Android 平台显得尤为突出。

根据 2011 年腾讯移动安全实验室后台病毒渠道的全年数据分析，电子市场、手机论坛和手机资源站仍然是病毒的最主要来源；软件捆绑传播方式呈上升趋势；随着运营商的监管越来越严格，群发推广病毒的方式总体呈下降趋势。总之，病毒传播的招数和方式将会越来越多，隐藏的手段也会越来越高明。

纵观 2011 年整个移动安全行业，由于受技术产品标准缺乏、商业模式尚未成形、系统漏洞风险大、安全技术手段滞后等诸多因素的影响，移动软件市场良

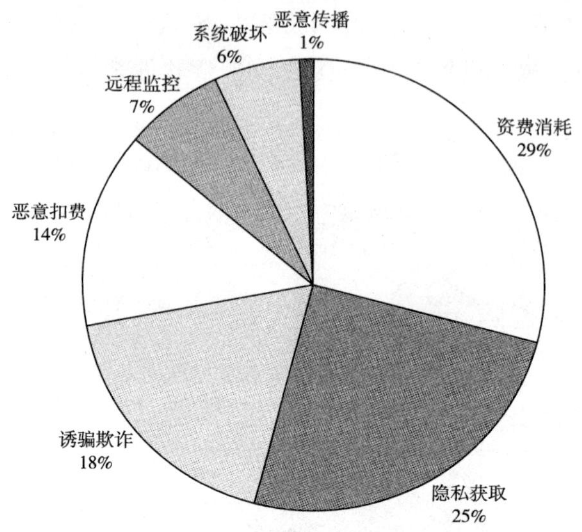

图 8　2011 年 Android 平台病毒类型分布

资料来源：腾讯移动安全实验室。

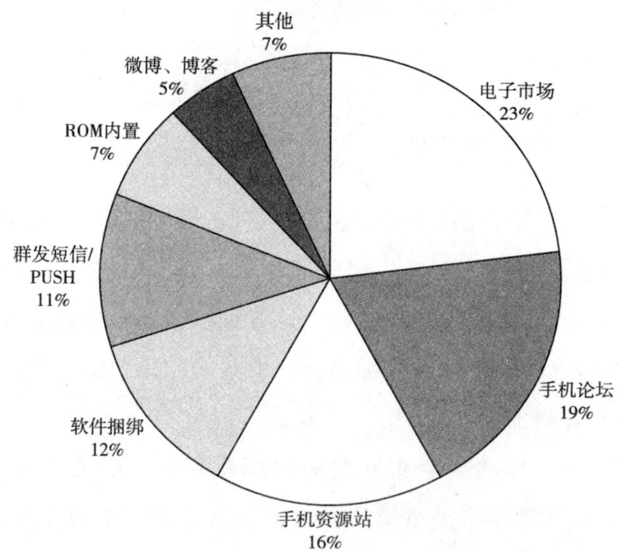

图 9　2011 年手机病毒传播渠道来源

资料来源：腾讯移动安全实验室。

莠不齐，用户个人隐私和信息安全得不到有效保障，恶意程序、病毒木马、吸费、吸流量、大量软件广告等严重威胁到了广大用户的权益。

三　国内信息安全企业任重道远

目前我国的信息安全市场仍然处于发展初期，市场整体规模较小，企业普遍发展缓慢，与同类国外知名企业相比差距较大。下面选取四家国内信息安全的上市企业奇虎360、网秦、启明星辰、卫士通，两家国外上市企业Symantec、Check Point，对它们2011年的营收数据进行对比（见图10）。

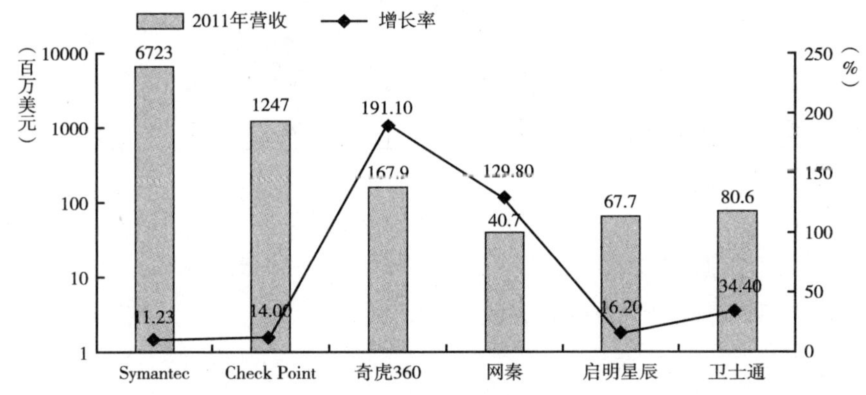

图10　2011年国内外信息安全上市公司营收对比

资料来源：各公司年报。

从图10看，国内信息安全企业营收远小于国外的企业，最小差距都超过了7倍。尽管国内企业2011年营收的增长率都高于国外企业，但它们的财报数据表明，国内企业的高增长率并非来自主营业务，如奇虎360的收入90%以上来自广告和游戏业务，网秦的主营业务也仅占5%，而两家国外企业的信息安全业务收入都超过了20%。

从各公司产品分布可以看出，启明星辰与卫士通主要经营信息安全的硬件产品，Symantec、奇虎360和网秦主要经营信息安全软件产品，Check Point则更全面，软硬件产品都有涉足（见表1）。

国内企业存在的主要问题是技术研发乏力，企业的竞争力不足，尤其在海外市场无力与国外企业抗衡。多年来，国内信息安全企业因为互相低价竞争和技术低水平重复而多次遭到政府和用户的严重诟病。中国信息安全企业只有适应市场

表 1 国内外信息安全上市公司产品分布

企 业		Symantec	Check Point	奇虎 360	网秦	启明星辰	卫士通
信息安全产品分类	防火墙		●			●	●
	VPN	●	●				●
	IDS					●	
	IPS		●			●	
	UTM		●			●	●
	加密工具		●				●
	安全性与漏洞管理软件	●	●	●		●	
	安全内容与威胁管理软件	●	●	●	●		
	身份管理与访问控制软件	●		●	●		

资料来源：ETIRI。

竞争，不断推动自身的核心技术研发，做强品牌，并提升创新能力和服务水平，才能实现中国信息安全产业的做大做强。

四 中国政府积极推动信息安全体系建设

中国政府高度重视国家信息安全保障体系的建设，2011 年在信息安全产业、标准、信息安全管理等方面出台了发展规划及多项法规文件。

2011 年 12 月，工业和信息化部印发了《信息安全产业“十二五”发展规划》（以下简称《规划》）。《规划》提出了我国信息安全产业的发展目标，到 2015 年我国信息安全产业规模突破 670 亿元，保持年均 30% 以上的增长速度，占信息产业的比重稳步提高；技术创新目标是形成支撑云计算、物联网和移动互联网等应用的信息安全保障能力，逐步提高信息安全防护水平，部分信息安全技术和产品达到国际先进水平。“十二五”期间《规划》的贯彻和落实必将推动我国信息安全产业能力迈向新的台阶。

2011 年 7 月，工业和信息化部发布了《政府部门信息技术外包服务机构申请信息安全管理体系认证安全审查程序（暂行）》。该文件规定，服务机构申请信息安全管理体系认证（含再认证）时，应经工信部安全审查同意；工信部负

责安全审查的管理工作，包括发布审查程序、制定审查标准、组织开展审查、发布审查结果等。该文件还称，鼓励服务机构按照信息安全管理体系相关标准加强信息安全建设；鼓励政府部门优先选用通过信息安全管理体系认证的信息技术服务机构提供外包服务。同时，开通了政府部门信息技术外包服务安全审查管理网站及安全审查咨询受理电话专线，拓宽了社会公众及时获取安全审查工作动态、查询安全审查结果的政务公开渠道。

2011 年 10 月，工业和信息化部印发了《关于加强工业控制系统信息安全管理的通知》，要求各地区、各有关部门、有关国有大型企业充分认识工业控制系统信息安全的重要性和紧迫性，切实加强工业控制系统信息安全管理，以保障工业生产运行安全、国家经济安全和人民生命财产安全。文件明确指出，重点加强核设施、钢铁、有色、化工、石油石化、电力、天然气、先进制造、水利枢纽、环境保护、铁路、城市轨道交通、民航、城市供水供气供热以及其他与国计民生紧密相关领域的工业控制系统信息安全管理，落实安全管理要求。

由全国信息安全标准化技术委员会组织制定的《信息安全技术公钥基础设施安全支撑平台技术框架》、《信息安全技术证书认证系统密码及其相关安全技术规范》、《信息安全技术信息安全等级保护实施指南》等 18 项信息安全技术标准，经国家标准化管理委员会批准发布，于 2011 年 2 月 1 日起实施。这批标准的发布实施，对于完善我国信息安全标准体系，规范和指导我国信息安全保障体系建设具有重要意义。

表 2　18 项信息安全国家标准（2011 年 2 月 1 日起实施）

序号	标准编号	标准名称
1	GB/T 25055 －2010	《信息安全技术公钥基础设施安全支撑平台技术框架》
2	GB/T 25056 －2010	《信息安全技术证书认证系统密码及其相关安全技术规范》
3	GB/T 25057 －2010	《信息安全技术公钥基础设施电子签名卡应用接口基本要求》
4	GB/T 25058 －2010	《信息安全技术信息安全等级保护实施指南》
5	GB/T 25059 －2010	《信息安全技术公钥基础设施简易在线证书状态协议》
6	GB/T 25060 －2010	《信息安全技术公钥基础设施 X. 509 数字证书应用接口规范》
7	GB/T 25061 －2010	《信息安全技术公钥基础设施 XML 数字签名语法与处理规范》
8	GB/T 25062 －2010	《信息安全技术鉴别与授权基于角色的访问控制模型与管理规范》
9	GB/T 25063 －2010	《信息安全技术服务器安全测评要求》

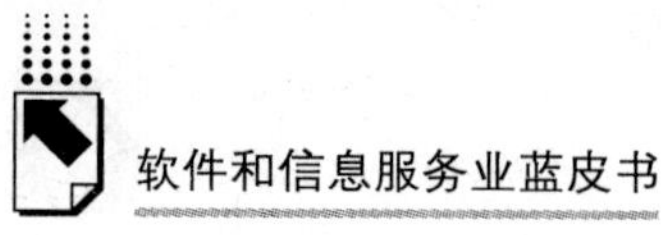

续表

序号	标准编号	标准名称
10	GB/T 25064 - 2010	《信息安全技术公钥基础设施电子签名格式规范》
11	GB/T 25065 - 2010	《信息安全技术公钥基础设施签名生成应用程序的安全要求》
12	GB/T 25066 - 2010	《信息安全技术信息安全产品类别与代码》
13	GB/T 25067 - 2010	《信息技术安全技术信息安全管理体系审核认证机构的要求》
14	GB/T 25069 - 2010	《信息安全技术术语》
15	GB/T 25070 - 2010	《信息安全技术信息系统等级保护安全设计技术要求》
16	GB/T 25068. 3 - 2010	《信息技术安全技术 IT 网络安全第 3 部分:使用安全网关的网间通信安全保护》
17	GB/T 25068. 4 - 2010	《信息技术安全技术 IT 网络安全第 4 部分:远程接入的安全保护》
18	GB/T 25068. 5 - 2010	《信息技术安全技术 IT 网络安全第 5 部分:使用虚拟专用网的跨网通信安全保护》

资料来源：工信部网站。

为了应对国内日益严峻的移动安全形势，工业和信息化部在 2011 年 12 月发布了首个《移动互联网恶意程序监测与处置机制》，并在 2012 年 1 月 1 日开始执行。此外，国家相关管理部门目前正在规划搭建中国手机软件安全自律共享平台，目的是为开发者、平台厂商、终端厂商、渠道等移动互联网产业链合作伙伴搭建汇聚平台，构建一个绿色、安全、可信的移动互联网产业环境，促进并推动移动互联网应用开发环境可持续性健康发展。

五　中国信息安全产业迎来新的发展机遇

云计算、物联网、移动互联网等新技术、新应用和新模式的应用和发展，使得信息的获取方法、存储形态、传输渠道和处理方式等发生了新的变化，网络结构的复杂化、用户的爆炸性增长、数据的快速膨胀增加了信息安全防护的难度，从而要求开发性能更强、功能更丰富的信息安全技术和产品。信息安全产品形态不断发生变化，安全产品之间、安全产品与信息设备之间加快融合，新产品开发、交付和服务模式发生变革，给产业发展带来重大影响。

这些新技术、新应用和新模式在国内外市场的全面开拓将加快国内信息安全技术创新速度，催生云安全等新的信息安全应用领域，为国内企业与国际同步发

展提供了契机，给整个信息安全产业带来巨大的市场空间。

与此同时，我国的信息安全企业也已经积极在这些新领域抢占竞争制高点。例如，利用在密码技术领域的核心优势，卫士通已率先切入云计算、移动互联网、物联网等新的 IT 安全市场，进行了有针对性的研究与投入，部分领域已取得重大进展。启明星辰也表示，要加大核心技术研究力度，特别是要密切关注云计算安全、物联网安全、移动互联网安全等新技术发展趋势，积极探索最佳切入点及业务模式。另外，由华为与赛门铁克合作组建的合资公司华为赛门铁克也已在云安全领域建立了先进的云安全架构，并在全球有多个攻防实验室。

面对这些新领域产生的安全需求，我国信息安全产业必须加快创新步伐，以满足国家信息安全保障体系建设对安全可控的信息安全产品和服务的需求。未来的信息安全产业，必将也应该聚焦于这些新领域的安全需求，这些新的市场需求可能成为信息安全产业新的增长点，或将引领新一轮信息安全产业的巨大发展。

B.4

工业软件发展迅速，促进工业转型升级

摘　要： 工业软件广泛地应用于机械制造、电子制造、工业设计与控制等众多细分行业中，“两化融合”的不断深入给工业密切相关的工业软件产品带来了发展机遇。2011 年，在国家推动产业自主创新发展的带动下，工业软件市场快速增长，在具有自主知识产权的工业软件方面取得长足进步，生产管理和控制及工业装备嵌入式软件在中高端市场的占有率不断提升，并在高端市场实现突破，我国工业软件企业与国外差距逐步缩小。同时，工业软件全面集成与个性化同步发展趋势增强，工业控制安全成为工业软件行业未来关注的焦点。

关键词： 自主创新　控制安全　工业软件

随着我国国民经济的发展和社会进步，信息技术正以其特有的渗透力，广泛服务于我国新型工业化发展进程，工业软件在其中扮演的角色越来越重要。工业软件是指专用于或主要用于工业领域，提高工业企业研发、制造、经营管理水平和工业装备性能的软件，是现代工业的血液和神经。工业软件作为“两化融合”的有力抓手和生产性服务业的重要组成部分，能够提高工业产品价值、降低企业成本、促进节能减排、提高企业核心竞争力，对于推动我国工业升级转型、促进产业结构调整、提升软件产业整体水平和保持经济平稳较快发展具有重要意义。

专栏 1　工业软件分类

工业软件按用途可以分为以下五类。

产品研发类：包括产品研发计算机辅助设计（CAD）软件、辅助分析（CAE）软件、辅助制造（CAM）软件、产品全生命周期管理（PLM）软件等，其目的是提高产品开发效率，降低开发成本，缩短开发周期，提高产品质量。

生产管理类： 包括企业资源计划软件（ERP）、决策支持（DS）软件、业务流程管理（BPM）软件、质量管理（QM）软件、供应链管理（SCM）软件等，其目的是提高企业的生产管理水平，提高产品质量水平和客户满意度，提高企业间信息和物流协作的效率，降低企业管理、信息交流和物资流通成本，提升整个产品价值链的增加值。

生产控制类： 包括制造执行系统（MES）和工业自动化控制系统等，其目的是提高制造设备利用率，降低制造成本，提高产品制造质量，缩短产品制造周期，提高制造过程管理水平。

协同集成类： 包括协同软件、工作流软件、企业应用集成平台等，其目的是解决"信息孤岛"和"流程孤岛"对提高企业整体和供应链整体运作效率的制约，在降低企业内部和企业间集成成本的情况下，提高企业和供应链整体经济效益。

装备嵌入式软件： 包括嵌入工业装备内部的软件，其目的是提高工业装备的数字化、自动化和智能化水平，增加工业装备的功能，提升工业装备的性能和附加值。

为进一步促进我国工业软件产业快速、健康、有序发展，服务"两化融合"，2010 年 12 月，工业和信息化部指导成立了中国工业软件产业发展联盟（以下简称"工业软件联盟"）。2011 年工业软件联盟在工业和信息化部软件服务业司的指导下，着力推进中小企业 CAD 公共服务平台建设、组织开展全国产工业软件产业试点示范，并对行业基础及热点问题进行了多项跟踪研究，为联盟内外企业建立了有效的沟通渠道。

一　自主工业软件在国内市场快速推进

通过政府、联盟与产业界的共同努力，国内工业软件行业取得长足进步。各类工业软件产品在国内市场快速推进，生产管理、生产控制及工业装备嵌入式软件在中端市场的占有率不断提升，在高端市场实现一定突破，工业软件企业业务逐渐向海外拓展，部分产品开始进入国际市场。

2010 年我国工业软件市场规模超过 273 亿元，预计 2011 年为 354 亿元，年增速为29.7%，略低于2011年全国软件产业的同比增速，但远高于全球制造业软件和信息服务投入3.6%的增速。其中，生产管理类软件增速最快，达35.0%，在工业软件中的比重上升了2个百分点，至38%；装备嵌入式软件增速最慢，仅为21.1%（见图1）。

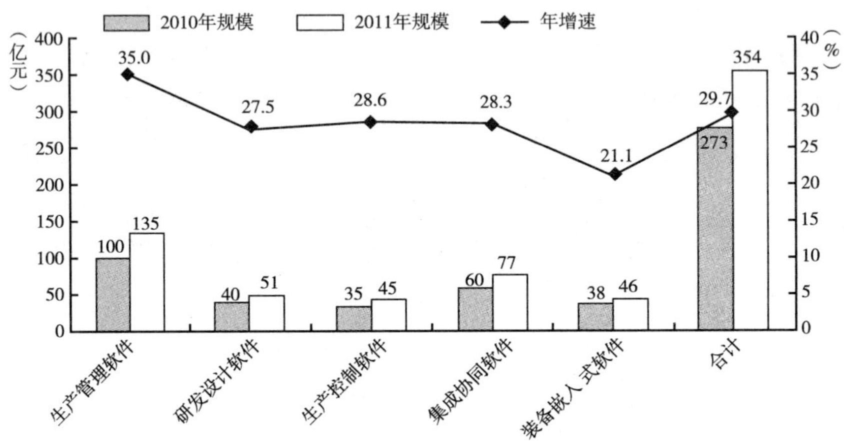

图1　2010～2011年我国工业软件产业规模及增速

资料来源：ETIRI。

研发设计软件初步建立相对完善的产业体系，核心软件在低端市场快速普及。国内研发设计工具产品已经基本形成体系，覆盖CAD、CAE、CAM、CAPP、PDM、PLM等产品生命周期的各个阶段，涌现出数码大方、中望、浩辰、中科辅龙、山大华天等优秀企业，其中尤以CAD发展较为迅速，已经在低端市场快速普及，能够占据国内约30%的市场份额。数码大方、中望、山大华天甚至在美国、日本等研发设计工具相当成熟的海外市场实现了突破。

生产管理软件领域龙头骨干企业快速成长，中端市场的核心竞争力显著增强。国内生产管理软件企业经过近20年的发展，已经从先前的财务管理等单一领域的低端市场，逐渐向中高端发展，已经占据中高端市场超过40%的份额，业务也开始逐渐向海外拓展。

生产控制软件在部分领域的产业化取得突破，加速从低端向中端市场迈进。生产过程控制软件在电力、化工、冶金、军工、装备等领域的产业化取得突破，如和利时、浙江中控等国产DCS系统占电力和化工领域的市场份额分别达到

50%和35%，而MES则占据整个市场约1/3的份额。

本土企业在装备嵌入式软件部分领域具有一定的优势，但高端市场仍被跨国公司垄断。国内的部分装备嵌入式软件如产品数控系统在中低端市场有极强的竞争力，已经占据约75%的市场份额，广州数控、华中数控以及大连高金数控占据领先地位，行业聚集度较高，仅广州数控一家即占据45%的市场份额，数码大方在DNC领域能够占据40%的市场份额。

工业软件企业转型发展，区域集中度高。国内典型工业软件上市企业2008～2011年的总体营收（这里的营收指企业的总营收，包含硬件和软件）情况如图2所示，2011年较2010年增长了约27%，达到1661亿元。其增速相比工业软件行业约30%的增速略低，也从侧面反映出工业软件企业向软件及服务转型发展的趋势。

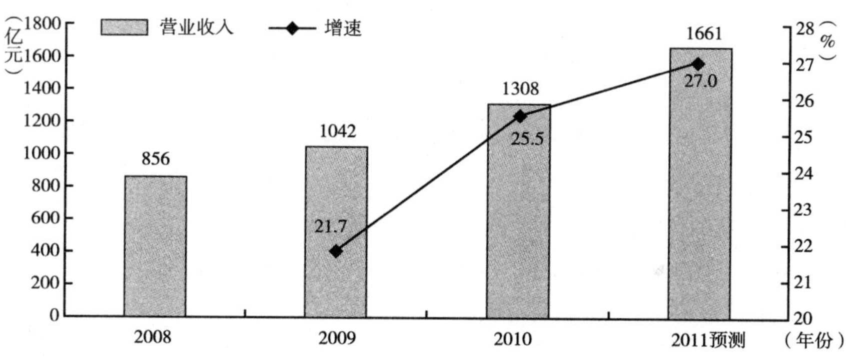

图2　2008～2011年典型工业软件上市企业营收情况

资料来源：ETIRI。

本报告统计的49家上市工业软件企业多分布于北京、广东、上海和江苏，这四个省市共有35家，占据了71%。其中，北京有15家，占据31%。可见，我国工业软件企业分布相对较为集中（见图3）。

专栏2　2011年部分国内工业软件企业运行情况

本报告选取5家在各子行业具有代表性的上市企业，分析对比其营收情况。用友、神州数码、和利时、宝信软件、国电南瑞分别是企业资源管理（ERP）软件、产品生命周期管理（PLM）、集散控制系统（DCS）、制造执行系统（MES）、

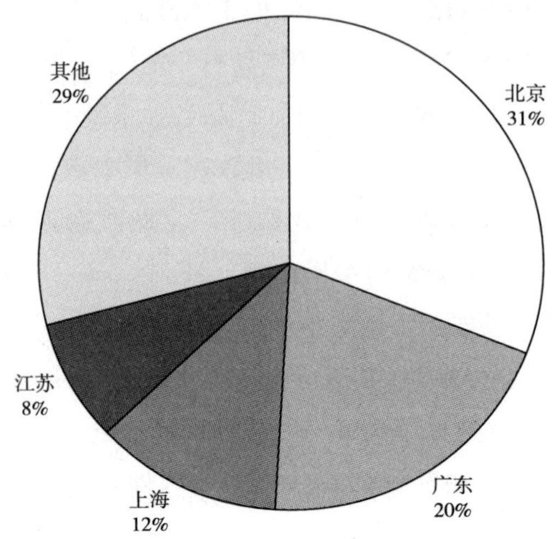

图 3　工业软件上市企业分布情况

资料来源：ETIRI。

数据采集与监控系统（SCADA）领域的代表企业，其 2010 ~ 2011 年营收如表 1 所示。

表 1　2010 ~ 2011 年国内工业软件企业运行情况

公　司	成立年限（年）	员工数量（人）	年度营收（亿元）		增速（%）
			2010 年	2011 年	
用　友	23	10700	29.7	41.2	38.7
神州数码	11	14000	461.3	555.9	20.5
和利时	18	2200	10.9	16.6	52.3
国电南瑞	10	1900	24.8	46.6	87.9
宝信软件	11	4100	25.8	31.5	22.1
平均值	14.6	6580	110.5	138.4	25.2

资料来源：ETIRI。

对比表 1 数据可以看到，上述 5 家工业软件企业 2011 年平均增速为 25.2%，低于软件产业整体增速。

以国电南瑞为代表的 SCADA 行业增速最快，反映出我国电力行业工业软件的旺盛需求。而宝信软件的增速相对较慢与其 MES 系统市场被来自生产管理

类、生产控制类企业拓展和渗透有很大关系。神州数码业务较为综合，系统集成占其营收的一大部分，工业和信息化部的数据也表明系统集成行业的增速要比软件行业低4个百分点，其他如DCS、ERP等行业增速均高于软件行业整体增速。

二　我国工业软件企业与国外差距逐步缩小

综合考虑企业涉及的行业、企业规模以及上市情况，选择表2所示企业进行对标分析，可以发现我国工业软件企业与国外的差距正逐步缩小。尤其是从事生产管理类软件的企业，不论规模还是数量都已达到了相当的水平；从事生产控制类的企业的数量与规模次之；从事研发设计类的企业虽然数量不少，但整体规模不大。

表2　2010年国内外工业软件企业对标基本信息

单位：亿元，人

序号	企业名称	股票代码	行业类别	国别	成立年份	营业收入	净利润	员工数量
1	SAP	NYSE:SAP	生产管理	德国	1972	1139	165	53513
2	用友	SHA:600588	生产管理	中国	1988	30	3	10700
3	Autodesk	NASDAQ:ADSK	研发设计	美国	1982	126	14	6800
4	大恒科技	SHA:600288	研发设计	中国	1998	40	1	2500
5	Honeywell	NYSE:HON	生产控制	美国	1885	2157	131	130000
6	和利时	NASDAQ:HOLI	生产控制	中国	1993	11	2	2185

资料来源：ETIRI。

与国外企业比，国内企业起步相差20年左右，且规模仍偏小。从企业成立时间看，生产管理类的用友与SAP、研发设计类的大恒科技与Autodesk相比，均晚了16年。以PLC（1966年左右）和DCS（1975年左右）为代表的数字式计算机控制方式的出现标志着生产控制软件的初步形成，这正是由Honeywell这些国外先进自动化企业主导的，也即国内的生产控制软件企业的出现晚了20年左右。就6家企业对比分析来看，中国的工业软件企业竞争力与世界一流企业相比差距较大。如国外3家企业合计的营业收入、净利润、员工数量、当前市值、总资产分别是国内3家企业合计的42、52、12、31、44倍。

国内工业软件产品种类较为丰富。国内的生产管理和生产控制类产品与国外相比，就种类上来说较为丰富。国内企业国际化能力相对薄弱。国内三类企业中，只有用友在亚太地区有极少量的业务，其他则完全集中于中国市场，与之对标的国际企业本土收入均未超过40%，客户遍及全球。可见，中国工业软件企业国际化程度非常低，海外业务几近为零，品牌效应还未形成（见表3）。

表3　2010年国内外工业软件企业主要产品和市场

单位：%

序号	企业名称	产品线	客户分布	本土收入占比	亚太市场收入占比
1	SAP	CRM、ERP、PLM、SCM、SRM、BI	120个国家	27	22
2	用友	CRM、ERP、PLM、HRM、UAP、EAM、BI	中国及亚太地区	99	100
3	Autodesk	CAD、CAM、CAE、CAPP、PDM	180个国家	38	23
4	大恒科技	CAD、CAPP	中国	100	100
5	Honeywell	MES、DCS、PLC	110个国家	11	—
6	和利时	MES、DCS、PLC	中国	100	100

资料来源：ETIRI。

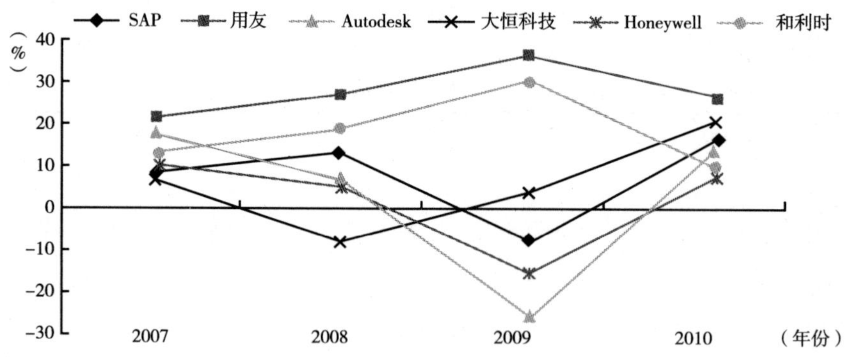

图4　2007~2010年国内外6家工业软件企业营收增长率

资料来源：ETIRI。

表 4　2010 年国内外工业软件企业盈利及创新能力

序号	企业名称	营业收入（亿元）	净利润（亿元）	员工数量（人）	人均营收（百万元/人）	研发投入占比（%）	利润率（%）
1	SAP	1139	165	53513	2.13	14	15
2	用友	30	3	10700	0.28	15	12
3	Autodesk	126	14	6800	1.85	23	11
4	大恒科技	40	1	2500	1.60	3	3
5	Honeywell	2157	131	130000	1.66	4	6
6	和利时	11	2	2185	0.50	8	15

资料来源：ETIRI。

国内企业处于快速成长期，盈利能力与创新能力稳步提高。国内企业营业收入及员工数量年均增长率都比国外企业高出将近 10 个百分点。国内企业营收在国际金融危机影响最大的 2009 年仍然实现了逆市增长，国外企业均出现下滑。

国际金融危机对国外企业的员工数量影响较大，各公司都出现了裁员的现象。而国内只有大恒科技在 2008～2009 年经历了小幅裁员。国内生产管理类企业的利润率与国外相当，研发设计类相差较大，而生产控制类则要比国外企业高出 9 个百分点。平均来看，国内工业软件企业的利润率要比国外高出 2 个百分点。人均营收方面，国内平均为 79 万元，国外平均为 188 万元，差距较大，国内只有国外的 42%，说明国内企业获利能力较差，生产效率不高。国内企业除研发设计外，研发投入占营业收入的比例都比国外企业略高，说明国内工业软件企业已经具备较高的创新意识。但应该看到，国外企业的研发投入总量远在国内企业之上。整体工业软件企业的研发投入情况有待更进一步的探讨。

三　工业控制安全成为关注焦点

工业控制系统面临的威胁是多样化的：一方面，敌对政府、恐怖组织、商业间谍、内部不法人员、外部非法入侵者等对系统虎视眈眈；另一方面，系统复杂性、人为事故、操作失误、设备故障和自然灾害等也会对工业控制系统造成破坏。

2010 年 6 月，随着第一个专门攻击真实世界中基础设施的病毒——震网

(Stuxnet) 的发现以及这一病毒所造成的破坏性影响被广泛报道，工业控制系统的安全问题逐渐进入人们的视野。不同于以往攻击个人电脑或服务器以窃取信息为目的的计算机病毒，震网超级病毒是利用控制系统的后门漏洞，通过人机界面操作计算机站，进一步攻击控制计算机站，一是篡改工业基础设施运行数据，二是向现场执行机构发送破坏指令，从而导致工业基础设施的瘫痪，甚至导致重大安全事故。

事实上，在此之前，工业控制系统的安全问题早已屡见不鲜，只是没有像震网超级病毒这样造成全球性的影响，因而未引起足够的重视。如 2006 年美国宾夕法尼亚州哈里斯堡水处理厂曾遭到病毒入侵，2005 年美国汽车制造工厂戴姆克莱斯勒受到蠕虫病毒的感染，不一而足。

2011 年工业控制系统安全问题仍是持续关注的热点。黑帽大会（Black Hat）和 Defcon 是全球瞩目的年度安全大会。在 2011 年 8 月的会议上，有安全人员警告，谷歌搜索结果中包含大量数据采集与监控系统的入口，这是一个非常危险的现象，因为类似震网病毒这样的利用工控系统数据采集与监控系统的漏洞攻击基础设施和生产力设备的事件已经屡见不鲜。这种暴露在互联网上的系统入口无疑给黑客大开方便之门，有时候他们甚至用“1234”这样的密码就能成功进入到工控系统并做他们想做的事情。

2011 年 6 月，由美国 ICS-CERT 颁布的一份漏洞威胁报告指出了中国北京三维力控科技有限公司开发的工业控制系统软件（SCADA）中的两个安全漏洞。通过这些漏洞，攻击者可以执行远程控制并发起攻击。据报道，该漏洞是基于堆缓冲区溢出，能够导致 DoS 攻击或执行恶意代码。成功利用这些漏洞可以让攻击者进行远程拒绝式服务攻击或在远程执行任意代码，从而对 pNetPower 服务器应用程序进行攻击，并最终获得整个 SCADA 系统的使用权限。

随着“两化融合”的逐步深入，工业软件相关的安全性、可靠性、产权保护、私密性等与信息安全有关的问题将越来越突出。所以，未来工业信息安全软件的发展势头将非常迅猛。预计在“十二五”末，工业信息安全软件的需求会呈井喷之势。工业信息安全软件本土化需求比较明显。加上工业信息安全软件的发展，国内外都处于刚起步不久的阶段；虽然国外稍微领先，但差距并不是太大。所以，中国工业信息安全软件的发展机会很多。

四 工业软件全面集成与个性化同步发展

由于中国工业的飞速发展，企业高速成长和管理的特色化发展等方面的因素，现实提出了许多有异于西方软件的需求。在对信息化先驱企业和标杆性工程进行总结、梳理和提炼的基础上，一些软件企业与用户联合研发出新型的工业软件产品或解决方案，甚至在中国制造崛起的过程中结合一些先进工业企业的管理和技术创新，产生了比西方更为先进的理念和模式。如三一重工在南京新模式和中国标准化研究院支持下实现的标准化信息管理平台系统就是一个很好的实例。2010 年，我国学者基于现有网络化制造和服务技术同云计算、云安全、高性能计算、物联网等技术融合，提出云制造理论，旨在开创一种利用网络和云计算的服务平台，按用户需求组织网上制造资源（制造云），为用户提供各类按需制造服务的一种网络化制造新模式，实现资源整合、高效服务和多方共赢。

中国工业软件面临产业、技术和应用发展的大好机遇，但因自身仍处于产业幼稚期，也同样面临巨大的挑战。把握住机遇，满足“易管理”所揭示的“化繁为简、快速应变、构筑基础”和“简易、变易、不易”等要求，就有可能实现超越，在中国出现领先的世界工业软件新技术、新产品、新模式，同时诞生世界级的工业软件企业。

（一）上下求索，全面集成

从全球范围来看，当前工业软件的产品组合已趋于成熟。国内工业软件厂商紧紧抓住这一机遇，不断提供套装化的产品，并在功能细节方面不断改进与完善。国内生产管理类工业软件功能取得了突飞猛进的发展，逐渐形成了从财务软件的单一产品、ERP 软件的单一产品，发展到现在拥有以业务基础平台和 ERP 为核心的，CRM、SCM、OA 等多种产品组合的套件。国内软件厂商纷纷提供 ERP、CRM、OA、DRP、PM 等套件化的产品，并进而与 PDM、PLM、MES 等软件进行套装化，以满足企业应用的整合需求。

MES 市场也逐渐走向整合，而国际金融风暴加速了整合的步伐，呈现出“上下求索”的轨迹，这种市场整合的路径与 MES 在企业信息化所处的位置息息相关。MES 的使命是为了衔接上层 ERP 和下层自动化系统，于是，ERP 厂商向下逐渐渗透，自动化企业向上扩充实力。

（二）本土化、个性化需求愈加突出

发展的原始动力是需求。工业软件近些年的迅猛发展正是由国内工业企业对信息化建设的刚性需求所决定的。西方的信息化是在后工业时代开始的，而我国是在工业化的进程中开始了信息化。这对我国是很大的挑战，但也是中国特色化发展的一种体现，对本土的软件企业来说，机遇也很多。再加之国情的不同，生产制造的流程与管理理念也具有一定的中国特色。国内工业软件企业能更深入、细致地了解市场需求，从而更能为本土工业企业量身设计个性化的软件。

国产工业软件凭借本土优势，已经不再局限于以前的中小企业市场，在部分高端市场也可以和国外软件展开正面的竞争。我国 ERP 的国产化率在 80% 左右，在高端市场的占有率已经达到 49.2%，与国外软件几乎形成平分秋色的局面。系统的应用与开发进入快速发展时期，国产 PDM 系统主要占据中端市场，尽管在功能、性能及稳定性方面与国外软件相比还有差距。在机加工、钢铁、石化等领域，国内的 MES 已比较成熟并形成了商业化产品。在设计领域，出现了 Solid3000、SINOVATION 等商业化三维 CAD 软件。我国拥有自主版权的 CAE 软件，也在重要工程中得到成功应用。

国内工业软件厂商开始注重突出自身的优势，使得同类产品不再千件一面而是各呈特色，如南京新模式推出“安全的 PDM 系统”等。企业也根据自身需求开发出自主产品，如沪东造船厂研制的自主版权的三维船舶设计系统（SPD）；611 所基于 AutoCAD 系统研制开发了船舶制造三维设计系统（SB3DS）；中国运载火箭技术研究院与大连理工大学合作，开发面向航天运载器的结构分析 CAE 软构件；上海汽轮机厂已经形成了 3 个研发设计业务系统，包含具有自主知识产权的 300 多个业务处理程序。

（三）新技术带来新机遇

以云计算、物联网、移动互联网等为代表的新技术、新模式、新概念不断涌现，且迅猛发展，为工业软件发展带来新机遇，不仅能够促进工业软件的技术创新，更能推动工业软件产业找到新的商业模式，为“两化”深度融合铺平道路。

如云计算的普及不仅能降低企业信息化实施的门槛，还可节约企业应用和维护的成本，使用户可更加便捷地享受工业软件服务。同时，云计算模式下的工业软件服务还具有更高的安全性和扩展性，能够支撑用户对创新的更高要求。

巨大的市场、政府的大力推进以及我国工业软件企业的积极进取，将使我国工业软件产业呈现长期快速发展态势。当前中国工业化与欧美相比，虽总体上已进入中后期阶段，但与信息化的深度融合还远未完成，对工业软件的需求将呈长期增长态势。2011 年 12 月 30 日，国务院印发的《工业转型升级规划（2011 ~ 2015 年)》指出，工业转型升级是我国加快转变经济发展方式的关键所在，是走中国特色新型工业化道路的根本要求，也是实现工业大国向工业强国转变的必由之路。该规划还指出要突破一批关键技术瓶颈，大力发展研发设计及工程分析软件、制造执行系统、工业控制系统、大型管理软件等应用软件和行业解决方案，逐步形成工业软件研发、生产和服务体系，为数字化、网络化、智能化制造提供有力支撑。组织开展重点行业工业控制系统的安全风险评估，研究开发危险自动识别和故障实时诊断共性关键技术，加快监控和数据采集系统（SCADA）等工业控制系统的安全防护建设。

B.5

新技术、新模式、新政策下的中国计算机信息系统集成产业

摘　要： 计算机信息系统集成是利用现代信息技术改造传统产业及产品的重要手段，是我国信息化战略中的重要环节。信息系统集成产业发展的快慢、发展水平的高低是直接关系到我国“两化融合”的大问题。目前，我国计算机信息系统集成行业发展较快，但是增速开始放缓，行业研发投入相对较低。各重点行业信息化建设进程不一，党政部门及电信、交通、能源、金融等重点细分行业信息化建设进程相对较快。预期未来，新技术、新模式、新政策将给我国计算机信息系统集成行业带来更大的发展空间，有利于信息系统集成企业做大做强。

关键词： 信息系统集成　信息化进程　“两化融合”

自 1999 年，原信息产业部发布《计算机信息系统集成资质管理办法（试行)》（信部规〔1999〕1047 号）以来，系统集成行业加速发展，成绩显著，在我国的信息化建设和信息产业发展过程中发挥了巨大的作用。2011 年计算机信息系统集成企业资质监督检查数据显示，2010 年全国系统集成行业实现业务收入 3634 亿元，参加监督检查的系统集成企业共计 3653 家；系统集成企业利润总额 528 亿元，净利润 458 亿元，平均净利润率 9.6%，经济效益较好；系统集成行业从业人员总数为 65 万人，其中技术人员总数为 43 万人，占总人数的 66%。北京、上海、广东系统集成业务收入占比过半，优势明显。随着《进一步鼓励软件产业和集成电路产业发展的若干政策》、《关于加快培育和发展战略性新兴产业的决定》、《软件和信息技术服务业“十二五”发展规划》等政策的推出以及云计算、物联网、三网融合等新技术、新模式的落地，“十二五”期间系统集成行业仍将保持快速发展态势。

一　2000 年以来系统集成行业高速发展，但近年来增速趋缓

2000 年以来，我国系统集成行业高速发展，系统集成企业数量不断增多，系统集成业务规模持续扩大。截至 2011 年，计算机信息系统集成资质企业（以下简称“系统集成企业”）共计 3653 家。2000～2011 年，我国系统集成企业数量迅速增加，年均复合增长率达 70%，但是近两年增速趋缓，2011 年增速仅为 6%（见图 1）。2007～2011 年，工信部口径统计的系统集成业务收入不断增长，但是增速却不断下降，从 2008 年的 50% 下降到 2011 年的 26%（见图 2）。

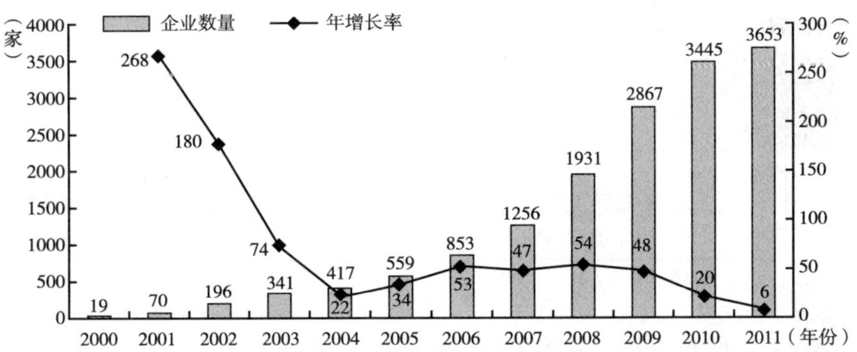

图 1　2000～2011 年系统集成企业数量及增长率变化情况

资料来源：ETIRI。

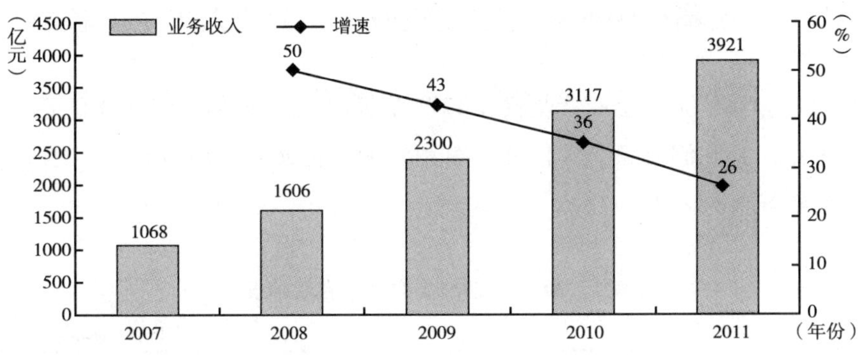

图 2　2007～2011 年系统集成业务收入及增长率变化情况

资料来源：《中国电子信息产业统计年鉴（软件篇）2010》，工业和信息化部网站。

系统集成一级资质企业238家，实现业务收入1332亿元，分别占总数的7%和37%；二级资质企业583家，实现业务收入963亿元，分别占总数的16%和26%；三级资质企业2248家，实现业务收入1254亿元，分别占总数的61%和35%；四级资质企业584家，实现业务收入85亿元，分别占总数的16%和2%（见图3）。总的来看，三级、四级资质企业数量所占比例高达77%，一级、二级资质企业数量所占比例较低，仅为23%；一级、二级、三级资质企业系统集成业务收入各占30%左右，成三足鼎立之势，四级资质企业收入较少，不到百亿元，不敌国际商业机器（中国）有限公司的系统集成业务收入。

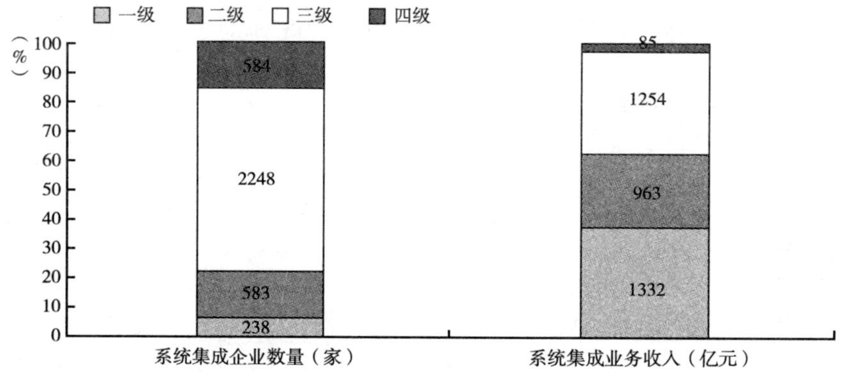

图3　2010年各资质级别系统集成企业数量及其业务收入

资料来源：ETIRI。

二　系统集成企业经济效益较好，企业收入集中度较高

2010年，系统集成企业营业收入4775亿元，主营业务收入4723亿元，营业利润468亿元，利润总额528亿元，净利润458亿元，平均净利润率达9.6%，经济效益较好（见表1）。

表1　2010年系统集成企业利润情况

单位：亿元，%

项目	营业利润	利润总额	净利润	平均净利润率	主营业务收入	营业收入
总计	468	528	458	9.6	4723	4775

资料来源：ETIRI。

随着系统集成企业业务收入的不断提高，年收入超过亿元的系统集成企业数量逐年增多。截至2010年，系统集成业务收入超过20亿元的企业有14家，超过10亿元的企业有40家，超过5亿元企业有92家，超过1亿元的企业有788家（见图4）。通过图4可以发现，20%左右的系统集成企业贡献了70%左右的系统集成业务收入。

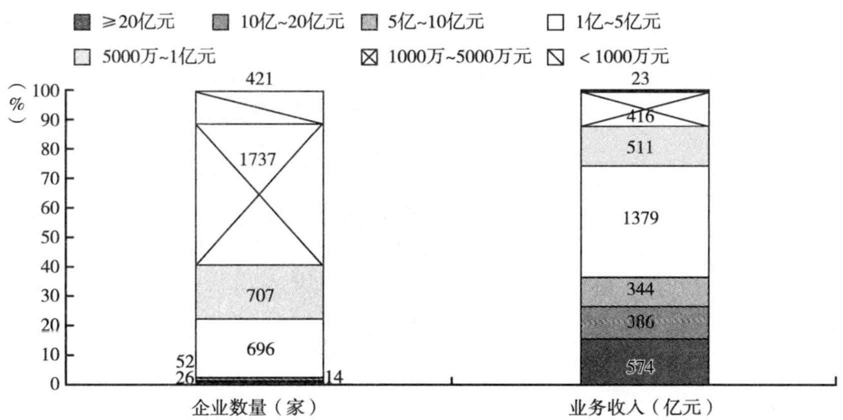

图4　2010年系统集成企业业务收入区间分布

资料来源：ETIRI。

2010年，系统集成业务收入前十名企业实现收入共计486亿元，占全国系统集成企业总收入的13%；系统集成业务收入前百名企业实现收入共计1343亿元，占全国系统集成企业总收入的37%，最低进入门槛为5亿元；系统集成业务收入前千名企业实现收入共计2875亿元，占全国系统集成企业总收入的79%。而2010年，世界软件百强占世界软件产业规模的比为35%，中国软件百家占中国软件产业规模的比为23%，由此看出，系统集成企业业务收入集中度较高。

三　北京、广东、上海优势难以逾越，大企业对部分省市系统集成业务收入贡献较大

系统集成企业主要分布在北京、广东、浙江、山东、上海、江苏等经济发达省市，六省市系统集成企业数量达2046家，占全国系统集成企业总数的56%。其中，北京系统集成企业数量最多，占19%；广东次之，占17%；浙江位居第三，占5%

（见图5）。从系统集成业务收入地域分布来看，北京、广东、上海位居三甲，业务收入达2031亿元，占全国系统集成业务收入的56%。其中，北京系统集成业务规模最大，占32%；广东次之，占14%；上海位居第三，占10%（见图6）。

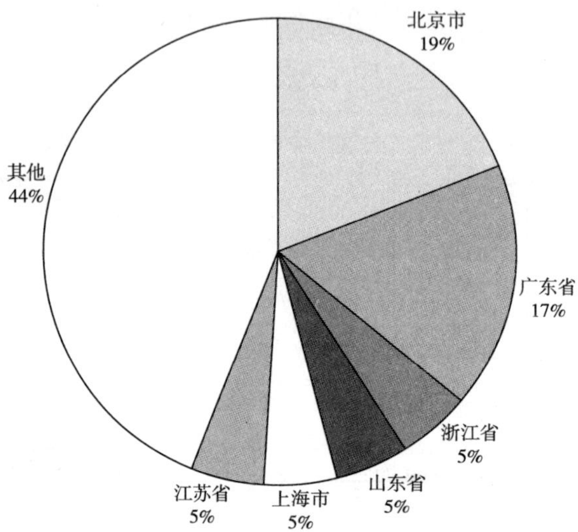

图5　2010年系统集成企业数量地域分布

资料来源：ETIRI。

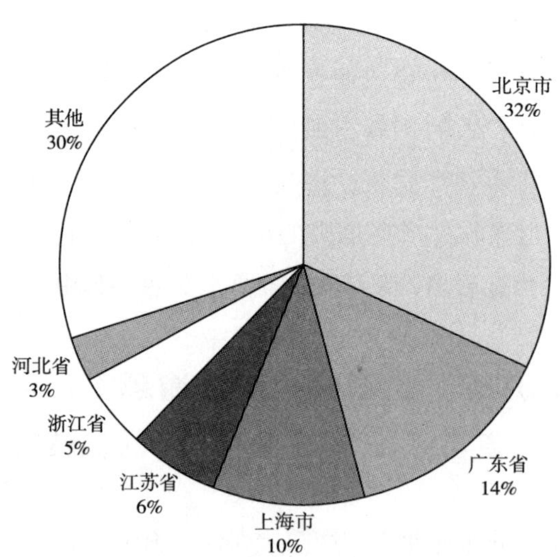

图6　2010年系统集成业务收入地域分布

资料来源：ETIRI。

对比图5和图6可以发现，河北省系统集成企业数量较少，但是系统集成业务收入却比较高，主要原因是大企业对当地的贡献。系统集成业务收入排名第二的华为技术服务有限公司注册于河北省廊坊市，因此拉高了河北省的系统集成业务收入。

四　系统集成行业从业人数65万，技术人员占2/3

截至2010年底，系统集成行业从业人员总数为65万人，其中技术人员总数为43万人，占总人数的66%，技术人员比例较高。技术人员中，具有本科学历的人员共计33.3万人，占比77%；具有硕士学历的人员共计4.6万人，占比11%；具有博士及以上学历的人员共计0.3万人，占比1%；其他学历人员共计4.8万人，占比11%（见图7）。

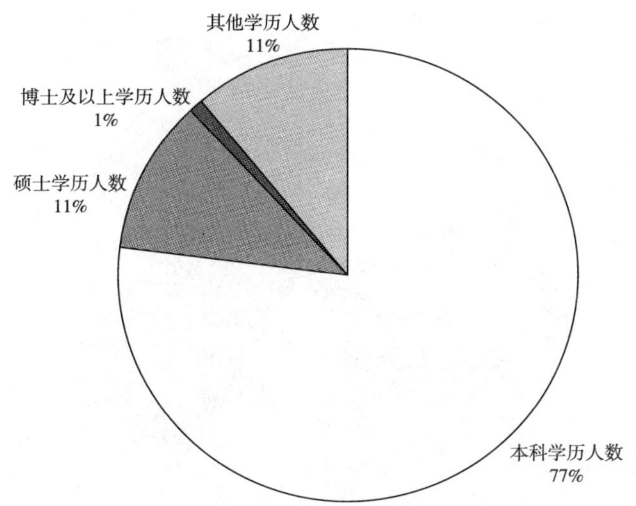

图7　2010年系统集成行业技术人员学历构成

资料来源：ETIRI。

2010年，系统集成企业中千人以上企业数量达80多家，百人以上企业1500多家，其中，用友软件股份有限公司员工过万。系统集成企业从业人数前十名企业员工数量超过5万人，约占从业人员总数的8%。持有高级项目经理资质的人员数量近 8000 人，持有项目经理资质的人员数量超过 2.5 万人。

五　党政部门及电信、交通、能源、金融等行业最热，主要行业信息化建设进程不一

2010 年系统集成项目合同金额中，党政部门及电信、交通、能源、金融等行业的收入位列前五，总计达 1628 亿元，占系统集成项目合同金额合计的 61%，行业集中明显。其中，来自党政部门的系统集成项目收入为 419 亿元，所占比例为 16%；来自电信行业的系统集成项目收入为 345 亿元，所占比例为 13%；来自交通行业的系统集成项目收入为 324 亿元，所占比例为 12%；来自能源行业的系统集成项目收入为 301 亿元，所占比例为 11%；来自金融行业的系统集成项目收入为 238 亿元，所占比例为 9%（见图 8）。

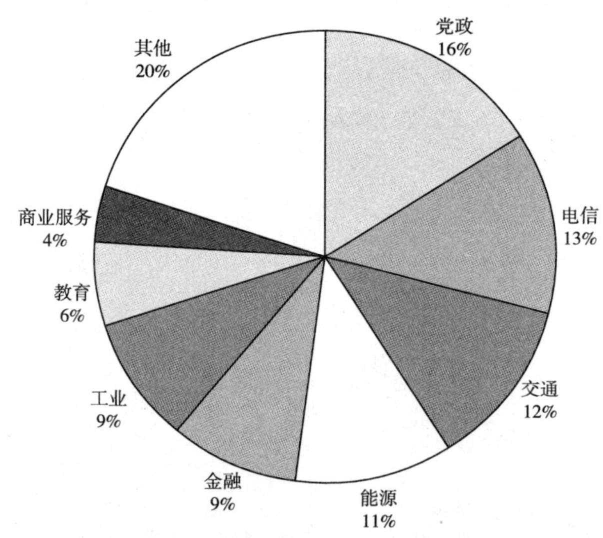

图 8　2010 年系统集成项目收入分布情况

资料来源：ETIRI。

2010 年，系统集成主要细分行业信息化建设进程不一。教育、交通、党政部门及商业服务等行业硬件费用比例高于平均值，软件费用比例低于平均值，仍

处于信息化建设的中早期阶段；电信、能源、工业、金融等行业软件费用比例高于平均值，硬件费用比例低于平均值，项目大小比较均衡，前十名企业收入占比比较稳定，处于信息化建设的中晚期阶段。

六　政府扶持力度明显，系统集成企业研发投入有待加强

2010 年，系统集成企业共享受到 132 亿元财税优惠。其中，1576 家系统集成企业享受到 91 亿元税收优惠，928 家系统集成企业享受到 41 亿元政府财政补助。政府对系统集成企业扶持力度明显。

2010 年，系统集成企业研发投入共计 224 亿元。其中，一级资质企业研发投入 64 亿元，占 29%；二级资质企业研发投入 63 亿元，占 28%；三级资质企业研发投入 89 亿元，占 40%；四级资质企业研发投入 8 亿元，占 4%（见图 9）。研发投入前十名企业研发投入共计 26 亿元，占研发总投入的 12%。2010 年，系统集成企业研发投入占系统集成业务收入的比为 6.2%，占营业收入的比为 4.7%；

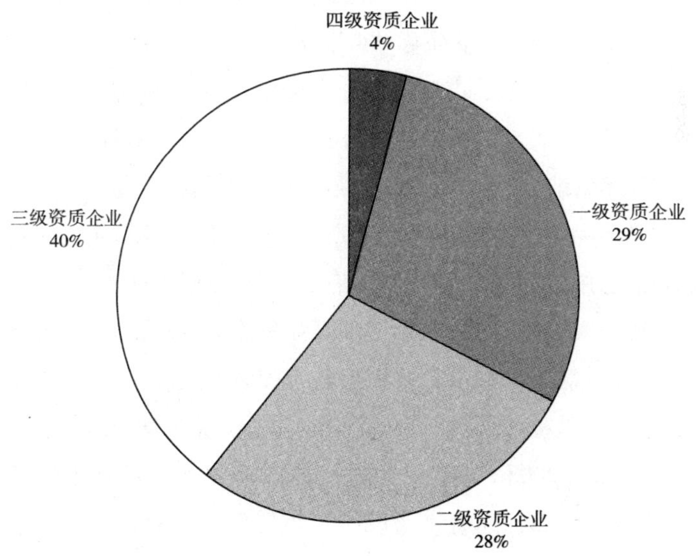

图 9　2010 年各资质级别企业研发投入占比

资料来源：ETIRI。

中国软件企业研发投入占中国软件产业规模的比为8.3%，世界软件企业500强的研发投入比为11.2%。由此可见，中国系统集成企业研发投入力度有待加强。

七　新技术、新模式、新政策给系统集成行业带来更大的发展空间

随着云计算模式的逐渐落地，未来，越来越多的组织特别是中小企业将会采用SaaS、PaaS、IaaS服务，通过云计算交付各种服务，以期降低成本。SaaS改变了用户使用软件的模式，降低了用户系统应用的复杂性，提升了用户软件服务的使用体验，对于那些对价格比较敏感，又在寻找迅速有效提升其业务的中小企业而言，这种服务将会很受欢迎。虽然一些大型组织仍然可能在通过私有云管理业务资源，但是大量中小企业通过XaaS服务管理业务资源时，系统集成企业将面临数据中心提供商、互联网企业的竞争。同时，云计算也给系统集成企业带来了机遇，华胜天成、东软、神州数码、华为等大型系统集成商纷纷布局云计算，努力提高自身核心能力，以期占据更大的市场空间，掌握云计算时代的主动权。

2011年1月，国务院颁布了《进一步鼓励软件产业和集成电路产业发展的若干政策》（国发〔2011〕4号，以下简称“4号文”）。4号文从财税、投融资、研究开发、进出口、人才、知识产权、市场等7个方面继续对软件和集成电路产业实施优惠。与18号文侧重对软件产品的税收扶持相比，4号文对从事软件开发与测试、信息系统集成、咨询和运营维护的软件服务企业提出了“免征营业税”的优惠，这适应了目前软件业“从产品向服务转型”的趋势，是对软件服务型企业营业税优惠的首次明确。工业和信息化部发布的《软件和信息技术服务业“十二五”发展规划》中，也明确将信息系统集成服务、信息技术咨询服务和数字内容加工处理作为发展重点。

为完善计算机信息系统集成企业资质管理工作，工业和信息化部计算机信息系统集成资质认证工作办公室将对《计算机信息系统集成资质等级评定条件（修订版）》（信部规〔2003〕440号）进行修改和完善。计算机信息系统集成资质等级评定条件将被提高，同时将增设特一级资质。此外，为适应系统集成行业的发展趋势，还将对计算机信息系统集成企业资质进行细化。计算机信息系统集成企业资质管理工作的进一步细化和完善，将进一步规范系统集成行业的市场环境，有利于促进系统集成企业做大做强。

B.6
新形势下的我国软件与信息服务外包产业

摘　要：软件与信息服务外包产业是我国软件和信息服务业的重要组成部分。2011 年，受日本大地震、欧债危机及国内工业化和信息化深度融合、内需市场进一步释放的影响，软件与信息服务外包市场需求表现为国际市场需求下降，国内市场需求扩大。从外包类型看，业务流程外包和信息技术外包均出现较大幅度增长，其中业务流程外包恢复到 2008 年的增长水平。同时，软件与信息服务外包领军和成长型企业竞争力不断增强，首次出现万人级企业。

关键词：服务外包　内外需市场　企业竞争力

2011 年，受全球金融危机、欧债危机、日本地震等负面因素以及软件与信息技术领域新技术、新应用、新模式和全球外包供应链全球化等正面因素的综合影响，全球软件与信息服务外包产业步入恢复性增长阶段。在复杂的国际背景下，国家力推转变经济发展方式、调整产业结构、加快"两化"深度融合、扶持软件企业做大做强、培育软件龙头企业等，优化软件与信息服务外包产业发展的生态环境，使 2011 年我国软件与信息服务外包产业继续保持高速增长态势。2011 年，我国软件与信息服务外包产业规模为 3835 亿元，同比增长 39.5%，超出 2010 年增长率 4.3 个百分点，超出 2011 年全球增长率 20 个百分点（见图 1）。

一　中国软件与信息服务外包产业继续保持强劲的增长势头

2011 年，全球软件与信息服务外包产业规模近 5000 亿美元，同比增长 19.5%，步入恢复性增长阶段。我国软件与信息服务外包产业继续保持强劲增长

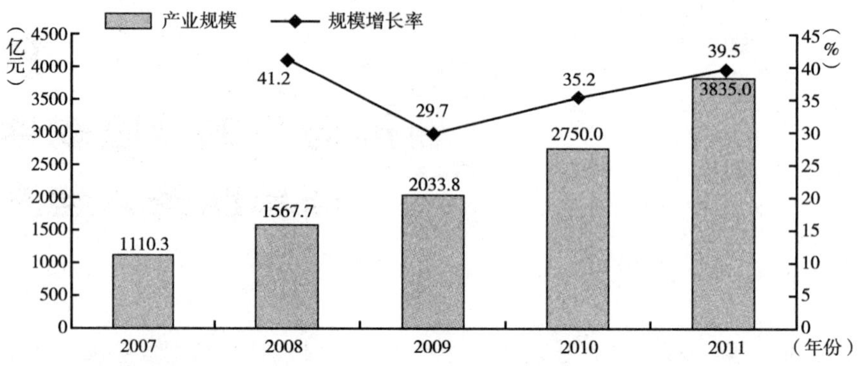

图1　2007～2011 年中国软件与信息服务外包产业规模

资料来源：工业和信息化部。

势头，主要推动因素有：政策法规方面，国家大力引导，出台产业、税收、专项资金支持等政策，规范产业发展秩序；宏观经济方面，国民经济整体继续保持稳定较快增长；经济结构方面，经济结构不断优化，第二、三产业发展态势良好，产业之间联动发展效果明显；产业方面，软件产业整体保持快速发展，产业链不断完善，产业集聚化发展；市场方面，工业化和信息化深度融合，内需市场需求得到进一步释放。

从 2007～2011 年我国软件与信息服务外包产业规模占软件业务收入规模之比的变化趋势来看，受全球金融危机的影响，软件与信息服务外包业务在软件业务中的比重 2010 年以前呈下降趋势，2011 年呈快速发展趋势。2011 年，我国软件与信息服务外包产业规模占软件业务收入比重达 20.8%，超出 2010 年所占比重 0.2 个百分点。从 2007～2011 年我国软件与信息服务外包产业规模占 GDP 之比的变化趋势来看，软件与信息服务外包产业对 GDP 增长的贡献趋势同软件与信息服务外包产业规模占软件业务收入之比变化趋势基本保持一致，占 GDP 的比重达 0.81%，超出 2010 年所占比重 0.12 个百分点（见图 2）。

二　中国软件与信息服务外包业务中 BPO 增长速度基本恢复到 2008 年的增长水平

从软件与信息服务外包业务结构来看，我国 ITO 和 BPO 均处于快速扩张阶

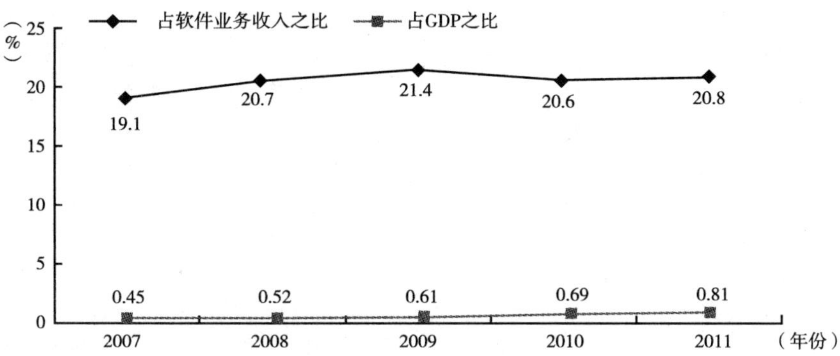

图2　2007～2011年中国软件与信息服务外包产业规模占比情况

资料来源：工业和信息化部。

段，BPO较ITO增长速度快，且基本恢复到全球金融危机前的水平。2011年，ITO业务规模达2105.0亿元，同比增长35.8%，占产业总规模的54.9%；BPO业务规模达1730.0亿元，同比增长44.2%，占产业总规模的45.1%。从软件与信息服务外包业务结构变化趋势来看，ITO所占比重逐渐下降，BPO所占比重逐渐上升，两者所占比例之差越来越小，但目前ITO仍占主导地位；两者均处于全球金融危机后恢复性增长阶段，但BPO增长速度快于ITO增长速度，这同全球软件与信息服务外包业务结构变化趋势基本保持一致（见图3、图4）。

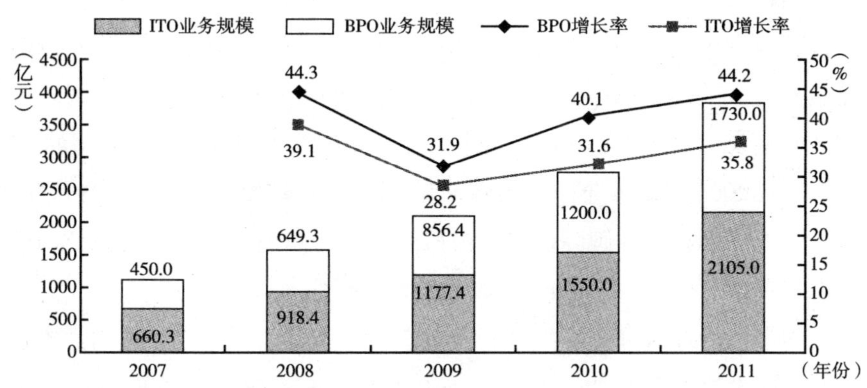

图3　2007～2011年中国软件与信息服务外包业中 ITO和BPO业务规模变化情况

资料来源：工业和信息化部。

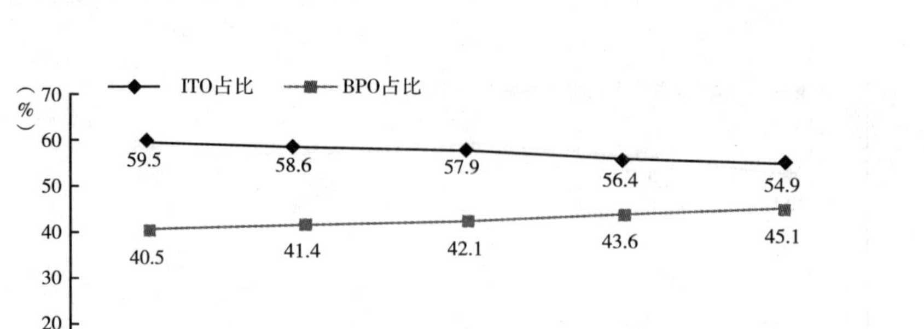

图4　2007～2011年中国软件与信息服务外包业中ITO和BPO所占比重

资料来源：工业和信息化部。

三　软件与信息服务外包内需市场比重稳中有升

国内市场是我国软件与信息服务外包产业的主体市场，国内市场增长率高于国际市场增长率，国内市场规模和国际市场规模之间的差距不断扩大，国内市场规模占总规模之比和国际市场规模占总规模之比之间的差距也不断扩大。这主要是由于：国内宏观经济环境趋好，软件与信息服务外包产业生态环境不断优化，服务外包国内市场需求快速释放，等等。2011年，软件与信息服务外包国内市场规模达3355.0亿元，同比增长40.9%，占市场总规模的87.5%；国际市场规模达480.1亿元（76.2亿美元），同比增长30.2%，占市场总规模的12.5%（见图5）。从2007～2011年国内市场和国际市场走势来看，在政府利好政策的引导下，国内市场规模和国际市场规模持续增加，国内市场增长更快，国内市场和国际市场规模之差在一定时期内会持续拉大。

从国内市场的地域分布结构来看，华东地区为最大的服务外包内需市场，华南和华北地区次之，而东北、西北、华中和西南地区服务外包市场规模相对较小。从2007～2011年国内市场地域分布结构变化趋势来看，华东、华中、东北和西北地区市场份额稳中有升；华南地区整体稳定，稍有波动；华北和西南地区不断下降，华北地区下降幅度较大。2011年，华东地区市场份额达34.6%，比

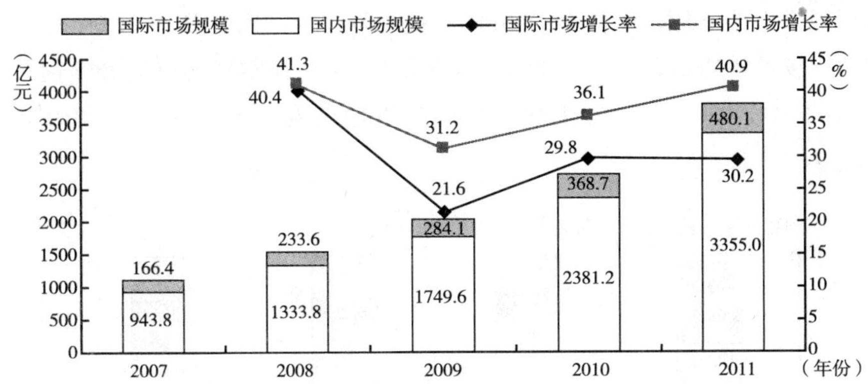

图5　2007～2011年中国软件与信息服务外包国内和国际市场规模

注：美元与人民币汇率分别按每年12月31日的中间价计算。

资料来源：工业和信息化部。

2010年增加3.4%；华南地区为22.6%，比2010年减少3.5%；华北地区为18.5%，比2010年增加0.7%（见图6）。

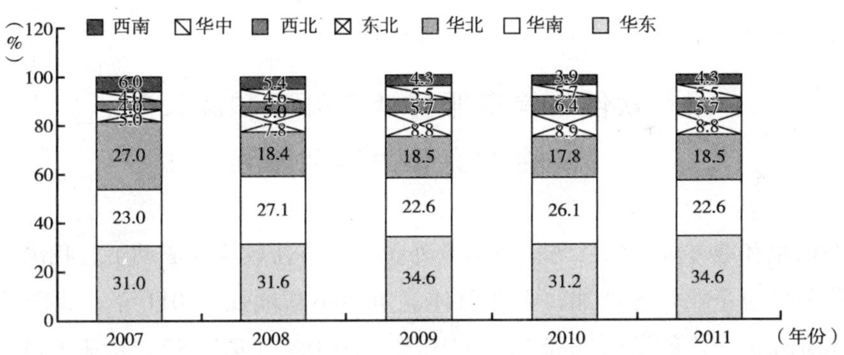

图6　2007～2011年中国软件与信息服务外包国内市场地域分布变化情况

资料来源：工业和信息化部。

从境外市场的地域分布结构来看，日本为中国最大的服务外包出口地，其次是美国和港澳台地区。从2008～2011年境外市场的地域分布结构变化情况来看，日本一直为我国最大的境外市场，但日本和欧洲市场份额略有下滑；美国和港澳台市场整体不断扩大。受日本地震、全球金融危机以及欧债危机等负面因素的影响，2011年，中国软件与信息服务外包产业在日本、美国和欧洲等国家和地区的市场规模出现下降，在日本的市场份额达 31.7%，比 2010 年减少 1.3%；在美国的市场份额达 28.3%，比 2010 年减少 1.0%；在欧洲的市场份额达 6.5%，比 2010 年减少 0.6%；而在港澳台地区的市场份额达 18.1%，比 2010 年增加 1.6%。

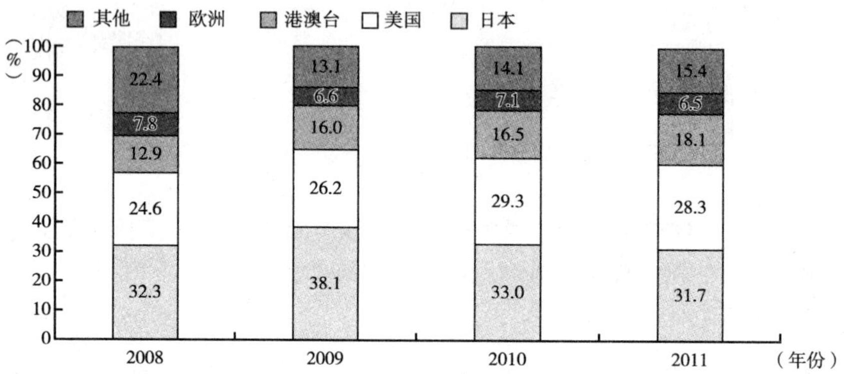

图 7　2008～2011 年中国软件与信息服务外包境外市场分布变化情况

资料来源：工业和信息化部。

四　软件与信息服务外包领军和成长型企业竞争力不断增强

在国家和地方政府软件与信息服务外包产业扶持政策的驱动下，我国软件与信息服务外包企业快速增加，企业整体竞争力不断增强。2011 年，我国软件与信息服务外包企业数量近 7080 家，同比增长 20.0%（见图 8）；从业人员总量达 99 万人，同比增长 35.6%。

一批规模快速扩张、竞争力持续增强的领军和成长型企业以两位数速度快速增长。2011 年，外包业务营业额超过 2 亿美元的领军企业由 2009 年的 2 家（药明康德新药开发有限公司和东软集团股份有限公司）增加到 4 家［药明康德新药开发有限公司、东软集团股份有限公司、浙大网新科技股份有限公司和海辉软件（国际）集团公司］，并出现了 2 家（东软集团股份有限公司和文思创新软件技术有限公司）规模超过万人的企业。据商务部的数据，2011 年，110 家领军和成长型企业的国际业务市场规模达 22.1 亿美元，同比增长 16.3%，占全国国际

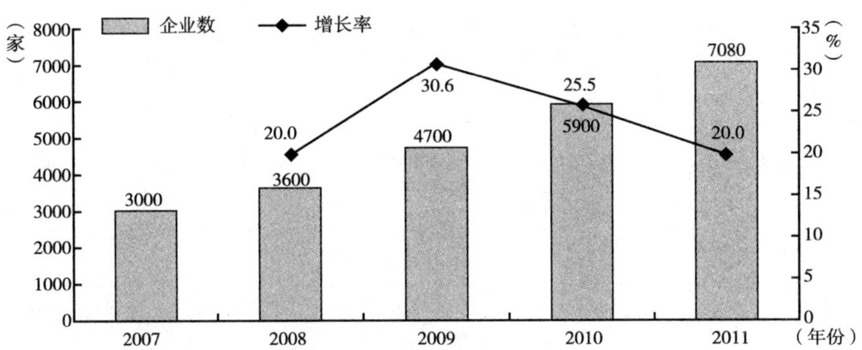

图8　2007～2011年中国软件与信息服务外包企业数量变化情况

资料来源：工业和信息化部。

业务市场总规模比重达29%；从业人数达15万人，同比增长8.7%；人均营业额为2.34万美元，同比增长6.4%。总的来看，2011年领军和成长型企业离岸业务占主导地位，离岸业务增速比在岸业务增速高出5%，这主要是由于领军和成长型企业抓住了全球软件与信息服务外包市场恢复增长的机遇，拓展海外市场能力得到增强。2011年，领军企业市场规模达18.7亿美元，占领军和成长型企业市场规模比重超过50%，同比增长5%，其中，前十大领军企业离岸业务规模达14亿美元，占领军和成长型企业离岸业务总规模比重达63.3%，同比增长8.3%；领军企业从业人员总数达6.5万人，占领军和成长型企业总人数比重达43.3%，同比增长5.6%；领军企业人均营业额为2.88万美元，超出领军和成长型企业人均营业额0.54万美元。

就领军企业[①]国际业务市场结构而言，2011年，领军企业国际业务市场规模占其总市场规模比达78%，同比增长15%。其中，40%来自北美市场，同比增长5%；28%来自日本市场，同比增长7%；9%来自欧洲市场，同比增长3%；其他国家和地区占1%，与2010年占比持平（见图9）。

就领军企业业务结构而言，2011年，领军企业占据的主要行业领域为信息服务业、金融与保险、医疗卫生、制造业以及政府与教育等，占领军企业业务市场比重超过95%。就业务类型而言，领军企业更关注信息服务外包，金融与

① 这里的领军企业特指商务部所特指的一些企业。

表1 2011年中国服务外包十大领军企业

序号	领军企业	主要业务
1	药明康德新药开发有限公司	制药、生物技术及医疗器械研发外包服务
2	东软集团股份有限公司	行业解决方案、产品工程解决方案及相关产品、平台和服务
3	浙大网新科技股份有限公司	应用软件开发和维护、软件系统集成、遗留系统再工程、IT服务、咨询服务
4	海辉软件(国际)集团公司	IT外包服务、研发外包服务、业务流程外包、行业解决方案、咨询服务
5	软通动力信息技术(集团)有限公司	软件产品开发、基础架构与软件服务、业务流程外包、云计算服务能力、IT基础架构运维管理服务
6	文思创新软件技术有限公司	研发服务、信息技术服务和业务流程外包
7	中软国际有限公司	IT咨询、IT技术、IT外包到IT培训的"端到端"信息技术以及软件服务
8	尚华医药研发服务集团	新药临床前研发外包服务
9	大连华信计算机技术股份有限公司	应用软件产品、信息服务和行业解决方案
10	浪潮集团	ERP、移动通信等主要业务系统,电子商务系统,嵌入式系统,行业设计服务,教育培训系统,企业信息服务系统

资料来源：ETIRI整理。

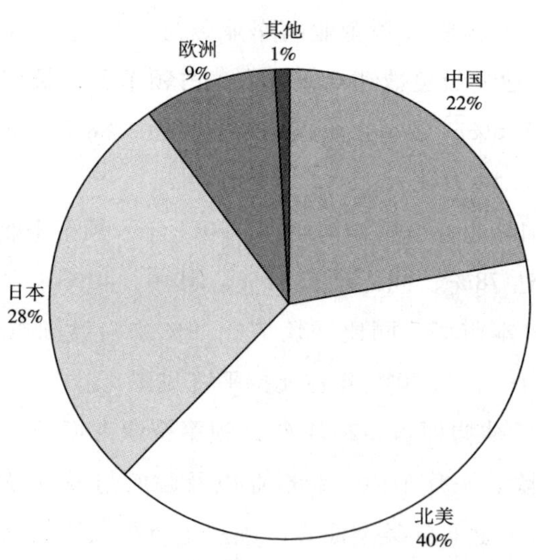

图9 2011年领军企业全球业务市场结构

资料来源：商务部。

保险行业的软件开发业务，医疗卫生行业的首席研发官（CRO），制造业、政府与教育行业的嵌入式软件开发和定制软件开发。

五　软件与信息服务外包产业政策环境持续优化

2011 年，国家和地方政府出台了推动软件产业发展的政策，持续优化我国软件与信息服务外包发展环境。1 月 28 日，国务院发布《关于印发鼓励软件产业和集成电路产业发展若干政策的通知》（以下简称“4 号文件”），在进出口政策中，明确提出要大力发展国际服务外包业务。4 月 12 日，财政部和商务部发布《关于做好 2011 年度支持承接国际服务外包业务发展资金管理工作的通知》，指出资金重点支持的领域和重点包括“中国服务外包示范城市”的服务外包企业以及列入商务部重点服务外包企业名录的企业；承接国际服务外包人才培训的培训机构；支持示范城市相关公共服务平台设备购置、运营及维护；支持服务外包企业获取国际通行的资质认证；支持和鼓励服务外包企业参与国际竞争，开拓国际市场。4 月 6 日，工业和信息化部发布《软件和信息技术服务业“十二五”发展规划》，明确提出重点发展基础软件、工业软件与行业解决方案、服务外包等十个方面。该规划提出：要积极拓展服务外包业务领域，重点发展信息技术外包，扶持基于信息技术的业务流程外包，推动知识流程外包，促进业务向规模化、高端化方向发展；要积极承接全球离岸服务外包业务，提升服务外包企业承接和交付能力、管理能力与国际市场开拓能力。探索并推动云计算模式下服务外包模式创新。3 月 10 日，合肥市商务局和统计局联合制定《合肥市关于加强服务外包统计管理工作的实施意见（试行）》，明确了服务外包业务范围，并对服务外包统计范围作出进一步说明。4 月 19 日，南京市政府出台了《关于加速推进南京国际服务外包产业发展的实施意见》，重点扶持公共载体平台建设、龙头企业引进、重点企业培育、国内外市场开拓、高端人才引进培养、创新投融资手段支持服务外包企业发展等。

以“中国服务外包示范城市”为切入点，提升服务外包产业集聚度，增强示范城市的带动效应，推动软件与信息服务外包产业全国战略格局形成。截至 2011 年底，国务院已批准北京、天津、上海、重庆、大连、深圳、广州、武汉、哈尔滨、成都、南京、西安、济南、杭州、合肥、南昌、长沙、大庆、苏州、无锡、厦门等21个城市为“中国服务外包示范城市”，基本覆盖了具有发展服务外包优势的城市。

通过政府引导、园区共建的模式，在21个示范城市搭建国家平台中心、地方平台中心和专业辅助平台中心，加大各地平台优势资源整合，推动软件与信息服务外包产业发展。2011年，北京完成“中关村软件园云服务平台”的规划与建设；深圳软件园进一步加大建设国家软件出口基地与国家服务外包基地城市示范区，构建了以完备的人才培训、技术服务、金融服务、市场品牌服务为核心的软件产业服务体系；武汉建设了软件与信息服务外包产业信息情报中心和信息交流平台；济南通过采用虚拟化技术、弹性计算、分布式存储等云计算技术，建设面向软件企业的云计算公共技术服务平台；等等。

2012年，我国软件与信息服务外包在国家政策扶持下将会继续保持快速发展，国内服务外包业务继续成为市场主体，国际外包业务将取得进一步发展。云计算等信息技术领域的新技术、新应用和新模式为中国软件与信息服务外包产业发展带来新机遇。云计算有助于企业建立敏捷的IT架构，以适应多样化的业务需求，适应成本节约、资源优化整合和业务运营效率提升等企业发展新要求。

B.7
3D 技术引领动漫产业，平台化竞争提升游戏产业

摘　要： 游戏动漫产业作为文化创意产业的重要组成部分，是许多国家和地区重点发展的新兴产业。当前，游戏动漫产品移动化、社交化和大众化趋势明显，3D 和 HTML5 制作技术成为当前和未来游戏动漫的主流开发技术。2011 年，我国动漫产业规模进一步扩大，产业结构持续优化，在社交网络、移动互联网、云计算等新技术、新模式的驱动下，社交游戏、手机游戏动漫等产业空前繁荣。同时，我国游戏动漫企业与国外企业的规模差距日趋缩小，行业内首次出现营业收入过百亿元的企业。

关键词： HTML5　游戏动漫　网络游戏

游戏动漫产业涉及生产、传播、消费等多个环节，信息技术起着至关重要的支撑和驱动作用。近年来，游戏动漫产业作为文化创意产业的重要组成部分，是许多国家重点发展的新兴产业，游戏动漫作品及其衍生品所产生的巨大产业价值已经成为国民经济增长中的新亮点。

从全球范围来看，根据游戏动漫的整体发展水平可分为三个梯队：美、日、韩作为第一梯队继续引领世界游戏动漫产业发展潮流，不断将优秀产品和技术推向世界，以巩固其文化产业在全球的影响力；第二梯队英、法等欧洲国家继续大力发展以游戏动漫为代表的文化创意产业，力求赶超美、日、韩；第三梯队中、印等新兴市场国家将游戏动漫产业作为新的经济增长点，逐渐在全球游戏动漫市场中占据重要位置。2011 年，全球游戏动漫产业继续保持快速发展，规模进一步提升，产业结构持续优化。特别是社交网络、移动互联网、云计算等新兴技术的飞速发展，带来了社交游戏、手机游戏动漫等产业的空前繁荣。

我国游戏动漫产业起步较晚，在政府的高度重视下，以优惠政策、专项

资金为辅助的政府扶持为游戏动漫企业成长营造了良好的产业发展环境，以新一代信息技术为代表的高新技术的提升为游戏动漫产业发展奠定了坚实的基础，以数字化、网络化、多媒体化为方向的高新技术的研发应用为游戏动漫产品的生产、传播和消费提供了新的渠道和空间。党的十七届六中全会更是将促进游戏动漫产业发展提升到国家层面，为我国游戏动漫产业发展带来了新的契机。

一　游戏细分市场日趋成熟，动漫市场增速回落

近年来，我国的游戏动漫产业发展形势较好，整体规模不断提升，产业结构持续优化，企业自主研发能力不断增强，国际市场竞争力有所增强，涌现出了以腾讯、网易、畅游为代表的一批游戏龙头企业。庞大的用户群体、适合中国用户消费特征的盈利模式成为这些企业迅速扩张的重要支撑。

据中国软件行业协会统计，2011 年我国游戏市场实际销售收入 446.1 亿元，同比增长 33.96%（见图 1）。PC 网络游戏继续占据市场主导地位，市场实际销售收入为 428.5 亿元，同比增长 32.4%，占游戏总收入的 96%。原创网游继续增长，占网游总收入的 63.4%，有 34 家中国企业自主研发的 131 款网络游戏进入海外市场，销售收入达 3.6 亿美元，同比增长 56.5%。2011 年累计出版发行新 PC 单机游戏 7 款，实现销售收入 6100.0 万元，同比增长 301.3%。

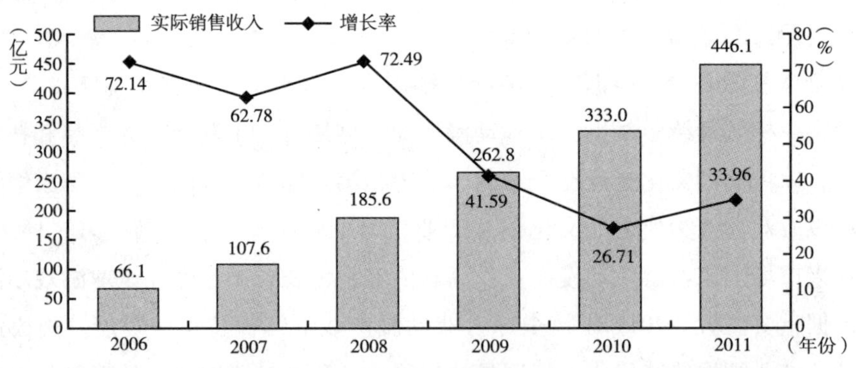

图 1　2006～2011 年中国游戏市场实际销售收入及其增长情况

资料来源：GPC（中国版协游戏工委）&IDC。

网游细分市场可分为大型客户端网游、网页游戏、手机网游。客户端网游仍是网游产业发展的主体，网页游戏、手机网游等新兴市场持续保持高速增长并逐渐走向成熟。2011 年，客户端网游市场实际销售收入 366.9 亿元，同比增长 30.2%；网页游戏市场实际销售收入 55.4 亿元，同比增长 32.4%；手机网络游戏市场实现销售收入 17.0 亿元，同比增长了近 90%。而在客户端网游领域，大型角色扮演类客户端网游（MMORPG）继续保持低速增长态势，实际销售收入 250.8 亿元，同比增长 23.4%；休闲类客户端网游市场表现不俗，实现销售收入 116.1 亿元，同比增长 47.9%（见图 2）。

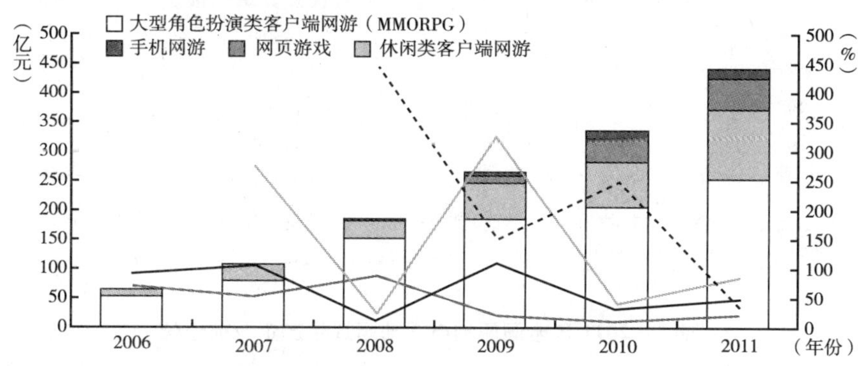

图 2　2006～2011 年中国网络游戏主要细分市场实际销售收入及其增长情况

资料来源：GPC&IDC。

我国动漫产业起步较晚，但近年来发展迅速，动画产量大幅提升。从 2004 年国家扶持政策出台到 2010 年，我国动画总片长已经超过日本，成为动漫第一大国，动画产量提升了近 50 倍，然而盲目追求产量、忽略产品质量提升仍是制约我国动漫产业可持续发展的主要因素。2011 年，我国自主生产的动画片数量进一步提高，但增速已趋放缓，众多制作公司从盲目追求产量提升回归理性。据国家广电总局统计，全国 21 个省份以及中直有关单位生产制作了国产电视动画完成片，制作完成 435 部，时长 26.12 万分钟，同比增长 18.46%，增速相比 2010 年大幅降低（见图 3）。

专栏 1　全国原创电视动画片生产企业前十位

从企业规模来看，动漫市场仍以中小企业为主，缺乏具有广泛市场影响力

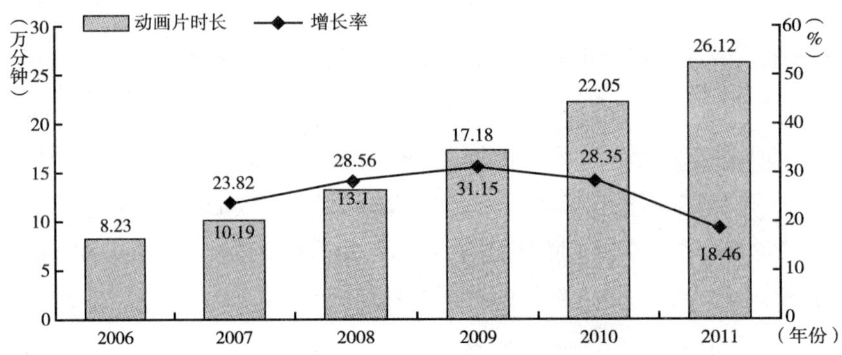

图3　2006～2011年国产动画片时长及其增长情况

资料来源：国家广电总局。

的龙头企业。国内排前十的企业的动画片产量仅占总产量的1/3，和网络游戏前五家企业占整体市场的78%相比，集中度明显偏低。其中深圳华强数字动漫有限公司、无锡亿唐动画设计有限公司、平潭水木动画有限公司等位居前列。

表1　2011年全国原创电视动画片生产企业前十位

单位：分钟，%

排序	生产单位	时长	所占比重
1	深圳华强数字动漫有限公司	18512	7.09
2	无锡亿唐动画设计有限公司	15321	5.87
3	平潭水木动画有限公司	9850	3.77
4	杭州漫奇妙动漫制作有限公司	9125	3.49
5	宁波水木动画设计有限公司	8845	3.39
6	浙江中南集团卡通影视有限公司	8320	3.19
7	央视动画有限公司	8224	3.15
8	大连卡秀数字科技有限公司	6580	2.52
9	沈阳易品动漫有限公司	6300	2.41
10	福州翰格文化传播有限公司	5466	2.09
其　他		164681	63.04
总　计		261224	100

资料来源：国家广电总局蓝皮书。

二 产品移动化、社交化、大众化趋势明显

新技术平台的出现孕育着新的良机，iPhone 与 Facebook 预示着两个产业发展趋势：一个是以智能手机平台为载体的游戏动漫产业发展空间巨大；另一个是以浏览器为载体的网络游戏市场前景广阔。移动互联网、社交网络的蓬勃发展推动了游戏动漫产业的跨越式发展。随着智能手机、社交网络的普及，游戏动漫正在向移动化、社交化、大众化方向发展。

2011 年，以游戏机游戏、单机游戏为代表的全球传统游戏市场继续停滞不前，艺电和育碧营收继续下滑。艺电、Square Enix 等游戏巨头纷纷通过收购、成立手机游戏工作室等方式进军手机游戏领域。Gartner 预计，移动游戏支出到 2015 年将由现在的 67 亿美元增加到 113 亿美元，占全球游戏软件支出的两成。在动漫领域，日本等国的手机动漫市场发展迅速，目前日本有 80% 的漫画作品通过手机发布，手机动漫用户数占日本国内手机用户总数的 30% 以上。

表 2 2011 年主要国家游戏企业核心业务覆盖情况

国家	企业名称	PC 网络游戏	PC 单机游戏	游戏机游戏	手机游戏
美国	动视暴雪	●	●	●	
	育　碧		●	●	●
	艺　电	●	●		●
	微　软			●	
日本	任天堂			●	
	索　尼			●	
韩国	Nexon	●			●
	NCSOFT	●			●
中国	腾　讯	●			●
	网　易	●			●
	盛大游戏	●			●
	畅　游	●			
	完　美	●			●

资料来源：ETIRI。

截至 2012 年 1 月，中国手机用户已达 10 亿，成为拥有最多用户群体的国家，为我国手机游戏动漫产业发展带来了无限商机。2011 年，中国移动游戏动漫产业在平板电脑和智能手机等产业的推动下，随着 3G、WiFi 网络的大面积普及，进入高速发展时代。手机网络游戏市场实际销售收入 17 亿元，同比增长高达 86.81%（见图 4）。据腾讯官方微博透露，手机 QQ 游戏大厅的注册用户已经超过 2 亿，日登录用户高达 1300 万，同时在线用户突破 100 万。中国移动厦门手机动漫基地 2011 年 4 月开始运营，截至 2011 年 8 月，已吸引国内外 224 家动漫制作厂商进入，用户超 700 万，收入突破 3700 万元。“十二五”期间，动漫基地计划实现手机动漫业务总收入超过 58 亿元，客户规模达 8000 万，引入国内外动漫企业 2500 家，带动就业 10 万人。

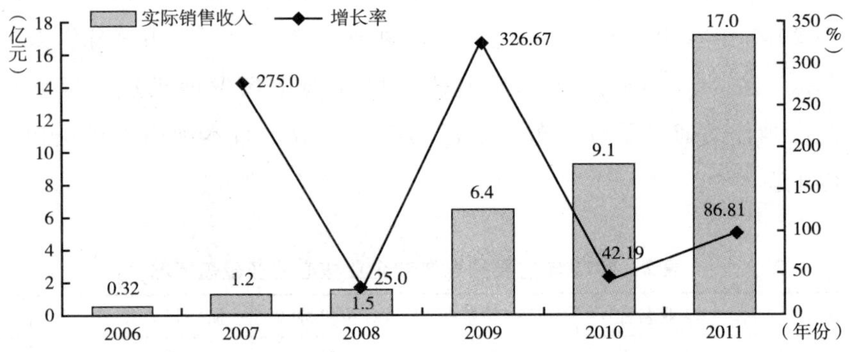

图 4　2006～2011 年中国手机网络游戏市场实际销售收入及其增长变化情况

资料来源：GPC&IDC。

社交游戏伴随社交网络风靡全球。社交游戏凭借社交网络实现病毒式传播，在 2011 年迎来发展高潮。以艺电、盛大游戏为代表的众多游戏厂商纷纷转向社交网络，寻求网络游戏新的增长点。

2011 年中国社交网络继续保持高速增长态势，为国内网页游戏市场创造了巨大的发展空间。产品质量提升、种类的多样化和企业运营经验的丰富，特别是社交网络的病毒式传播，加速了网页游戏市场的发展。2011 年，我国网页游戏市场实际销售收入超过 50 亿元，涌现出了昆仑万维、趣游等一大批优秀企业。预计未来几年，随着网民规模的不断扩大，网页游戏凭借其大众化的特征将继续保持高速增长态势。

表 3　2011 年游戏社交化、大众化新动向

公司名称	国家	战略动向
EA	美国	收购社交游戏公司 Pop Cap
谷歌	美国	收购了包括 Social Deck 在内的 11 家社交游戏媒体
Zynga	美国	社交游戏 *CityVille* 正式登录腾讯开放平台
Nexon	韩国	搭建 Nexon. com 平台
Capcom	日本	成立专为开发制作社交游戏的子公司 Beeline
GREE	日本	将在明年推出全新移动社交游戏平台
盛大游戏	中国	推出首款社交游戏《星辰变》;成立网页及社交游戏工作室,全面实施“网络游戏”社交化
巨人网络	中国	网页游戏《黄金国度》与天涯、人人网、皮皮网、PPLive、和乐网等平台达成联合运营协议
百度	中国	进军网页游戏行业,致力于成为全球最大的中文精品网页游戏运营平台
昆仑万维	中国	作为传统的网页游戏运营商,经历了 2011 年社交游戏的飞速发展,营收大幅度提高,正在筹划上市
腾讯	中国	共发布约 13 款 2012 年度网页游戏新作

资料来源：ETIRI。

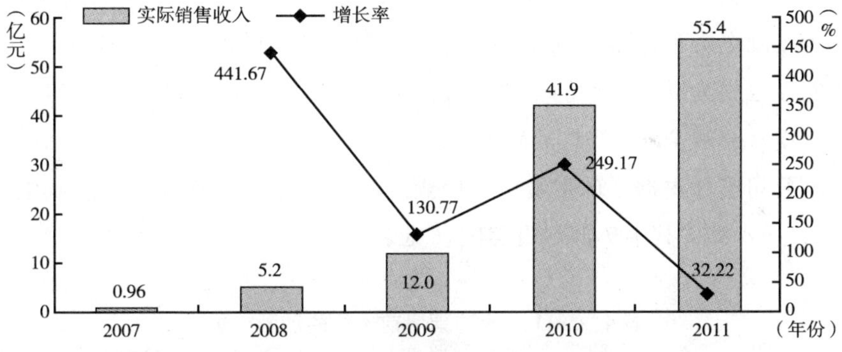

图 5　2007～2011 年中国网页游戏市场实际销售收入及其增长变化情况

资料来源：GPC&IDC。

随着社交游戏的普及，产品的社交化、大众化趋势显著，游戏用户群体范围日益扩大。据社交媒体营销创业公司 Flowtown 最新调查显示，年龄在 40 岁以上的社交游戏用户近 50%，同时 54% 的玩家为女性。根据中金发布的数据显示，近年来，用户年龄结构变化显著，和 2006 年游戏用户群体集中在 30 岁以下相比，随着游戏内容的多样化和休闲化，游戏玩家逐渐向高龄和高收入人群扩散，游戏已经从一种以专业玩家为主发展成为全民参与的娱乐休闲活动。

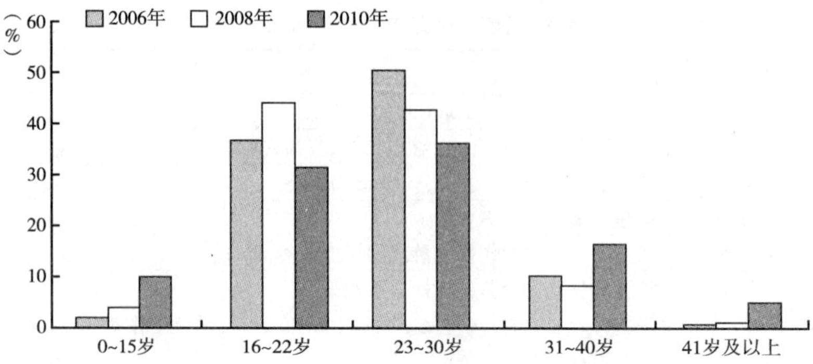

图6 2008~2011年中国网游玩家年龄结构变化

资料来源：GPC&IDC。

三 3D制作、HTML5引领游戏动漫技术发展新潮流

2009年电影《阿凡达》火爆全球，同时也将3D技术带入人们的视野，3D技术作为动画电影抢占票房的重要武器，引领了新一轮的动漫技术革命，3D动画电影制作也成为动漫制作的主要趋势。2011年，美国继续领跑全球3D动画电影产业，受众遍及全球79个国家和地区，迪士尼、梦工厂、皮克斯、派拉蒙等知名动画公司影片占据全球主要市场份额。2011年全球票房前十的动画电影中，3D电影高达8部，其中7部来自美国（见表4）。

表4 2011年全球票房前十位的动画电影

单位：亿美元

排名	名称	制作公司	国家	类型	票房	上映地区
1	《功夫熊猫2》	梦工厂	美国	3D	6.63	全球
2	《蓝精灵》	哥伦比亚影片、索尼	美国	3D	5.59	全球
3	《赛车总动员2》	皮克斯、迪士尼	美国	3D	5.49	全球
4	《里约大冒险》	蓝天工作室	美国	3D	4.86	全球
5	《兰格》	二十世纪福克斯	美国	2D	2.43	全球
6	《吉诺密欧与朱丽叶》	迪士尼	美国	3D	1.90	全球
7	《拯救小兔》	环球影视	美国	2D	1.84	欧美

续表

排名	名称	制作公司	国家	类型	票房	上映地区
8	《丁丁历险记》	派拉蒙、索尼	美国	3D	1.60	全球
9	《动物总动员》	Ambient Entertainment Gmbh 等	德国	3D	0.53	全球
10	《穿靴子的猫》	梦工厂	美国	3D	0.51	美国

资料来源：ETIRI。

和美国动画电影接近全 3D 化趋势不同，国内 3D 技术仍处于起步阶段。2011 年的 3D 动画电影的观影高潮引发国内传统动画电影的 3D 改编热潮，有消息称从 2011 年底至 2012 年，除《大闹天宫 3D》外，仍将有《渔童》、《三毛流浪记》等 7 部传统经典动画片被制作成 3D 电影。然而由于技术差距，国内外 3D 动画电影票房差距悬殊，2011 全年制作发行的动画电影票房总和甚至不及《功夫熊猫 2》在中国的票房。

表 5　2011 年中国动画电影主要代表作品

单位：万元

制作公司	名称	类型	票房
广东原创动力	《喜羊羊与灰太狼之兔年顶呱呱》	2D、3D	14895
中影等	《熊猫总动员》	3D	4540
淘米	《赛尔号》	2D	4500
上海电影制片厂	《大闹天宫 3D》	3D	4205
腾讯等	《罗克王国！圣龙骑士》	2D	3400
北京电影学院等	《兔侠传奇》	3D	1200
北京青青树	《魁拔》	2D	265

资料来源：ETIRI。

3D 技术为动漫产业发展带来了春天，HTML5 技术则为广大游戏开发者带来了新的机遇。随着网页游戏的兴起和移动智能终端的普及，HTML5 技术因被预言将成为 APP 的取代者而逐渐成为众人讨论的热点。

对于 HTML5 的现实应用和行业价值，国内外大多数互联网厂商均已推出相关产品试水市场。Zynga、迪士尼旗下游戏已经推出了 HTML5 版，ADOBE 公司也宣布放弃在手机等移动设备上对 Flash 的支持，这些都预示着 HTML5 技术有望成为移动游戏开发的主要技术。HTML5 技术不仅具有易用性即无须安装插件即可支持视频音频、移动化、跨浏览器支持的优势，还可以实现网页浏览器和服务器之间的双向通信。作为 HTML5 技术的推动者，为了体现 HTML5 技术的强大，目前 Mozila 已与法国一家游戏公司联手发布了一款大型基于 HTML5 技术的多人在线游戏，基于该技术开发出的网页游戏的效果与质感不逊于 PC 端，画面丰富流畅，在产品质量上有相当的优势，同时可实现网页游戏跨平台的同步互动。目前国内游戏开发商也纷纷试水，游戏行业的领军者腾讯已发布针对 iPad、iPhone 的 HTML5 版手机 QQ 游戏大厅，预计未来将会支持更多平台及浏览器。

同时，HTML5 技术在移动互联网上所体现出来的优势，将对 APP 应用研发模式带来极大挑战。根据皮尤研究中心最近调查显示，在 APP 和 HTML5 孰优孰劣的大讨论中，高达 59% 的受访者认为网页才是未来的希望，到 2020 年其将超越 APP 并占主导地位，而 HTML5 技术将推动 APP 开发和网页的相互融合。

四　游戏产业集中度进一步提高，平台化效应凸显

中国游戏企业迅速崛起，特别是在 PC 网络游戏领域，腾讯、网易、盛大、畅游等几家游戏厂商引领行业发展，市场集中度进一步提高，企业平台化效应进一步凸显。2011 年，中国网络游戏市场集中度进一步提高，并且首次出现了营收超百亿元的企业。腾讯、网易、盛大游戏、完美、畅游前五大企业占据市场近 80% 的份额，和 2007 年相比，前五家企业市场份额提高了 20 多个百分点（见图 7）。随着市场集中度的提高，中小企业面临的生存压力加大，只能通过围绕大企业提供服务、拓展海外市场等方式实现业务差异化求生存。

2011 年，游戏企业平台优势进一步凸显，市场已由产品竞争转为平台竞争。腾讯凭借其强大的 QQ 平台优势、牢固的用户群体，以及在客户端网游、网页游戏、手机游戏等领域的积极布局，2011 年实现网游收入达 158 亿元，比 2010 年提高了近 2/3，占据了市场近 1/3 的份额。腾讯的成功让人们看到了平台给企业带来的优势，大量企业纷纷通过借助平台和自己搭建平台寻找游戏领域的新增长点。2011 年，百度、360 纷纷推出网页游戏平台，畅游斥巨资并购 17173 平台，趣游利用自身平台优势实现营业收入超 6 亿元，这些均显示了游戏大战已经由产品竞争转为平台竞争。

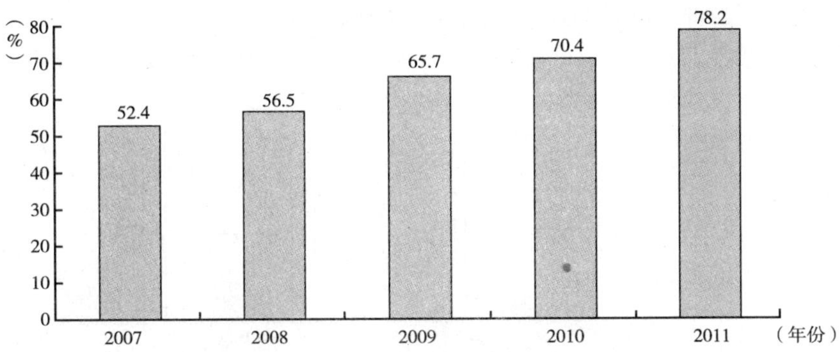

图 7　2007～2011 年网络游戏前五大企业市场份额

资料来源：各企业年报。

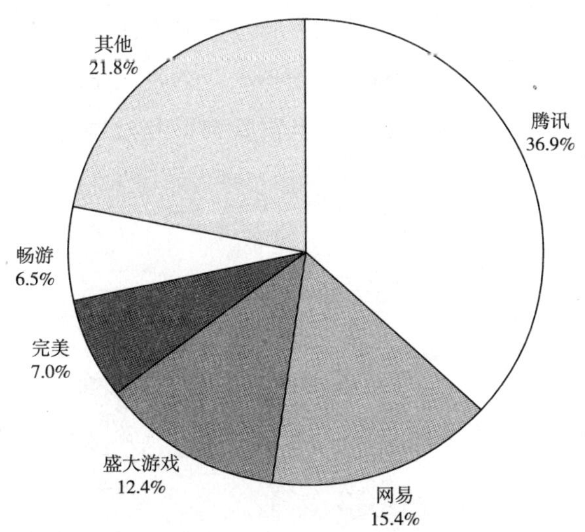

图 8　2011 年主要网络游戏企业游戏业务市场份额

资料来源：各企业年报。

五　国内外网游企业规模差距日趋缩小，海外市场有待拓展

国内网游产业快速发展，企业盈利能力与国外主要网游企业的差距不断缩小。但海外市场拓展不足是国内企业面临的主要问题。

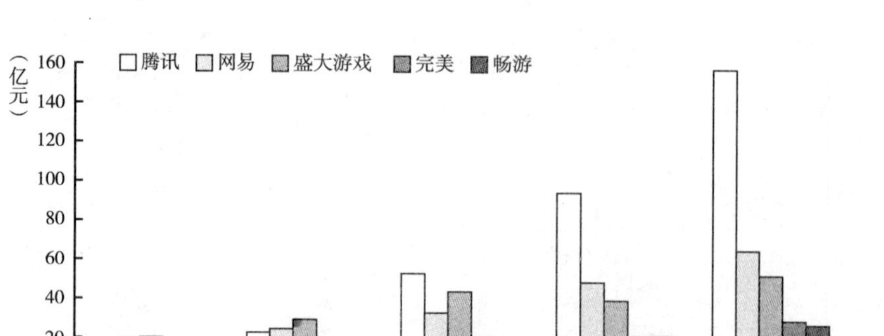

图 9　2007～2011 主要网络游戏企业游戏业务营收

资料来源：各企业年报。

虽然国内网游企业起步较晚，但在独特的盈利模式、良好的发展环境等因素的推动下，企业盈利能力不断提高，与国外企业营收规模的差距不断缩小。从图 10 可以看出，到 2010 年，国内企业腾讯营收均已超过国外代表企业动视暴雪、NHN、Ncsoft。

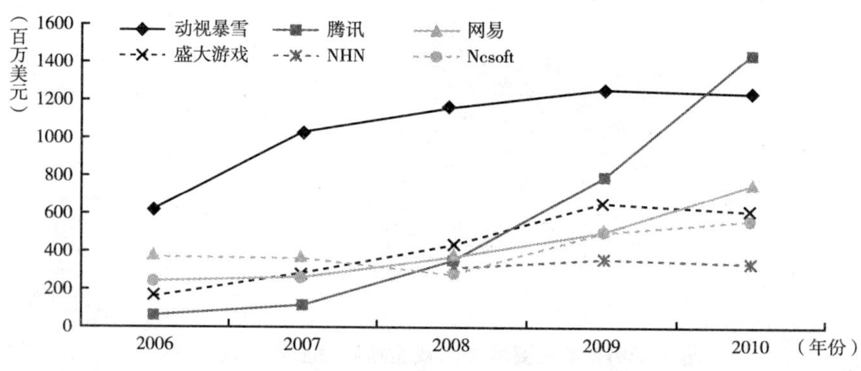

图 10　2006～2010 国内外主要游戏企业业务收入

资料来源：各企业年报。

在海外市场拓展方面，虽然腾讯、网易等企业在国内市场表现较好，但其在海外市场呈现出水土不服的现象。国外企业更注重国际市场开发，以 2010 年度营业收入为例，动视暴雪、NHN、Ncsoft 三家国外企业的国际市场份额分别为 45.83%、30.00% 和 28.48%，并有逐年扩大的趋势。虽然腾讯、第九城市、昆仑万维、腾讯、趣游等中国企业已在韩国设立子公司以推进当地游戏运营业

务，但其海外收入却微乎其微。截至 2011 年，全国共 34 家企业自主研发的 131 款 PC 网络游戏进入海外市场，实现销售收入 3.6 亿美元，远低于国外企业的出口水平。

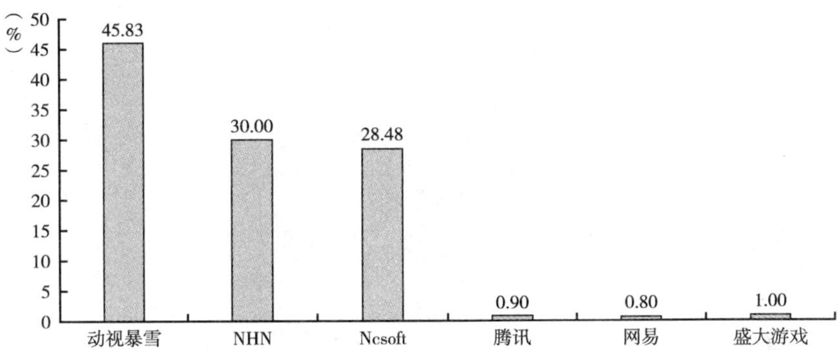

图 11　2010 年主要游戏企业各自国际市场份额分布情况

资料来源：各企业年报。

六　各级政府空前重视，六大区域格局基本形成

近年来，国家积极推进产业结构调整和经济转型，高度重视以游戏动漫为代表的新兴产业发展，为游戏动漫产业发展营造了良好的市场发展环境。2011 年，国家先后出台了《动漫企业进口动漫开发生产用品免征进口税收的暂行规定》、《关于深化文化体制改革推动社会主义文化大发展大繁荣若干重大问题的决定》，推动游戏动漫产业发展。特别是党的十七届六中全会审议并通过了《关于深化文化体制改革推动社会主义文化大发展大繁荣若干重大问题的决定》，提出了文化强国战略，游戏动漫产业作为文化创意产业的重要组成部分被提升到国家战略层面。2012 年 2 月，文化部发布的《“十二五”时期文化产业倍增计划》提出：力争到 2015 年动漫业增加值超 300 亿元，动漫创意和产品质量有很大提升，着力打造 5～10 个在国际上具有较强竞争力和影响力的国产动漫品牌和骨干动漫企业；力争到 2015 年，游戏业市场收入规模达到 2000 亿元，鼓励网游企业到海外投资，形成 10 家综合实力达到世界水平的骨干游戏企业，培育一批内容健康向上、富有民族特色的游戏精品。

表6　近年来国家支持游戏动漫产业发展政策

政策名称	主要内容	发布单位	发布年份
《关于推动我国动漫产业发展的若干意见》	通过政策支持、资金投入、税收优惠、人才培养、基地建设等方式,重点支持国内企业自主研发,支持具有我国自主知识产权的动漫直接产品和衍生品的开发、生产、出版、播出、演出和销售	国务院	2006
《关于认定新闻出版行业高新技术企业有关问题的通知》	2009~2013年对在文化产业支撑技术等领域内,需要重点扶持的高新技术企业,减按15%的税率征收企业所得税等	新闻出版署	2008
《关于金融支持文化出口的指导意见》	通过金融产品、担保、配套服务等金融手段支持文化产品出口	商务部等	2009
《文化部文化产业投资指导目录》	动画服务业等六大文化产业被列入鼓励类别	文化部	2009
《文化产业振兴规划》	提出动漫产业是发展重点之一,着力打造深受观众喜爱的国际化动画形象和品牌	国务院	2009
《关于金融支持文化产业振兴和发展繁荣的指导意见》	明确鼓励银行业开发适合动漫游戏等文化产业特点的信贷产品,加大有效信贷投放;完善授信模式,加强和改进对动漫游戏等文化企业的金融服务	央行等九部委	2010
《关于加快我国数字出版产业发展的若干意见》	将从完善政策法规、加大投入、人才培养、搭建平台、加强版权保护等方面增强网游动漫出版产品的创作和研发能力	新闻出版总署	2010
《动漫企业进口动漫开发生产用品免征进口税收的暂行规定》	经国务院有关部门认定的动漫企业自主开发、生产动漫直接产品,确需进口的商品可享受免征进口关税及进口环节增值税的政策	财政部等	2011
《关于软件产品增值税政策的通知》(待确认)	对属于增值税一般纳税人的动漫企业销售其自主开发生产的动漫软件,按17%的税率增收增值税后,对其增值税实际税负超过3%的部分,实行即增即退政策	财政部等	2011
《关于深化文化体制改革推动社会主义文化大发展大繁荣若干重大问题的决定》	提高游戏动漫等领域的技术装备水平,推进文化科技创新,增强文化产业核心竞争力	国务院	2011
《"十二五"时期文化产业倍增计划》	力争到2015年动漫业增加值超300亿元,游戏业市场收入规模达到2000亿元	文化部	2012

资料来源：ETIRI。

在国家政策的引领下，各地方政府相继出台了一系列政策措施，明确动漫产业在国家产业发展序列中的优先地位，加强动漫产业基础设施建设，拓展动漫产品市场，鼓励国产原创动漫作品创作，规范市场秩序，规范市场行为，构建动漫产业发展的社会支撑体系，促使资源流向动漫产业，促进动漫集群式发展，将动漫产业打造成未来区域经济发展的支柱产业。北京、上海、福建、湖南等全国大多数城市均出台相应政策，支持本地游戏动漫产业发展，形成了一批竞争力强、集聚度高的产业集群，使游戏动漫产业成为当地主要的经济支柱。据统计，2011年北京300余家动漫网游企业产值达到130亿元，同比增长30%，其中网游企业收入120亿元，网络游戏出口金额达到12.77亿元，居全国第一。

表7　近年来部分地方政府支持游戏动漫产业发展政策

省市	政策名称	主要内容	发布年份
湖南	《鼓励和扶持动漫产业发展的若干经济政策》	提出通过财政扶持、税收扶持、补贴扶持等方式促进省内动漫产业持续、快速、健康发展，支持具有自主知识产权的动漫直接产品和衍生品的生产和经营	2007
福建	《福建省动漫游戏产业发展规划(2010～2012年)》	扶植、壮大动漫游戏产业群和产业集聚区，使动漫游戏产业逐步成为本省经济社会发展新的增长点，打造全国著名的动漫游戏产业基地	2010
北京	《北京市关于支持影视动画产业发展的实施办法(试行)》、《北京市关于支持网络游戏产业发展的实施办法(试行)》	针对影视动画产业和网络游戏产业的“一业一策”在之前政策的基础上进行了细化，坚持扶优、扶强、扶原创，在市文化创意产业发展专项资金中安排专项，以补贴、奖励等方式，鼓励多出精品、多出人才，支持游戏动漫产业发展	2010
上海	《上海动漫游戏产业发展扶持奖励办法》	通过资金奖励动漫企业积极从事原创动漫的开发制作，推动上海原创动漫产业的发展	2010
郑州	《郑州市扶持动漫产业发展意见实施细则(试行)》	利用专项资金奖励等方式鼓励优秀动漫作品研发和生产	2011
广西	《关于推动广西动漫产业发展的若干意见》	通过推动公共服务平台建设、鼓励产品出口、加强投融资服务等方式推动动漫产业发展	2012

资料来源：各地行业主管部门。

各地积极布局游戏动漫产业发展，产业基地发展迅速，产业格局初步形成。截至2009年，在各级政府部门组织引导下，全国已有20多个省市设立了70多个动画产业园区（基地），带动形成了各具特色的六大区域产业格局。2011 年，国家动画产业基地自主制作完成国产动画片 276 部，时长 190290 分钟，约占全国总产量的 73%，同比增长 10%。其中，创作生产数量排在前五位的省份分别是浙江省、江苏省、广东省、辽宁省、福建省。

表 8　六大区域产业格局

区　域	代表城市	特　点
京津冀游戏动漫产业发展区	北京、天津	生产制作
长三角游戏动漫产业发展区	上海、杭州、苏锡常	本实力、人才资源
中部游戏动漫产业发展区	长沙	动画原创
东北游戏动漫产业发展区	大连	外包
珠三角游戏动漫产业发展区	广州、深圳	衍生品生产制造
西南游戏动漫产业发展区	成都	游戏、无线娱乐

资料来源：ETIRI。

表 9　主要文化产业基地分布及特色政策

城市	基地名称	特色政策
北京	北京市文化创意产业集聚区	自 2006 年起每年安排 5 亿元文化创意产业发展专项资金，采取贷款贴息、项目补贴等方式对符合政府重点支持方向的文化创意产品、服务和项目予以扶持
上海	上海张江文化科技创意产业基地	享受高新技术企业的各项优惠政策，设立扶持文化科技创意项目的基金，2005 年和 2006 年每年投入 6000 万元
广州	国家网游动漫产业（广州）发展基地	每年安排 1.5 亿元资金设立广州市软件和动漫产业发展资金
杭州	杭州高新技术开发区动画产业园	杭州市政府建立 5 亿元的动漫产业专项基金，高新区财政每年安排 2000 万元作为动画基地专项扶持资金
成都	国家动漫游戏产业（四川）振兴基地	设立软件产业发展资金，每年不低于 2000 万元，并积极争取市级软件产业发展专项资金的支持
福州	福州动漫游戏产业基地	斥资 1.5 亿元扶持企业发展，通过给入园原创动漫作品重奖、贷款贴息一半、两年内租金减半、创设公共技术支撑平台等多种方式支持动漫游戏产业发展
长沙	长沙国家动画产业基地	自 2009 年起 5 年内，每年安排 5000 万元用于扶持创意产业发展

资料来源：ETIRI。

2012 年是文化部《“十二五”时期文化产业倍增计划》的出台和落实的开局之年，在全国各级政府的高度重视下，在移动智能终端、3D、HTML5

技术潮流的推动下，在产品日趋移动化、社交化、大众化的今天，中国游戏动漫产业将迎来最好的发展时机。展望 2012 年，移动游戏、网页游戏将继续作为主要增长点引领游戏产业稳步增长；平台优势将成为游戏企业占领制高点的主要支撑；3D 制作技术也将延续过往优势，成为票房号召力的主要体现。

热　点　篇

Hot-spot Reports

B.8
电子商务如火如荼

摘　要：2011 年，我国电子商务行业继续保持迅猛发展态势，各类型交易模式同步快速增长，第三方支付等细分行业地位凸显，整个行业的市场交易规模达到 7 万亿元之多。众多的传统企业，尤其是中小传统企业开始借助电子商务平台扩大市场和经营范围、节约经营成本及提高交易效率，并成为我国电子商务的主要发力点之一。未来，电子商务应用将不断社会化，并向经济社会各个领域渗透，而移动化将成为电子商务发展的新趋势。

关键词：电子商务　第三方支付　应用模式

2011 年，受国际金融危机的影响，国内企业面临很大的成本压力，纷纷开拓网购营销渠道，消费者也逐渐转向网购以节省开支，这极大地推动了电子商务的发展。虽然 2011 年下半年团购企业和 B2C 企业遭遇融资障碍，但电子商务领域相对其他行业融资环境较为良好。随着我国互联网基础设施不断完善、互联网普及率不断提高、服务电子商务快速发展以及人们对网购认知度的提升，我国电子商务将持续快速增长。

一　电子商务市场交易规模达7万亿元，网购市场交易规模占我国全社会消费品零售总额之比达4.3%

根据CNNIC发布的报告，2011年，我国网络购物用户规模达1.94亿，同比增长20.8%，网络购物使用率提升至37.8%；网上支付和网上银行用户规模分别为1.67亿和1.66亿，同比分别增长21.6%和19.2%，网上支付和网上银行使用率分别为32.5%和32.4%；手机在线支付用户规模为3058万，占手机网民之比为8.6%。

2011年，电子商务行业继续保持高速发展态势，网络购物、网上支付、网上银行、旅行预订等电子商务类应用继续保持稳步发展态势。从电子商务交易模式结构来看，B2B占绝对优势，B2C发展速度最为迅猛，C2C发展速度趋缓。2011年，中国电子商务交易规模达7万亿元，同比增长45.8%，发展速度创历史新高。其中，中小企业B2B电子商务交易规模为3.4万亿元，同比增长35.7%。预计，2015年全国电子商务规模达26.5万亿元（见图1）。从我国消费结构来看，线上消费发展速度快于传统的线下发展模式。2011年，中国电子商务市场交易规模占全国社会消费品零售总额之比达38.9%，比全国社会消费品零售总额增长速度高出28.8%。另据艾瑞相关数据，2011年网购市场交易规模占我国全社会消费品零售总额之比为4.3%，同比增长34.4%。

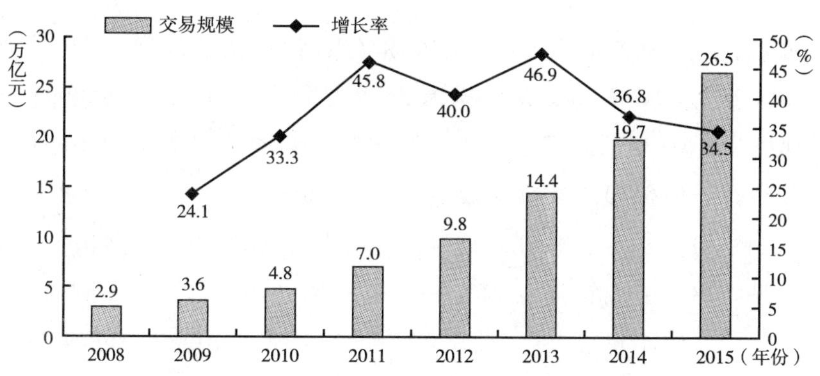

图1　2008～2015年中国电子商务市场交易规模

注：2011～2015年数据为预测值。
资料来源：艾瑞。

全球金融危机使人们更加关注消费成本，同时人们对网上购物认知度的提升使网上购物消费更趋理性，这加快了网上零售业的发展速度。据易观的有关数据，2011 年，中国网上零售市场规模达 8059 亿元，同比增长 54.9%，季度增长趋缓，均低于 10%（见图 2）。中国网上零售业务之所以发展如此之快，主要在于：买方市场层面，网络用户快速增加，消费者对网上购物的认知度不断提高；卖方层面，电子商务产业链不断完善，产业环境不断优化，与电子商务交易服务相关的支撑服务体系不断完善，品牌商、渠道商和互联网巨头大力布局电子商务发展，这大大规范了网络购物市场。

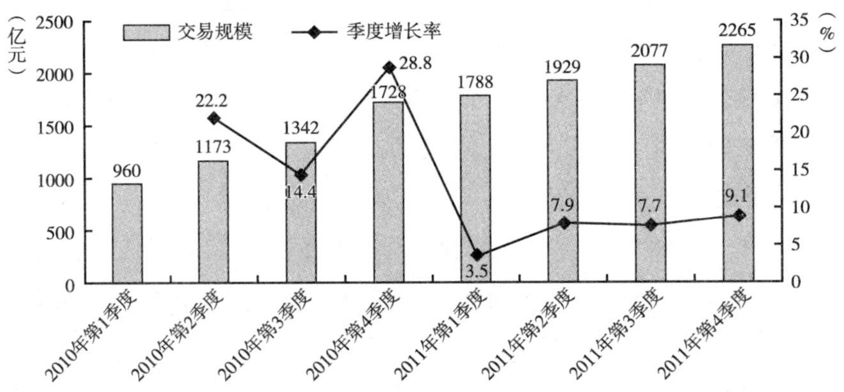

图 2　2010 第 1 季度至 2011 年第 4 季度中国网上零售市场成交规模变化情况

资料来源：易观。

从网上零售业业务结构来看，B2C 和 C2C 保持快速发展，C2C 占据主导地位。2011 年，C2C 市场交易规模为 5658 亿元，同比增长 35.9%；B2C 市场交易规模为 2401 亿元，同比增长 130.9%。从增长趋势来看，B2C 和 C2C 增速有所回落，但仍保持较高发展速度，且 2011 年 B2C 发展速度是 C2C 的 3.6 倍（见图 3）。从网上零售业结构变化趋势来看，C2C 虽然仍占据大半壁江山，但是 C2C 占比有所下降，从 2008 年的 93.4% 下降到 2011 年的 70.2%；B2C 占比不断上升，从 2008 年的 6.6% 跃升至 2011 年的 29.8%（见图 4）。B2C 之所以快速增长，主要是由于传统企业快速向互联网领域迁移和渗透，采用线上线下相结合的运营模式，为消费者提供低成本、高质量的产品。

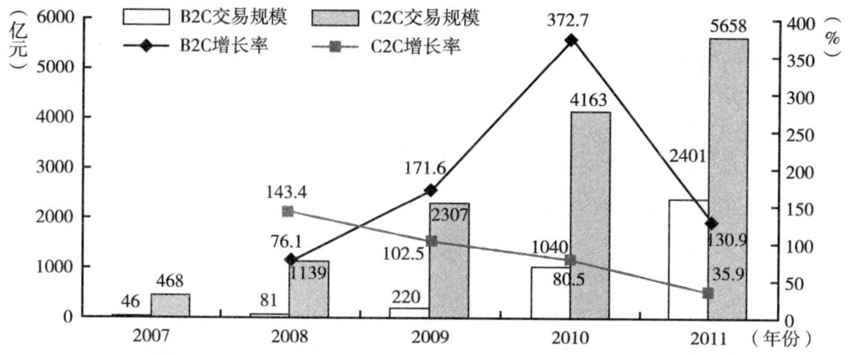

图3　2007～2011年中国B2C和C2C交易规模及增长率变化情况

资料来源：易观。

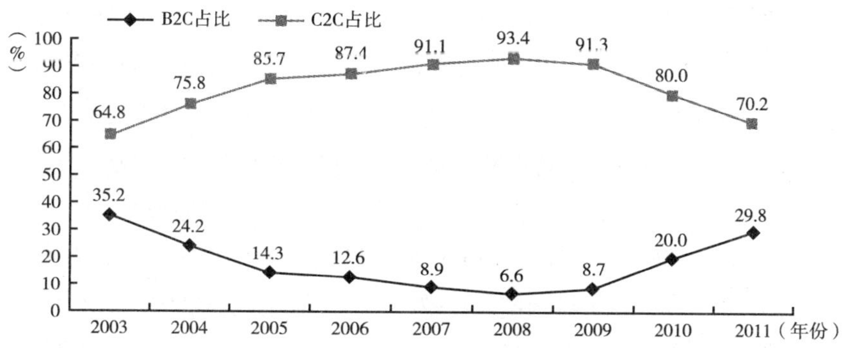

图4　2003～2011年中国B2C和C2C分别占中国网上零售交易规模之比变化情况

资料来源：易观。

二　传统企业谋划转型，纷纷“触网”

随着移动互联网和云计算等新技术、新应用、新模式的纵深发展，电子商务发展环境不断优化，传统产业的传统经营模式出现发展瓶颈，传统企业不断电商化，以扩大市场和经营范围、节约经营成本及提高交易效率。电子商务为传统企业提供了新的营销渠道，使传统企业线下与线上业务相互融合渗透，同时，继团购等电子商务平台大幅收缩之后，传统企业将成为中国电子商务的主发力点之一。当前，国内谋划科技转型，开展电子商务的传统企业主要是传统零售商、品牌商和部分代工生产商。传统企业不断进军电子商务领域，主要有以下类型：争取线上营销渠道，销售线下产品；既争取线上营销渠道，又吸纳同类产品品牌商，发力成为品牌商；既争取线上营销渠道，又扩大经营范围，发力成为综合商城。

传统企业在纷纷步入电子商务领域的过程中，优势和劣势并存。传统企业具有的优势有：品牌知名度，库存、运营等管理经验，售后服务经验，供应链，物流网络和运营网络，价格优势等。它在向电子商务领域迁移的过程中，面临的挑战有：电子商务领域新文化与传统行业领域文化差异，固有的传统意识形态，人才瓶颈，营销推广模式差异，竞争手段差异，线上线下渠道整合方式，消费者习惯变化等。

以苏宁易购为例：开展科技转型，发力电子商务，增加销售渠道，扩大经营范围，努力打造成线上线下融合发展的“亚马逊＋沃尔玛”的经营模式。2010 年初，苏宁借助销售渠道、供应链、运营管理等优势，正式进军电子商务领域，苏宁易购正式上线。据苏宁数据，2011 年，苏宁易购销售总额为 59 亿元，同比增长 195%，占苏宁销售总额之比为 6.3%，同比上升 12.5 个百分点，跻身国内电子商务前三甲之列。苏宁不断扩大经营范围，从专业的家电电商转型为综合电商，经营业务不单包含家电、消费电子、图书，还不断涉足酒店、机票预订服务、餐饮、家饰、日用百货等。据苏宁战略规划，苏宁将整合线上线下资源，发挥成熟线下零售企业的经营和管理优势，实现商品多元化、服务优质化发展，努力实现线上线下融合式、可持续性发展。2012 年，苏宁易购销售规模将挑战 300 亿元的目标，未来十年，线上销售达 3000 亿元，线下销售达 3500 亿元，线上线下融合呈联动均衡式发展。

三　第三方支付发展迅猛，在电子商务发展中地位凸显

中国第三方互联网支付已连续五年实现高速发展，在互联网细分行业中成长性超过在线视频和移动互联网居于首位，在带动电子商务生态链培育和发展方面的作用日益凸显。这主要是由于互联网的普及与应用、移动支付技术的发展、移动智能终端等支付手段的涌现、国家通过发布政策法规增强对第三方支付的监管等。2011 年，中国第三方互联网支付市场交易规模近 2.2 万亿元，同比增长 99%（见图 5）。其中，支付宝市场交易规模最大，占比达 46.0%；财付通占比为 21.2%；银联、快钱和汇付天下占比分别为 10.8%、6.2% 和 6.1%（见图 6）。据易观有关数据，从季度数据来看，2011 年，中

国第三方互联网支付市场交易规模连续四个季度均保持快速增长（见图 7）。第三方支付的快速发展丰富了支付运营主体类型，从传统电子支付扩展到互联网支付企业、移动支付企业、预付卡企业、银行卡收单企业等。同时，国家大力支持第三方支付发展，为其发展营造了良好的政策环境。2011 年 5 月，中国人民银行公布了首批《支付业务许可证》，为 27 家企业颁发了许可证。截至 2011 年底，共分三批发放支付牌照，获批企业达 101 家。

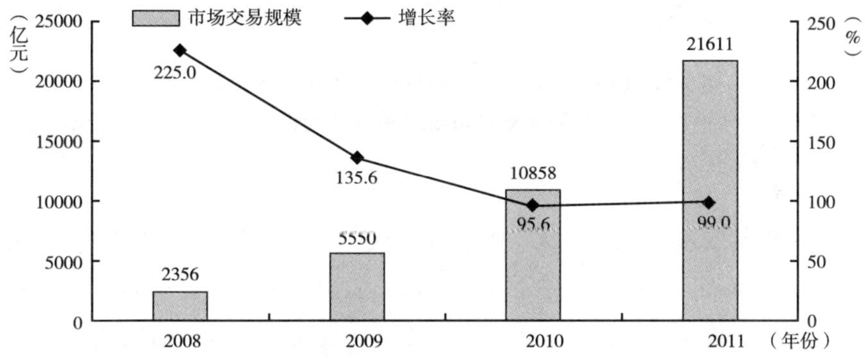

图 5　2008～2011 年中国第三方互联网支付市场交易规模变化情况

资料来源：易观。

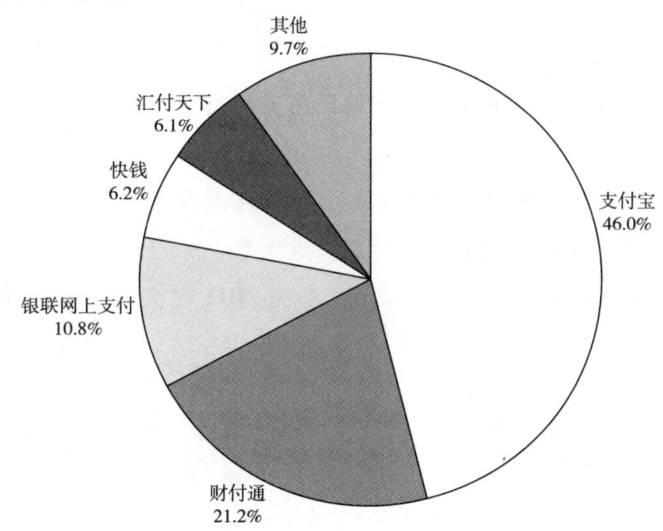

图 6　2011 年中国第三方互联网支付市场交易份额

资料来源：易观。

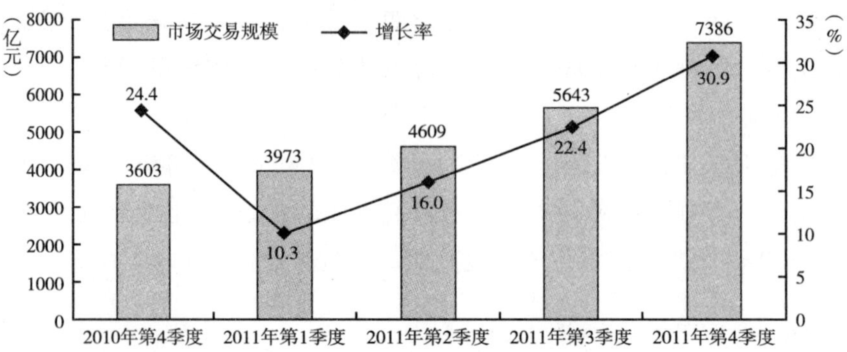

图7　2010 年第 4 季度至 2011 年第 4 季度中国第三方互联网支付市场交易规模变化情况

资料来源：易观。

第三方支付发展不断多元化：加速线上线下协同发展，积极扩展业务范围，创新业务发展模式。然而，第三方支付也面临着严重的支付安全问题。这主要是由于政府缺乏监管手段，银行、电子商务企业、支付机构等应对安全方式较为松散，无法有效打击“产业链完善、手段多样”的钓鱼网站。第三方支付不但需要加大安全防护力度，还需积极进行监管部署，以优化行业发展环境、保护消费者经济利益等。

专栏 1　2011 年中国第三方支付行业六大盘点

2011 年，中国第三方支付正式进入监管时代，国家出台相关政策为其发展创造了契机。一方面，移动支付的崛起为行业发展带来了新元素，线上线下协同发展；另一方面，第三方支付不但涉及线上客户，还延伸至线下客户，庞大的需求市场支撑起整个行业的高速增长。针对 2011 年发生的热点事件，进行如下盘点。

表 1　2011 年中国第三方支付行业六大盘点

盘　点	事　件
盘点一:第三方支付机构进入监管元年,框架细则相继出台	事件一:中国支付清算协会成立 事件二:央行正式发放非金融机构支付业务许可 事件三:预付卡行业监管体系框架得以明确 事件四:央行酝酿出台针对备付金管理及各细分业务领域的监管细则

续表

盘　点	事　件
盘点二:传统支付结算机构与第三方支付竞合博弈升级	事件一:银行网银支付额度受限,快捷支付业务兴起 事件二:银联推无卡快捷支付业务——银联,在线支付 事件三:银联进军线下支付,推出便民支付品牌 事件四:京东抛弃支付宝投奔银联,第三方支付竞争升级
盘点三:支付企业集中发力移动支付,未来前景看好	事件一:快钱推出“快+”支付平台及移动支付战略 事件二:汇付天下发布移动支付战略 事件三:运营商成立支付公司,发力移动支付市场
盘点四:创新支付方式百花齐放,集中围绕O2O	事件一:Square在Squareup之后推出Card Case应用 事件二:谷歌宣布推出谷歌钱包 事件三:八成国产手机浏览器实现“应用内支付” 事件四:支付宝发布手机条码支付产品,进军线下支付市场
盘点五:创新业务模式不断涌现,合作衍生更多发展机会	事件一:支付宝推出快捷登录服务,覆盖国内1/3在线零售商 事件二:汇付天下与新浪乐居达成战略合作,布局房产电商领域 事件三:支付宝与航空公司全面合作,机票进入网络直销时代
盘点六:第三方支付全球化趋势明显,国际竞争加剧	事件一:支付宝将向全球开放,国外用户可在淘宝购物 事件二:腾讯战略伸向美国,在线支付直逼支付宝 事件三:打击银联、万事达联盟境外无卡支付,Visa抢先发难 事件四:PayPal与敦煌网达成战略合作

资料来源:艾瑞咨询。

四　电子商务应用不断社会化，经营模式创新迫在眉睫

经过十多年的发展，中国电子商务在电子商务相关信息技术、经营经验、产业发展等方面都有了一定积累。在全球金融危机、中国经济转型发展、网络经济自身从粗放式向集约式发展的需求等内外部因素的推动下，2011年中国电子商务步入社会化应用阶段，开始向经济社会各个领域渗透，并带动相关产业发展。电子商务应用开始与主流经济融合，应用广度和深度都达到前所未有的水平。电子商务深化应用将不断完善和升级电子商务生态链，形成灵活、多样的电子商务发展模式，带动电子商务相关服务业发展。

随着电子商务应用深化发展与普及，传统电子商务经营模式受到挑战，经营

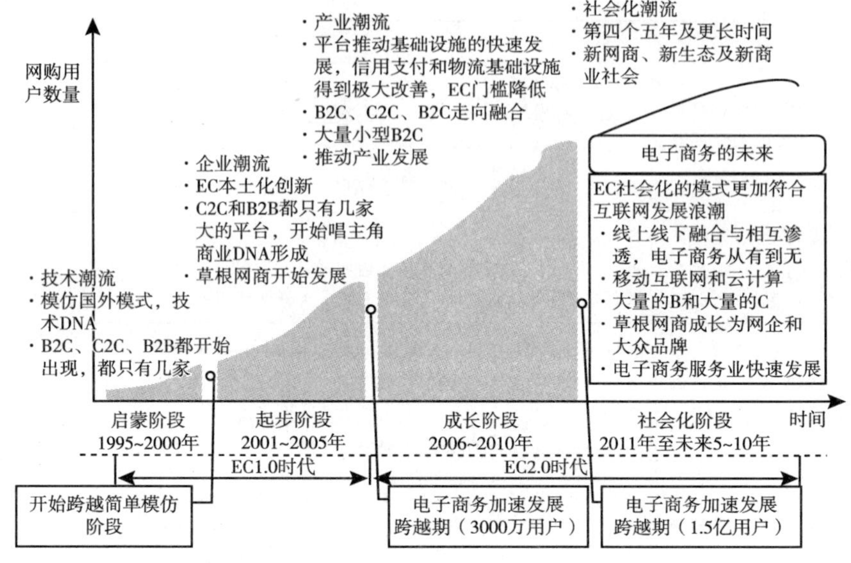

图 8　中国电子商务发展的阶段

资料来源：阿里巴巴研究中心。

模式创新迫在眉睫。传统电子商务经营模式下，由于我国电子商务发展时间短、缺少市场规范、盲目跟风式发展现象严重等问题，产业竞争加剧、海外融资环境恶化、恶性竞争白热化、主要电子商务企业不盈利、企业倒闭和转行加剧等现象频频出现。可见，转变电子商务企业经营方式成为优化电子商务发展环境、优化资源配置的重要手段之一。借鉴传统企业线下经营管理经验，充分利用电子商务经营管理优势，推动线上线下融合式发展，线下企业加快走向线上，线上品牌尝试走向线下，加快构建线下体验店和线上营销渠道。

表 2　电子商务经营模式

经营模式	经营模式特征	是否为创新模式	典型企业	发展趋势
B2B	企业对企业的营销	否	阿里巴巴、慧聪网、敦煌网	B2B、B2C、C2C 三种模式的融合化趋势增强，B2C 发展强劲，C2C 市场格局趋稳
B2C	企业直接对消费者的营销	否	京东、天猫	
C2C	个人对消费者的营销	否	淘宝、拍拍	

续表

经营模式		经营模式特征	是否为创新模式	典型企业	发展趋势
衍生或创新模式	OAO(Online and Offline)	线下实体店与线上网店合二为一	是	广州汇美	新兴模式,具有很大的发展空间
	C2B (Consumer to Bussiness)	消费者对企业,如团购和个性化定制	是	Dell、淘宝	个性化、定制化趋势增强
	O2O (Offline to Online)	线上资源服务于线下企业	是	传统企业“触网”	线下企业快速抢占线上资源

资料来源：ETIRI。

电子商务细分行业正面临着严峻的市场考验，原有的经营模式受到挑战。以团购企业为例，2011 年，中国团购业发展跌宕起伏，经历了“千团大战”、“万团大战”和“千团倒闭”。2011 年，中国团购交易规模为 216.3 亿元，比 2010 年的 25 亿元增长 765.2%。其中，聚划算2011 年团购规模为 100.6 亿元，贡献率达 46.5%（见表 3）。团购用户规模达 6465 万人，同比增长 244.8%。据领团网发布的数据，2011 年，前 15 名团购网站交易总规模为 202.4 亿元，占全国团购交易额的 93.6%。聚划算一枝独秀，拉手网在独立团购网站中首屈一指。2011 年下半年，团购网站数却开始下滑，其中有一部分被美团、拉手网等巨头企业并购。2011 年，全国团购网总数为 5877 家，运营中的团购网总数从全年峰值的 5188 家减少至 3909 家，已关闭总数达到 1968 家，占团购网总数的 33.5%。出现以上情况的主要原因是，团购服务供给门槛低、约束性弱，团购网站前期投入大，遭遇资本市场转冷，市场经济负面影响凸显。

风投和互联网巨头对团购发展的看好，使该行业内竞争加剧，价格战、抢客户等恶性竞争现象不断，由此导致的团购行业不盈利、流动资金吃紧等问题，迫使团购行业必须重新洗牌，转变经营模式。实施差异化经营模式，是团购网生存下来的必然选择，如转向 B2C 经营模式、对外开放平台、构建团购商城、非核心业务外包等。据领团网报告数据，多家团购网退出团购，转型为商城、网址导航、返利网、社区、教育网、衣服定制网、淘宝店、企业网、生活服务网、电影网站和电脑网等。

表 3　2011 年度中国团购网站排行榜 TOP15

单位：亿元

排名	团购网站	服务团购交易规模	实物团购交易规模
1	聚划算	92.1	8.5
2	拉手网	4.9	12.6
3	美团	2.2	12.4
4	窝窝网	1.5	7.1
5	满座网	1.9	6.6
6	58 团	1.4	6.6
7	QQ 团	1.1	6.4
8	大众点评	0.7	6.3
9	糯米网	1.6	5.2
10	24 券	1.2	4.5
11	F 团	1.1	4.7
12	团宝网	0.6	3.2
13	嘀嗒团	0.6	3.2
14	高朋网	0.5	1.8
15	聚齐网	0.2	1.7

资料来源：领团网。

五　国家积极推动电子商务发展，优化产业环境

为推动我国电子商务有计划、有步骤、可持续发展，发挥电子商务对经济发展的推动与带动作用，优化电子商务生态环境，国家积极出台电子商务相关政策规划。

2011 年 4 月，商务部发布《第三方电子商务交易平台服务规范》以营造公平、诚信的电子商务交易环境，保护企业和消费者的合法权益。该规范指出，平台经营者应制定并公布交易规则，交易规则的修改至少提前 30 日予以公布，而用户不接受修改的，可以在修改公告之日起 60 日内书面通知退出。平台经营者应按原交易规则妥善处理用户退出事宜。

2011 年 10 月，商务部制定《商务部“十二五”电子商务发展指导意见》，以明确电子商务工作任务，通过示范工程和一系列保障措施，加快电子商务服务业发展，深化普及电子商务应用。该指导意见指出，到 2015 年，全国规模以上企业应用电子商务比率达 80% 以上，应用电子商务完成进出口贸易额占全国当年进出口贸易总额的 10% 以上，网络零售额相当于社会消费品零售总额的 9% 以上。

2011年11月，商务部发布《服务贸易发展“十二五”规划纲要》。该纲要指出，根据世界服务贸易发展趋势，一方面选择具有比较优势的传统服务贸易领域巩固优势，另一方面选择符合国际服务贸易发展趋势的新兴服务贸易领域重点培育。“十二五”期间，要在30个服务贸易领域重点发展，争取有所突破。而电子商务作为战略性新兴产业的重要组成部分，必须加大推进和发展力度，为我国服务贸易发展开辟新空间。

2011年11月，工业和信息化部发布《电子认证服务业“十二五”发展规划》，要求推进电子商务行业发展、开展行业管理、组织实施重大工程。该规划指出，截至2015年，形成覆盖全国的网络身份认证服务体系（网络身份认证服务覆盖全国，网点覆盖所有省份、延伸至中东部地区80%的城镇和西部地区60%的城市，有效数字证书数量超过1亿张），基本形成可靠电子签名认证体系，并在数据电文可靠性认证服务模式探索方面取得积极进展，电子认证服务市场规模突破80亿元。为实现以上目标，该规划明确了6项重点任务和2个重点工程，其中6项重点任务涉及政策法规、认证服务、应用市场、试点示范、标准规范和合作交流等方面，2个重点工程即数字证书交叉认证及应用试点工程和可靠电子签名与数据电文应用试点工程。

为了加强电子商务法规、标准、统计等体系的建设，有选择、有目的地扶持电子商务企业，培育民族品牌，发挥示范企业的带动作用，商务部评选出23个省、市、自治区的83家示范企业（见表4）。

表4　2011年电子商务示范企业名单

单位：家

序号	省、市、自治区	电子商务示范企业	企业个数
1	北京市	凡客诚品、京东、当当网、卓越、红孩子、北京乐友达康、艺龙网、慧聪国际资讯、敦煌禾光、中粮、京卫元华、王府井百货、金象在线、千纸鹤	14
2	上海市	东方钢铁、上海陆上货运、上海钢联、新蛋贸易、上海携程、上海东方希杰、百联电子、上海农产品中心批发市场	8
3	浙江省	浙江淘宝、浙江网盛生意宝、义乌市中饰网络科技、浙江人可工贸、浙江绿森数码、浙江搜富、杭州祐康、浙江珍诚医药在线	8
4	江苏省	苏宁电器、焦点科技、宏图三胞、苏州同程旅游、好享购物、江苏仕德伟	6
5	山东省	山东省商业集团、山东省家家悦集团、利群集团、青岛维客集团、海尔集团	5

续表

序号	省、市、自治区	电子商务示范企业	企业个数
6	广东省	环球市场集团、中国南方航空、广东新环球汽车用品、广东盛世商潮、广州市广百	5
7	黑龙江省	齐齐哈尔市绿都电子商务、大庆易万贝、哈尔滨中央红集团、黑龙江省鑫雨农民购销	4
8	福建省	安溪中国茶都集团、福建省讯网、厦门万翔网络、厦门七匹狼	4
9	湖南省	快乐购物、鹰皇商务科技、湖南本地易购、长沙钢为	4
10	内蒙古自治区	通辽市草原旭日、内蒙古宇航人、呼伦贝尔市友谊	3
11	重庆市	重庆龙文实业、重庆易易商、重庆奇易	3
12	河北省	河北玛世、石家庄商商	2
13	辽宁省	沈阳金道、大连大商	2
14	安徽省	家家购物、安徽易商数码	2
15	湖北省	武汉中百集团、安琪酵母	2
16	四川省	成都九正科技实、成都天地网	2
17	贵州省	大唐高鸿、贵州茅台酒销售公司	2
18	陕西省	陕西黄马甲物流配送、西安艾派信息技术	2
19	天津市	环渤海金岸	1
20	吉林省	长春市购够乐	1
21	海南省	中国国旅(海南)国际旅行社	1
22	云南省	昆明市任达天科技	1
23	甘肃省	甘肃陇萃堂	1

资料来源：商务部。

2012 年 3 月 27 日，工业和信息化部发布《电子商务“十二五”发展规划》，以加快电子商务发展。该规划明确指出，“十二五”期间，电子商务交易额翻两番，突破 18 万亿元；企业间电子商务交易规模超过 15 万亿元；网络零售交易额突破 3 万亿元，占社会消费品零售总额的比例超过 9%。

专栏 2　工业和信息化部《电子商务“十二五”发展规划》的主要目标和重点任务

总体目标：到 2015 年，电子商务进一步普及深化，对国民经济和社会发展的贡献显著提高；电子商务在现代服务业中的比重明显上升；电子商务制度体系

基本健全，初步形成安全可信、规范有序的网络商务环境。

具体目标：电子商务交易额翻两番，突破18万亿元，其中，企业间电子商务交易规模超过15万亿元；企业网上采购和网上销售占采购和销售总额的比重分别超过50%和20%；大型企业的网络化供应链协同能力基本建立，部分行业龙头企业的全球化商务协同能力初步形成；经常性应用电子商务的中小企业达到中小企业总数的60%以上；网络零售交易额突破3万亿元，占社会消费品零售总额的比例超过9%；移动电子商务交易额和用户数达到全球领先水平；电子商务的服务水平显著提升，涌现出一批具有国际影响力的电子商务企业和服务品牌。

重点任务：一是，提高大型企业电子商务水平；二是，推动中小企业普及电子商务；三是，促进重点行业电子商务发展；四是，推动网络零售规模化发展；五是，提高政府采购电子商务水平；六是，促进跨境电子商务协同发展；七是，持续推进移动电子商务发展；八是，促进电子商务支撑体系协调发展；九是，提高电子商务的安全保障和技术支撑能力。

资料来源：工业和信息化部。

六　移动化成为电子商务发展新趋势

随着移动互联网、移动智能终端的深化应用以及支付技术的快速发展，移动购物和移动支付的用户和交易规模将呈现爆发式增长，移动化成为电子商务发展的新引擎。2011年，中国移动电子商务市场规模为119.9亿元，占中国移动互联网市场规模之比为30.5%，成为移动互联网第二大细分行业。移动电子商务之所以发展迅速，除了移动通信技术发展突飞猛进、线上购物需求不断膨胀以及电子商务发展环境不断优化等之外，还在于与传统电子商务相比，移动电子商务具有一些独特的优势：移动用户形成一定规模，用户可随时随地进行商务活动，服务个性化、定制化，移动支付便捷化和成本低，手机用户信息精准化。

继SP、网络广告、网游、垂直搜索、Web 2.0、B2C电子商务等互联网应用发展之后，中国电子商务已步入布局移动电子商务发展的新阶段。电子商务企业加快布局移动支付、行业门户、移动 IM、移动搜索、移动旺铺、移动定位等领域，推动移动电子商务市场发展，形成竞争态势。如 2004 年，阿里巴巴与英特尔合作建立了中国首个手机电子商务平台；2007 年，推出阿里旺旺移动版；2008 年，淘宝网、支付宝进入移动电子商务领域；2011 年，中国联通与阿里巴巴集团在北京签署了战略合作协议，正式宣布双方全面开展深度合作。电子商务企业积极布局移动电子商务，开发能够覆盖多平台的移动应用软件，为移动电子商务发展提供平台和技术支撑。

表 5　电子商务企业布局移动应用

电商企业	Wap	App			
		Android	Ios	Symbian	其他
淘宝	标准版、触屏版	Android	iPhone、iPad、iPod touch	S60V5、Symbian3	Java、WM
京东	标准版	Android	iPhone、iPad、iPod touch	S60V5、Symbian3	—
当当	标准版	Android	iPhone	S60V5、Symbian3	—
一号店	标准版	Android	iPhone	—	—
凡客诚品	标准版	—	iPhone、iPad、iPod touch	S60V5、Symbian3	Kjava 明确在开发中
V +	标准版	Android	iPhone	—	—
麦考林	标准版	Android	iPhone	—	—
乐淘	标准版	Android	iPhone	S60V5、Symbian3	—
美团	标准版	Android	iPhone、iPad	—	—
拉手	标准版	Android	iPhone、iPad	—	—
去哪儿	标准版	Android	iPhone、iPad	S60V5、Symbian3	—
携程	标准版	Android、AndroidPad	iPhone、iPad	Symbian3	—
大众点评	标准版	Android	iPhone、iPad	Symbian3	黑莓
丁丁地图	标准版	Android	iPhone、iPad、iPod touch	S60V5、Symbian3	—
苏宁易购	—	Android	iPhone	—	—
美丽说	—	Android	iPhone	—	—
新蛋商城	—	Android、AndroidPad	iPhone	S60V5、Symbian3	—
银泰网	—	Android	iPhone	—	—
梦芭莎	—	Android	iPhone	—	—
卓越亚马逊	Wap	—	—	—	—

资料来源：派代网。

随着云计算领域新技术、新应用、新模式等的发展趋于成熟且云应用不断深化，以及电子商务运营模式和运营平台不断创新，云服务化和社会化将会成为电子商务发展的新引擎和新趋势。云服务化与电子商务相结合，主要是由于云服务具有较高的灵活性、稳定性、可靠性和安全性等优点，能够按需提供高质量服务。基于社交平台的电子商务，即社交化电子商务，之所以具有巨大的发展潜力，经济效应不断显现，主要是由于社交网站、微博、Web 2.0 等互联网应用不断拓宽，能够为电子商务提供个人用户信息，拓展营销渠道。

B.9

社交网络朝气蓬勃

摘　要：2011 年，我国微博用户数量呈现出爆发式增长，社交网站一枝独大的局面被彻底改变。社交网站受到微博的冲击，出现了用户流失、用户黏性降低等问题，部分社交网站开始通过开放平台、收购、拓展新模式的方式从服务内容和服务对象上寻求新的突破。微博企业用户数量快速增加，但是其盈利模式依旧比较模糊，营收状况堪忧，探索微博盈利模式成为未来关注的重点。此外，微博媒体属性不断增强，政务微博成为政府部门信息传递的有效途径，而“SoLoMo”成为社交网络流行词汇，各社交网络企业纷纷试水。

关键词：社交网络　微博　SoLoMo

2011 年，中国微博呈爆发式增长态势，用户数首次超越社交网站用户数。然而国内多数社交网络企业营收状况并不理想，仍处于探索状态。随着社交网络用户的快速增长，企业纷纷开始入驻社交网络平台，开展营销、推广等活动。同时与美国等国家相比，中国形成了自己的社交网络文化，对社会舆论产生了重要影响，社交网络媒体属性不断增强。社交网络是一个广义的概念，包括社交网站、微博、论坛、位置签到服务、在线问答、在线百科、婚恋交友网站、商务社交网站、社交游戏等。本文重点研究社交网站和微博，社交网站主要指 Facebook、人人网、开心网等狭义的社交网络平台，微博主要指 Twitter、新浪微博、腾讯微博等基于用户关系的信息分享、传播以及获取平台。

一　中国微博爆发式增长，用户数量超越社交网站

2011 年，中国微博呈爆发式增长态势。CNNIC 数据显示，截至 2011 年 12 月底，微博用户数达到 2.5 亿，同比增长 296.8%，网民使用率为 48.7%，成为

网民获取新闻信息的重要渠道，首次超越社交网站用户数（2.44 亿）（见图 1）。同时，微博用户的扩散速度加快。艾瑞数据显示，社交网站用户数从 5000 万增长至 1 亿用时 9 个月，从 1 亿增长至 2.7 亿用时 32 个月，而微博用户数从 5000 万增长至 1 亿仅用时 4 个月，从 1 亿增长至 2.7 亿仅用时 15 个月。

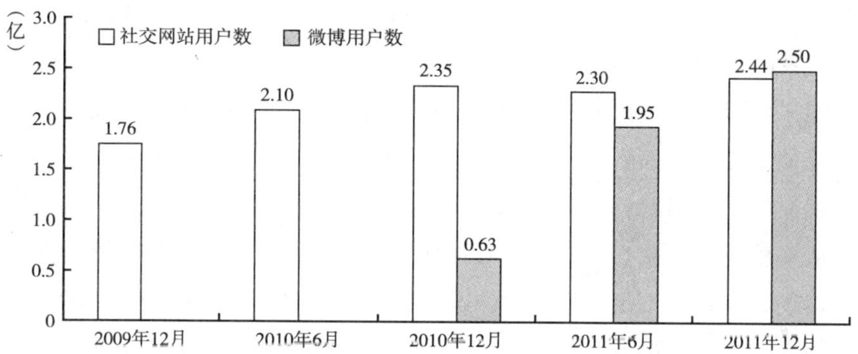

图 1　2009 年 12 月至 2011 年 12 月中国社交网站用户数和微博用户数

资料来源：CNNIC。

从社交网络分享服务提供商 JisThis 的排行榜来看，QQ 空间、新浪微博、腾讯微博、人人网位居前四，处第一梯队，开心网、搜狐微博、网易微博、淘宝社区位居第二梯队，豆瓣、MSN、朋友网位居第三梯队。BV4 和 HWZ 发布的全球社交网络品牌价值排名显示，腾讯 QQ 空间全球排名第四，品牌价值 112.37 亿美元；新浪微博全球排名第五，品牌价值 39.94 亿美元；腾讯微博全球排名第八，品牌价值 35.26 亿美元；人人网、朋友网、开心网分别排第十二、第十四和第十八（见表 1）。

表 1　2011 年中国主要社交网络品牌价值及用户数

单位：亿美元，亿

序号	社交网络平台	品牌价值	用户数
1	QQ 空间	112.37	5.52
2	新浪微博	39.94	3.0
3	腾讯微博	35.26	3.1
4	人人网	26.16	2.0
5	朋友网	21.93	2.02
6	开心网	18.91	1.6

资料来源：BV4&HWZ，各公司公开报道。

二 社交网络企业营收状况堪忧，盈利模式有待进一步探索

艾瑞数据显示，截至 2011 年 10 月，社交网站的月度浏览时长同比减少了 50.6%，表明 2011 年社交网站的用户黏性已开始下降。尽管社交网站的上市热潮仍未退去，但从流量数据的分析以及社交网站令人堪忧的财报来看，社交网站的泡沫论似乎已被验证。

从行业的发展来看，中国的社交网站受到微博的强势冲击而出现了用户流失，但从本质而言，社交网站并没有抓住用户需求的变迁，各网站之间形式和内容互相抄袭，创新力不足，导致用户黏性降低。并且，中国社交网站的变现能力较为薄弱，长期以来依赖“广告 + 增值业务、服务付费 + 应用分成”的盈利模式，因此，暂入困境中的社交网站不得不面对如何引入新的服务以提升用户价值，如何融入新概念以拯救商业模式的问题。人人网和开心网已开始通过开放平台、收购、拓展新模式的方式从服务内容和服务对象上寻求新的突破，这将在一定程度上为中国的社交网站行业注入新的血液，带来对新模式的思考。

微博已成为互联网增长速度最快且热度最高的服务之一，微博价值不可小觑，而各大微博运营商在 2011 年也已开始为微博的商业化之路布局，无论是新浪微博改版推出微号和微币，还是腾讯微博尝试社区电子商务，都是运营商积极实现将微博的流量变现、探索盈利模式的表现。尽管微博增速迅猛，但其仍处于培养用户的阶段，还存在巨大的产品发展空间，商业化微博似乎仍为时过早。未来微博的价值一定会通过商业化来实现，这是价值回归的必然。目前，微博运营商布局的商业之路为微博未来的盈利留下了探索的空间，也将促进微博平台的产业链迅速成熟。预计 2012 年，中国社交网络将正式迎来商业化、体系化的一年，并且也会是社会化媒体竞争空前激烈的一年。

三 中国微博用户活跃，美国社交网络受欢迎

尼尔森报告显示，45% 的中国被访网民拥有人人网账号，而 75% 的美国被访网民拥有 Facebook 账号。中美两国被访用户中，90% 以上的用户只拥有一个

社交网络账号，76%的用户增加或保持了社交网络的使用频率，人人网20%的用户周均发布信息21条以上，远高于Facebook。从地域分布看，广东、上海、北京的人人网用户规模位居前三，加利福尼亚州、佛罗里达州、纽约州的Facebook用户规模位居前三。中国的微博用户规模较大，普及率较高；美国的社交网络用户规模较大，普及率较高。

在美国，Facebook用户对“家人”的关注度仅次于朋友，高达87%，远高于其他社会关系或组织；在中国，“同事”在社交网络中扮演了更重要的角色，40%的人人网用户关注了同事，比例超过家人。对比发现，与Twitter、新浪等微博用户关注名人比例较高不同的是，社交网站用户间的“强关系”（亲戚、朋友等）更加突出，“弱关系”（名人等）相对不足。另外，人人网用户对公司或品牌的关注度不足20%，相比于Facebook尚有较大增长空间（见图2、图3）。

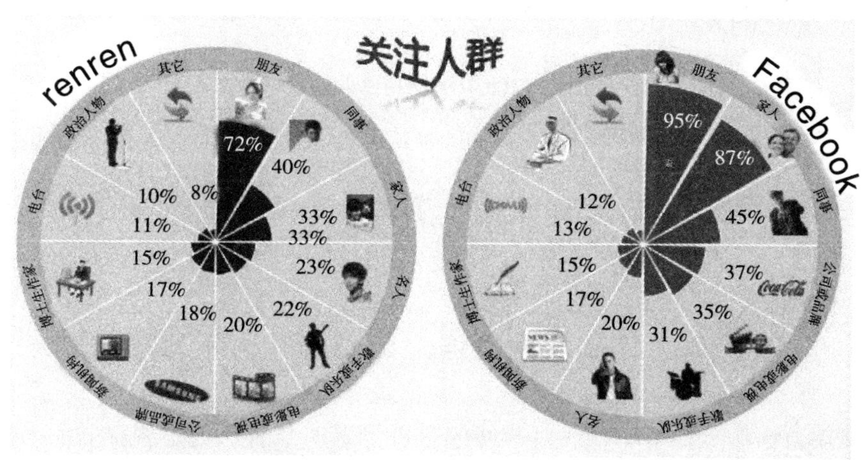

图2　人人网vs Facebook使用者关注人群分布对比

资料来源：尼尔森。

就发布内容来看，36%的Facebook用户经常或有时候发布“非常个性的信息”，而人人网的这一比例高达61%；在接受好友请求和共享位置信息方面，中国社交网用户也表现出了更强的开放性，58%的人人网用户表示“愿意接受好友申请”，Facebook仅为26%。另外，人人网用户允许网站获取其地理信息的比例也高出Facebook 10%。中美两国的微博也有类似结果。这表明，对于中国网民而言，社会化媒体是一个虚拟化程度更高的平台，在涉及个人信息相关的诸多

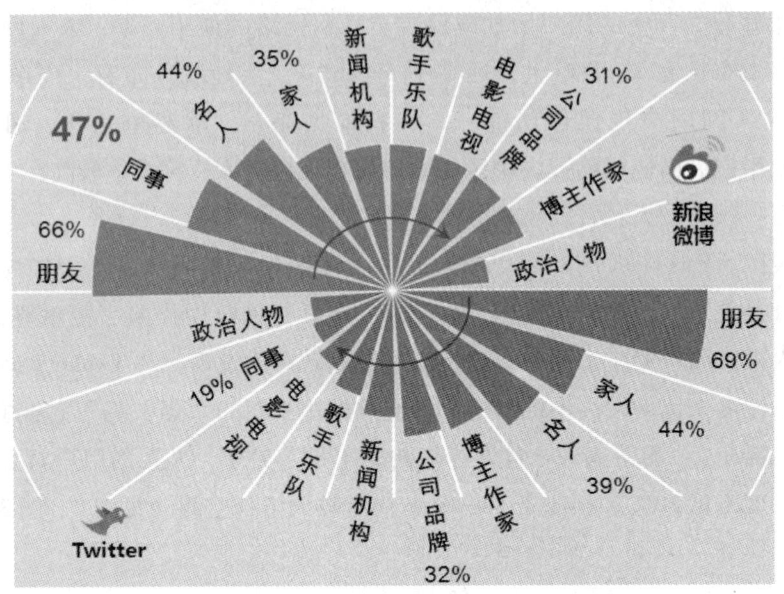

图3　新浪微博 vs Twitter 使用者关注人群分布对比

资料来源：尼尔森。

行为上中国网民更加开放、活跃。中美不同的社会文化或是导致用户行为差异的重要原因。

四　微博媒体属性增强，舆论影响力不容小觑

艾瑞数据显示，2011 年 3 月微博的月度浏览时长首次超过媒体首页；8 月，微博和新闻资讯类服务的月度浏览时长呈现出一涨一跌的走势，微博的月度浏览时长环比增长近三成，而新闻资讯类服务的月度浏览时长则环比减少 7.1%，同时微博的月度浏览时长首次超越新闻资讯类服务；9 月，微博和新闻资讯类服务都环比小幅减少，但微博仍保持领先（见图 4）。

通过分析微博与新闻资讯类服务的月度浏览时间指标可以发现，微博已呈现出强大的媒体特性，并对传统的网络新闻媒体形式造成了冲击。2011 年 8 月是公共事件和突发事件多发时段，包括高铁动车追尾事件等，微博自媒体的形式让公众能参与到整个事件的追踪和讨论当中，在推进社会信息公开的同时，消除了信息不对称，比传统的网络新闻更及时、传播力更广、更透明、参与度也更高。微博结合

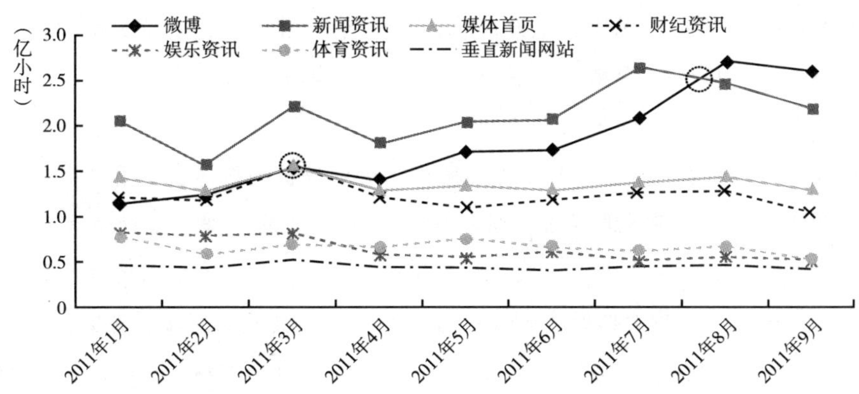

图 4　2011 年前 9 月微博和新闻资讯类服务月度有效浏览时长

注：新闻资讯包括门户网站的新闻频道（如新浪新闻频道）、垂直型新闻网站（如新华网）、地方网站、体育资讯、军事资讯等；媒体首页主要指门户网站及垂直新闻网站的首页。

资料来源：艾瑞。

社交的媒体性显示出巨大的能量，已成为网民获取新闻信息的又一主流平台。同时，微博消息快速、病毒式传播为其影响社会舆论提供了条件，在后续的郭美美事件、小悦悦事件等社会热点事件中，微博越来越成为影响社会舆论的重要引导力量。

专栏 3　2011 年中国政务微博客评估报告

国家行政学院电子政务研究中心发布的《2011 年中国政务微博客评估报告》显示，截至 2011 年底，中国政务微博客总数达到 50561 个，较 2011 年初增长了 776.58%。

根据目前政务微博客发展的实际情况，该报告评估对象为在新浪网、腾讯网、人民网、新华网四家微博客网站经过认证的党政机构微博客和党政干部微博客。

报告显示，截至 2011 年 12 月 10 日，在新浪网、腾讯网、人民网、新华网四家微博客网站认证的党政机构微博客共 32358 个，认证的党政干部微博客共 18203 个。其中，在新浪微博认证的党政机构微博客 12103 个，党政干部微博 10652 个；在腾讯微博认证的党政机构微博客 13911 个，党政干部微博 6748 个；在人民网微博认证的党政机构微博客 2401 个，党政干部微博 71 个；在新华网微博认证的党政机构微博客 3943 个，党政干部微博 732 个。对党政机构微博客的月度分布统计结果显示：2011 年新增认证党政机构微博客 27400 个，2011 年党政机构微博认证数量呈现逐月上升趋势；2011年新增认证党政干部微博客17393个，月度新增认证党政干部微博客分布相对比较均匀。

对党政机构微博客的地区分布统计结果显示：各省党政机构开通微博客数量差异比较大，其中浙江、广东、江苏三省开通的党政机构微博客数量居前三位，这三个省开通的党政机构微博客占总量的35%。各省党政干部认证微博客数量也存在比较大的差异，其中黑龙江、北京、江苏三省市认证党政干部微博客数量居前三位，这三个省认证党政干部微博客数占总量的37%，其次是浙江、河南、广东。

报告对党政机构微博客和党政干部微博客分别抽取1000个样本进行的统计结果显示：党政机构微博客中地级市政府及下属机构所占比重最高，占58%，其次是省级政府及下属机构，占22%；开设微博客的党政干部行政级别呈金字塔式分布，其中处级以下干部占比重最高，为65%。对党政机构微博客和党政干部微博客分别抽取1000个样本进行的统计结果显示：党政机构微博客中比重最大的为公安系统微博客，占47%，其次是旅游机构微博客，占8%；同样，党政干部微博客中公安系统微博客排名第一，占42%，其次是党委部门，占16%。

表2 党政机构微博客综合排名前十名

综合排名	微博客名称	认证信息	微博客平台
1	平安北京	北京市公安局	新浪网、人民网
2	禁毒在线	广西壮族自治区百色市禁毒办	腾讯网
3	微成都	四川省成都市人民政府新闻办	腾讯网、新浪网
4	广东省公安厅	广东省公安厅网络问政平台	腾讯网、新浪网
5	昆山市公安局新镇所	江苏省昆山市公安局新镇派出所	新浪网
6	平安肇庆	广东省肇庆市公安局网络问政平台	新浪网、腾讯网
7	中国国际救援队	中国国际救援队	新浪网、人民网
8	公安网络发言人	河北省公安厅	腾讯网、新浪网
9	昆山公安蓬朗派出所	江苏省昆山市公安局蓬朗派出所	新浪网、腾讯网
10	平安常州	江苏省常州市公安局	新浪网、腾讯网

资料来源：国家行政学院电子政务研究中心撰《2011年中国政务微博评估报告》，2012。

五 企业纷纷入驻社交平台，社会化商业浮出水面

随着微博的迅猛发展，电子商务、航空、餐饮等企业纷纷入驻微博，开展营

销、宣传工作，社会化媒体时代网络口碑显得异常重要。eMarketer 数据显示，预计 2013 年，全球社交网络广告收入将达到 100 亿美元，占据全球在线广告收入的 9.4%。美国主流的广告主已经把社交媒体纳入常规的市场营销体系中，2011 年美国已有 80% 的广告主在使用 Facebook 做市场营销，预计 2012 年美国将有 88% 的企业进行社会化网络营销。

随着国内社交网站及微博的蓬勃发展，不仅是企业逐渐提高了对社会化营销价值的认识，社交网站及微博也积极搭建营销平台、推出 SNS 营销效果评估体系，努力为企业的社会化营销提供优质平台及服务。然而，国内的社会化营销环境仍欠成熟，尤其表现在水军、僵尸粉丝等作弊现象频频发生，体现了运营的不规范。社会化媒体营销人员应该更注重社会化营销模式的创新、深度挖掘社会化媒体的传播价值，努力打造绿色的社会化营销环境。

当越来越多的企业在微博上开展社会化营销时，部分企业开始尝试通过微博进行人才招聘、客户发现、售后服务等涉及企业方方面面的工作。2012 年，我们将进入由社会化媒体向社会化商业过渡的时代。

六　“SoLoMo”炙手可热，社交网络企业纷纷试水

2011 年 2 月，著名风投美国 KPCB（Kleiner Perkins Caufield&Byers）风险投资公司合伙人约翰·杜尔（John Doerr）第一次提出了“SoLoMo”这个概念。他把最热的三个关键词整合到了一起：Social（社交）、Local（本地化）和 Mobile（移动）。随后，“SoLoMo”概念风靡全球，并被一致认为是互联网的未来发展趋势。业界相信，符合这 3 个单词的公司都有希望成为下一个谷歌或者脸谱，成为下一只会生金蛋的母鸡。更早之前，摩根士丹利就预言，移动互联网将于 5 年内超过桌面互联网。

从 Facebook 到人人网这样的“So”已经无处不在；而“Lo”则代表着以 LBS（Location Based Service）为基础的各种定位和签到，它是 Foursquare 或者街旁，也包括 Facebook Places 和“人人报到”；“Mo”则是依赖于智能手机带来的各种移动互联网应用。

Social 毫无疑问是当下乃至未来的潮流，而“Lo”和“Mo”则更多的是建立在 Social 的大平台上获得快速的发展。以人人网为例，其月度覆盖用户过亿，

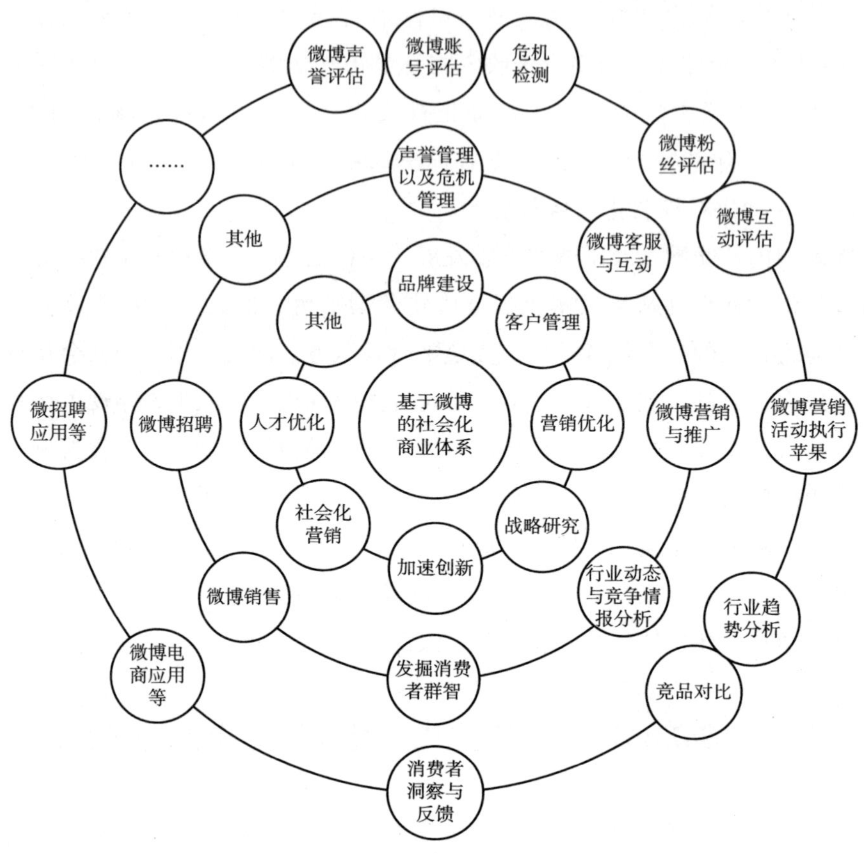

图5　基于微博的社会化商业体系

资料来源：CIC。

而每天有30%的用户是通过手机访问（人人网）。这要归因于人人公司在手机产品上下的工夫——人人是全球首家推出手机开放平台的互联网公司，甚至先于其一直模仿的对象Facebook。在如此之大的用户量面前，各大手机品牌争相内置手机人人客户端，广告宣传中间也无处不谈“社交”二字。手机人人网也成为最热门移动社交应用的佼佼者。2010年11月，基于手机人人网的“人人报到”LBS产品一经推出，数据量就突飞猛进，人人网也一跃成为国内最大的LBS服务提供商。2011年6月，人人网又在手机客户端添加了糯米网团购信息以及厂商优惠活动，利用用户的地理位置，推荐团购商品和服务，结合了移动、社交、LBS和电商，深入挖掘“SoLoMo”模式的商业价值。

正如杜尔所说："我们正处于一个新时代的开始，社交网络创新者正为用户重新想象和重新定义一个网络，这一网络超越文档和网站。"在这一颠覆性变革的时机，随着资本在移动互联网市场的布局，"SoLoMo"给予创业者的不是一个概念，而是一个明确的方向。

"SoLoMo"袭来，从根本上改变了以往的上网方式、交流方式，也改变了企业与消费者的互动方式，原有的那一套PC端的做法已经无法满足用户的需求，这就需要一种新的技术以原来没有的方式去满足用户的需求。谷歌之后，是脸谱。脸谱之后呢？

B.10

移动互联网蓄势待发

摘　要： 移动互联网是目前全球发展最快、市场潜力最大、前景最为诱人的领域之一，也是全球 IT 巨头在新一轮信息技术革命中争夺的重点领域，同时，我国也将其列为战略性新兴产业予以重点支持。2011 年，我国移动互联网领域用户超过 3.5 亿，市场规模超过 800 亿元，正在从 WAP 时代进入 Web 时代，移动互联网产业链初步形成，产业链重心不断上移，移动互联网时代正在加速到来。未来，随着移动互联网进一步的应用和发展，其作为经济和社会发展推进器的作用将会日趋凸显。

关键词： 移动互联网　Web 时代　产业链

移动互联网是正在到来的新一轮信息技术变革，它将重塑硬件、软件和信息服务格局，未来有望形成万亿美元产业。国际 IT 企业已经开始在产业链关键环节谋划布局，意图占领价值链的高端。欧美日等国家也积极出台政策，引导产业发展。2011 年全球智能手机销售量增速为 63%，达 4.9 亿部，首次超越 PC（包括平板电脑）3.6 亿台的出货量，证明移动互联网时代正在加速到来。

我国目前手机用户超过 10 亿，移动互联网用户超过 3.5 亿，成为全球最大的手机、移动互联网用户市场，为国内移动互联网企业发展提供了广阔空间。目前我国移动互联网产业链已初步形成，产业规模超过 800 亿元。2011 年，我国移动互联网产业继续深化发展，各种基础、应用平台初具雏形。

一　移动互联网时代正在加速到来，全球移动互联网用户超过十亿

3G 的爆炸性增长、智能手机等移动终端加速普及，加快了人类进入移动互

联网时代的进程。摩根士丹利研究认为，2013 年移动互联网用户将超越 PC 互联网用户，多个数据表明，这个时间点正在提前到来。2010 年第四季度，全球移动智能终端的出货量第一次高于 PC 的出货量，智能手机市场增速数倍于 PC。2010 年 12 月 25 日，谷歌搜索引擎移动用户索引量超过 PC 用户。2011 年，智能手机的市场销售量为 4.9 亿部，预计到 2015 年，全球智能手机销量为 16 亿部，移动互联网用户数将超过 38 亿。

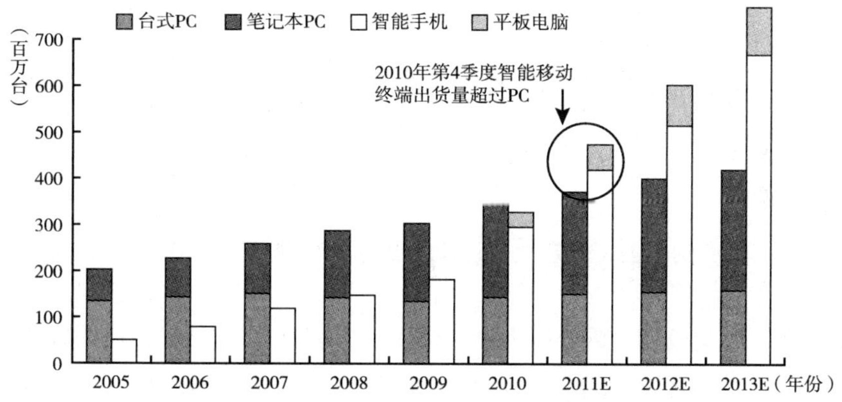

图 1　2005 ~ 2013 年全球台式 PC、笔记本 PC、智能手机和平板电脑的出货量变化情况

注：2011 ~ 2013 年数据为估计值。
资料来源：摩根士丹利。

3G 的规模化发展为移动互联网提供了完备的基础设施。从全球首个 3G 商用网络至今已有近十年时间，全球 3G 已从整体上进入规模化发展阶段，3G、LTE 商用网络及 3G 用户市场均呈现快速发展态势。随着市场的不断成熟，全球 3G 用户已经进入规模增长阶段。截至 2011 年底，3G 手机用户达 11.5 亿，占 60 亿手机用户的比例达到 19%，处于爆炸性增长的临界点。

从苹果公司以 Mac 为代表的 PC 产品和以 iPhone、iPad 为代表的移动智能终端产品上市后的增长趋势也可以非常清晰地看出，移动互联网增长非常迅速，增长曲线非常陡峭。Mac 产品用了 20 年销量才达到 5000 万台，而 iPhone 仅用 2 年，iPad 更缩短至 1 年，2011 年新推出的 The New iPad 上市 3 天销量便超过 300 万台（见图 2）。

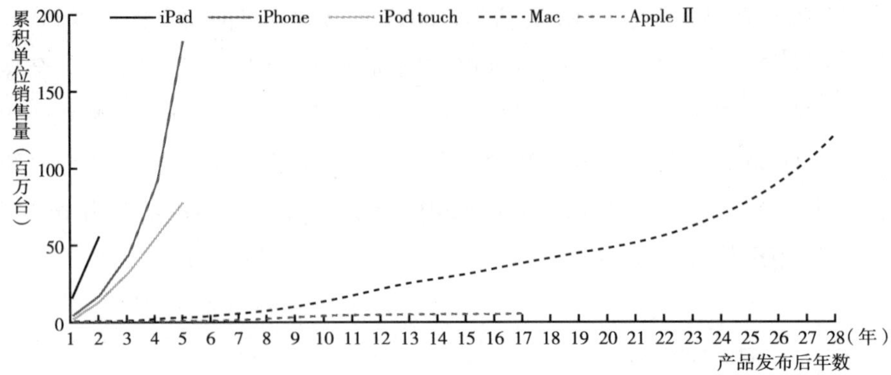

图 2　苹果公司 Mac 和 iPhone、iPad 等产品销量增长趋势

资料来源：Asymco。

二　我国移动互联网产业规模超过 800 亿元

2011 年，在运营商、内容服务商（CP）、服务提供商（SP）、独立软件开发商（ISV）以及终端厂商等产业链各方的共同推动下，中国移动互联网产业继续保持快速增长态势。易观数据显示，2011 年中国移动互联网市场规模达到 851 亿元（见图 3）。

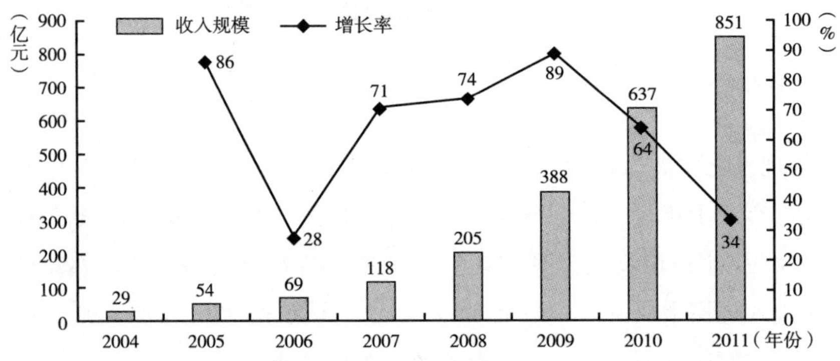

图 3　2004～2011 年中国移动互联网产业规模及增长率

资料来源：易观。

对比 2009～2011 年移动互联网产业结构的变化可以看到，2011 年移动购物与无线广告的占比都有了较大的提高，尤其是移动购物，从 2009 年的 3% 增至 2011 年的 11%，用户正逐渐习惯于通过移动终端进行购物。另外，值得注意的

是2011年移动互联网流量费占比继续减少，已经从2009的58%减至42%（见图4）。未来几年随着应用的不断深化，移动电子商务、移动社交网络、基于位置的服务等与用户息息相关的业务将取得更大的发展。

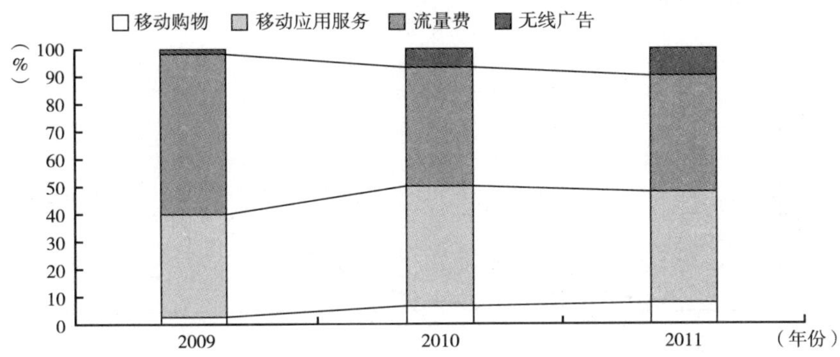

图4　2009～2011年中国移动互联网产业结构变化情况

资料来源：易观。

三　我国移动互联网进入规模发展阶段，用户超过3.5亿

2011年，我国手机网民规模达3.56亿（包含WAP用户），同比增长17.5%，与前两年相比，增长速度开始放缓（见图5）。毫无疑问我国已成为全球最大的互联网市场和移动互联网市场。

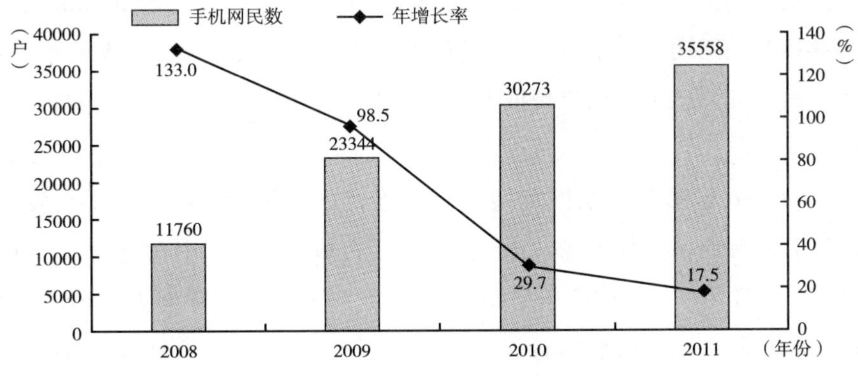

图5　2008～2011年中国手机网民数及增长情况

资料来源：CNNIC。

从多个国家3G用户发展数据来看，当3G用户渗透率达到10%左右时，3G在移动通信用户中渗透速度明显加快，进入加速发展阶段（见图6）。2011年，中国移动电话用户达9.86亿，其中3G用户1.28亿，渗透率接近13%，正处于加速发展阶段的起点。

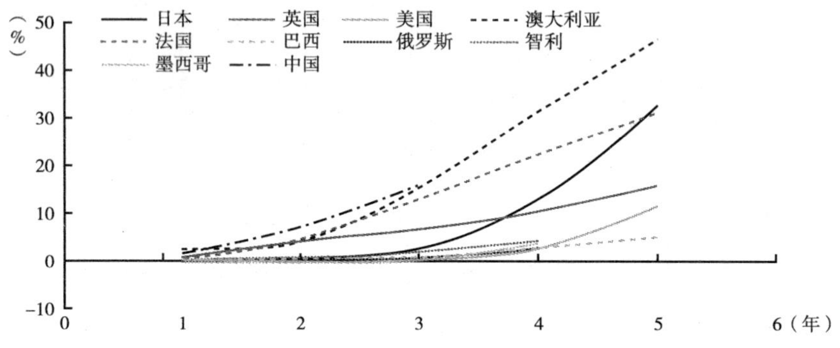

图6 全球典型国家3G用户占比发展历程

资料来源：ETIRI。

四 我国移动互联网从WAP时代进入Web时代

2007～2010年是我国移动互联网的酝酿阶段，移动互联网发展以WAP为主，由于手机终端性能和功能有限，2G、2.5G网络带宽受限，满足全Web页面浏览入门级终端价格偏贵，网络接入费偏高等原因，以iPhone和Android为衡量标准的移动互联网用户非常有限，但以WAP为衡量标准的用户（5元资费的手机报为代表）非常庞大，用户规模上亿（2009年，中国移动WAP用户占总用户的1/3以上）。

2010年是我国移动互联网发展的新起点，这一阶段的用户从手机发烧友、技术爱好者向普通消费者扩展，总用户数在千万级，应用集中在浏览器、各类工具软件等。2010年，全国3G用户净增3683万，累计达到4705万。2011年移动互联网应用从基础工具向娱乐转移，即时通信、社交网络、游戏、音乐、视频、电子书等市场快速增长。

2012年移动互联网应用的重心将再次转移，生活服务、电子商务等将蓬勃发展。PC 互联网经历十几年才走到目前电子商务大发展的阶段将被移动互联网用 2～3 年的时间所超越。我国 PC 互联网用户从 2000 万到 1 亿用了 6 年的时间，而移动互联网用户从 2000 万发展到 1 亿仅用了两年的时间，这也进一步论证了上述发展趋势。

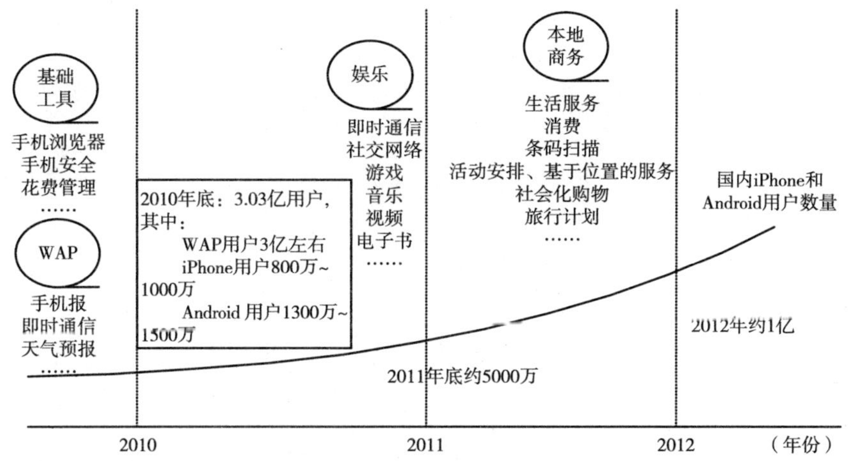

图 7　中国移动互联网发展趋势

资料来源：创新工厂。

五　移动互联网成为经济和社会发展的推进器

移动互联网的快速普及和深入应用，使其成为经济和社会发展的推进器。2010 年手机淘宝平台累计访问用户数已超过 6000 万，全年实现成交额达 18 亿元，2011 年超过 100 亿元。移动互联网对通信业的带动作用最为明显。近几年来通信行业收入增长走出了一条“V”形曲线，2006～2011 年，全国电信业务收入同比增幅分别为 11.6%、11.2%、7%、3.9%、6.6% 和 10%。其中的拐点恰好是 2009 年 3G 牌照发放之时。而在这一发展进程中，由于 3G 刚刚起步，业绩主要靠用户数增长拉动。2011 年，三大运营商 3G 用户当年净增 8137 万，而全年移动用户净增总数是 1.27 亿，3G 新增用户已经占全部新增用户的 2/3，成为通信产业增长最为明显的部分，同时也带动通信产业增速再次超过同期 GDP 增速，充分显示移动互联网的蓬勃发展之势（见图 8）。

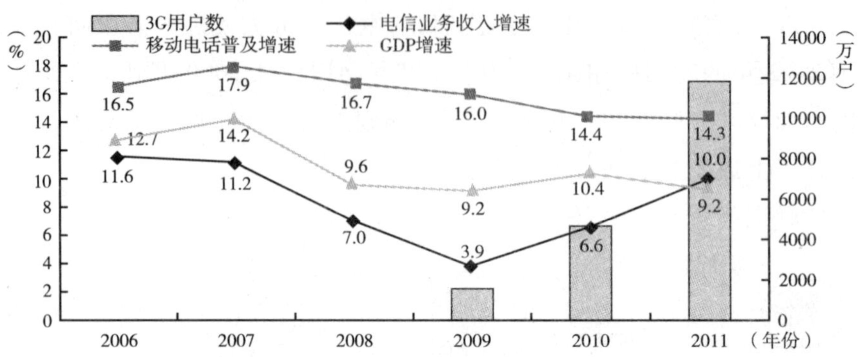

图8　2006~2011年中国3G用户数、电信业务收入与移动电话普及增势

资料来源：工业和信息化部。

六　移动互联网产业链初步成形，产业链重心上移

移动互联网产业作为巨大的综合产业，包括运营商、设备制造商、软件厂商、系统集成商、内容提供商及应用服务提供商等，各个主体越来越多的合作与竞争使得移动互联网得以更快地发展。在产业融合和演进的过程中，产业链的运作机制和资源配置也不断发生变化，各主体互相渗透。

经过多年的发展，我国移动互联网产业链已初步成形，聚集了一批自主型企业。芯片领域的展讯、君正、瑞芯，操作系统领域的联想、博思通信、点心、小米，整机领域的中兴、华为、联想、小米、魅族，搜索领域的百度，移动广告领域的多盟、友盟，移动社交领域的腾讯，移动商务领域的阿里巴巴，等等。它们在2011年均取得不凡的业绩。艾瑞数据显示，2011第三季度移动电子商务交易规模为37.7亿元，同比增长508.1%，继续保持迅猛的发展态势。

PC互联网时代，产业链价值的重心是芯片和操作系统，仅微软和英特尔每年的收入便超过1000亿美元；而移动互联网时代，产业链价值的重心在不断上移，随着用户的不断增多和应用的日趋丰富，重心上移的速度和规模还将不断加快和增大。一些面向海量用户的大众化、基础性、高频度的应用服务，日益平台化，成为网民“桌面”及获取各种服务的渠道，这些服务的出现，降低了操作系统在整个生态系统价值的比例。在美国，Facebook等社交网络已经成为新一代互联网应用和服务的承载平台。移动互联网时代，具备此类特征的服务，可能包括：即时通信、社交网络、浏览器、安全软件、地图软件等。

应用软件商店作为各种应用的聚散地率先得到快速发展。App Store 模式成为产业发展中的最耀眼的亮点，2011 年第三季度苹果 App Store 中国地区应用数量已经达到 45 万个之多，相比第 2011 年第二季度末的 37 万个有 21.6% 的增长；Android Market 中国地区的应用数量从 17 万个增长到 24 万，增长了 41.2%；中国移动的移动市场上架应用数量达到 9 万个，同比增长了 1 倍；天翼空间 2011 年第三季度应用数量达 5.7 万个，相比 2011 年第二季度末增长了 93.1%；联通沃商店 2011 年第三季度应用数量相比 2011 年第二季度末增长了 86.7%，达 1.6 万个。

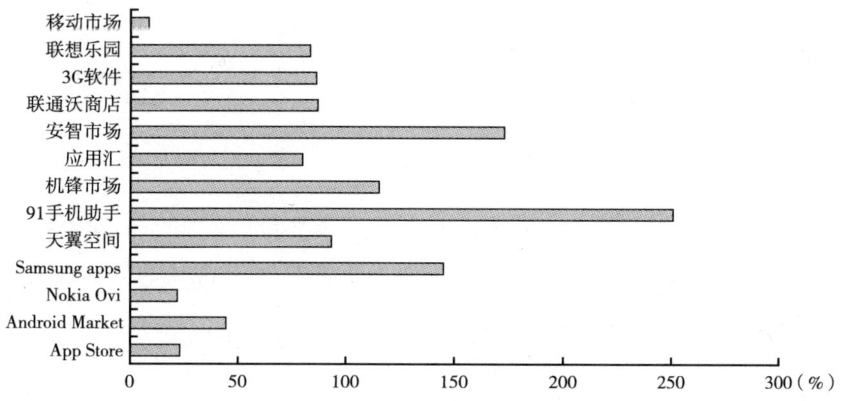

图 9　2011 年第三季度应用软件商店应用数量环比增速

资料来源：易观。

随着 3G 基础设施的不断完善，运营商 WiFi 的大规模建设，无线网络资费的持续下降，3G 终端价格不断下降和千元智能机的普及，我国移动互联网将进入快速发展阶段。2012 年，预计我国手机用户规模将达 11 亿左右，其中 3G 用户规模突破 2 亿，用户渗透率超过 20%，手机网民接近 4 亿。

B.11

云计算蒸蒸日上

摘　要： 云计算是继20世纪80年代大型计算机到客户端—服务器模式的大转变之后的又一巨变，云计算的XaaS（一切皆服务）服务模式将从根本上改变当前的服务交付方式。2011年，全球IT巨头不断加大云计算的研发投入，纷纷推出新的云端服务。为提高技术研发水平，增强市场竞争力，我国政府和企业同样也积极布局云计算产业，云计算产业链初具雏形，个人云和企业云逐步得到应用，云计算产业进入快速成长阶段。

关键词： 云计算　XaaS　个人云

2011年，全球云计算热度不减，云安全、云平台、云服务、云手机等概念此起彼伏。苹果、微软、IBM、谷歌、亚马逊、英特尔、AMD等巨头都纷纷推出新的云端布局。国内企业百度、华为、阿里巴巴、腾讯等企业也都建立了各自的云开放平台。在激烈的市场竞争下，产业链已具雏形，并形成了可观的市场规模。政府方面，通过试点城市、示范工程等措施推进云计算的应用落地，云计算在各地风起云涌；企业方面，积极布局产业链，不断开展技术研发，推出产品和服务，参与国际市场竞争。

一　云计算产业规模增长迅速，进入快速成长阶段

综合全球知名研究咨询机构的预测结论，考虑到新型市场的快速增长，全球市场规模在2011年可达到1120亿美元，到2015年将突破3000亿美元。根据计世资讯研究报告显示，2010年中国云计算市场规模约为559.3亿元，其中PaaS为41.9亿元，占整体云计算市场的7.5%；SaaS为448.6亿元，占整体云计算市

场的 80.2%。估计 2011 年市场规模约为 782.1 亿元，产业规模增速达 39.8%（见图 1）。而 SaaS、IaaS 和 PaaS 之间的比重并无明显变化。根据北京祥云工程、上海云海计划等工信部 5 个重点示范城市公布的发展规划，“十二五”期间我国云计算产业规模增长率将不低于 50%。

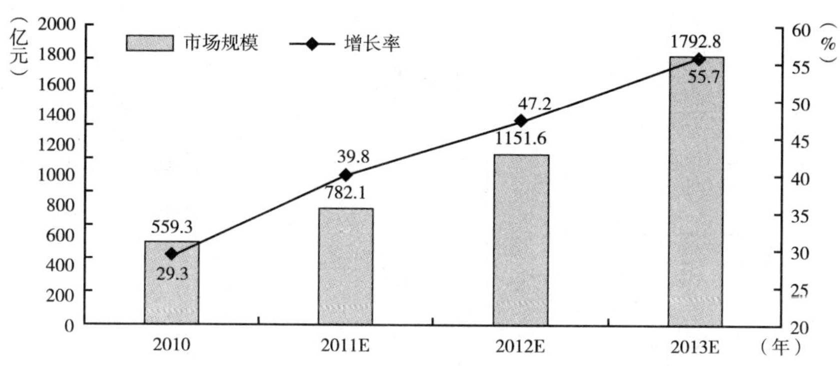

图 1　2010～2013 年中国云计算市场规模变化情况

注：2011～2013 年为估计值。
资料来源：计世资讯。

二　云计算产业链初具雏形

云计算对传统 IT 产业链带来了巨大冲击，无论是硬件领域、软件领域还是应用领域，都发生了深刻变化。经过前几年的迅速发展，目前云计算产业链已具雏形。根据摩根士丹利 2011 年 5 月发布的研究报告：云计算产业链包括硬件、软件、IT 服务、电信服务和半导体五大环节。根据全球云计算产业的现状和发展趋势，我们认为半导体行业在近期还不足以成为一级产业链，而以操作系统为代表的基础软件前景看好，完全可以从软件中独立出来，成为一级产业链。因此，我们认为云计算产业链可以划分为三个层级：一级产业链环节 5 个，二级产业链环节 20 个，三级产业链环节 48 个。云计算一级产业链包括硬件设备、基础软件、应用软件、IT 服务商、电信和广电服务商等五大环节。就 2011 年来看，中国在云计算产业链五大环节中都有所突破，尤其在应用软件领域有突飞猛进的发展。

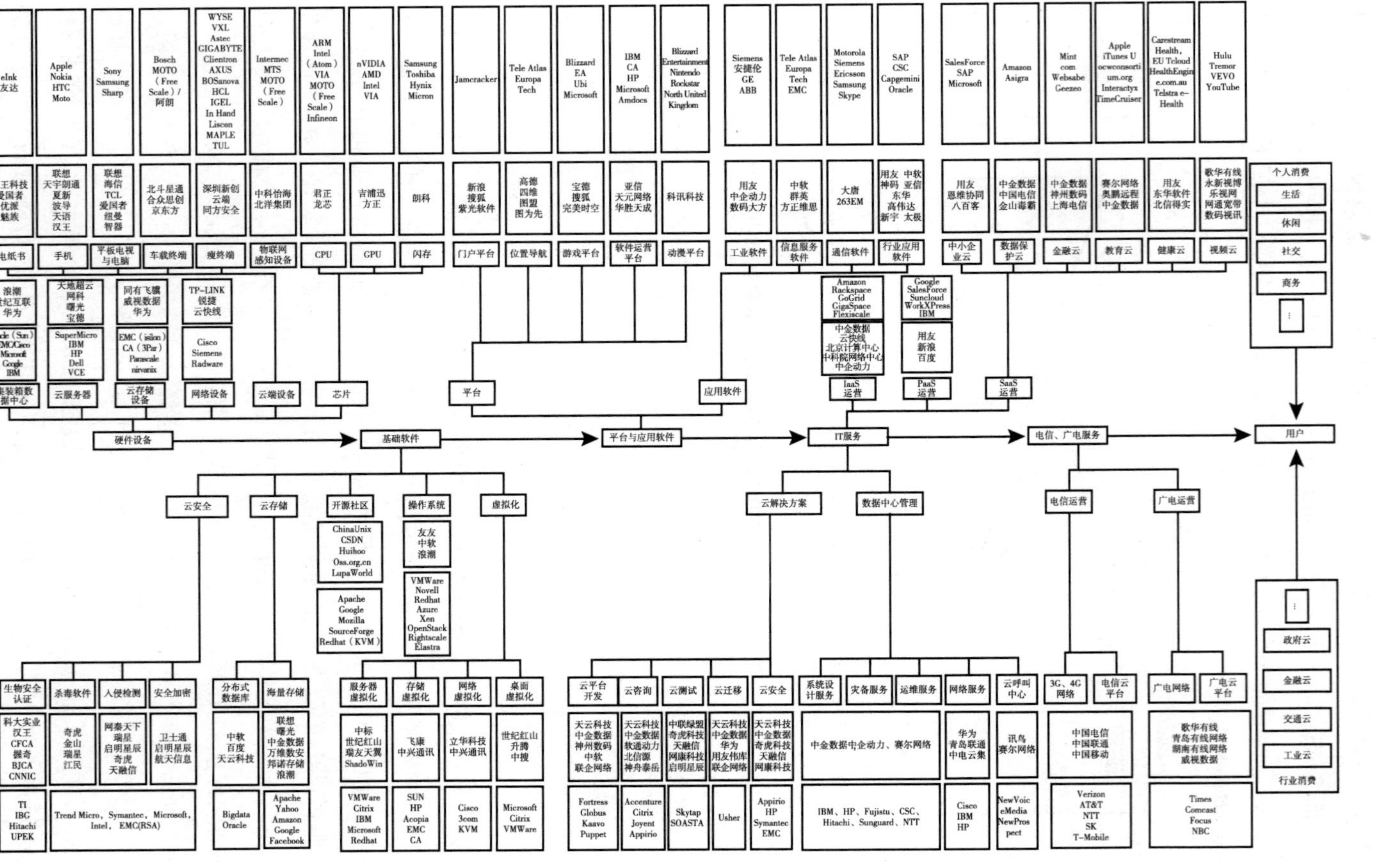

图2 中国云计算产业链布局

资料来源:ETIRI。

三　个人云应用逐步展开

华为、曙光、百度、浪潮、联想等国内 IT 企业的云计算产品及应用陆续推出，云计算在政府、企业、个人等领域开始落地。

个人云应用领域不断扩展。云计算将改变个人及家庭数字化生活消费方式，除以更高效率、更低成本提供个人与家庭用户邮箱、门户等传统网络服务之外，与移动智能终端结合的云存储、云办公、云输入法、LBS、SNS 等新兴应用将成为未来数字化生活的重要组成部分。

图3　2011 年十大个人云应用

资料来源：比特网。

2011 年，云存储在国内发展迅猛。据艾瑞咨询调查数据显示，2011 年中国云存储市场规模达 0.88 亿元，比 2010 年上升 95.6%，并预计到 2012 年中国云存储市场规模将达到 1.85 亿元，增长率达 110.2%，到 2014 年将达 8.76 亿元。究其原因，首先由于电子信息量的迅速提升，使传统的 PC 端物理存储介质很难满足电子信息的存储需要；其次是宽带的不断提升以及云存储技术的日渐成熟，消除了人们在网络上获取电子信息的障碍；另外，随着 PC 互联网尤其是智能手机的发展，用户可以在不同地点、不同状态下获取电子信息，多渠道电子信息存储成为可能。目前国内主要云存储产品有：酷盘、115 网盘、金山快盘、QQ 网盘、华为网盘等（见表 1）。

表 1　国内主要云存储产品功能参数对比

产品	发布时间	免费容量	扩充容量方式	上传文件大小限制	跨平台、设备
酷盘	2011 年 3 月	5G	可以通过参加活动来扩容，免费	不限	支持电脑网页和客户端 支持 iPhone、iPad 客户端下载 支持 Andriod 手机客户端下载
115 网盘	2009 年 5 月	15G	获取任务奖励，成为付费用户	小于 1G	支持电脑网页和客户端 支持 iPhone、iPad 客户端下载 支持 Andriod 手机客户端下载
金山 T 盘	2011 年 1 月	20G	获取任务奖励，成为付费用户	小于 2G	支持电脑网页和客户端 支持 iPhone、iPad 客户端下载 支持 Andriod 手机客户端下载
金山快盘	2011 年 5 月	5G	通过一些简单任务等方式获得额外的奖励空间	小于 300M	支持电脑网页和客户端 支持 iPhone、iPad 客户端下载 支持 Andriod 手机客户端下载
QQ 网盘	2011 年 9 月	1G	QQ 会员级数越高容量越大，付费	不详	支持电脑客户端 支持 Andriod 手机客户端下载
华为网盘	2009 年	5G	等级不同容量不同，付费	标准用户小于 200M，高级用户小于 400M，VIP 会员无限制	支持电脑客户端 支持 Andriod 手机客户端下载
迅雷网盘	2011 年 10 月	5G	付费扩容	网页版小于 100M	支持电脑客户端 支持 Andriod 手机客户端下载

资料来源：ETIRI。

企业级云应用不断涌现。相比于种类繁多的个人应用，2011 年企业级应用相对较少，但是增长迅猛，如云存储服务、邮件系统、视频会议、CRM、云安全系统、移动位置服务等。随着企业生产经营全过程的数字化、智能化、网络化，云计算将为企业提供从研发设计、生产控制、市场营销到内控管理的整合式新型解决方案，以适应企业业务快速变化的要求。随着能源、金融、制造、电信、物流等行业信息化应用向纵深发展，云计算等新兴技术将实现数据获取到信息分析的转变，推动信息系统整合、商业数据分析处理等应用创新。

政府领域云应用逐步落地。云计算能够提供可靠的基础软硬件、丰富的网络资源、低成本的构建和扩展能力，为实现社会管理方式创新提供坚实的基础。此外，随着国内城市化进程的加快，云计算将更为有效的整合城市各层面信息，极大提高信息化和精细化管理服务水平，实现城市基础服务提升，加速未来5年"数字城市"、"智慧城市"的建设。

四 企业云战略开始实施

国内企业为了抢占发展先机，纷纷提出了各自的发展战略，并开始了战略实施。如华为提出的"云管端"战略、华胜天成的蓝云平台、阿里巴巴的阿里云等。

表2 2011年度云计算领域知名企业战略动向及产品列表

企业	战略动向	产品及服务
华为	华为提出"云管端"战略，正式发布了"云帆计划2012"，首次明确了华为云计算三大战略；推出云平台解决方案，在终端领域推出智能手机、移动宽带产品等	Single CLOUD、Vision（远见）手机
华胜天成	收购新加坡i-Sprint，集成公司云安全产品及解决方案；整合摩卡软件BSM事业部，并推出云时代IT运维工具Mocha BSM Visto；"华胜天成云实验室"一期工程正式对外开放；"华胜天成蓝云平台"正式对外发布；推出"逸信通"移动信息服务平台V2.0	云安全产品及解决方案，云时代IT运维工具Mocha BSM Visto，"华胜天成蓝云平台"，"逸信通"移动信息服务平台V2.0
百度	将智能数据服务、典型行业应用和公共云计算平台作为云计算开放服务的创新性发展方向；陆续开放Iaas、PaaS和SaaS等多层面的云平台服务	搜索引擎、音乐平台ting、百度应用开发平台
中国移动	建立移动云平台，在平台上提供商用云服务，推出"大云"计划	Mobile Market应用程序商场、OPhone手机平台
阿里巴巴	对外宣称将投资1亿元打造电子商务云平台；推出阿里云手机作为移动云服务的企业，核心是围绕其电子商务服务	阿里云手机，国内第一款实现了能够直接享用100GB云空间里的所有应用
金山	推出的金山快盘是第一款明确提出定位于用户个人云存储中心的产品	金山快盘

续表

企业	战略动向	产品及服务
腾讯	大举部署云计算服务器,提供云存储、云转换、云安全、云账号和云开放等云端服务,大力推进 Q + 的 APP 应用	手机 QQ、QQ 通信录、微信等 APP 应用
创维	创维云电视可以实现云空间、云服务、云浏览、云搜索等个性化应用,利用云计算技术,通过网络为用户提供诸多应用所需资源,可以实现三屏互动	云电视
XTools	专注于 CRM 云落地,在全国部署服务器,构成云基础架构;开发 CRM 云应用,并将之做成一个基础云平台;提出移动云、易用云、点对点云以及安全云服务;重视移动云服务,并且已经在 Android 和 iOS 上成功应用	XTools 的 CRM 云平台服务于 50 多个行业的近万企业用户,而这些企业又服务于近 60 万的各级消费者
用友	制订"用友软件" +"用友云服务"的战略框架,开展 SaaS 和 PaaS	伟库云服务平台

资料来源:ETIRI。

五　政府掀起产业发展浪潮

中央政府高度重视云计算发展。继确定五个云计算试点之后，2011 年 11 月，工信部与发改委联合印发《关于做好云计算服务创新发展试点示范工作的通知》，北京、上海、深圳、杭州、无锡等五个先行试点示范城市的多个项目获得专项基金支持，涉及联网服务、电子商务、金融服务、中小企业服务、公共技术平台等云计算应用中的多个领域，支持总额度为 15 亿元。由工信部牵头制定的云计算“十二五”规划已形成初稿。随着云计算服务创新发展试点示范与云计算“十二五”规划制定等工作的推进，可以利用政府资金与政策有效地支持引导产业发展方向，避免投资过热与重复建设，从而为云计算技术与产业发展提供有利的环境。

地方政府掀起了云计算产业发展浪潮，纷纷根据自身优势和特点，在云计算产业链各环节进行布局，谋求先发优势。试点城市利用“先行先试”的优惠政策，发挥政府在整合资源、聚焦重点、优化环境、强化支撑等方面的统筹引导作用，积极提升产业生态环境。后发地区有的通过大力引进龙头企业，发挥其产业创新与产业集聚的能力，突破云计算产业链关键环节，促进云计算产业集群化发展，如鄂尔多斯引入了世纪互联、中国电信等；有的主动承接国内外产业转移，并创新承接产业转移的思路和模式，如重庆提出“云特区”，发展离岸和在岸数据中心，以及“云” + “端”的产业发展模式。新疆也在充分利用当地能源丰富、电力充足的优势，重点建设数据中心和发展云计算基础服务，以实现本地产业的升级换代和结构转型，最终实现由输出能源向输出信息源的跨越转变。

截至2011年底，我国几乎所有省、市、自治区都提出或业已制定云计算发展规划。先发城市都在致力于打造世界级的云计算产业基地，就连一些二、三线城市也提出了一些振奋人心的发展目标。如兰州市政府与浪潮集团达成合作协议，浪潮集团将在5年内投资20亿元，着力将兰州打造成西部地区的信息枢纽中心；河北的涿州也宣布要投资50亿元建立云计算基地；河北廊坊润泽信息港被称为目前中国规划最大的云存储数据中心。但很多地方投巨资建成了所谓的“云”系统，资源利用效率却很低。

表3　主要城市云计算产业发展战略对比

城　　市	发展方向	发展目标
北　　京	电子政务、重点行业、互联网服务及电子商务	世界级云计算产业基地，2015年形成500亿元的产业规模，产业链规模达2000亿元
上　　海	城市管理、产业发展、电子政务、中小企业服务等	亚太地区的云计算中心，3年内在云计算领域形成1000亿元的新增产业规模
无　　锡	电子政务、电子商务、科技服务外包等	优化无锡市软件和服务外包产业的发展生态环境
深　　圳	教育、电子商务、电子政务等	华南云计算中心
杭　　州	软件业、知识产权保护等	立足杭州、辐射周边、面向全国
哈 尔 滨	建设云计算数据中心基地、应用创新研发基地、企业孵化基地等；主要发展云计算产业、物联网产业、软件及服务外包、新媒体影视制作和动漫制作产业	成为国家灾备中心、物联网数据中心、政府数据中心、新媒体数据中心、电子商务数据中心和地理信息数据中心；到2015年全市云计算产业规模要达到500亿元，力争达到1000亿元
成　　都	构建政务云、社会云、企业云和高性能计算云四大基础平台；形成云服务、基础软硬件设备生产和云终端产品制造三大产业集群	成为全球最大的云服务和终端产品制造基地。到2015年，云计算产业规模达到3000亿元，云服务规模占全国市场的比重超过10%，移动智能终端产品制造占全球市场比重超过20%

续表

城　　市	发展方向	发展目标
重　　庆	终端产品向服务外包和数据处理拓展延伸，实现“端”和“云”的完整产业链；打造国际结算金融中心，离岸、在岸数据处理中心，发展服务外包等战略新兴产业，加速城市的转型升级	打造世界通往中国的西部之门；两江国际云计算中心，计划2~3年后形成100万台服务器的规模，主要从事大规模的离岸数据处理业务，实现全球数据的处理；而江津云计算产业基地，从事在岸数据处理，即对国内数据进行处理；到2015年将形成产值上千亿美元规模的云计算产业基地
鄂尔多斯	聚焦发展云计算基础设施产业，打造国际一流的基础云；突破发展云计算软件产业，建设西部领先的平台云；扩张发展云计算应用服务业，构建高效普适的应用云；蓄势发展云计算安全产业，构筑稳定可信的安全云	国家级云计算产业基地；2015年云计算带动整个产业链产值规模在全市GDP占比达到7%左右

资料来源：ETIRI。

云计算作为一种计算模式的变革，将引领新一轮的IT产业革命。未来几年，无论是后端的云计算中心还是前端的各种云端设备在技术创新、产品发展和应用方式等方面均将发生很大变化，在政府的引导、企业的积极行动、用户的广泛接受下，云计算将快速迎来产业化发展阶段。

B.12
物联网瓜熟蒂落

摘　要： 物联网是新一代信息技术的重要组成部分，也是我国重点发展的战略性新兴产业之一。2011年，我国物联网应用开始落地，中央和各地方省市通过出台物联网“十二五”专项规划和建立物联网产业基地或产业园区积极加速产业布局，加大产业扶持力度。智能电网、“智慧城市”、车联网等具体项目开始不断向前推进，并进入具体实施阶段，整个物联网产业规模达到2500亿元。预期随着物联网相关的核心技术、标准体系、信息安全等方面的加强和完善，物联网未来将会在更多的行业和领域得到应用和发展。

关键词： 物联网　智慧产业　物联网专项

2011年，我国越来越多的物联网应用开始落地，一些过去还处于理论探讨和蓝图描述阶段的应用，开始切切实实地走进人们的生活，并发挥着重要作用。从产业结构来看，硬件占主导地位，软件与信息服务相对薄弱；从产业布局来看，东部具有先发优势，西部也在奋力追赶；企业方面，纷纷切入智慧产业，推动物联网应用；政府方面，通过专项资金和“十二五”规划，助力技术和产业发展。

一　我国物联网发展迅速，产业规模达2500亿元

2011年全球物联网产业体系进一步完善，产业规模突破1000亿美元，预计2015年将达3300亿美元，年增长率将达25%。美国、欧盟、日本、韩国等发达国家或地区的基础设施健全，工业化程度高，传感器、RFID等微电子设备制造业先进，信息产业发达，因此在物联网产业发展中居领先地位。发达国家物联网战略布局基本不是着眼于短期内的产业发展，而是面向更长远的科技突破、生产

力改进和生产方式变革。从全球来看，物联网相关的标准、产业、技术、应用、服务还处于起步阶段，核心技术尚在研发之中，标准体系正在构建，产业体系处于构建和完善过程中。

根据中国物联网研究发展中心提供的数据，2011 年，中国物联网产业市场规模达 2500 亿元，较 2010 年 2000 亿元的市场规模，增长 25%。物联网应用中，安防、交通和医疗三大领域率先从物联网发展中受益，成为物联网产业市场容量大、增长最为显著的领域。在物联网发展中，三大运营商以及国家电网成为重要推动力量，运营商以交通、农业、家居、安防等为重点，在部分地方提供了富有特色的物联网应用；国家电网则通过智能电网的推广来推动智能家居的商业化进程，在北京、重庆、上海、廊坊、南昌等地提供了宽带接入、视频点播、智能用电等业务。我国已基本形成健全的物联网产业体系，部分领域已形成一定的市场规模。

专栏 1 《物联网“十二五”发展规划》解读

为贯彻落实《物联网“十二五”发展规划》（以下简称《规划》）的指导思想，全面实现“十二五”期间在技术创新、产业发展、应用推广方面的目标，《规划》制定了大力攻克核心技术、加快构建标准体系、协调推进产业发展、着力培育骨干企业、积极开展应用示范、合理规划区域布局、加强信息安全保障和提升公共服务能力八大任务，明确了未来五年的工作方向和着力点。

关键词 1：核心技术

物联网技术体系一般包括信息感知、传输、处理以及共性技术。在信息感知领域，掌握超高频和微波 RFID 芯片设计、封装以及读写器相关技术，攻克智能化、小型化、高灵敏度等传感器技术，提升地理位置感知核心芯片的整体技术水平等；在信息传输领域，研究新型的近距离无线通信技术，开发能够适应产业发展需要的传感器节点及传感网组网与管理技术，研发传感网、移动通信网与互联网等异构网络技术等；在信息处理领域，掌握与物联网紧密相关的海量信息存储和处理、数据库的核心技术，强化图像视频智能分析、数据挖掘等技术的成熟度和兼容性等；在共性技术领域，提高基础芯片的设计能力，提升信息安全技术水平，开展微能源技术研究等。

关键词 2：标准体系

标准体系主要由体系框架、共性和关键技术标准、行业应用标准等组成，是物联网从起步阶段不断快速健康发展的有效保障，是实现产业化和规模应用的必要条件。物联网涉及的学科交叉性强、技术范围广、产业集成度高、应用涵盖面宽，建立统一的标准体系将是一项复杂而艰巨的任务。《规划》从加速完成标准体系框架的建设、积极推进共性和关键技术标准的研制、大力开展重点行业应用标准的研制三个方面提出了具体的任务，通过充分发挥企业在标准制定中的主导作用，加强物联网相关领域标准化组织的交流、合作与协调，加大标准化和知识产权研究的工作力度，建立并不断完善物联网标准体系，促进物联网快速有序发展。

关键词3：产业培育

物联网产业主要由传感器、节点、网关，RFID，二维条码，嵌入式系统等物联网感知制造业，通信网络设备制造与运营等物联网通信业，应用基础设施服务、软件开发与集成、应用服务等物联网服务业组成。《规划》提出了完善产业链、培育骨干企业、优化区域布局三个主要任务，明确了培育和壮大产业的方向和重点。

关键词4：应用示范

物联网应用示范不仅是目的，更是手段，通过应用需求牵引，推动技术创新、标准研制和产业培育。《规划》指出应用示范将面向经济运行的重点行业、基础设施和安全保障、社会管理和民生服务三大领域展开，在实施过程中要加强统筹协调，防止一哄而上低水平的重复建设和资源浪费。在应用示范过程中，要积极探索，勇于尝试，注重应用模式的创新，力争构建与各类应用相适应的运营模式和市场化运作机制，形成一批模式新颖、机制灵活的成功案例和应用模板，逐步实现在全国范围内规模化推广；要注重新技术和新产品的推广应用，通过应用有效促进新技术成熟、标准完善和产业壮大；同时还要关注网络和信息安全问题，在实践中不断提高安全保障能力和水平。

关键词5：信息安全

物联网安全是以防止信息遭到篡改或泄露、系统遭受破坏为目标，涉及信息采集、传输、处理、应用各环节，包括节点认证、身份鉴别、入侵检测、访问控制、隐私保护等传统意义上的信息安全内容，以及电磁防护、系统容错、冗余设计等系统可靠性内容。注重信息安全保护是促进物联网健康可持续发展的重要任务之一，是解决制约物联网发展和规模化应用的瓶颈问题的重要途径。《规划》主要从三个方面考虑：首先，物联网是在现有网络基础上拓展了感知网络和应用平台，给已有的信息安全架构和技术体系带来了新的挑战，规划和制定符合物联网技术特征的安全架构是保障物联网系统安全稳定可靠运行的前提；其次，物联网应用环境的多样性与复杂性，使实际应用系统面临更加严峻的安全挑战，建立并完善物联网安全保障体系，在示范工程全生命周期推行安全风险与系统可靠性评估，是从源头保障物联网应用安全的必要措施；另外，物联网将经济社会活动、战略性基础设施资源和人们生活全面架构在现有的网络上，网络基础设施的安全防护是保障系统端到端的安全、稳定、可靠运行的重要基础。

关键词6：公共服务

公共服务包括共性技术、测试认证、知识产权、人才培训、产业投融资、公共品牌和决策支撑等服务内容。通过提供公共服务，可以有效减少企业资源投入，最大限度地降低企业技术创新成本，为企业等主体的决策提供有力支撑，稳步提升我国物联网产业的核心竞争力。《规划》提出了重点加强专业化公共服务平台和公共支撑机构的建设，在建设过程中，要整合公共服务资源，吸引社会资源投入，最终建成资源共享、优势互补的物联网公共服务体系。

资料来源：《人民邮电报》。

二　物联网相关硬件产业形成一定规模，东西部加快产业布局

从产业结构来看，无线射频识别（RFID）与传感器等产业已有较大规模，但与物联网相关的软件和信息服务业刚刚起步，所占比重很小。RFID 产业市场规模超过 100 亿元，其中低频和高频 RFID 相对成熟。全国有 1600 多家企事业单位从事传感器的研制、生产和应用，年产量达 24 亿只，市场规模超过 900 亿元。其中，微机电系统（MEMS）传感器市场规模超过 150 亿元，通信设备制造业具有较强的国际竞争力，我国已建成全球最大、技术先进的公共通信网和互联网。机器到机器（M2M）终端使用数量超过 1000 万，形成全球最大的 M2M 市

场之一。

与物联网相关的软件与信息服务业主要包括物联网网络通信服务业、物联网应用基础设施服务业、物联网相关信息处理与数据服务业、物联网相关软件开发与集成服务业等。这些子行业中，物联网网络通信服务业发展较快，预计“十二五”期间 M2M 终端数年均增长超过 80%，应用领域覆盖公共安全、城市管理、能源环保、交通运输、农业服务、医疗卫生、教育文化、旅游等多个领域。物联网应用基础设施服务业方面，主要结合云计算开展 IaaS 商业服务，目前处于起步阶段。在物联网相关信息处理与数据服务业方面，由于我国数据库产业缺乏关键核心技术，因此，其整体发展水平不高，缺乏有国际竞争力的企业。

在物联网建设热潮中，江苏、广东、浙江等地区先入为主，大规模规划建设物联网产业园区，预测产值均达到上千亿元，居领先地位。除了长三角、珠三角等地区的省市之外，内陆地区也不甘落后，纷纷制定发展规划，奋起直追。截至 2011 年 12 月，中国已有十余个省市规划了物联网产业基地或园区。除了物联网产业园区，各地还纷纷抢占物联网产业的核心地位，组织各大物联网企业、科研院所、高等院校、运营商等成立物联网联盟，其发展目标虽略有差别，但均为提高地方物联网产业的核心竞争力，促进全国物联网产业的快速发展。

三　企业积极布局智慧产业

物联网技术的快速发展催生了“智慧地球”，而“智慧地球”理念的推广带动了智慧产业的发展。我国各省市正在深化城市信息化，加快分级、分阶段推进“数字城市”、“智能城市”至“智慧城市”，创造基于城市特色的“智慧城市”，这为智慧产业体系的完善和拓展提供了机遇，也为企业涉足多个智慧应用领域创造了市场需求。我国智慧产业相关企业涉足的智慧应用领域包括：智慧交通、智慧政府、智能安防、智慧旅游、智慧医疗、市民卡、智慧社保、智慧卫生、商业智能、智慧建筑、智慧物流、智慧建筑等领域。以软件百强企业为例，从事这些产业的企业有 18 家（见表 1）。

表 1　软件百强企业中涉及智慧产业的企业

产业	企业	市场区位
智慧交通	清华同方	北京、天津、广州、南京和伊朗等
	杭州海康威视	北京、上海、云南、河北、宁波、绍兴、金华、舟山、无锡等
	万达信息	华东地区
	安徽蓝盾	北京、黑龙江、河南、河北、山东、山西、四川、安徽、浙江、福建、云南、贵州、广西、广东和东欧等
	海信网络科技	北京、上海、广东、新疆、内蒙古、宁夏、陕西、山东、四川、江苏、湖北、福建、云南等
	南京三宝科技	覆盖全国 200 个城市
智慧政府	神州数码	北京等
	万达信息	上海、江浙地区等
智能安防	清华同方	北京、浙江、江西、安徽、青岛、三亚、罗牛山、琼山、泉州等
智慧旅游	神州数码	北京等
智慧医疗	神州数码	北京等
市民卡	神州数码	扬州、无锡、张家港、镇江等
智慧社保	万达信息	上海、嵊州等
智慧卫生	万达信息	上海
商业智能	中软国际	北京等
	博雅软件	安徽、山西、河北、江苏
智慧建筑	清华同方	几乎遍布全国各省、四个直辖市和伊朗等
	中程科技	北京、上海、深圳、重庆、河北、山东、安徽、江苏、浙江、江西、福建、云南、贵州、四川、云南等
	广州华南资讯	广州、韶关、深圳等
	思创数码	上海、江西
	新疆公众信息产业	乌市、伊犁、石河子等新疆城市
	东华软件	北京等
智慧物流	南京三宝科技	覆盖 80 个基层海关
智慧电力	深圳市科陆电子	陕西、安徽、黑龙江、山东、云南等
	金智科技	江苏、福建、贵州、湖北等省市
	安徽电力继远软件	山东、新疆、青海、黑龙江、贵州、广东、海南等
	国电南瑞	江苏

资料来源：ETIRI。

由表 1 可知，我国智慧产业相关企业多数设立在北京、广州、上海、深圳等发达城市，而全国有 200 多个城市提出了建设“智慧城市”的目标，可见，我国有些地区的“智慧城市”建设名不副实，甚至仅处于“数字城市”建设阶段。智慧产业本身也是“智慧城市”建设的必备要素，因而，智慧产业相关企业与“智慧城市”建设需要进一步的协调与融合。北京、广州和东南沿海城市逐渐形成智慧产业企业集群，助推“智慧城市”建设。然而，欠发达城市如宁夏、甘肃和青海等的智慧产业企业发展还有待提高。由此可知，发达城市企业集聚优势明显，不但拥有相对完善的智慧产业链，而且还能充分整合和利用其他地区的智慧产业，汇集“智慧城市”建设所需资源。然而，其他城市智慧产业相关企业布局还有待进一步优化。

智慧产业相关企业的总部多在发达城市，产业集群效应明显。已上市的智慧产业相关企业基本上分布在诸如北京、上海、广州、南京、杭州等经济技术发达、产业集群明显及基础设施完善的城市。这些地区软件产业实力雄厚，高端产业发展迅猛，并且与信息技术融合的需求迫切，技术创新活跃，人才集聚，产业链比较完善，产业总部汇集。这些为整合利用产业链上和产业链间企业的技术、资源等优势，发展高端产业，加快信息技术与传统产业融合等提供了契机。

智慧产业企业的市场范围不断扩大，涉足国际市场。智慧产业企业总部设在北京、广州等发达城市，并在多个城市设立子公司、分公司或办事处，以拓展高新技术产品和服务的市场范围，惠及全国。这些企业充分利用产业集聚优势，以当地为智慧产业应用的试点和示范市，创新商业模式，逐渐向其他发达城市、中等发达城市等渗透，以加快拓展更为广泛的业务市场。由表2可知，这些企业不但积极拓展国内业务，涉足华东、华北、东北、中南等地区的发达城市，而且还积极拓展国际业务，加快国际布局，争取先发优势。

表2　智慧产业上市企业情况

企业	总部	智慧产业	所有产品	涉及行业	市场分布
国电南瑞	南京	智慧电力	电网调度自动化，变电站保护及综合自动化，轨道交通保护及电气自动化，火电厂及工业控制自动化，农电、配电自动化及终端设备，电气控制自动化，用电自动化及终端设备	农村电网自动化，轨道交通电气，保护自动化，电网调度自动化，变电站自动化，火电厂及工业控制自动化	国内华东、华北、东北、中南、西北、西南等地及海外地区
金智科技	南京	智慧电力 智慧建筑	发电厂电气自动化装置及系统，变电站综合自动化装置及系统，电力自动化其他产品，IT服务相关产品及服务，建筑智能化产品及服务，高校信息化产品及服务，光伏发电	电力自动化，IT服务及其他，建筑智能化，高校信息化，光伏发电及其他	东北、华北、华中、西北、西南、东北、华南等地及保加利亚等海外地区

续表

企业	总部	智慧产业	所有产品	涉及行业	市场分布
东华软件	北京	智慧建筑	系统集成，自制及定制软件，技术服务及其他	通信，电力水利铁路交通，政府，金融保险医保，计算机服务，制造业及其他	国内东北、华北、华东、华南、华中、西北、西南等地区
杭州海康威视	杭州	智慧交通 智能安防	后端音视频，前段音视频及其他	安防设备	国内外
万达信息	上海	智慧社保 智慧卫生 智慧政府	软件开发，运营服务，集成服务	卫生服务，民航交通，工商管理，电子政务，教育科技，环保及物流管理等	国内外
中软国际	北京	商业智能	R1 系列产品，TopLink、TSA + 系列产品	政府，金融，制造与流通，电信，交通与物流，信息科技	国内华北等地区
神州数码	北京	智慧旅游 智慧政府 智慧医疗 市民卡	软件，硬件，服务，解决方案	软件服务和集成服务	国内华北、华东、华中、西南等地区

资料来源：ETIRI。

四 “十二五”规划及地方规划助力发展

为了促进我国物联网健康发展，2011 年 4 月，国家设立了物联网专项资金，并印发了《物联网发展专项资金管理暂行办法》，计划 5 年发放 50 亿元，以无偿资助或者贷款贴息方式支持技术研发、标准研究制定、公共服务平台、产业化、应用示范与推广类项目。2011 年 11 月发布的《物联网“十二五”发展规划》（以下简称《规划》）对物联网产业发展意义重大。《规划》指出：“十二五”期间，发展物联网的主要任务包括大力攻克核心技术、加快构建标准体系、合理规划区域布局、着力培育骨干企业、协调推进产业发展、积极开展应用示范和加强信息安全保障等方面；核心技术的攻克集中在感知技术、传输技术、处理技术等领域；应用示范推广将重点涉及发展工业、农业、交通、物流的智能化以及服务平台等。在推进产业布局和培育产业方面，国家将重点推进十大产业聚集区及 100 家骨干企业的建设。

目前，全国多个省市正在编制或者计划编制物联网产业发展规划。截至2011年12月，全国已有28个省市将物联网作为新兴产业发展重点之一，有十多个省市已经对外发布，并且有更多的地区正在编制物联网产业发展规划。部分省市基本情况如表3所示。

表3 部分省市物联网产业规划目标

省 市	物联网产业的发展目标
北京市	建成国内领先、世界一流的城市政务感知体系，推动北京市物联网相关产业发展。发展北京市政务物联网，力争在3年内初步建成北京市政务物联网应用支撑平台，形成较为完备的政务物联网标准规范体系，为北京市建设“三个北京”和“五个城市”的总体目标打下良好的基础
上海市	到2012年，传感器、短距离无线通信及通信和网络设备、物联网服务等重点领域形成一定产业规模；大力推进物联网关键技术攻关，强化技术对产业的支撑引领作用；培育一批在国内具有影响力的系统集成企业和解决方案提供企业，扶持一批具有领先商业模式的物联网运营和服务企业，聚集一批具有自主创新能力、占领技术高端的专业企业；形成较为完善的物联网产业体系和空间布局；通过建设应用示范工程和实施标准、专利战略，在与市民生活和社会发展密切相关的重要领域初步实现物联网应用进入国际先进行列，显著提升城市管理水平
江苏省	力争通过3~6年左右的时间，将无锡建设成为国际知名的传感网创新示范区，将江苏省建设成为物联网领域技术、产业、应用的先导省，引领物联网产业持续快速发展
福建省	到2012年，争取全省物联网相关产业产值达到300亿元以上；物联网示范应用和技术研发及产业发展部分领域走在全国前列，重点行业示范应用效益明显，重点示范区域智能管理和民生智能化水平显著提升
成都市	到2012年，初步实现“三中心、两基地、六体系和一高地”的“3261”战略目标，即基本建成物联网应用中心、物联网研发中心和物联网信息安全中心；初步形成物联网成果孵化基地和产品制造基地；初步构建起物联网产业创新体系、应用推广体系、标准研制与验证体系、公共技术服务体系、信息安全基础体系和产业要素保障体系；打造以物联网企业为核心，产业基地为载体，产业联盟为支撑，立足西部、辐射和影响国内外市场的中国物联网产业高地
杭州市	到2012年，在示范应用、核心产业、关键技术以及公共平台建设方面取得关键性突破，率先将杭州市打造成国内领先、世界一流的综合性物联网技术应用城市，初步形成年产值达500亿元的物联网产业群。力争到2015年，物联网产业年产值超1000亿元，物联网技术融入城市运营管理的各个领域，率先将杭州打造成产业化应用好、专业化水平强、市场化程度高、辐射带动面广的物联网经济强市，显著提升杭州城市智能化管理水平

续表

省 市	物联网产业的发展目标
无锡市	力争通过3~5年的时间,基本建成集技术创新、产业化和市场应用于一体,结构合理、重点突出的物联网产业体系,将无锡市建设成为具有一流创新力的物联网技术创新核心区,具有国际竞争力的物联网产业发展集聚区,具有全球影响力的物联网应用示范先导区,努力成为掌握物联网核心和关键技术、产业规模化发展和广泛应用的先导市、示范市,积极引领全国物联网产业快速发展与应用
嘉兴市	力争到2012年嘉兴无线传感器网络产业规模达到50亿元,2015年产业规模超100亿元,2020年产业规模达到1000亿元。3年内建成规模300亩的无线传感器网络产业基地,争取成为国家级无线传感器网络产业示范基地;3年内重点培育1家年收入超10亿元的企业;在5年内集聚应用集成、传感器制造、工程实施、嵌入式软件等相关企业50余家
双流县	到2012年,全县物联网产业规模以上企业达到20家以上,实现产值100亿元以上。引进投资过5000万元项目20个以上,其中投资过亿元项目5个以上。完成产业投资50亿元以上。全面建成占地280亩,建筑面积达20万平方米的物联网科技孵化园;基本建成3平方公里集技术研发、成果孵化、设备制造、系统集成于一体的国际知名、国内一流的物联网技术孵化和产业化基地
佛山市	到2015年,“智慧佛山”初步形成。现代产业体系基本形成,培育形成若干个接近或达到世界先进水平的战略性新兴产业群,成为引领佛山经济发展的支柱产业。物联网产业形成规模,实现了M2M之间的互联

资料来源：ETIRI。

物联网的发展代表了整个社会信息化的发展方向。物联网将提供更大的信息量和多样化的业务应用，更智能地支持人与人、人与物、物与物的相互联通，为社会生产生活构建更坚实有力的信息基础，未来几年物联网应用将逐步深入展开，为“两化”深度融合提供有力支撑。

B.13
2011 年中国软件和信息服务业十大热点事件

摘　要：随着移动互联网的快速普及和爆发式增长，云计算等逐渐成熟，全球软件和信息服务业的发展呈现出许多新的特点，国内的形势更是日新月异。在这样的背景下，我国软件企业不仅面临境内竞争加剧的难题，更要应对与各领域巨头在全球范围的竞争，这一态势使得我国软件和信息服务业与全球的联系更加紧密，也让 2011 年的热点事件呈现出新的特征，诸如平台、移动、创业、大数据等成为本年度的热门关键词。

关键词：4 号文件　软件名城　中国概念股　云手机

我们结合 2011 年中国软件和信息服务业发展的新特征，从软件技术、产品、市场、用户、资本、合作、商业模式、政策等多个层面进行比较分析，权衡各个事件的热度、对未来产业的影响和涉及的范围，选取了 2011 年十件最有影响力的事件进行点评。

排名	事件	事件分析及入选理由	影响力指数
1	多项规划与政策助力软件产业	**事件分析**：2 月 9 日，《进一步鼓励软件产业和集成电路产业发展的若干政策》(国发〔2011〕4 号)接棒“18 号文”，作为新的软件及微电子产业扶持政策，由国务院正式下发。4 月 6 日，工业和信息化部发布《软件和信息技术服务业“十二五”发展规划》(以下简称《规划》)。《规划》指出，到 2015 年，业务收入突破 4 万亿元，占信息产业比重达到 25%，年均增长 24.5% 以上。《规划》明确提出基础软件等 10 个领域为重点发展领域。12 月 26 日，工业和信息化部提出 2012 年将推动实施“宽带中国”战略，力争到 2015 年末，城市家庭平均带宽达到 20M，农村家庭平均带宽达到 4M **入选理由**：2011 年是“十二五”规划的第一年，政策规划密集出台，为后续软件产业发展提供了良好的环境。4 号文减免税力度更大成为亮点，将引导我国软件产业走进新的黄金十年。而宽带中国战略的实施将极大促进我国互联网及移动互联网、云计算、物联网等战略性新兴产业的发展	★★★★★

续表

排名	事件	事件分析及入选理由	影响力指数
2	"软件名城"影响力渐显	**事件分析**:11 月 25 日下午,"济南中国软件名城创建试点工作总结大会暨中国软件名城授牌仪式"在济南举行。工业和信息化部副部长杨学山出席并授牌。济南成为继南京之后第二个被授予"中国软件名城"称号的城市。2012 年 2 月,成都成为第三个软件名城 **入选理由**:目前,成为"中国软件名城"的南京、济南、成都"三兄弟",充分发挥"中国软件名城"的带动示范作用,引领和推动我国软件和信息服务业向全球强劲挺进	★★★★★
3	手机遭遇云和互联网	**事件分析**:2011 年,云手机的概念大行其道。先是 8 月 3 日,华为发布了首款云手机 Vision,可以实现 PC、手机和平板多个平台的信息同步备份和擦除,并拥有 160G 存储空间。接着第二天,阿里巴巴发布了内置淘宝比价、口碑网、淘女郎等阿里旗下各种应用的阿里云手机。8 月 16 日,雷军领衔的小米科技也发布第一款小米手机。而百度、腾讯也都与第三方合作,推出自己品牌的智能手机 **入选理由**:这些企业没有一家原来是以手机作为主营业务的(多以互联网为主),他们推出的手机有几个共同特点:基本上采用了 Android 操作系统、均全面内置了该企业的各种应用、具备强大的后端云服务能力、互相都存在竞争性及一定的封闭性。与其说这些企业看到的是机遇,进而争相进入,倒不如说是一种防守。也许雷军所言非虚:苹果的胜出是建立在"铁人三项"的规则上,即软件、硬件和服务,而未来企业的综合竞争力也体现在这上面,谁能做到均衡统一发展,便能棋高一着	★★★★☆
4	开放平台热度不减	**事件分析**:6 月 17 日,腾讯公司宣布,其已将几乎所有业务线向开放平台切换,形成腾讯朋友、QQ 空间、腾讯微博、财付通、电商、搜搜、彩贝及 QQ 八大开放平台。开放平台的概念继 2010 年后,持续火热,互联网企业中,百度、奇虎 360、新浪、淘宝、人人网、开心网等均已宣布开放平台,并开始积极布局 **入选理由**:平台模式并非一种新兴商业模式,社会化大生产导致人类分工合作,以求提高生产效率、节约生产费用。让不同企业提供它们各自擅长的服务,作为这个生态系统环节的平台运营商、开发者、用户、广告主和广告公司、第三方服务商都将参与其中,通过开放,获得最大利益。但国内著名的 IT 技术网站 51CTO 调查显示,由于产品自身问题、平台运营商问题、外部环境问题及盈利模式问题,64.5% 的国内开发者处于亏损状态,部分开发者没有收入,其中暂无收入的为 22.4%。可见,这些热闹的平台最终能否真正实现共赢,仍需要进一步观察	★★★★☆
5	中国概念股的"冰火两重天"	**事件分析**:上半年,中国 IT 概念股延续 2010 年的势头,相继有奇虎 360、世纪互联、人人网、网秦、世纪佳缘、凤凰新媒体、淘米网等 7 家企业在美上市,形成新一波热潮。然而,破发频现、猎杀做空、VIE 迷局、SEC 新规等一系列事件轮番在 2011 年上演,使得概念股随即跌至冰点,部分企业惨遭停牌退市,之前准备上市的企业也纷纷推迟 IPO。据不完全统计,截至 11 月 30 日,在这次中国概念股做空浪潮中,已有 67 家公司不同程度地遭到做空组织的公开质疑,其中有 46 家被长期停牌或退市,一些公司甚至开始回购以求自救	★★★★☆

续表

排名	事件	事件分析及入选理由	影响力指数
5	中国概念股的"冰火两重天"	**入选理由**:对于概念股的此番遭遇,业界观点不一。但不可否认的是,除了市场及部分机构的投机因素,少数中国企业内部不规范、缺乏企业理想与长远目标、过分看重眼前短暂利益,甚至弄虚作假等也是投资者对中国上市公司失去信心的重要原因	★★★★☆
6	中国语境下的微博	**事件分析**:4 月,美国互联网流量监控服务商 Hitwise 公布的当月互联网访问量数据显示,中国是全球最为活跃的微博市场,微博是中国社交网络的首选,而新浪微博的用户黏性超过 Twitter。新浪微博的访问量占到了中国互联网总访问量的 0.63%,相当于每 158 次访问量就有 1 次是访问新浪微博。这一访问量占比超过了 Twitter 在英国、美国、法国、加拿大、澳大利亚和印度等国的数据 **入选理由**:关于新浪微博与 Twitter 产品的区别已经有许多的讨论,但造成中外这一差异的最主要原因,恐怕并非产品,单纯用国内无法访问 Twitter 来说明也不足够,最重要的原因其实是中国互联网用户习惯,否则无法解释同样仿照 Facebook 的人人网在国内的不温不火。这种地域性互联网用户的差异未来还将使更多中国互联网企业及产品具备不同的特性,并为本土企业带来独特的商业机会	★★★☆☆
7	支付宝股权转移引爆VIE模式危机	**事件分析**:5 月 11 日,雅虎在 SEC 文件中披露,其持股 43% 的阿里巴巴集团已经将支付宝的所有权转移到了马云的一家新公司中,顿时引起轩然大波。对于此,马云给出的理由是,避免协议控制带来的牌照风险,最终阿里、雅虎与软银虽在 7 月底达成协议,但却将中国特有的 VIE 模式带到了聚光灯下 **入选理由**:VIE 模式无疑对中国 IT 产业,尤其是互联网产业的发展起到了极大的促进作用,然而其造成的监管真空让主管部门担忧,由此引发的政策不确定性也让许多企业难以安枕,第三方支付牌照的审批与发放便是这一问题的直接体现	★★★☆☆
8	百度的盗版劫难	**事件分析**:3 月 15 日,50 多位作家和出版人联合发布了《三一五中国作家讨百度书》,出版界和文学界首次联手讨伐百度文库长期以来的侵权行为。22 日,国家版权局版权管理司副司长王志成在接受采访时表示:"百度已经向版权管理司提交了整改报告,目前我们也委托了北京市版权局对百度进一步调查,如果违法或者违规,版权司会依法查处。"24 日,由作家代表、出版办代表组成的"出版界反百度侵权同盟"与百度就文库"盗版"问题的谈判宣布破裂。26 日,百度就文库问题向作家道歉,称将在三天内处理全部侵权文档 **入选理由**:这一事件一方面凸显出中国互联网发展与管理的特色,另一方面也反映了全球互联网企业的普遍困境。如 2012 年 1 月美国国会审议的 SOPA 法案,也引起了大量争议,几乎成为传统软件与影视提供商和互联网厂商的对垒,前者赞成,后者反对,其中的利益纠葛不言而喻。未来互联网企业在提供平台时,如何更好地处理好商业模式与版权保护问题是非常值得关注的	★★★☆☆

续表

排名	事件	事件分析及入选理由	影响力指数
9	团购网站倒闭潮	**事件分析:**2011 年末是网购消费旺季,但 11 月,超过 30 天未更新的团购网站问题已达35%。以 8 月我国团购网站最高峰时的5700 家来看,三个月内团购网站关闭、转型数量接近 2000 家。与此同时,我国团购市场强者恒强趋势越来越明显,11 月成交额超过千万元的达到 22 家,共占据 96% 的市场份额。这说明团购行业洗牌加速,未来超过 70% 的团购网站将关闭或向平台转型 **入选理由:**除了跟风与互联网某种程度的泡沫,团购这一商业模式的特点是造成大批小企业难以生存的根本原因。人们普遍将团购视为互联网商业模式的又一个微创新,但事实上,团购行业的最重要特征是人力、线下投入远高于线上投入,与传统互联网的商业模式有巨大不同,这也是互联网公司或者以传统互联网的思维进入团购行业之后水土不服的原因	★★★☆☆
10	CSDN 账号泄密彰显互联网企业安全软肋	**事件分析:**12 月 21 日,有黑客在网上公开了知名程序员网站 CSDN 的用户数据库,高达 600 多万个明文的注册邮箱账号和密码遭到曝光和外泄,在 IT 界引起轩然大波,然而在用户刚刚修改完密码后,又相继有天涯、开心、多玩等众多网站的用户密码被泄露。预计有共约 5000 万个用户账号在网上被公开扩散 **入选理由:**这一事件显示出我国互联网企业的安全保障水平仍然相当低下,而且保护用户隐私的意识也非常薄弱	★★★☆☆

资 本 篇

Capital Reports

B.14

软件和信息服务业广受投资机构青睐

摘　要：2011 年，软件和信息服务业投资强劲，投资机构和个人对该行业的前景认可度较高。风险投资、战略投资、私募股权投资等不同的投资类型所占比重变化明显，行业内竞争加剧，部分细分行业巨头开始形成，行业规则正在被改写。同时，投资地区偏向北上广和浙江等地的趋势放缓，投资区位趋向广泛，未来我国其他地区软件和信息服务业企业将会获得更多的投资机会。

关键词：投资类型　细分行业 发展前景

2011 年，中国软件和信息服务业投资依旧活跃，投资案例数和已披露融资金额均创下历史新高。继 2010 年行业投资案例数超过百起后，2011 年行业投资案例数又超过了 200 起，增长势头强劲。同时，行业内投资特点明显，风险投资依旧占主导地位，而私募股权投资表现日趋活跃；投资案例多发生在北上广三地，其中北京占投资案例总数的一半以上；电子商务获得的投资案例数最多，其后依次是软件服务和网络服务等。

一　软件和信息服务业投资强劲，投资案例数和已披露金额分别同比增长80%和229%

2011年，中国软件和信息服务企业投资强劲，投资案例数、已披露投资金额案例数、已披露投资金额、平均每起投资案例金额等四个方面均已超过上年。其中，共计披露投资案例216起，较上年增长80.0%；已披露投资金额案例120起，较上年增长55.8%，但是，上述两个方面的增速较上年放缓（见图1）。已披露投资金额总额为361.37亿元，较上年增长229.0%；平均每起投资案例金额为3.01亿元，较上年增长110.5%（见图2）。

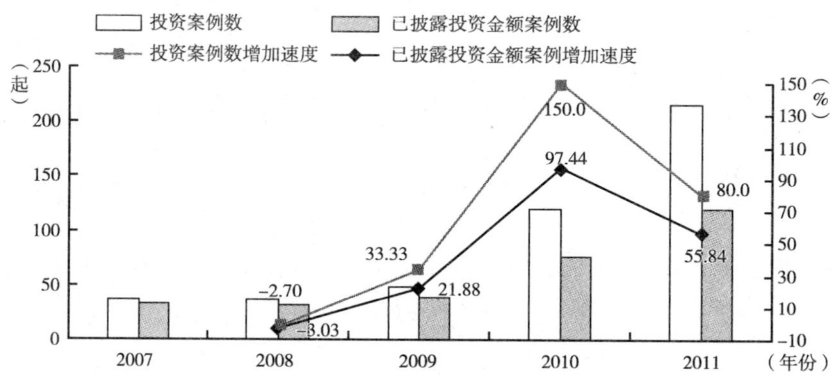

图1　2007~2011年软件和信息服务业投资案例数比较

资料来源：ETIRI。

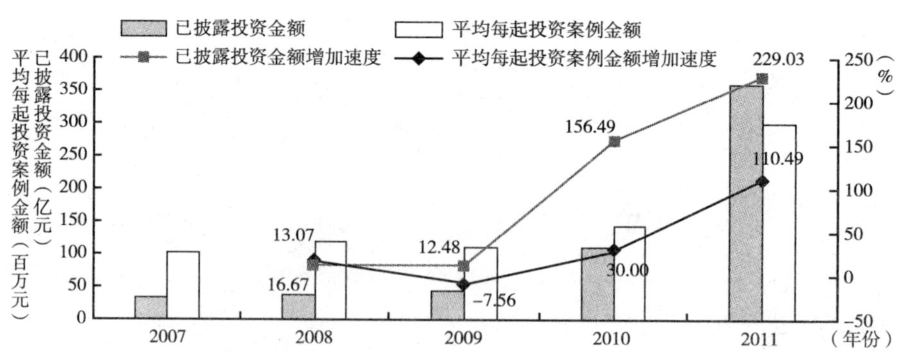

图2　2007~2011年软件和信息服务业投资金额比较

注：美元兑人民币汇率按1美元=6.45元计算，下同。

资料来源：ETIRI。

从近五年的数据看，投资案例数除2008年出现过小幅下降外，其他年份都出现了不同程度增长，五年间投资案例数增长了近5倍，年均复合增长率达到了55.4%；而已披露投资金额总数也在不断增长，五年间增长近10倍，年均复合增长率高达81.0%；平均每起投资案例金额2007年仅为1.02亿元，到2011年平均每起投资案例金额超过3亿元，显著高于其他年份。整体来看，2011年软件和信息服务业投资处于历史高位，行业投资强劲，呈快速增长态势。

2011年已披露投资金额案例前十名共计融资190.8亿元，占已披露融资金额总量的52.8%；从所属行业看，电子商务5起，网络视频和网络游戏各2起，网络服务1起；从融资类型看，私募股权投资5起，战略投资4起，风险投资1起（见表1）。

表1　2011年已披露投资金额案例前十名

单位：万元

序号	融资方	所在地	所属行业	融资类型	融资金额	投资方
1	京东商城	北京	电子商务	私募股权投资	645000	DST
2	优购网	北京	电子商务	战略投资	300000	百丽国际等
3	去哪儿	北京	电子商务	战略投资	197370	百度
4	奇艺网	北京	网络视频	私募股权投资	193500	弘毅投资等
5	PPTV	上海	网络视频	私募股权投资	161250	软银中国
6	聚划算	北京	电子商务	私募股权投资	120000	IDG
7	艺龙	北京	网络服务	战略投资	81012	腾讯等
8	金山软件	北京	网络游戏	战略投资	74036	腾讯
9	拉手网	北京	电子商务	私募股权投资	71595	麦顿资本等
10	多玩游戏	广东	网络游戏	风险投资	64500	DST

资料来源：ETIRI。

二　风险投资仍是主流，私募股权投资活跃

从投资类型来看，风险投资依然是主流，共130起，约占总量的60%，同比降低9个百分点，其中已披露投资金额案例62起，占风险投资案例总数的47.69%；其次是私募股权投资共计41起，约占总量的19%，同比增加6.5%，其中已披露投资金额案例为35起，占私募股权投资案例总数的85.37%；第三和第四分别是战略投资和天使投资分别发起33起和9起，占总数的15%和4%，分别同比增加

10%和降低10%，已披露投资金额案例分别为19起和2起，占战略投资和天使投资的比重为57.58%和22.22%；其他类型的投资案例3起，占总量的2%（见图3）。

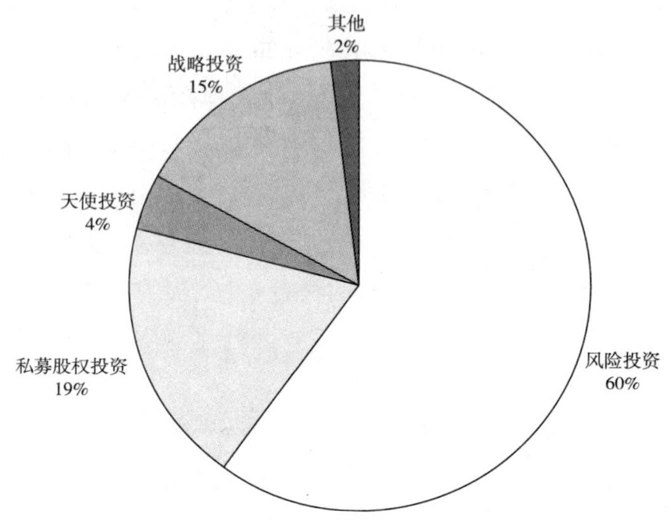

图3　2011软件和信息服务企业投资类型比例

注：其他包括公开市场增持和管理层收购等。

资料来源：ETIRI。

从投资金额来看，已披露投资金额案例中超过30亿元的有2起，超过10亿元的有6起，超过5亿元的有15起，超过1亿元的71起，其中最大投资案例为DST私募股权投资京东商城涉及金额超过64.5亿元。在已披露投资金额案例中，私募股权投资达到196.9亿元，占总额的55%；而战略投资融资金额为102.3亿元，占总额的28%；风险投资融资金额为60.6亿元，占总额的17%，其他类型投资的已披露投资金额数量较小可忽略不计（见图4）。考虑到各类型投资中已披露投资金额案例数占各类型投资案例数的比重差别较大，因而已披露投资金额可比性较弱，因此，考察不同类型投资的平均融资金额。不同投资类型的平均融资额差异较大，私募股权投资以5.63亿元的平均融资额居首，其次是战略投资，其平均融资额为5.38亿元，而投资案例数最多的风险投资，其平均融资额不足1亿元，仅为0.98亿元。

各类型投资比重变动体现了行业发展的新动向。战略投资比重增加体现了行业内竞争加剧和行业巨头加速产业布局。以百度3.06亿美元战略投资去哪儿网

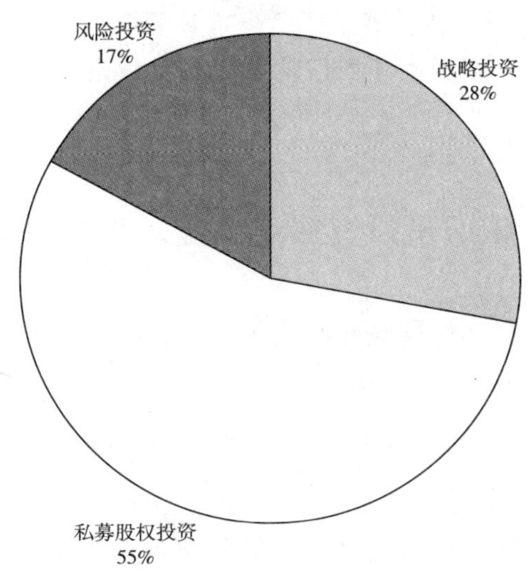

图4　2011 软件和信息服务业企业投资已披露投资金额按类型占比例

注：天使投资和其他投资的已披露投资金额数量非常小，可以忽略不计。

资料来源：ETIRI。

为例，目前，在线旅游在我国的渗透率较低，发展潜力巨大。成立于 2005 年 2 月的去哪儿网目前已经是中国最大的在线旅行网站之一，凭借搜索技术对互联网上的机票、酒店、度假和签证等信息进行整合，为用户提供旅游产品价格查询和信息比较服务。百度一方面希望通过去哪儿网继续为用户提供高质量的旅游搜索体验，另一方面也寄希望于继续扩大其在在线旅游领域的业务和份额。另一个典型的案例是腾讯战略投资开心网，腾讯即时通信工具和腾讯朋友网主要用户集中于二、三线城市和校园人群，对一线城市的高端白领用户覆盖不够。受到人人网和新浪微博的竞争影响其活跃度出现了下降趋势，腾讯战略投资开心网，基本上可以实现各类人群的全覆盖，这对腾讯具有很强的战略意义。

另外，表现活跃的私募股权投资正在加速细分行业巨头形成和改变现行的行业规则。在已披露投资金额案例中超过 10 亿元的 6 起案例中有 4 起是私募股权投资，其中包括涉案金额最大的俄罗斯 DST 投资集团等 64.5 亿元投资京东商城。由于私募股权投资对预期投资回报的要求较高，其活跃的表现说明私募股权投资方对中国软件和信息服务业前景看好。以京东商城为例，京东商城是中国目前最大自主经营式 B2C 网站，其融资后斥巨资进行物流建设，此后，当当、凡客诚品、好乐买等 B2C 电商以及阿里巴巴均加大物流建设投入，电子商务行业规则被改变，电子商务正式进入“重资产”时代。

三　北上广依旧是投资热点地区，北京占据半壁江山

2011 年，全国软件和信息服务业企业投资案例 216 起，分布于 15 个省市。其中，北京共计发生 115 起投资案例，占总量的 53.24%；第二和第三分别为上海和广东，分别发生 36 起和 31 起投资案例，分别占总量的 16.67% 和 14.35%；其他省市投资案例数均在 10 起以下（见图 5）。

考察 2010 年和 2011 年我国软件和信息服务业企业投资按地区和数量集中度可以发现，近两年投资案例数最多的地方均为北上广和浙江四地。2010 年投资案例数最多的四个省市所占比重达到 94.17%，而 2011 年这一比例降低到 87.50%。另外，2011 全国投资案例数较上年增长达到 80%。其中，北京增长近 70%，上海增长 50%，浙江增长 17%，均低于全国平均水平；而广东和其他地区增长分别达到 107% 和 286%，高于全国平均水平。这一方面说明，2011 年广东软件和信息服务业企业投资较北京和上海更加活跃，另一方面也说明投资区位集中于北上广和浙江等地的趋势开始缓解，投资区位趋于广泛，北上广和浙江以外的地区未来将会获得更大比重的投资。

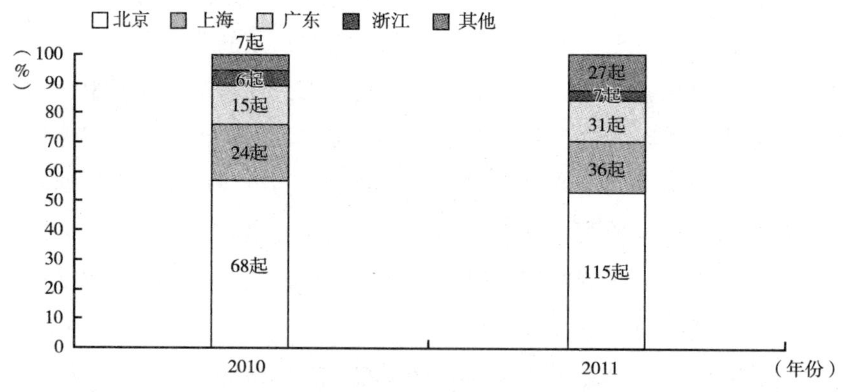

图 5　2010～2011 年中国软件和信息服务企业投资按地区集中度

资料来源：ETIRI。

从分地区投资规模看，在已披露投资金额的案例中，北京以67起投资案例涉及资金255.02亿元居首，其中占已披露投资金额案例总数的55.83%和占已披露投资总额的70.57%，平均投资金额达到3.81亿元。另外，2起超过30亿元的投资案例均为北京的企业，6起超过10亿元的投资案例中有5起为北京的企业，剩下1起为上海的企业；上海已披露投资金额案例数比广东少3起，但其已披露投资总金额和平均融资金额均高于广东（见表2）。

表2 2010年和2011年软件和信息服务企业地区投资规模比较

单位：亿元，%

地域	2011年			2010年		
	已披露金额	占比	平均金额	已披露金额	占比	平均金额
北京	255.02	70.57	3.81	73.35	66.78	1.59
上海	53.05	14.68	2.95	15.88	14.46	1.22
广东	36.33	10.05	1.73	8.08	7.36	1.61
浙江	4.53	1.25	2.26	5.88	5.35	0.98
其他	12.44	3.45	1.04	6.65	6.05	0.95
总计	361.37	100	3.01	109.84	100	1.43

资料来源：ETIRI。

四 电子商务、软件服务和网络服务占据细分行业前三

从互联网、IT和半导体、电信及增值三大类看，2011年，互联网类企业投资表现活跃，细分行业由上年的8个增长至12个，投资案例数较上年增加81起达到170起，增长超过90%，所占比重提高4.63个百分点达到78.70%，其中已披露金额案例93起，披露金额共计323.75亿元；IT和半导体类涉及4个细分行业，较上年增加1个，投资案例数39起，较上年增加14起，增长56%，所占比重下降2.77个百分点为18.06%，其中已披露金额案例21起，披露金额共计23.67亿元；电信及增值类投资案例数较上年增加1起，但是所占比重下降了1.76个百分点，已披露金额案例6起，披露金额共计13.95亿元。随着互联网应用的日趋广泛以及网络等基础设施的提升，预期未来互联网

行业将会创造更多的机会和发展空间，其投资的数量和规模将继续保持强劲增长，而其他行业的增长将会放缓。

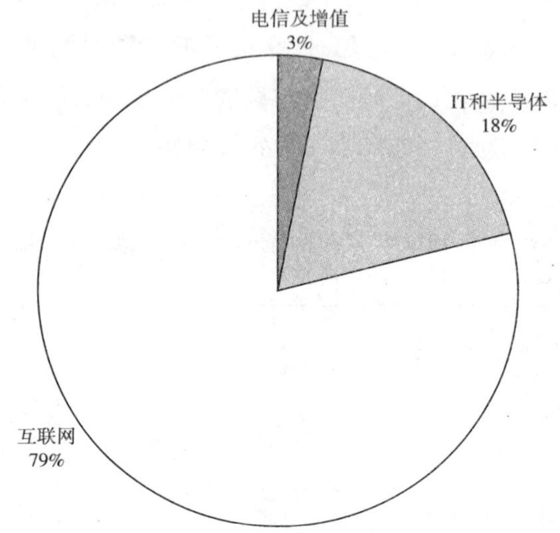

图6　2011年按三大类分类统计的中国软件和信息服务业投资案例数及占比情况

资料来源：ETIRI。

表3　2011年软件和信息服务业细分行业投资规模比较

单位：起，%，亿元

业务类型		案例数	占比	已披露金额案例数	占比	已披露金额	占比
互联网	电子商务	83	38.43	43	35.83	203.29	56.26
	网络服务	21	9.72	12	10.00	21.56	5.97
	网络社区	19	8.80	9	7.50	13.47	3.73
	网络游戏	16	7.41	8	6.67	19.64	5.43
	网络视频	7	3.24	6	5.00	44.38	12.28
	行业网站	9	4.17	8	6.67	9.84	2.72
	搜索引擎	3	1.39	2	1.67	4.55	1.26
	电子支付	3	1.39	1	0.83	2.25	0.62
	网络广告	6	2.78	4	3.33	4.77	1.32
	网络交友	1	0.46	0	0.00	0.00	0.00
	网络教育	1	0.46	0	0.00	0.00	0.00
	网络招聘	1	0.46	0	0.00	0.00	0.00
	合　计	170	78.70	93	77.50	323.75	89.59

续表

业务类型		案例数	占比	已披露金额案例数	占比	已披露金额	占比
IT 和半导体	软件服务	29	13.43	15	12.50	14.32	3.96
	IT 服务	6	2.78	4	3.33	3.09	0.86
	动漫动画	2	0.93	1	0.83	4.84	1.34
	网络安全	2	0.93	1	0.83	1.42	0.39
	合　计	39	18.06	21	17.50	23.67	6.55
电信及增值	无线增值	4	1.85	3	2.50	7.24	2.00
	电信运营	1	0.46	1	0.83	5.00	1.38
	手机游戏	1	0.46	1	0.83	1.29	0.36
	数字音乐	1	0.46	1	0.83	0.42	0.12
	合　计	7	3.24	6	5.00	13.95	3.86
总　计		216	100	120	100	361.37	100

资料来源：ETIRI。

从细分行业看，2011 年，全国软件和信息服务业细分行业中，电子商务、软件服务和网络服务分别以 83 起、29 起和 21 起分居投资案例数前三位，另外，投资超过 10 起的细分行业还有网络社区和网络游戏。与 2010 年相比，网络服务超过网络游戏进入细分行业投资前三位，而网络游戏由并列第二位退至第五位。电子商务、网络社区和网络服务行业投资案例所占比重分别提升 4.26 个百分点、2.97 个百分点和 1.39 个百分点，而软件服务和网络游戏行业投资案例所占比重分别降低 1.57 个百分点和 7.59 个百分点（见图 7）。

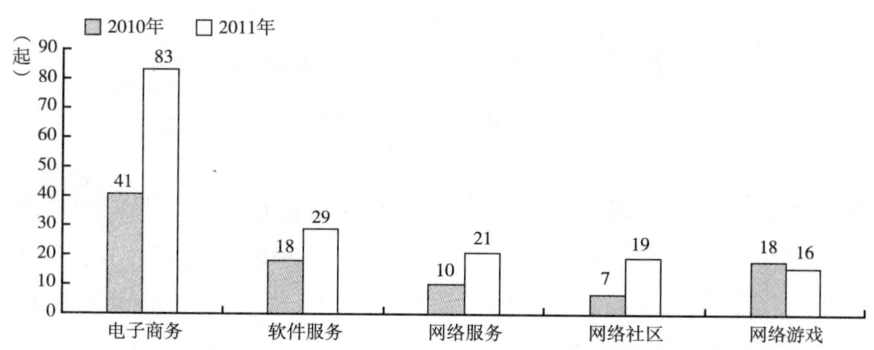

图 7　2010～2011 年中国软件和信息服务业细分行业案例数

资料来源：ETIRI。

B.15

软件和信息服务业上市“冰火两重天”

摘　要： 企业上市是企业募集资金的重要渠道之一，同时也对企业的公司治理、资本结构改善和知名度等诸多方面有促进作用，正是如此，众多快速成长的软件和信息服务业企业会选择上市融资。2011 年，受全球资本市场动荡、欧洲主权债务危机和看空“中国概念股”等事件的影响，我国软件和信息服务业企业在股票市场上遭遇了上下半年“冰火两重天”，上半年多达 22 家企业选择在境内外上市，而下半年仅有 4 家企业上市，并且从整体上看，企业上市数量、融资总额以及上市后股票的表现都不尽如人意。

关键词： 中国概念股　创业板　平均融资额

上市有利于企业公开募集资金，完善公司治理结构，提高公司运行效率和企业知名度，成为优势公司的首选。2011 年，受欧债危机、境内外资本市场持续低迷和看空“中国概念股”等的影响，中国软件和信息服务企业上市遇冷，新上市企业数量和融资规模都有所下降，但是在上市企业地域分布、境内外融资、细分行业等方面还是存在一些新的特点。

一　上市企业数量和融资总额双双下降，中国概念股受质疑

2011 年，中国软件和信息服务业共有 26 家企业在境内外股票交易市场上市，仅为 2010 年的一半；融资总额为 233 亿元，为 2010 年的 55.9%；平均融资金额 8.96 亿元，较上年提高 11.7%。从上市时间上看，共有 22 家企业在 2011 年上半年上市，下半年受全球资本市场动荡等因素的影响，部分软件和信息服务企业纷纷推迟上市（见表 1）。另外，2011 年新上市企业在股票交易市场的表现也不尽如人意，大部分股票出现了破发。

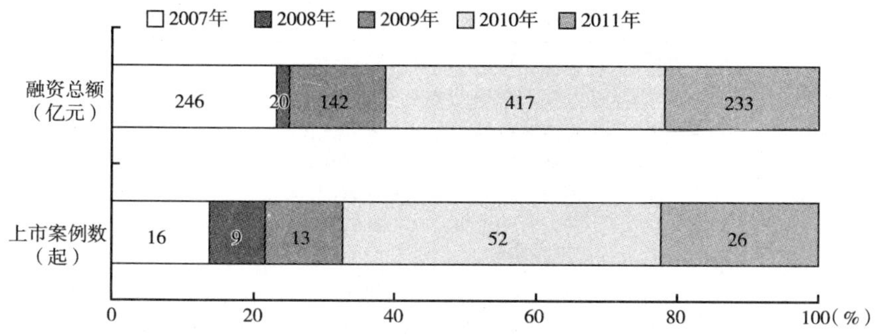

图1　2007～2011年中国软件和信息服务企业上市数据

资料来源：ETIRI。

从近五年的数据看，企业上市数量、融资总额以及平均融资金额变动较大，其中2008年的各项数据显著低于其他年份，而2010年企业上市数量和融资总额数据显著高于其他年份，2007年平均融资金额显著高于其他年份。考虑到上市企业呈现的波动增长趋势和2011年行业内投资非常强劲的表现，预期未来软件和信息服务业企业上市表现将会优于2011年。

表1　2011年软件和信息服务业新上市企业数据

序号	企业名称	交易所	股票代码	行业	地域
2011年第1季度					
1	恒泰艾普	深交所创业板	300157	软件服务	北京
2	万达信息	深交所创业板	300168	IT服务	上海
3	迪威视讯	深交所创业板	300167	IT服务	广东
4	东方国信	深交所创业板	300166	软件服务	北京
5	大智慧	上交所	601519	软件服务	上海
6	杰赛科技	深交所	254400	软件服务	广东
7	上海汉得	深交所创业板	300170	软件服务	上海
8	四方继保	上交所	601126	软件服务	北京
9	美亚柏科	深交所创业板	300188	信息安全	福建
10	奇虎360	纽交所	QIHU	信息安全	北京
2011年第2季度					
11	天泽信息	深交所创业板	300209	软件服务	江苏
12	世纪互联	纳斯达克	VNET	IT服务	北京
13	易华录	深交所创业板	300212	软件服务	北京
14	人人网	纽交所	RENN	网络社区	北京
15	网秦	纽交所	NQ	网络安全	北京

续表

序号	企业名称	交易所	股票代码	行业	地域
2011 年第 2 季度					
16	世纪佳缘	纳斯达克	DATE	网络服务	上海
17	凤凰新媒体	纽交所	FENG	网络服务	北京
18	拓尔思	深交所创业板	300229	软件服务	北京
19	上海钢联	深交所创业板	300226	行业网站	上海
20	奥拓电子	深交所	258700	IT 服务	深圳
21	淘米网	纽交所	TAOM	网络游戏	上海
22	方直科技	深交所创业板	300235	软件服务	深圳
2011 年第 3 季度					
23	天玑科技	深交所创业板	300245	IT 服务	上海
24	土豆网	纳斯达克	TUDO	网络视频	上海
2011 年第 4 季度					
25	紫光华宇	深交所创业板	300271	软件服务	北京
26	梅安森	深交所创业板	300275	IT 服务	重庆

资料来源：ETIRI。

专栏 1　赴美上市新股仅奇虎未破发

2011 年一共有 8 家软件和信息服务企业赴美成功上市。其中，人人网融资规模超过 7.4 亿美元，创下中国企业赴美募集资金的新高，奇虎 360、世纪互联、凤凰新媒体、土豆网等融资规模也均超过 1 亿美元。在这 8 家新上市企业中，网秦、世纪佳缘、淘米网和土豆网等 4 家企业在上市当天均告破发，截至 2011 年 12 月 28 日，仅奇虎 360 一家股价在发行价之上，其他 7 家中，人人网、网秦、凤凰新媒体和土豆网等 4 家企业上市后股价累积下跌超过 50%。

表 2　2011 年赴美上市中国软件和信息服务业企业概况

单位：美元，%

IPO 日期	公司名称	发行价	开盘价	上市首日收报	上市首日涨跌幅	12 月 28 日收于	累积涨跌幅
3 月 30 日	奇虎 360	14.50	27.00	34.00	134.48	16.57	14.28
4 月 21 日	世纪互联	15.00	20.26	18.80	25.33	9.11	-39.27
5 月 4 日	人人网	14.00	19.50	18.01	28.64	3.43	-75.50
5 月 5 日	网秦	11.50	11.50	9.30	-19.13	5.47	-52.43
5 月 11 日	世纪佳缘	11.00	11.00	10.52	-4.36	6.00	-45.45
5 月 12 日	凤凰新媒体	11.00	11.10	14.75	34.09	5.43	-50.64
6 月 9 日	淘米网	9.00	8.49	8.23	-8.56	4.62	-48.67
8 月 17 日	土豆网	29.00	25.11	25.59	-11.76	10.05	-65.34

资料来源：根据和讯网相关数据整理。

奇虎360在纽交所登录首日便飙涨134.48%，收于34美元，以39.6亿美元的市值跻身至中概股市值第六位。4月创下36美元的高位后，奇虎360股价开始大幅回落。

人人网于5月4日登陆纽交所，开盘价为19.5美元，开盘后股价一度冲至24美元，市值高于新浪，成为排名第四的互联网公司，上市首日收于18.01美元。但好景不长，上市次日起，人人网股价开始回落，不断创历史新低，截至2011年12月28日股价仅剩3.43美元，上市以来累计跌幅超过75.50%，是2011年IPO的中国互联网新股当中跌幅最大的一支。

土豆网于8月17日成功上市，募集资金1.74亿美元，开盘价为25.11美元，上市首日收报25.59美元，市值7.3亿美元。之后于9月创下27.91美元的新高后，估值不断缩水，截至2011年12月28日其股价为10.05美元，上市后累计跌幅为65.34%，市值仅剩2.8亿美元，约为优酷市值的1/7（优酷同期市值为18.6亿美元）。而先其半年登录纽交所的优酷在募集2.33亿美元后，于5月在48.18美元的高位价格进行增发，再融资4亿美元。这对土豆网未来的经营和竞争产生极大压力。目前，在用户、流量、收入规模上，土豆网与老大优酷的差距不断拉大，加上搜狐视频、腾讯视频、爱奇艺等这些具备资金、用户，甚至入口优势的同行竞争，土豆网处境不容乐观。

除上述3家公司外，IDC服务商世纪互联、移动安全服务商网秦、婚恋网站世纪佳缘、门户网站凤凰新媒体、儿童娱乐网站淘米网这5家互联网公司上市后也无法走出“跌跌不休”的困境。

世纪互联上市首日涨幅为25.33%，截至2011年12月28日市值为4.9亿美元，上市后累计跌幅为39.27%；网秦、世纪佳缘、淘米网上市首日均告破发，上市以来累计跌幅分别为52.43%、45.45%和48.67%，市值分别为2.5亿美元、1.9亿美元和1.7亿美元；此外，凤凰新媒体虽为2011年上市的互联网新股当中，为数不多的IPO首日未破发的公司，但其上市以来股价累计跌幅超过50%，当前市值为4.1亿美元。

除去欧元区债务危机的负面影响，预计2012年中国企业赴美IPO将会回暖。根据美国证券交易会、纽交所、纳斯达克的公开信息，可能会有超过30家中国企业赴美上市，这其中可能包括盛大文学、凡客诚品、拉手网、窝窝团等软件和信息服务企业。

二　七成新上市软件和信息服务业企业位于北京、上海

2011 年，全国各主要城市软件和信息服务业新上市企业数量差别较大。其中，北京新上市企业 11 家，占比超过 40%；其次是上海，新上市企业 8 家，占比超过 30%，北京和上海所占比重超过 70%。此外，深圳共有 3 家新上市企业，而广州、重庆、南京和厦门各有 1 家新上市公司。从融资总额和平均融资额来看，各主要城市的差别也较大，北京融资金额超过 100 亿元，平均融资额超过 10 亿元，两项指标均处在首位，而上海以 63 亿元的融资金额和 7.88 亿元的平均融资额处在第二位（见表 3）。另外，深圳上市企业的融资额也超过了 10 亿元，但是其平均融资额仅为 3.6 亿元。

表 3　2011 年软件和信息服务业新上市企业按地区分布数据

单位：起，%，亿元

区域	案例数	占比	融资总额	占比	平均融资额
北京	11	42.31	137.9	59.16	12.54
上海	8	30.77	63.0	27.03	7.88
广东	4	15.38	16.5	7.08	4.13
重庆	1	3.85	3.4	1.46	3.40
福建	1	3.85	5.4	2.32	5.40
江苏	1	3.85	6.9	2.96	6.90
总计	26	100	233.1	100	8.96

资料来源：ETIRI。

从 2009～2011 年的数据来看，北京、上海和广东是软件和信息服务业新上市企业最多的，也是融资总额和平均融资额最高的三个省市，三年内新上市企业总数分别为 39 家、15 家和 15 家，分别占新上市企业总数的 42.86%、16.48% 和 16.48%，总比重超过 75%；融资总额分别为 381.5 亿元、177.9 亿元和 113.2 亿元，分别占三年来全国主要省市融资总额的 48.15%、22.45% 和 14.29%，总比重接近 85%；而平均融资额为 9.78 亿元、11.86 亿元和 7.55 亿元。另外，浙江和福建的软件和信息服务业近几年也发展迅速，各新增 6 家上市企业，但融资规模和平均融资额均要小于北上广三省市（见图 2）。

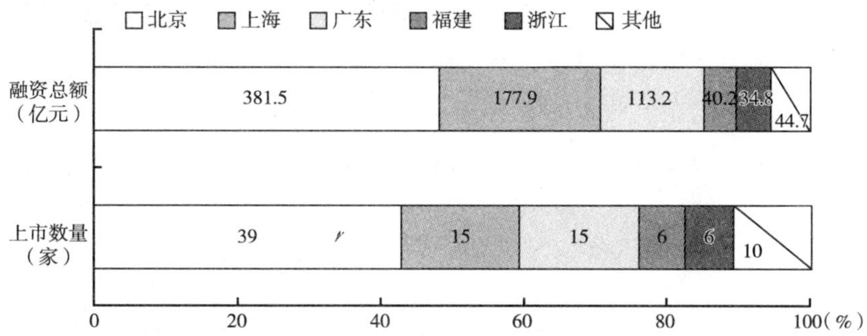

图 2　2009～2011 年全国主要省市软件和信息服务业企业上市数据对比

资料来源：ETIRI。

三　境内外上市并重，境外平均融资额高于境内

从上市地选择看，2011 年上市的 26 家企业中，有 8 家企业选择在境外上市，大约占新上市企业总数的 30.8%，其中 5 家企业选择在纽交所上市，占新上市企业总数的 19.2%，3 家选择在纳斯达克上市，占新上市企业总数的 11.6%；剩余 18 家企业全部在境内上市，其中 2 家企业在上交所成功上市，约占新上市企业总数的 7.7%；16 家企业在深交所创业板上市，约占新上市企业总数的 61.5%（见图 3）。

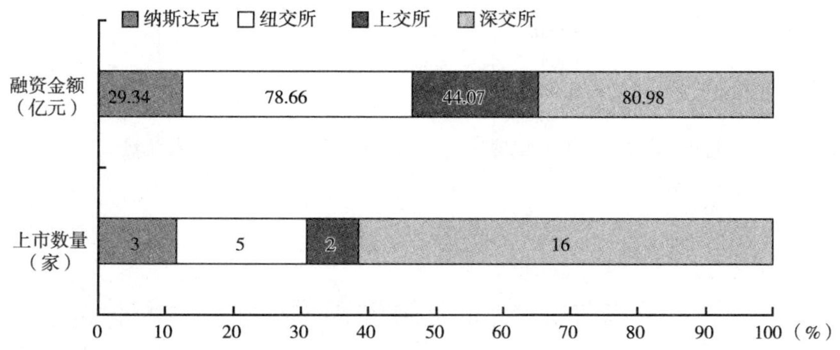

图 3　2011 年上市软件和信息服务业企业按境内外交易所分布统计

资料来源：ETIRI。

2011 年境外融资总额低于境内，但平均融资额高于境内，其中，境外融资总额为 108 亿元，比境内融资总额少 17.05 亿元；境外平均融资额为 13.50 亿

元，比境内平均融资额高 6.55 亿元。从 2007 ~ 2011 年企业上市融资整体情况看，五年间共计 134 家企业上市，其中境内上市 91 家，境外上市 43 家，境内上市企业融资 628.8 亿元，较境外上市企业少融资 100.6 亿元，境外上市企业平均融资 16.96 亿元，而境内上市企业平均融资额仅为境外上市企业平均融资额的四成左右（见图 4、图 5）。

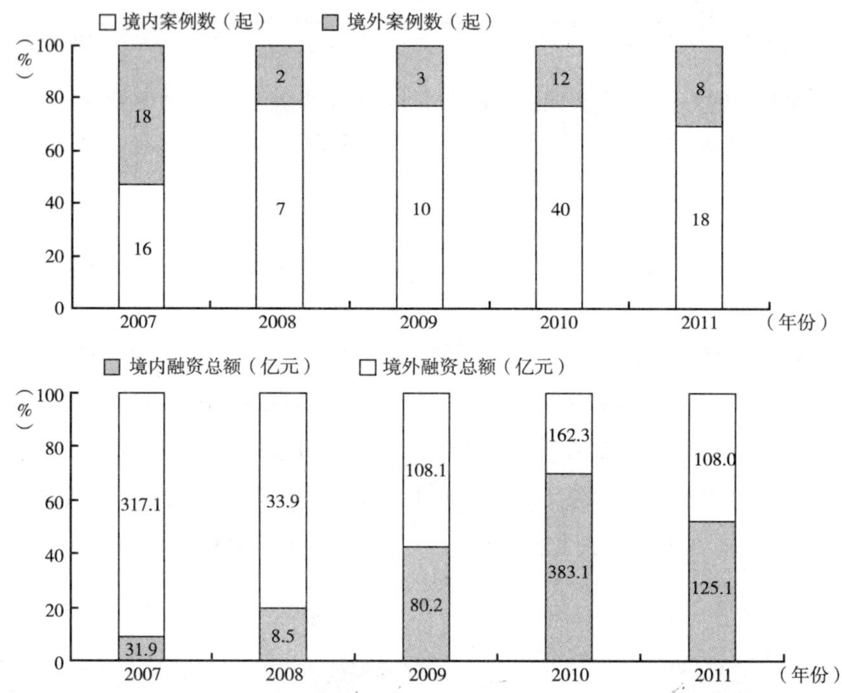

图 4　2007 ~ 2011 年境内外上市企业案例数量和融资总额

资料来源：ETIRI。

四　境内外上市企业类型差异明显，境外上市企业较境内上市企业年轻

不同上市地点的企业在细分行业领域存在明显的差别。2011 年，在深交所上市的 16 家企业中，有 9 家为软件服务企业，5 家为 IT 服务企业，信息安全和行业网站各 1 家；在上交所上市的 2 家企业全部为软件服务企业；在纳斯达克上

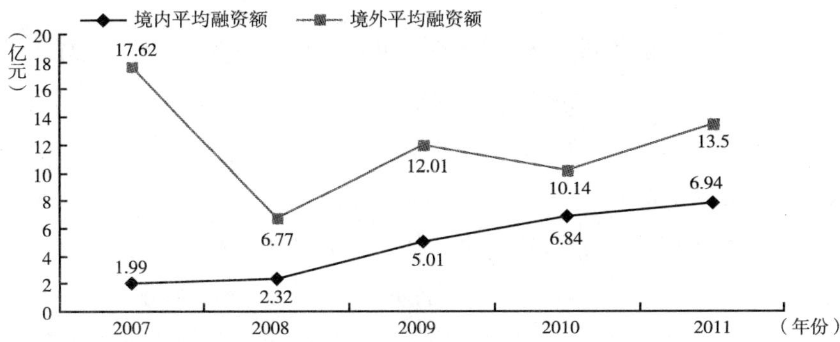

图5　2007～2011 年境内外上市企业平均融资额

资料来源：ETIRI。

市的3家企业分别为IT服务、网络服务和网络视频企业；在纽交所上市的5家企业分别为网络服务、网络安全、网络社区、网络游戏和信息安全企业。2011年，所有的软件服务企业和绝大部分的IT服务企业均是在境内上市，而基于互联网的企业绝大部分在境外上市。

表4　2011 年上市企业按上市地点统计

单位：家，年

交易所	企业数量	成立时间	细分行业
纳斯达克	3	11	IT服务、网络服务、网络视频
纽 交 所	5	6	信息安全、网络社区、网络安全、网路服务、网络游戏
上 交 所	2	16	软件服务
深 交 所	16	13	软件服务、IT服务、信息安全、行业网站

资料来源：ETIRI。

分析境内外上市企业在细分行业统计中表现出的这一现象，基于互联网的细分行业最近几年内发展非常迅速，需要快速的获得资金投入，相比于国内严格的企业上市审核制度而言，在美国等施行企业上市注册登记制的国家更易方便快捷地募集到资金，因此这些细分行业企业更愿意在境外上市。而软件服务和IT服务企业这类传统的软件和信息服务企业一般都经过较长时间的积累和发展，具有较强的经济实力。

五　软件服务和IT服务行业企业依旧是上市主力，所占比重较上年有所提高

从细分行业看，2011年中国软件和信息服务业新上市企业涉及互联网、IT和半导体两大行业中的9个细分行业。其中，软件服务行业新上市企业11家，占新上市企业总数的42.31%，较上年提高1.92个百分点，融资总额98.45亿元，占新上市企业融资总额的42.24%；IT服务行业新上市企业6家，占新上市企业总数的23.08%，较上年提高1.93个百分点，占新上市企业融资总额的13.55%；网络服务和信息安全行业新上市企业各2家，占新上市企业总数的7.69%，分别占新上市企业融资总额的6.28%和7.23%；另外，网络社区、行业网站、网络视频、网络游戏和网络安全等细分行业各新增1家上市企业，其中网络社区行业由于人人网上市融资48.10亿元，而使得该细分行业融资占总金额比重超过20%。

表5　2011年软件和信息服务业新上市企业按细分行业分类统计情况

单位：起，%，亿元

业务类型		案例数	占总案例数比重	融资总额	占总金额比重	2010年占当年总金额比重
互联网	网络服务	2	7.69	14.64	6.28	10.15
	网络社区	1	3.85	48.10	20.64	—
	行业网站	1	3.85	2.30	0.99	5.71
	网络视频	1	3.85	11.12	4.77	5.06
	网络游戏	1	3.85	4.21	1.81	1.80
	电子商务	—	—	—	—	8.38
	合　计	6	23.08	80.37	34.49	31.10
IT和半导体	软件服务	11	42.31	98.45	42.24	31.44
	IT服务	6	23.08	31.58	13.55	16.94
	信息安全	2	7.69	16.86	7.23	1.42
	网络安全	1	3.85	5.79	2.48	—
	合　计	20	76.92	152.68	65.51	49.80
其他	—	—	—	—	—	19.11
合　计		26	100	233.05	100	100

资料来源：ETIRI。

对比上一年数据，2010 年中国软件和信息服务业新上市企业共计 52 家，分布于四大行业 11 个细分行业中。2011 年，由于 3G 牌照发放、三网融合等电信政策拉动效应的减弱，以及对电信行业能否持续快速发展的担忧，电信及增值行业较上年扩张速度有所放缓，整年没有新上市企业。同时，电子商务行业同质竞争异常激烈，各大电子商务企业鲜有实现持续盈利的范例，而已经上市的电商企业在资本市场上的表现欠佳也是导致 2011 年该行业没有企业上市的原因之一。

B.16

软件和信息服务业企业并购活动频发

摘　要： 并购是企业快速做大做强，实现资源整合的有效途径之一。2011 年，我国软件和信息服务业企业由于受外部环境不断恶化的影响，发起并购的数量和已披露并购金额总额均有所下降，但是我国软件和信息服务业企业并购目的更加明确，目的多样化趋势明显，国际化发展、产品线扩充、平台和用户资源整合以及减少细分行业内竞争成为主要的并购目的。在促进企业重组并购政策的推动下，未来软件和信息服务业部分细分行业可能出现并购潮，新的软件巨头将会出现。

关键词： 跨境并购　地区集中度　并购目的

受外部环境变化的影响，2011 年中国软件和信息服务业并购没有延续近几年快速增长的趋势，境内并购和跨境并购案例数均出现了不同程度的回落。但是在被并购企业分布、细分行业并购集中度和并购目的上也出现了一些新的现象和特点。

一　并购案例和已披露并购金额较上年减少，境外平均融资金额大幅增加

受欧元区主权债务危机和国际经济环境恶化的影响，2011 年中国软件和信息服务企业并购活动走弱，共发生并购案例 56 起，同比下降 33%。其中，已披露金额案例 29 起，同比下降 34.21%；涉及并购金额 83.06 亿元，同比下降 33.20%；平均每笔并购金额 2.86 亿元，同比增长 136.7%。跨境并购案例数量占总量的比重低于上年，而已披露跨境并购金额占总量的比重较上年要高。此外

2011 年跨境平均每笔并购金额也高于上年。

在 2011 年已披露并购金额案例前十位中，并购方主要集中于北京、广东和浙江，其中北京有 6 起，广东和浙江各 2 起；涉及 6 个细分行业，其中软件服务和网络游戏各 3 起，网络视频、电子支付、网络安全和 IT 服务各 1 起；涉及并购资金 66.87 亿元，占已披露并购金额总额的 80.5%（见表 1）。

表 1　2011 年已披露并购金额案例前十名

单位：亿元

并购方	所在地	并购对象	所在地	披露金额	涉及领域
腾　讯	广东	Riot Game	美　国	23.00	网络游戏
昌荣传播	北京	17173	福　建	10.35	网络游戏
英飞拓	广东	March Networks	加拿大	5.59	软件服务
启明星辰	北京	56 网	广　东	5.12	网络视频
百　度	北京	中国高科	上　海	5.00	IT 服务
顺网科技	浙江	新浩艺、凌克翡尔等	上　海	4.80	软件服务
阿里巴巴	浙江	支付宝	浙　江	3.30	电子支付
四维图新	北京	Cryptic Studios	美　国	3.29	网络游戏
奇虎360	北京	网御星云	北　京	3.22	网络安全
高德软件	北京	兴安得力	上　海	3.20	软件服务

资料来源：ETIRI。

2007 ~2011 年，境内外并购案例数自 2007 年开始不断增多，直至 2011 年境内外并购案例数首次出现下降；境内并购案例平均并购金额波动较为明显，其中，2008 年平均并购金额仅为 0.61 亿元，而 2009 年达到 2.72 亿元，为 2008 年的 4.46 倍；境外并购案例平均并购金额均比同期境内并购案例要高，并于 2011 年达到了 8.12 亿元的最高值，较上年增长 136.7%（见图 1）。

2011 年，国内软件和信息服务业企业并购热度较上年有所下降，但是一些拥有雄厚资金实力的业内巨头依旧是动作频频。其中，神州泰岳先后发起 4 起并购，涉及资金 4.75 亿元以上；畅游也完成了 3 起并购，仅收购 17173 就耗资 10 亿元以上；百度完成了 3 次并购，其中包括了百度日本发起的 1 次并购案例；阿里巴巴也先后发起了 3 起并购，其中包括对其子公司支付宝的并购；四维图新和

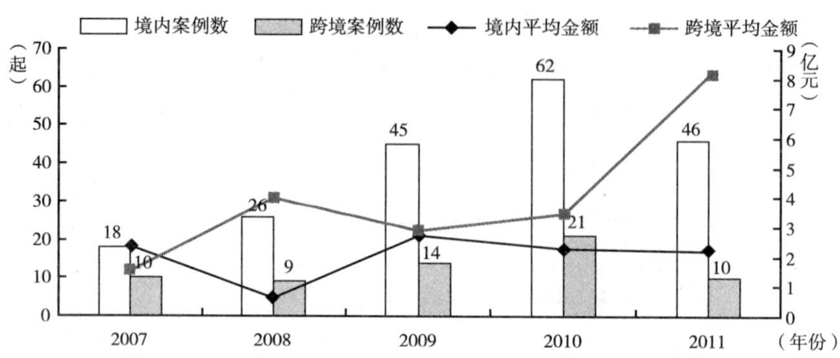

图 1　2007～2011 年软件和信息服务业境内与跨境并购规模比较

资料来源：ETIRI。

腾讯各发起了 2 次并购，其中腾讯并购美国 Riot Game 公司，涉及金额 23 亿元，为 2011 年已披露并购金额的最大并购案例（见表 2）。

表 2　2011 年部分企业并购情况

单位：亿元

并购方	所在地	被并购方	所在地	涉及金额	涉及领域
神州泰岳	北京	中科白云	广东	2.00	IT 服务
		奇点国际	北京	0.21	IT 服务
		宁波普天	浙江	2.40	通信
		事天讯通	北京	0.15	软件服务
畅　游	北京	第七大道	深圳	—	网络游戏
		晶茂文化	上海	—	广告服务
		17173	福建	10.35	网络游戏
百　度	北京	番薯网	北京	1.54	电子商务
		魔图精灵	北京	—	软件服务
	日本	Simeji	日本	—	软件服务
阿里巴巴	浙江	CNZZ	北京	—	网络服务
		Singlefeed	美国	—	网络服务
		支付宝	浙江	3.3	电子支付
腾　讯	深圳	同程网	江苏	0.6	网络服务
		Riot Game	美国	23.0	网络游戏
四维图新	北京	Mapscape	荷兰	0.62	网络服务
		中交宇科	北京	1.38	IT 服务

资料来源：ETIRI。

二 并购地区集中于国内北上广和美国，上市企业依旧是主要的并购方

2011年并购案例中被并购方覆盖境内9个省份，境外4个国家。境内共计发生48起并购案例，约占案例总数的85.71%，已披露金额案例25起，约占已披露金额案例总数的86.2%，涉及并购金额50.57亿元，平均融资金额为2.02亿元。其中，北京、广东、上海等3省市并购案例数量占并购总案例数量的比例较高，约占并购案例总数量的67.86%，占境内并购案例总数量的79.17%；已披露金额案例数占已披露并购金额案例总数量的58.62%；已披露金额占总金额的37.66%（见表3）。北京和广东在并购案例数、已披露金额案例数两个指标上较上年有所降低，而上海并购案例数较上年增加1起，已披露金额案例减少1起。此外，山东发生3起并购案例，江苏、浙江各发生2起并购案例，而福建、四川、重庆各发生1起并购案例。北上广三地之所以是并购案例高发地区，其主要是因为上述三地聚集了大量的国内优秀软件和信息服务业企业，同时当地政府搭建的中关村软件园、浦东软件园和天河软件园等一流的园区使区内企业可以很快地实现产业集聚效应，根据企业自身发展的需要对其他企业进行必要的并购。

就境外而言，2011年全年发生并购8起。其中，美国并购案例数和已披露金额分别为4起和26.29亿元，分别占总量的7.14%和31.65%，平均并购金额超过13亿元。日本也有2起并购案例，但均未披露并购金额。此外，荷兰和加拿大各有1起并购案例（见表3）。跨境并购一方面是国内企业打开国际市场的需要，另一方面是基于完善自身产业链和加强技术研发能力的需要。

从并购方所在地区分布看，2011年，北京仍然是并购最为集中和活跃的地区，共计有33起并购案例发生，大约占总案例数的58.9%；广东共计发生7起并购案例，占总案例数的12.5%左右；而浙江共计发生6起并购案例。此外，上海发生3起并购案例，辽宁和福建各发生2起并购案例；中国香港、美国和日本各发生1起并购案例（见图2）。

表 3　2011 年软件和信息服务业并购案例数量和金额地区分布

单位：起，%，万元

区域		案例数量	占比	已披露金额案例数	占比	已披露金额	占比	平均每笔金额
境内	北京	19	33.93	8	27.59	76576	9.22	9572
	广东	10	17.86	6	20.69	106260	12.79	17710
	上海	9	16.07	3	10.34	130000	15.65	43333
	山东	3	5.36	2	6.90	1864	0.22	932
	浙江	2	3.57	2	6.90	57000	6.86	28500
	江苏	2	3.57	2	6.90	12570	1.51	6285
	福建	1	1.79	1	3.45	103505	12.46	103505
	四川	1	1.79	0	0.00	0	0.00	—
	重庆	1	1.79	1	3.45	17900	2.16	17900
	合　计	48	85.71	25	86.21	505675	60.88	20227
境外	美国	4	7.14	2	6.90	262900	31.65	65725
	日本	2	3.57	0	0.00	0	0.00	—
	荷兰	1	1.79	1	3.45	6164	0.74	6164
	加拿大	1	1.79	1	3.45	55862	6.73	55862
	合计	8	14.29	4	13.79	324926	39.12	81232
总　计		56	100	29	100	830601	100	28641

注：表中数据从被并购方所在地的角度统计。

资料来源：ETIRI。

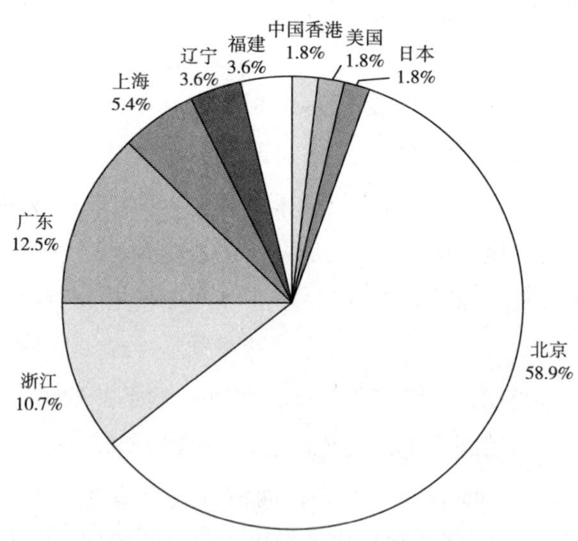

图 2　2011 年并购方所在地区分布

资料来源：ETIRI。

从并购方企业性质看，2011 年并购案例中有 40 起是由上市企业发起的，占比重高达 71.43%。而 2007～2011 年中国软件和信息服务业并购案例共计 261 起，其中 193 起是由上市企业发起的，占比为 73.95%（见图 3）。由于上市企业在资金实力、资本运作和战略规划等方面具有明显的优势，上市企业通过上述优势发起并购增强自身在行业内的实力，保持其领先地位。上市企业并购占主导地位的趋势未来将继续保持。但是，随着其他融资渠道的丰富，未上市企业在资金方面的劣势得到弥补后，未上市企业并购案例数占总并购案例数的比重有望提高。

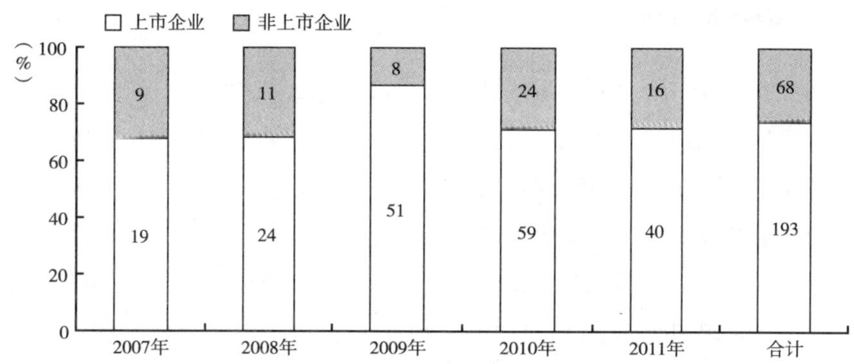

图 3　2007～2011 年并购方为上市企业和非上市企业的比例

资料来源：ETIRI。

自 2007 年以后，境内并购案例数占总并购案例数的比重始终在 70% 以上，2011 年则达到了 82.14% 的高位，较 2010 年增加近 8 个百分点（见图 4）。境内并购案例比重不断增加，说明境内企业质量不断提高，行业内整合力度不断加大。

三　软件服务、网络游戏、网络服务并购案例数位居前三

2011 年，从大的业务类型来看，互联网、IT 和半导体领域的并购案例数量分别为 30 起和 24 起，分别占总量的 53.57%、42.86%，其中互联网行业并购案例占总量比重较去年上升近 10 个百分点，而 IT 和半导体行业并购案例占总量比重较上年下降 3 个百分点。

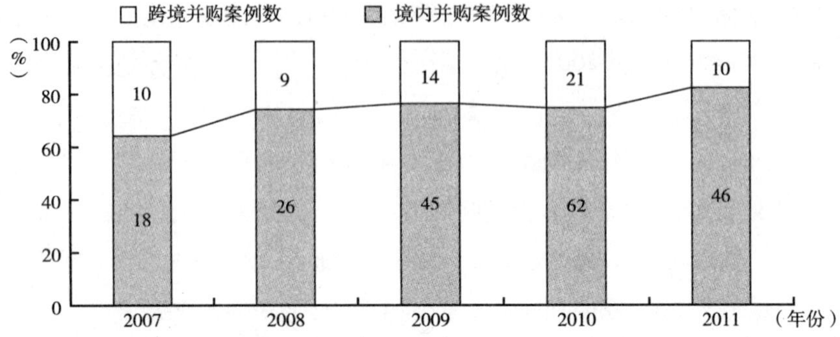

图4　2007～2011年境内并购案例数及其占总并购案例数的比重

资料来源：ETIRI。

从细分行业来看，软件服务并购案例数量最多，共有16起，占总量的28.57%；网络游戏也较为活跃，有9起并购案例，占总量的16.07%；网络服务、电子商务和IT服务紧随其后，各有7起，各占总量的12.50%。从并购金额上看，网络游戏以38.47亿元排名第一，占总并购额的46.32%；软件服务和IT服务也颇受关注，金额分别达16.57亿元和10.97亿元，分别占总量的19.95%和13.20%。与2010年并购案例相比，2011年新增了电子支付、网络交友、通信和广告服务等细分行业的并购案例，并购在细分行业内呈现出多元化发展的趋势（见表4）。

表4　2011年软件和信息服务业细分行业并购规模比较

单位：起，%，万元

业务类型		案例数量	占比	已披露并购金额案例数	占比	已披露并购金额	占比
互联网	网络游戏	9	16.07	6	20.69	384735	46.32
	网络服务	7	12.50	2	6.90	12164	1.46
	电子商务	7	12.50	2	6.90	17988	2.17
	行业网站	3	5.36	0	0.00	0	0.00
	电子支付	2	3.57	1	3.45	33000	3.97
	网络视频	1	1.79	1	3.45	51200	6.16
	网络交友	1	1.79	0	0.00	0	0.00
	合　　计	30	53.57	12	41.38	499087	60.09

续表

业务类型		案例数量	占比	已披露并购金额案例数	占比	已披露并购金额	占比
IT 和半导体	软件服务	16	28.57	10	34.48	165664	19.95
	IT 服务	7	12.50	5	17.24	109650	13.20
	网络安全	1	1.79	1	3.45	32200	3.88
	合　计	24	42.86	16	55.17	307514	37.02
其他	通　信	1	1.79	1	3.45	24000	2.89
	广告服务	1	1.79	0	0.00	0	0.00
	合　计	2	3.57	1	3.45	24000	2.89
总　计		56	100	29	100	830601	100

注：该表从被并购方所在细分行业进行统计。
资料来源：ETIRI。

由上述分析可知，软件服务、网络游戏和网络服务等细分行业是2011年行业并购的热点，而电子商务相对于2010年并购案例数跌出了前三位，电子商务并购热正在开始退却。

四　资本市场竞争日趋激烈，企业并购目的呈现出多样化

我国软件和信息服务业企业较世界软件百强企业还存在一定的差距，需要通过资本运作迅速提高自身的技术水平、扩充产品线、获取平台资源和客户资源等。因而，资本市场竞争日趋激烈，企业并购目的呈现出多样化

第一，通过跨境并购实现企业的国际化发展战略。一个典型案例就是腾讯并购美国 Riot Game 公司。腾讯在国内网游市场做大、做强之后，把触角伸向了国际市场。腾讯曾在2010年以3亿美元的价格收购俄罗斯投资公司10%的股份后，就间接对社交网站 Facebook 和游戏开发商 Zynga 持股。腾讯又于2011年2月6日完成对美国网游开发商 Riot Game 公司的收购，涉及金额高达23亿元。自此，腾讯正式进军全球网络游戏市场。

第二，通过并购业内某一专业技术公司，扩充产品线，提高向客户提供系统

解决方案的能力。阿里巴巴于2011年6月29日完成对美国新创公司Single Feed的收购，Single Feed公司在对比购物引擎信息管理和分析方面具有明显的优势。Single Feed允许顶级在线商家在超过18个对比购物引擎上提交、管理和优化产品清单。Single Feed平台也提供强大的分析功能，帮助商家轻松地理解线索、销售和转换。Single Feed可以加强阿里巴巴旗下的Vendio公司的核心业务，简化和加强商家与大量在线购物者的接触。四维图新并购荷兰Mapscape公司，也是为了学习和获取欧洲先进的导航技术，提升公司现有的产品和技术研发水平，强化服务国际汽车客户的能力，同时也有利于公司延伸产业链，增强公司整体竞争力。

第三，通过并购整合被并购企业的客户资源和平台资源等，进而拓展自身业务和市场。以畅游并购17173为例，该项并购涉及金额高达1.625亿美元。在并购17173之前，畅游一直在大力拓展多元化业务，2010年5月，畅游完成了对冰动娱乐的收购。2011年1月，畅游完成了对晶茂的收购。2011年4月，畅游宣布收购深圳第七大道科技有限公司及其关联公司68.258%的股权。不过畅游的多元化过程中，尚缺乏网游行业平台产品，完成对17173的并购则为畅游平台化战略提供了坚实的基石，这将对网络游戏行业格局产生深远的影响。

第四，通过并购自身具备但实力较弱的技术或产品，提高自身实力同时减少行业内竞争对手。出于这种并购目的的企业很多，比如，奇虎360并购世界之窗，并购完成后，360安全浏览器将整合世界之窗浏览器的相关技术，并由世界之窗团队负责维护和升级；又如东软集团并购国内最大的医院ERP供应商望海康信，并购完成后，东软集团弥补了医疗IT产品线上最后的也是最致命的一块短板，同时在医疗ERP领域，东软集团获得了一批优质客户群。

B.17
软件百家加速增长

摘　要： 将我国软件百家与全球软件百强进行对比分析，有助于发现我国软件百家发展的新动向及其与全球软件百强之间存在的差距。2011 年，我国软件百家成长速度较快，软件百家企业收入规模与全球软件百强企业收入规模之比首次超过 10%，并且软件百家人均产值也比全球软件百强要高。但是，从研发投入和细分行业看，我国软件百家与全球软件百强的差距依旧明显，同时，我国软件百家产业集中度远低于全球软件百强，软件百家研发投入和产业集中度有待提高。

关键词： 软件百家　软件百强　产业集中度

工业和信息化部自 2002 年起每年进行软件业务收入前百家企业（以下简称“软件百家”）的发布活动，迄今为止已经开展了十届，在社会和行业内引起了广泛关注和重视。而全球软件 500 强则由美国《软件杂志》每年发布一次。研究全球软件 500 强中的前百强，对比分析我国软件百家企业，有利于发现我国软件百家发展的动向，以及与全球软件百强之间存在的差距，有利于促进我国软件和信息服务业的发展。

一　软件百家收入规模不断增长，占全球软件百强企业收入的比首次超过 10%

2010 年我国软件百家企业收入规模继续保持快速增长，全年实现收入超过 3136 亿元，较上年增长超过 28%。同时，由于我国软件百家企业的快速增长和人民币持续升值的影响，2010 年，我国软件百家企业收入与全球软件百强企业收入的比值大幅提高，首次超过 10%（见图 1）。

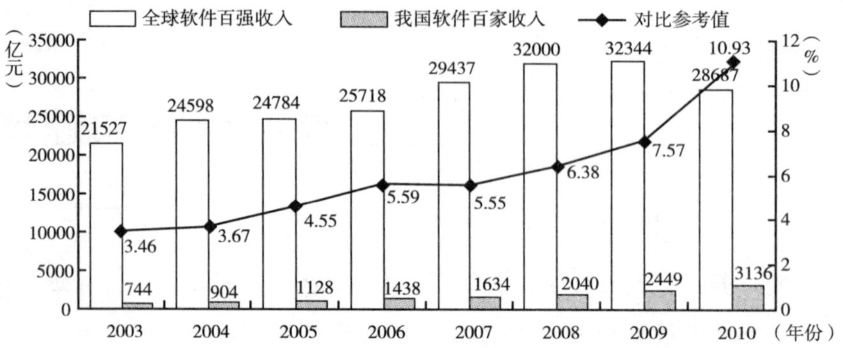

图1　2003～2010 年我国软件百家收入与全球软件百强收入对比

注：2010 年美元兑人民币汇率按照平均汇率 6.8，该对比值仅是参考数值。

资料来源：工业和信息化部，美国《软件杂志》。

从近几年的数据看，我国软件百家企业收入与全球软件百强企业收入之比迅速提高，从 2003 年的 3.46% 增长至 2010 年的 10.93%；2004～2010 年，我国软件百家企业收入的年均复合增长率达到 22.89%，而全球百强软件企业收入的平均年增长率仅为 6.89%。

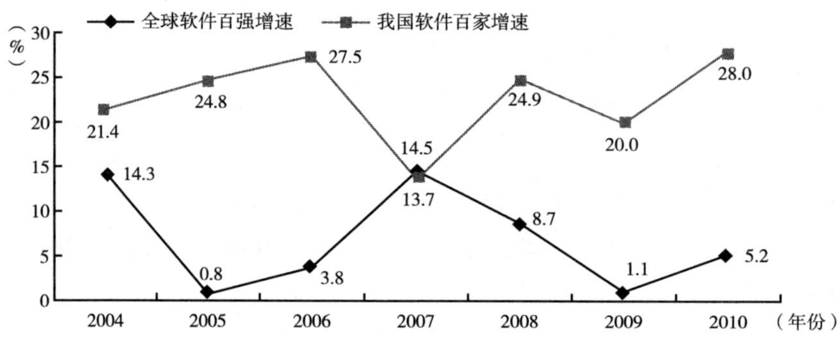

图2　2004～2010 年我国软件百家收入增速与全球软件百强收入增速对比

资料来源：工业和信息化部，美国《软件杂志》。

二　软件百家占我国软件和信息服务业比重不断降低，产业集中度有待提高

从软件和信息服务业集中度来看，全球软件百强占世界软件产业的比重一直维

持在41% ~47%，全球软件百强所占比重保持稳定，表明全球软件市场整体竞争发展趋势更为平稳，市场更为成熟。而我国软件百家所占我国软件和信息服务业的比重逐年减少，而且下降趋势较为明显，一方面表明我国软件和信息服务业具有竞争力，生机勃勃，另一方面也表明我国软件和信息服务业整体市场聚集度还需要进一步加强，有待成熟，产业利益未来趋势还是不断向优秀大企业聚集（见图3）。

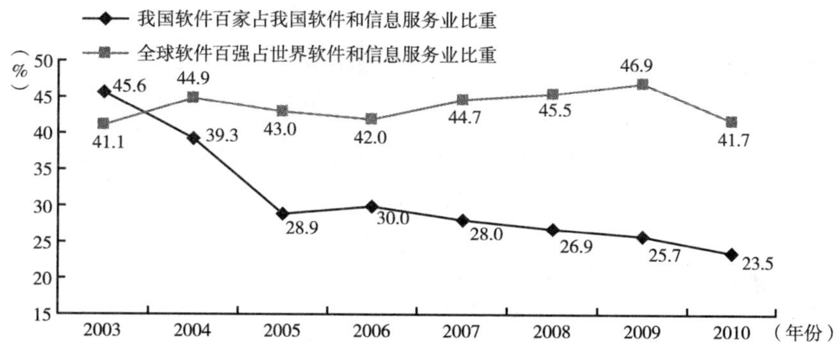

图3　2003 ~2010 年软件百家占我国产业比重及全球百强占世界产业比重

资料来源：工业和信息化部，美国《软件杂志》。

另外，全球软件前十强所占百强的比重相对平稳，一直维持60%左右。比较来看我国软件百家，前十家所占软件百家的比重从2003年的48.1%逐年增长，2007年已同全球百强的集中度相当，达到59.1%，2008 ~2010年分别为62.10%、61.71%和60.97%，软件百家前十名的收入集中度较高，我国在大企业培育方面取得了一定成效（见图4）。

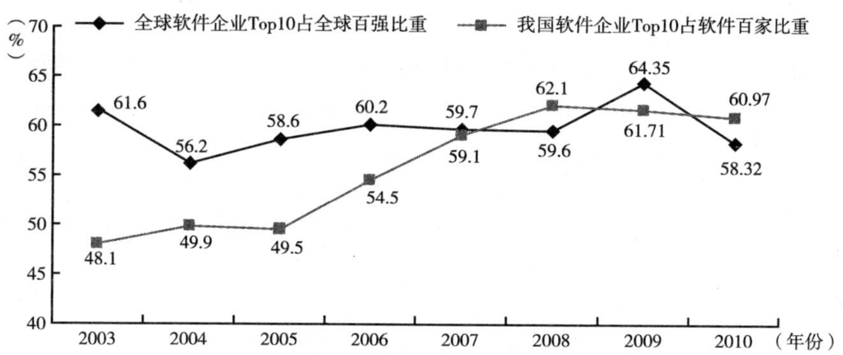

图4　2003 ~2010 年我国软件百家及全球百强的前十名所占各自的比重

资料来源：工业和信息化部，美国《软件杂志》。

三　中等规模企业逐渐成为软件百家主力，13 家企业入围新软件百家

2010 年，全球软件百强入围门槛提高至 5 亿美元以上，收入规模低于 10 亿美元的企业为 31 家，较上年减少 13 家，介于 10 亿～20 亿美元、20 亿～50 亿美元和 50 亿～100 亿美元的企业分别较上年增加 6 家、5 家和 2 家。从 2004～2010 年数据看，收入规模小于 50 亿美元的企业占绝大部分，预期未来 10 亿～50 亿美元收入规模的企业将不断增多并成为全球软件百强的主力（见图 5）。

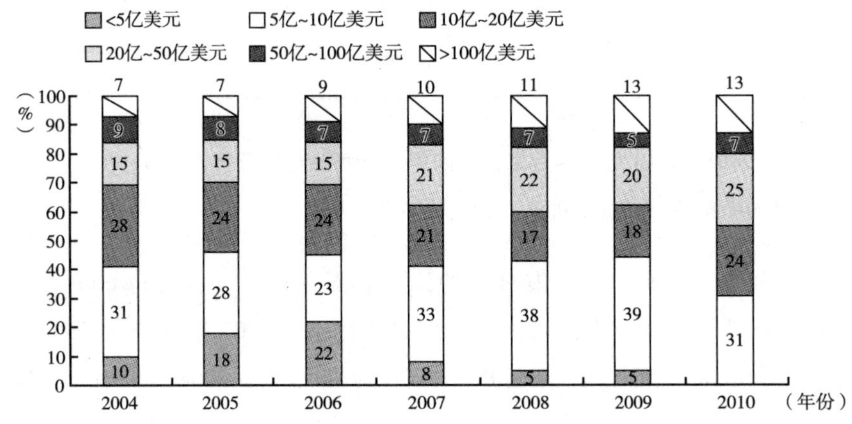

图 5　2004～2010 年全球软件百强企业按收入分布统计

资料来源：ETIRI。

相比全球软件百强收入规模，2010 年，我国软件百家入围门槛提升至 5 亿元以上，其中收入在 5 亿～10 亿元的企业共计有 48 家，较上年增加 9 家；收入在 10 亿～20 亿元的企业共计有 25 家，较上年增加 6 家；收入在 20 亿～50 亿元的企业共计 20 家，较上年增加 4 家；收入超过 50 亿元的企业共计 7 家，较上年增加 1 家。收入在 5 亿～50 亿元的中等规模企业成为软件百家的主力。随着软件百家的入围门槛不断提高，预期未来软件百家中多数企业的收入会集中在 10 亿～50 亿元。这一趋势与全球软件百强相似（见图 6）。

从我国软件百家位次更迭看，2010 年，有 13 家企业入围新软件百家，且排名均在后 50 名，其中大部分位于 70～100 名。深圳市大族激光科技股份有限公

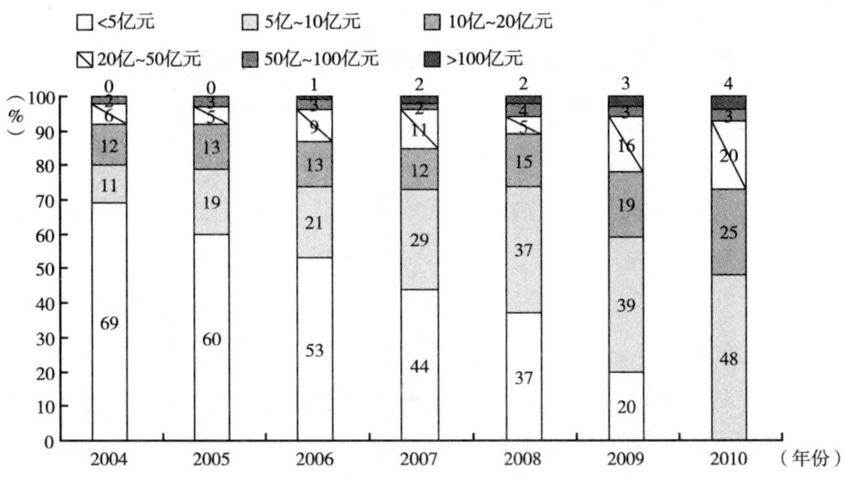

图6 2004~2010年我国软件百家企业按收入分布统计

资料来源：ETIRI。

司以91342万元的收入规模排名13家新入围企业之首和软件百家第56位（见表1）。

表1 2010年新入围软件百家企业

单位：位，万元

序号	排名	公司名称	收入规模
1	56	深圳市大族激光科技股份有限公司	91342
2	63	东方电气自动控制工程有限公司	79710
3	70	深圳市怡化电脑有限公司	74202
4	71	南威软件股份有限公司	72282
5	74	大连环宇阳光集团	69578
6	78	山东巨洋神州信息技术有限公司	64007
7	83	江苏南大苏福特科技股份有限公司	61490
8	88	北京水晶石数字科技股份有限公司	57936
9	89	卡斯柯信号有限公司	56863
10	90	上海大智慧股份有限公司	56433
11	93	深圳市科陆电子科技股份有限公司	55830
12	96	北京中电普华信息技术有限公司	55140
13	97	易程科技股份有限公司	54167

资料来源：ETIRI。

四　我国软件百家人均产值超越全球软件百强，但研发投入有待加强

从研发投入看，2010 年我国软件百家企业共完成研发投入为 504 亿元，比上届增长 20%，研发投入占比为 7.2%，高于行业平均水平 1.9 个百分点。软件研发人员达到 19 万人，比上届增加 6 万人，占全部从业人员的 46%。但是与全球软件 500 强企业相比还是存在较大的差距，根据《软件杂志》发布的报告，2010 年，全球软件 500 强企业平均研发投入率为 11.2%，而研发投入占比前十位的企业均在 40% 以上。我国软件百家在研发上的投入还需进一步加强。

2010 年，中国软件百家企业从业人员 41.3 万人，人均营收为 75.96 万元，分别较上年增加或提高 19.02% 和 3.14%；而全球软件百强从业人员 370.0 万人，人均营收为 73.44 万元，分别较上年增加 10.78% 和下降 21.91%（见图 7）。

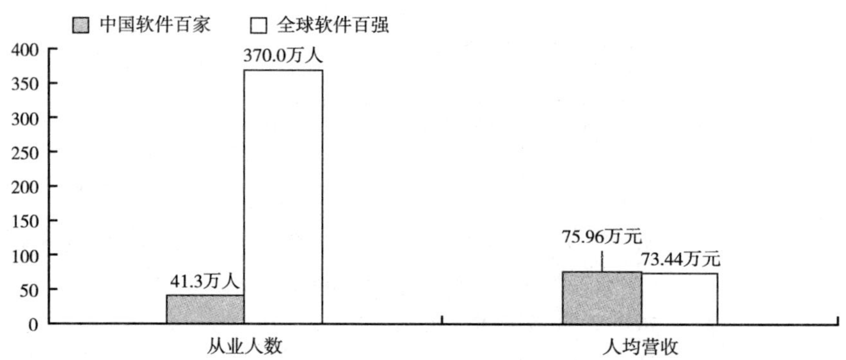

图 7　2010 年软件百家与全球百强从业人员及人均营收对比

注：人均营收数据受到汇率波动的影响。

资料来源：工业和信息化部，美国《软件杂志》。

五　软件百家成长速度快于全球百强，细分行业差距依旧明显

在大企业培育方面，我国软件百家企业和全球软件百强企业还是存在明显的

差距。2010 年，我国进入全球软件百强的企业（全球软件百强企业的入围门槛约为 44 亿元）共有 10 家，较上年减少 3 家。而我国软件前百家排名的最低入围门槛为 5.31 亿元，在全球软件 500 强中排名第 277 位，较上年下降 35 位。

但是，全球软件百强企业中，软件营业收入超过 100 亿美元的企业有 12 家，较上年减少 1 家；营业收入超过 10 亿美元的企业有 68 家，较上年也减少 1 家；而营业收入超过 5 亿美元的企业有 114 家，较上年增长 14%。同期，中国软件收入超过 100 亿美元、10 亿美元和 5 亿美元的企业分别为 1 家、5 家和 20 家，收入超过 100 亿美元的企业仍然仅只有华为 1 家，而收入超过 10 亿美元和 5 亿美元的企业分别增加 1 家和 3 家。因此，相比全球软件百强，我国软件百家大企业收入规模增长速度较快，好于全球软件百强（见图 8）。

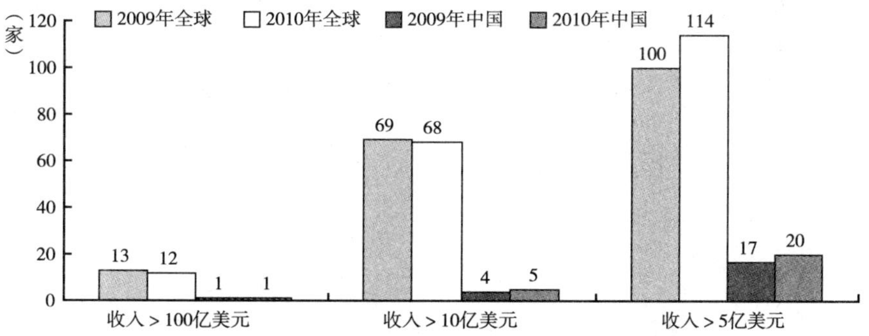

图 8　2009～2010 年软件百家和全球百强企业营收情况对比

资料来源：工业和信息化部，美国《软件杂志》。

全球软件百强前十位市值最高的是微软公司，最低的美国计算机科学，市值分别为 2644.8 亿美元和 45.5 亿美元，前十位市值平均值为 969.5 亿美元。中国软件百家中除华为技术有限公司市值估计会超过千亿美元外，其他公司市值均不超过百亿美元，大部分企业市值在十亿美元以下。

从细分行业看，中国软件百家企业与国外巨头相差较大。2010 年，外包行业英孚瑟斯（Infosys）的营业收入为 48 亿美元，是东软集团的 6.4 倍，英孚瑟斯的市值更是高达 327.9 亿美元，将近是东软集团市值的 20 倍；管理软件巨头思爱普（SAP）的营业收入高达 165.4 亿美元，是用友的 36 倍，市值则是用友的 31 倍，而营业利润是用友的 132 倍；信息安全巨头赛门铁克（Symantec）的营业收入是启明星辰的 103 倍，市值是启明星辰的 24 倍，营业利润是后者的 274 倍（见图 9～11）。

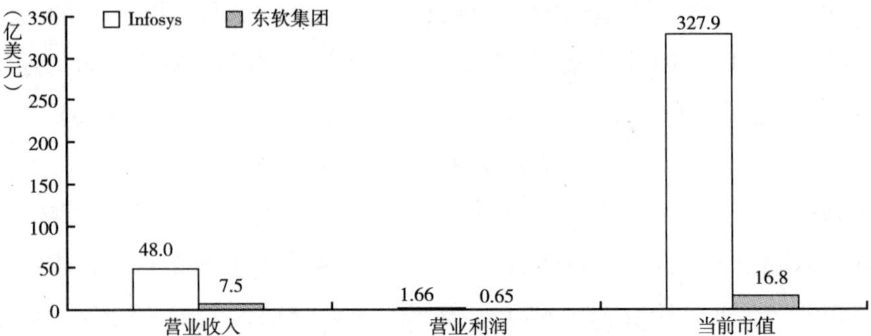

图 9　2010 年外包行业国内巨头东软集团与 Infosys 对比

资料来源：公司年报。

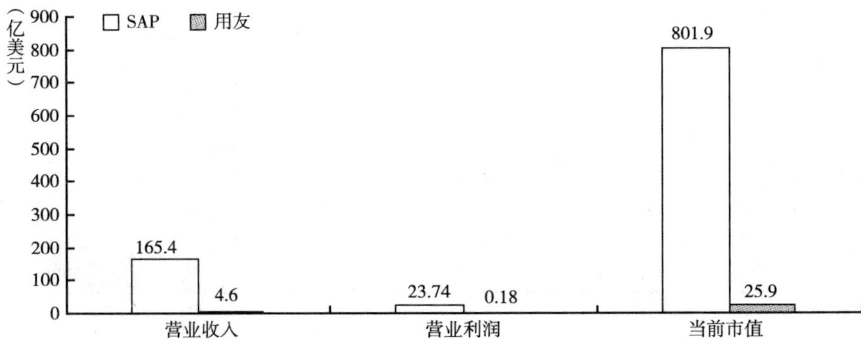

图 10　2010 年企业管理软件领域用友与 SAP 对比

资料来源：公司年报。

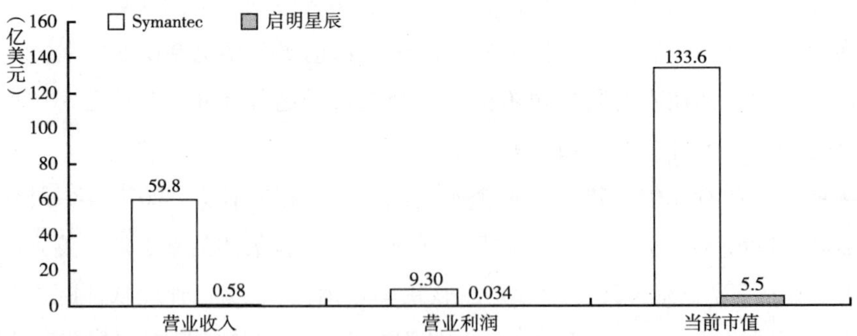

图 11　2010 年信息安全领域启明星辰与 Symantec 对比

资料来源：公司年报。

城　市　篇

Cities Reports

B.18 中国19个城市软件和信息服务业城市竞争力报告

摘　要： 软件和信息服务业是集资本密集型、科技密集型和智力密集型于一体的产业，不同城市的资源禀赋和对产业重视的程度存在较大的差异，因此会形成不同的城市竞争力。通过对各城市软件和信息服务业产业竞争力、集群竞争力、企业竞争力、人才竞争力以及政策竞争力等五个方面的比较和分析，得出我国19个城市2011年软件和信息服务业的城市竞争力排名，这有利于各城市通过政策措施扬长避短，吸引资源壮大地区软件和信息服务业。

关键词： 产业竞争力　人才竞争力　企业竞争力

城市是软件和信息服务业的主要载体和核心聚集区，但是不同的城市由于具有不同的资源禀赋和科技基础，其软件和信息服务业的发展有着较大差异。软件和信息服务业城市竞争力主要是指一个城市的软件和信息服务业在竞争和发展过程中与其他城市相比较所具有的吸引、争夺、拥有、控制和转化资源，争夺、占领和控制市场，以创造价值，为当地国民经济发展提供支撑的能力。对此，我们在总结我国主要城市软件和信息服务业发展现状和特点的基础上，于2011年提出了软件和信息服务业城市竞争力评价指标体系，其中包含产业竞争力、企业竞争力、人才竞争力、集群竞争力以及政策竞争力等5项二级指标，以期从“动态+静态”、“定量+定性”的角度，相对合理地衡量软件和信息服务业城市竞争力情况（见表1）。

表1　软件和信息服务业城市竞争力评价指标体系

<table>
<tr><th>一级指标</th><th>二级指标</th><th>三级指标</th><th>四级指标</th><th>指标权重</th></tr>
<tr><td rowspan="18">城市竞争力A</td><td rowspan="9">产业竞争力(B1)</td><td rowspan="3">产业规模(C1)</td><td>2011年软件产业收入(D1)</td><td>0.273</td></tr>
<tr><td>2011年软件产业收入占GDP的比重(D2)</td><td>0.005</td></tr>
<tr><td>2011年软件产业收入占第三产业增加值的比重(D3)</td><td>0.005</td></tr>
<tr><td>企业规模(C2)</td><td>2011年软件企业新认定数量(D4)</td><td>0.068</td></tr>
<tr><td rowspan="2">产业出口规模(C3)</td><td>2010年软件产业出口收入占总收入的比重(D5)</td><td>0.030</td></tr>
<tr><td>2010年出口收入(D6)</td><td>0.017</td></tr>
<tr><td rowspan="3">产业发展走势(C4)</td><td>2007~2011年软件产业年均增长率(D7)</td><td>0.005</td></tr>
<tr><td>2007~2011年出口规模年均增速(D8)</td><td>0.020</td></tr>
<tr><td>2004~2009年软件服务业收入增长率与GDP增长率的比值(D9)</td><td>0.009</td></tr>
<tr><td rowspan="5">集群竞争力(B2)</td><td rowspan="2">产业载体发展(C5)</td><td>国家级产业基地和园区数量(D10)</td><td>0.007</td></tr>
<tr><td>园区和基地建设情况(D11)</td><td>0.024</td></tr>
<tr><td rowspan="3">产业集聚规模(C6)</td><td>园区和基地软件服务业收入(D12)</td><td>0.010</td></tr>
<tr><td>园区和基地软件服务业出口收入(D13)</td><td>0.010</td></tr>
<tr><td>园区和基地从业人员数量(D14)</td><td>0.010</td></tr>
<tr><td rowspan="4">企业竞争力(B3)</td><td rowspan="4">骨干企业(C7)</td><td>2010年国家规划布局内重点企业数量(D15)</td><td>0.011</td></tr>
<tr><td>2011年软件业务收入前百家企业数量(D16)</td><td>0.015</td></tr>
<tr><td>2011年软件业务收入前百家企业收入占所在城市软件服务业总收入的百分比(D17)</td><td>0.005</td></tr>
<tr><td>2011年软件业务收入前百家企业收入(D18)</td><td>0.005</td></tr>
</table>

续表

一级指标	二级指标	三级指标	四级指标	指标权重
城市竞争力A	企业竞争力（B3）	创新能力（C8）	2011年软件服务业企业上市数量（D19）	0.039
			上市公司合计（D20）	0.045
			2011年软件产品登记数量（D21）	0.053
			软件著作权登记（D22）	0.012
	人才竞争力（B4）	从业人员（C9）	2011年从业人员数量（D23）	0.087
			2011年从业人员人均产出（D24）	0.096
			2007～2011年从业人员年均增长率（D25）	0.027
		教育资源（C10）	37所示范性软件学院数量（D26）	0.005
			“211工程”院校软件学院数量（D27）	0.005
			培训机构建设（D28）	0.015
			人才机制（D29）	0.016
	政策竞争力（B5）	战略规划和政策制定（C11）	重要战略规划和政策措施（D30）	0.025
		财政政策（C12）	2011年财政专项资金设立情况（D31）	0.018
			2010年专项资金总额、税收总额（D32）	0.009
			2005～2011年市级财政资金投入总额（D33）	0.005
		税收政策（C13）	2010年税收总额（D34）	0.006
		平台建设（C14）	公共服务平台建设情况（D35）	0.004
			投融资平台建设情况（D36）	0.004

资料来源：ETIRI。

根据软件和信息服务业城市竞争力评价指标体系，在数据收集、整理和计算的基础上，我们得出了19个副省级以上城市“2012年软件和信息服务业城市竞争力指数排名”。从排名来看，2012年19个城市依然呈现三个阵营排列：第一梯队为北京、深圳，第二梯队为上海、成都、南京、广州、杭州、济南、大连、青岛，第三梯队为武汉、沈阳、西安、天津、厦门、重庆、长春、宁波、哈尔滨。相较2011年竞争力格局变化不大，但第二、第三梯队的城市排名有部分变动：成都、南京、济南等软件名城受利好政策影响，产业规模和质量同时提升，分别前进了3位、1位、2位；在上述三个城市的有力竞争之下，广州、杭州分别下滑1位和3位；青岛大力发展软件和信息服务外包产业成绩显著，本年度超过武汉跃升至第二梯队；厦门、宁波等软件出口导向型城市受国际经济气候影响，下滑幅度较大；重庆、沈阳、长春虽仍处于第三梯队，但得益于相关主管部门加大了对软件和信息服务业的支持力度，较上一年度有所提升（见表2）。

表2　2012 年软件和信息服务业城市竞争力指数排名①

城市名称	2012 年竞争力指数②	综合排名	城市名称	2011 年竞争力指数	综合排名
北　京	0.8013	A⁺	北　京	0.7731	A⁺
深　圳	0.6428	A⁺	深　圳	0.6549	A⁺
上　海	0.4271	A	上　海	0.3991	A
成　都	0.3393	A	杭　州	0.3762	A
南　京	0.3324	A	广　州	0.3727	A
广　州	0.2875	A	南　京	0.3695	A
杭　州	0.2862	A	成　都	0.3269	A
济　南	0.2576	A	大　连	0.2239	A
大　连	0.2455	A	武　汉	0.2031	A
青　岛	0.2241	A	济　南	0.2010	A
武　汉	0.1771	A⁻	西　安	0.1848	A⁻
沈　阳	0.1760	A⁻	厦　门	0.1774	A⁻
西　安	0.1752	A⁻	宁　波	0.1774	A⁻
天　津	0.1707	A⁻	天　津	0.1542	A⁻
厦　门	0.1688	A⁻	沈　阳	0.1464	A⁻
重　庆	0.1670	A⁻	重　庆	0.1398	A⁻
长　春	0.1370	A⁻	青　岛	0.1366	A⁻
宁　波	0.1082	A⁻	长　春	0.0714	A⁻
哈尔滨	0.0528	A⁻	哈尔滨	0.0583	A⁻

注：①城市软件和信息服务业竞争力指数排名相关计算方法等参见附录6；②竞争力指数是指通过层次分析法、无量纲化处理等方法的基础上，形成的19个样本城市的软件和信息服务业竞争力相对指数。

资料来源：ETIRI。

一　产业竞争力

产业竞争力是衡量一个城市软件和信息服务业竞争力的重要指标，主要从产业规模、企业规模、产业出口规模、产业发展走势等四个方面考量。这19个城

市是带动我国软件和信息服务业发展的主要力量，其产业规模之和占据全国软件和信息服务业产业规模总量的九成以上。评估显示，北京、深圳凭借较强的产业实力和地缘优势，一直稳坐前两位，属于第一梯队；第二梯队城市发生了较大的变化，广州、上海等位于前列的城市，逐渐被成都、南京等“中国软件名城”赶超。

（一）产业高速增长，软件名城厚积薄发

自2011年初国务院颁布《进一步鼓励软件产业和集成电路产业发展的若干政策》以来，19个城市软件和信息服务业受利好政策驱动发展加速。2011年，19个城市软件和信息服务业收入为15364.45亿元，同比增长35.10%，占全国软件和信息服务业收入的83.19%，同比下降9.91个百分点。

经过“黄金十年”的高速发展，我国软件和信息服务业进入平稳加快增长阶段。根据2007~2011年数据测算，19个城市软件和信息服务业的复合年均增长率为30.15%，较2004~2009年下降2.35个百分点，但产业规模已超过1.5万亿元。从各城市发展看，2011年，19个城市产业规模发展梯度依然明显，软件名城后发优势强劲，增速加快。2011年，城市的竞争格局发生变化，南京、成都超越了上海，位居第三、第四名，打破了北京、深圳、上海、南京稳居产业收入前4位的格局。济南、杭州发展势头也非常强劲，紧随其后（见图1）。

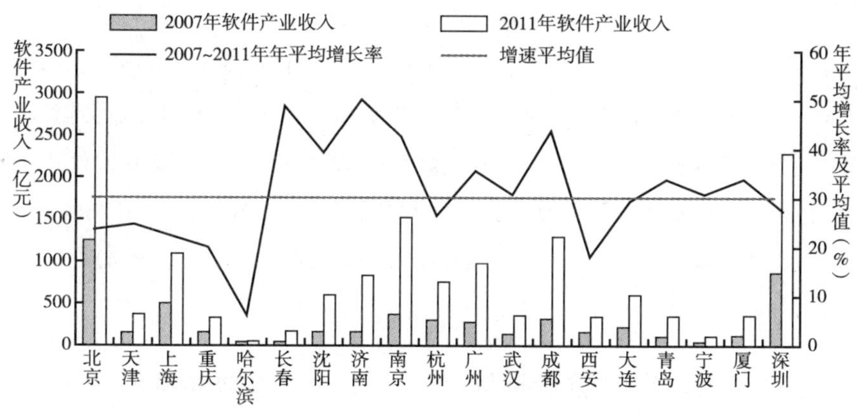

图1　2007年和2011年19个城市软件产业收入和年平均增长率

资料来源：工业和信息化部，19个城市软件和信息服务业主管部门。

2011 年，除宁波外的 18 个城市软件产业收入增长率都超越了该城市同期地区生产总值（GDP）增速，均值为 33.33%。南京、杭州、大连、深圳、厦门、青岛等在建或申请软件名城的城市显著加大产业发展力度，与上年同期相比，软件产业收入增长率提高了 10 个百分点以上。其中，青岛市增长最快，同比增长 60.45%；北京、上海等城市由于处于产业转型提升时期，增长率与上年同期基本持平（见图 2）。

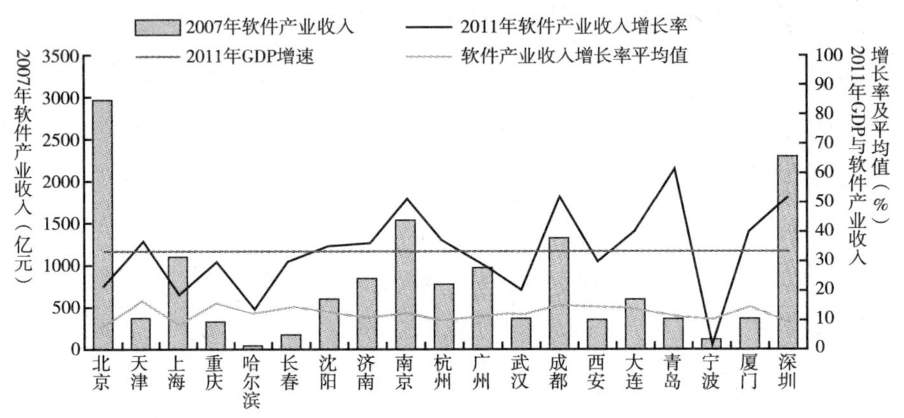

图 2　2007 年和 2011 年 19 个城市软件服务业收入和增长率

资料来源：工业和信息化部，19 个城市软件和信息服务业主管部门。

同时，各城市软件和信息服务业在本地经济中的地位不断提升，成为本地产业结构调整升级和经济发展方式转变的重要支撑。2011 年，除哈尔滨、西安两个城市软件产业收入占地区生产总值的比重与上一年度基本持平外，其他 17 个城市的这一比重均有所提升。其中，济南和南京城市软件产业收入占地区生产总值的比重较 2010 年提高了 9.59 个百分点和 9.82 个百分点。城市软件产业收入占地区生产总值的比重在 10% 以上的城市依次是南京（24.76%）、深圳（19.85%）、成都（19.08%）、济南（18.84%）、北京（18.41%）、厦门（13.95%）、杭州（10.95%）、沈阳（10.18%）（见图 3）。

（二）“双软认定”数量持续增长，新兴城市增势突出

在各地方软件和信息服务业主管部门、软件行业协会和税务部门的联动工作机制下，“双软认定”工作自部署以来一直稳健开展，认定数量呈现增长趋势。

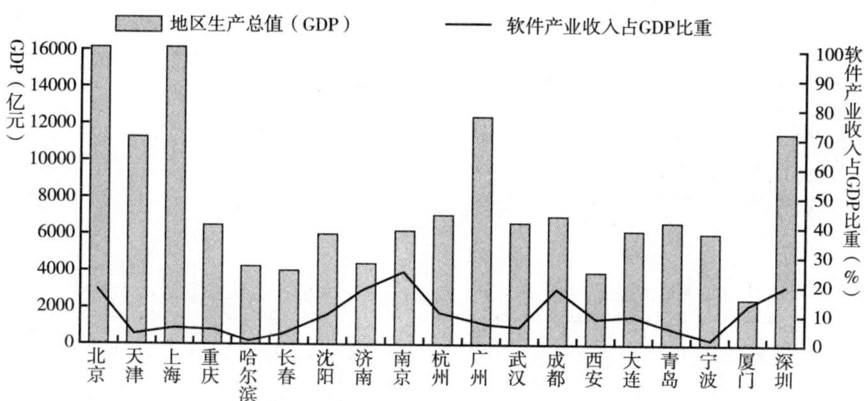

图3　2011年19个城市软件和信息服务业收入占地区生产总值的比重

资料来源：工业和信息化部，19个城市软件和信息服务业主管部门。

《进一步鼓励软件产业和集成电路产业发展的若干政策》的颁布实施，进一步推动认定工作的有效开展。

2011年，19个城市新认定软件企业2899家，占全国新认定软件企业的85%左右。其中，北京、深圳、上海位居前3位，且占19个城市新认定软件企业总数的56.43%（见图4）。

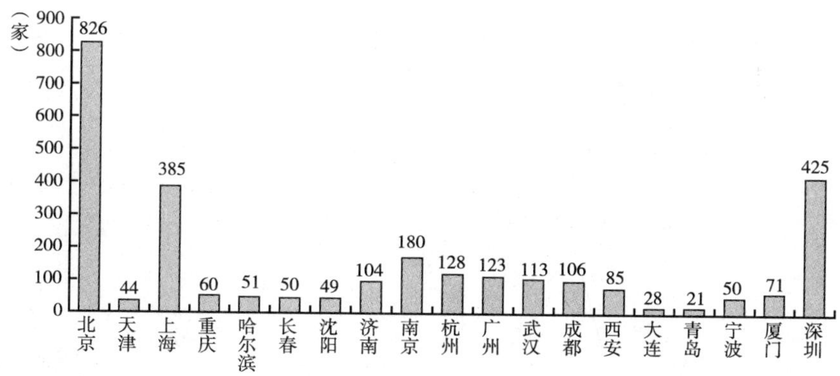

图4　2011年19个城市软件企业认定年度数量

资料来源：工业和信息化部。

19个城市新登记软件产品1.67万件，占其软件产品登记累计数量的1/5。其中，上海、北京、深圳排名前三位，占19个城市软件产品认定数量的53.05%，广州、杭州、南京紧随其后，认定数量增幅较大（见图5）。

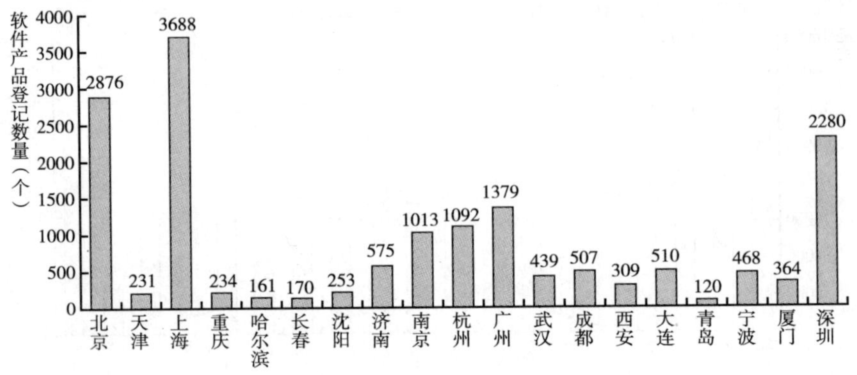

图 5　2011 年 19 个城市软件产品登记年度数量

资料来源：工业和信息化部。

（三）软件出口稳中有降，国际市场需求低迷

世界经济低迷，接踵而至的国际金融危机、欧债和美债危机以及日本大地震，给软件出口和团建服务外包带来了冲击。而 19 个城市的国际市场主要以欧美、日本、印度等国家和地区为主。其中，深圳、上海、天津、大连等城市由于软件出口和外包业务量相对较大，受影响也较大。2007～2010 年，19 个城市软件产业出口规模增长放缓，年均增速约 27.60%。在 19 个城市中，软件出口增幅最大的前五个城市是长春、济南、成都、北京、西安；出口规模最大的前 5 个城市是深圳、大连、上海、北京、天津（见图 6）。

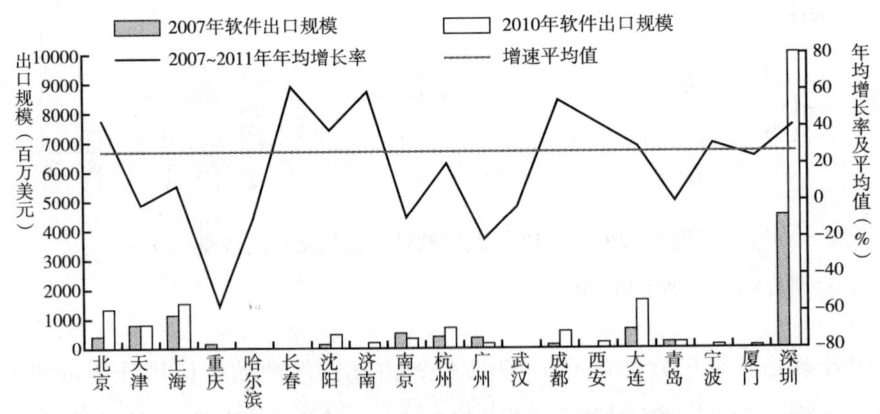

图 6　2007 年和 2010 年 19 个城市软件服务业出口规模和复合年均增长率

资料来源：工业和信息化部，19 个城市软件和信息服务业主管部门提供数据。

2010 年，19 个城市软件出口收入共计 210.41 亿美元，占当年全国软件出口总额的 82.02%。2011 年，受外部经济环境影响，我国软件出口 304 亿美元，同比增长 18.5%，较上一年度增速有所回落。从各城市的情况看，软件出口的表现差距较大。其中，宁波软件出口增长最快，增速高达 143%；其他出口增长超过 20% 的城市还有上海、成都、长春、北京、青岛、天津、深圳、沈阳；重庆、哈尔滨、南京、杭州、广州、武汉、成都、西安、厦门等则不同程度地出现了软件出口负增长。从出口规模看，深圳在软件出口方面一直遥遥领先，2011 年出口额达 134.6 亿美元，约占全国软件出口的四成，高居全国第一位（见图 7）。

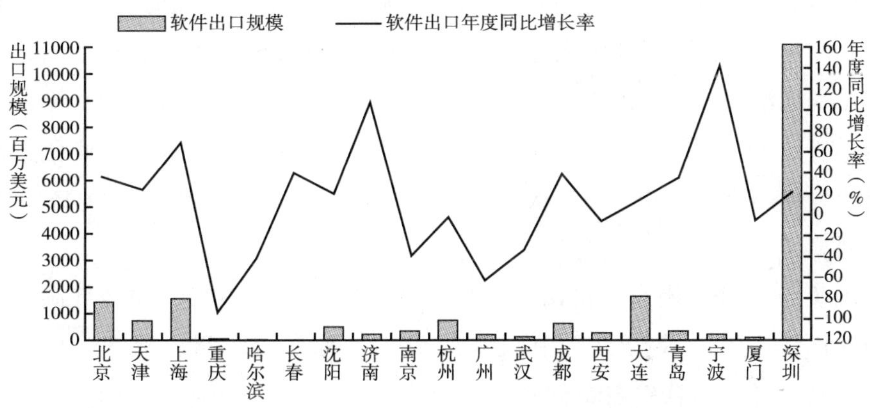

图 7　2010 年 19 个城市软件产业出口规模和增长率

资料来源：工业和信息化部，19 个城市软件和信息服务业主管部门。

二　集群竞争力

我国软件和信息服务业集聚效应日益明显，其发展呈现出全国向大城市集中、大城市向园区聚集的趋势。从区域发展来看，过去环渤海、长三角和珠三角“三大集群”的发展格局，正向由点连成线、由线形成面的状态演变。同时，中西部地区的产业集群也正在崛起。

集群竞争力从产业载体发展和产业集聚规模两方面测度，其中软件园区和基地的服务体系建设，以及它对城市软件和信息服务业的贡献率是最为重要的衡量指标。北京、青岛、济南、深圳、大连、杭州、武汉、西安等城市产业集聚优势表现显著，对本地软件和信息服务业带动能力较强。

（一）产业集聚度进一步提升，软件名城效益明显

国家级软件产业基地、中国软件名城、国家软件和信息服务业示范基地成为软件和信息服务业的主要聚集地。国家级基地、城市高新园区、软件公共服务平台成为各城市软件和信息服务业发展的主要载体形式。这些产业载体为加快软件和信息服务业集聚发展和提升创新能力，发挥示范带动作用，加速各方资源投向该领域，营造了较为有利的产业发展环境。

根据2000~2011年的数据，在19个城市中，北京、上海、济南、南京、杭州、广州、成都、西安、大连、深圳等10个城市获得国家级软件园区和软件产业基地授牌较多，因而享受了更多的优惠政策，成为软件企业集聚的主要区域。2012年1月，在工业和信息化部公布的“创建国家新型工业化产业示范基地”第三批名单中，8个软件和信息服务业示范基地有7个位于19个城市之列。

2010年以来，南京、济南、成都等城市以其带动力强、知名度高、特色鲜明的优势，先后被授予“中国软件名城”称号，广州、深圳、杭州、上海、北京先后成为软件名城创建试点城市。2011年，南京、济南、成都、广州、深圳和上海等6个软件名城及创建试点城市合计完成软件和信息服务业收入8110亿元，占全国业务收入的44.1%。上海在软件和信息服务业规模、软件出口、大企业培育、基地建设和软件人才等方面取得新突破，使其成为优化产业结构和经济结构，促进产业升级和先进制造业、现代服务业发展的核心产业；济南通过先行试点，努力使济南在基础设施建设、关键技术研发、专业人才储备、政策环境优势和综合实力等方面取得新突破，全面提升自身软件品牌形象；南京、成都等密集出台政策法规，促进和评估产业发展（见表3）。

在19个城市一贯秉承的“突出特色、聚集资源、协调发展”的园区产业发展理念下，各地软件产业聚集效应明显，软件企业合作共赢意识加强，地方带动效应也很显著（见表4）。

表3　2000～2011年19个城市获得国家级软件园区和软件产业基地授牌情况

城市名称	国家软件产业基地	国家软件出口基地	中国服务外包基地城市	中国服务外包示范城市	国家火炬计划软件产业基地	中国软件名城及创建试点城市	国家软件和信息服务业示范基地
北　京	■	■	■	■	■	■	■
天　津		■	■	■	■		
上　海	■	■	■	■	■	■	
重　庆			■	■	■		
哈尔滨				■			
长　春					■		
沈　阳					■		
济　南	■	■	■	■	■	■	■
南　京	■	■	■	■	■	■	■
杭　州	■	■	■	■	■	■	
广　州	■	■	■	■	■	■	■
武　汉			■	■	■		
成　都	■	■	■	■	■	■	
西　安	■	■	■	■	■		
大　连	■	■	■	■	■		■
青　岛					■		■
宁　波							
厦　门					■		
深　圳		■	■	■	■	■	■

注：①国家软件产业基地：2001年，原国家计委和信息产业部在原有软件园的基础上，确定北京、上海、西安、南京、济南、成都、广州、杭州、长沙、大连、珠海为国家重点建设的11个国家级软件产业基地；②国家软件出口基地：2004～2006年，商务部、国家发改委和原信息产业部确定北京、天津、上海、广州、南京、杭州、成都、济南、西安、大连、深圳等11个城市为国家级软件出口基地；③中国服务外包基地城市：2006年至今，原商务部、信息产业部、科技部授予大连、西安、上海、成都、深圳、杭州、北京、天津、武汉、广州、合肥、长沙、济南、南京、重庆、哈尔滨等16个城市为中国服务外包基地城市；④中国服务外包示范城市：商务部会同有关部委认定北京、天津、上海、重庆、大连、深圳、广州、武汉、哈尔滨、成都、南京、西安、济南、杭州、合肥、南昌、长沙、大庆、苏州、无锡等20个城市为中国服务外包示范城市；⑤国家火炬计划软件产业基地：1995年至今，科技部认定35家软件产业基地作为国家火炬计划软件产业基地；⑥中国软件名城及创建试点城市：2010年至今由工业和信息化部认定；⑦国家软件和信息服务业示范基地：2011年起由工业和信息化部认定。

资料来源：根据《2008中国软件自主创新报告》，《国家火炬计划软件产业基地研究发展报告2010》，以及工业和信息化部、国家发展和改革委员会、商务部官方网站数据整理。

表4　19个城市软件产业园区架构和产业集群概况

城市名称	园区架构	产业集群
北京	以中关村国家自主创新示范区核心区为主体，形成了石景山网络游戏软件、朝阳信息服务、密云数据中心、中关村软件园的软件出口等一批有特色的产业聚集区	□　5个产业集群：独立软件开发商、金融信息服务业、计算机与通信一体化、软件与信息服务外包、文化创意等产业集群 □　2个联盟：中关村物联网产业联盟、长风软件联盟
天津	以滨海新区为龙头的软件产业核心区，以周边区县软件园为主体的软件产业辐射区和以中心城区商务楼宇为主体的软件产业特色区	□　6个软件园：滨海高新软件园、开发区软件园、空港保税软件园、中新生态城软件园、西青软件园、武清软件园等 □　2个集聚区：中心城区打造动漫产业聚集区，滨海信息安全产业园高端信息技术产业聚集区和国内领先的国家级信息安全产业基地
上海	浦东软件园为核心，其他软件园和软件基地共同发展的格局	□　7个软件园：徐汇软件基地、陆家嘴软件园、天地软件园、漕河泾软件园、复旦软件园、科技京城、长宁信息园
重庆	4个主体为带动，4个聚集区辐射的格局	□　4个主体园区：北部新区、西永微电子产业园区、渝中区CBD软件和信息服务产业集聚区、永川区软件和信息服务产业园区 □　4个聚集区：北碚软件园、南岸区茶园新区创意产业园、巴南区南泉信息服务外包产业园区、江北区五里店工业设计中心
哈尔滨	多园区发展	□　7个主要园区：哈尔滨工业大学软件园、哈尔滨工程大学科技园、黑龙江大学软件园、哈尔滨理工大学软件园、哈尔滨软件服务外包产业园（哈尔滨开发区哈平路集中区）、黑龙江省地理信息产业园区、黑龙江省联通呼叫园区
长春	以"国家火炬计划软件产业基地"为核心孵化器	□　长春软件园
沈阳	以沈阳国际软件园为代表的15个软件产业园区聚集	□　1个核心：沈阳国际软件园 □　多个园区：沈阳软件园、凯夫软件园、东大软件园等
济南	齐鲁软件园为核心的多园区发展模式	□　"多园区"：历下软件园、大学科技园、留学生创业园、环保科技园、长清大学城
南京	两园多基地	□　2个国家级园区：南京软件园、江苏软件园 □　4个支撑园区：雨花软件园、徐庄软件园、南京国际服务外包产业园、新城科技园

续表

城市名称	园区架构	产业集群
杭州	一个基地,多个园区	□ 1 个基地:杭州国家软件产业基地 □ 多园区:以核心区高新软件园为主体,和扩展区相联 20 多个园区建筑面积都在 1 万平方米以上的软件产业园
广州	以天河软件园软件产业基地为核心的多园区发展模式	□ "核心区":天河软件园 □ "多园区":广州科学城、黄花岗科技园
武汉	以东湖新技术开发区为核心,多园区共同发展	□ 1 个主体:光谷软件园 □ 多个园区:光谷金融港、江北信息产业园、东西湖区服务外包公园、江汉区信息服务产业基地、武昌区信息安全产业基地、洪山区动漫创意产业基地等
成都	两个主体,多个园区	□ 2 个主体:高新技术开发区、成都经济技术开发区 □ 多园区:天府软件园、成都都江堰青城山东软软件园等
西安	园区基地多格局发展	□ 高新区西安软件园、经济技术开发区软件和服务外包基地、国家航空产业基地、国家民用航天产业基地、曲江文化产业基地、西安碑林科技产业园 □ 四区一港两基地 □ 西安软件新城
大连	多园区发展格局	□ 大连软件园、大连腾飞软件园、东软国际软件园、天地软件园、龙头软件园、七贤岭产业基地 □ 海外软件园:大连软件产业日本事务所、大连软件产业美国办事处,大连(日本)软件园
青岛	青岛软件园	□ 三大核心园区:市南软件园、崂山软件园、青岛信息谷
宁波	一园多点	□ 宁波软件园 □ 以宁波国家高新区为核心发展区域及辐射到各县市区的软件孵化器特色发展区域为标志的分布格局
厦门	厦门软件园	□ 台资软件企业聚集,动漫游戏和集成电路设计特色产业率先发展的格局
深圳	城市即是大园区,园区分布于整个城市	□ 深圳软件园 □ 全市共有市、区政府支持的各类软件园区超过 20 个,如南山区的网谷、南山区软件园、深圳市集成电路设计应用产业园,福田区的国际电子商务产业园、福田 IC 设计园,罗湖区的深圳市互联网产业园,龙岗区的天安数码新城,宝安区的桃花源科技创新园等 □ 大量完全民办的软件园散布在各区,如威新软件科技园 □ 大型软件企业建设形成了自己的软件园,如华为公司龙岗总部

资料来源:工业和信息化部。

（二）园区和基地主导城市软件和信息服务业发展，产业集群趋于成熟

2011 年，19 个城市已经成为软件产业发展的主要聚集地，其中软件业务规模超过 500 亿元的城市达到 10 个。软件产业园区和基地成为主导城市产业发展的重要载体，以 2011 年 16 个城市国家火炬计划软件产业基地发展情况为例，通过将基地的软件和信息服务业收入、软件和信息服务业出口规模、软件和信息服务业从业人员数量等重要指标与基地所在城市的软件和信息服务业发展状况比对，我们可以得出以下结论：第一，城市规划为园区和基地建设提供了丰富的土地资源和集聚载体，并正在扩大各类园区建设和完善基础设施配套建设；第二，在 16 个城市中，上海、武汉、沈阳、西安、大连、深圳等城市的基地产业收入，均超过本市当年软件和信息服务业收入总量的一半；第三，以软件出口和服务外包为主的企业在北京、深圳、大连、杭州、上海等 5 个城市的基地或园区中集聚度较高，其他城市则表现不明显；第四，北京、长春、西安、青岛等城市从业人员在基地内较为集中（见图 8～10）。

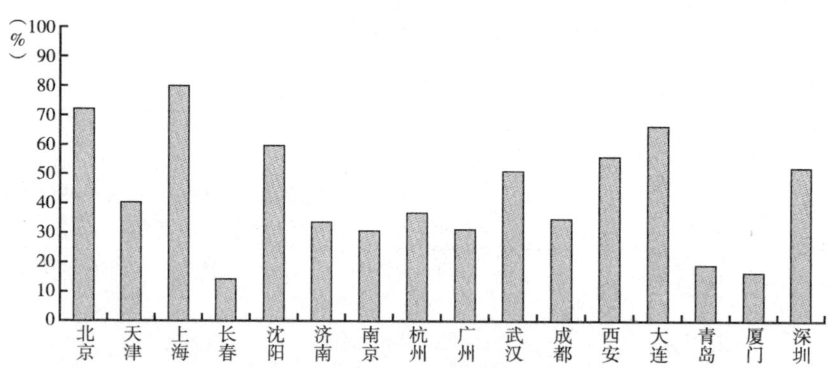

图 8　2011 年 16 个城市国家火炬计划软件产业基地软件和信息服务业收入占城市软件和信息服务业总收入的比例

注：不含重庆、哈尔滨、宁波 3 个城市的数据。

资料来源：科技部国家火炬高技术产业中心。

2011 年，园区和基地建设呈现出新的特点。首先，各城市更加注重生态体系建设，加快形成优势互补、集约高效的产业聚集协同效应。例如，北京中关村发展集团联合深创投等 7 家社会投资机构组成“资本群”，对云计算产业链关键

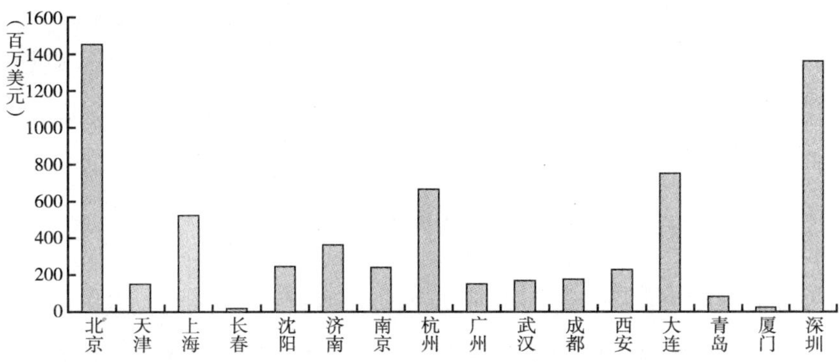

图9　2011年16个城市国家火炬计划软件产业基地软件和信息服务业出口规模

注：不含重庆、哈尔滨、宁波3个城市的数据。
资料来源：科技部国家火炬高技术产业中心。

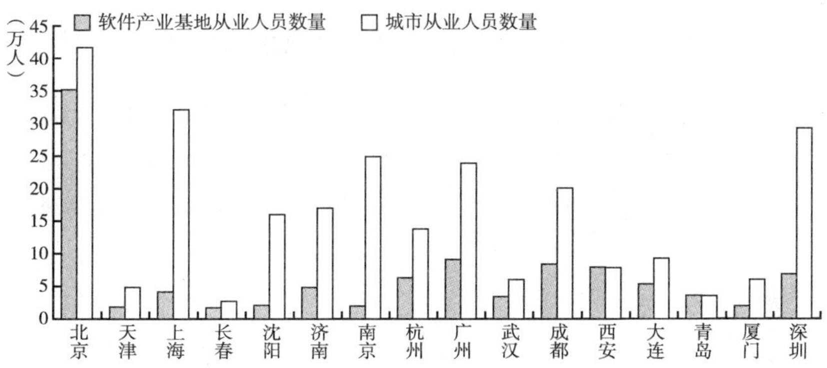

图10　2011年16个城市国家火炬计划软件产业基地软件和信息服务业从业人员数量

注：不含重庆、哈尔滨、宁波3个城市的数据。
资料来源：科技部国家火炬高技术产业中心。

环节14家企业进行“产业群”投资，投资总额达2.03亿元；北京“祥云工程”自实施以来，产业链建设步伐加快，其品牌已在国内外产生了广泛影响；天津滨海新区云计算产业联盟汇集整合新区相关资源。此外，济南、上海也纷纷加快云计算产业集群的建设。其次，各城市根据本地实际，侧重发展软件和信息服务业的重点领域。比如，天津重点鼓励和支持高新区软件与服务外包产业的发展，打造软件与服务外包产业基地，建立中新天津生态城国家动漫产业综合示范园，推动动漫产业发展；广州创建“移动互联应用创新中心”，依托本地移动互联网软件开发经验，集聚研发企业，提升产业整体发展水平；长春立足汽车、光电子等工业领域，不断拓展园区和基地服务空间。

三　企业竞争力

我国现在以及未来一段时期内，发展软件和信息服务业的重点仍将是做大做强产业，培育一批具有国际竞争力的大企业。由此，骨干企业的带动能力和创新能力是衡量城市企业竞争力的重要指标项。

根据2011年国家规划布局内重点软件企业、全国软件收入前百家企业、上市公司等的发展情况，大型骨干企业仍然主导了城市软件和信息服务业发展的主要方向。

（一）重点软件企业地域分布不均，大企业带动能力增强

国家规划布局内重点软件企业数量稳步增加，从2004年的164家增加到2010年的240家。其中，19个城市重点软件企业数量由2004年的140家增至2010年的204家，其比重稳定保持在占当年全国总数量的85%左右（见图11）。

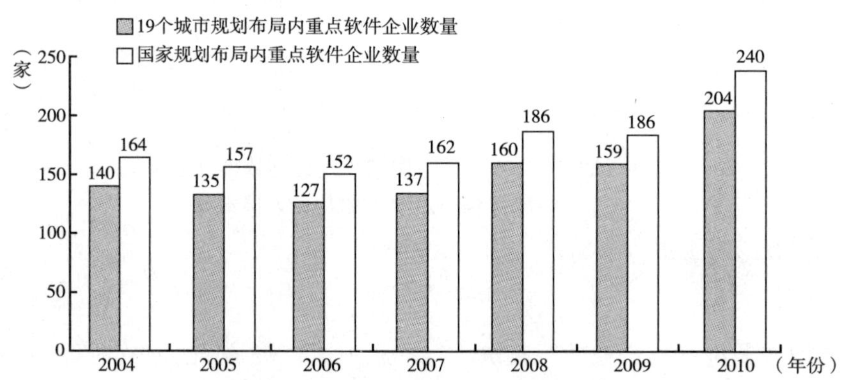

图11　2004~2010年19个城市与国家规划布局内重点软件企业数量对比

资料来源：2004~2010年各年度国家规划布局内重点软件企业名单。

国家规划布局内重点软件企业在19个城市中的分布并不均匀，主要集中在环渤海、长三角和珠三角等地区。2010年，北京、上海、深圳、杭州、南京和

广州的国家规划布局内重点软件企业共计165家，占19个城市的81%，同比增长11%。而沈阳和西安各自仅只有1家（见图12）。

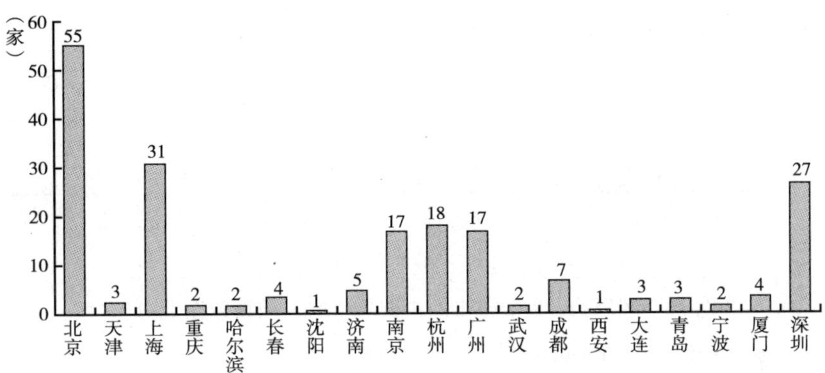

图12　2010年19个城市的国家规划布局内重点软件企业认定分布

资料来源：2010年度国家规划布局内重点软件企业名单。

（二）软件收入前百家企业实力增强，成为城市产业发展的重点

中国软件业务收入前百家企业在19个城市中的分布较为集中，2011年有84家分布在19个城市中，占总量的84%。其中，北京（30家）、杭州（11家）、深圳（9家）、南京（8家）位居前4位，其次是上海、沈阳、济南，而天津、成都、西安、宁波、厦门则没有百强企业分布（见图13）。这84家企业软件业务收入总额达2269.44亿元，占软件百家收入的76%。深圳、北京、青岛、南京、杭州、上海、沈阳等城市的软件百强企业，收入总额皆在百亿元以上。

软件收入前百家企业在各城市软件和信息服务业领域的带动作用逐步增强，成为各城市产业发展的重点对象。数据表明，在19个城市中，深圳的软件百家企业实力最强，平均收入为141.34亿元。其中，仅中兴、华为两家的营业收入就占到了深圳市软件百家企业总收入的94.95%，同比增长近9个百分点。另外，19个城市84家软件百强企业平均营业收入是27.02亿元。其中，百家企业平均营业收入30亿元以上的城市排名依次是青岛、武汉、重庆，其中海尔集团和海信集团两家上榜企业平均收入达96.17亿元；百家企业平均营业收入20亿元以上的城市分别是南京、济南、北京、沈阳。

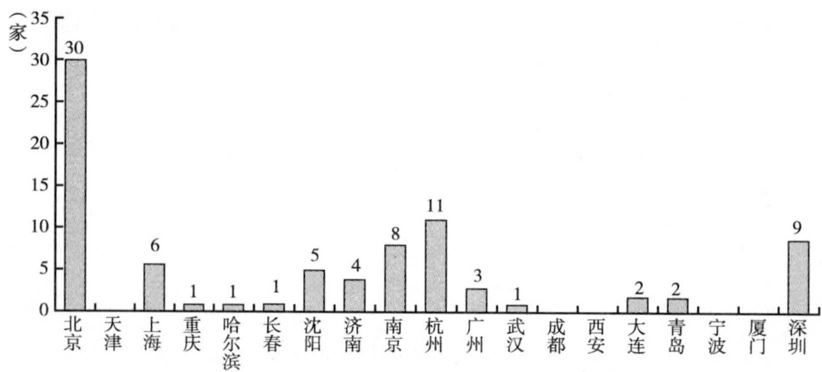

图 13　2011 年 19 个城市的中国软件收入前百家企业分布

资料来源：2011 年中国软件收入百强企业名单。

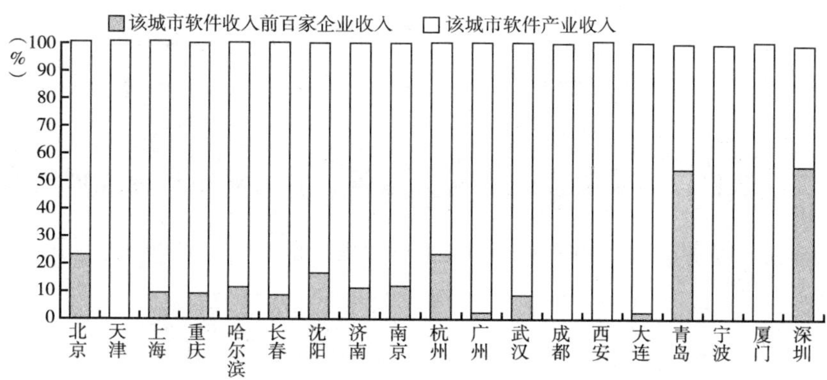

图 14　2011 年 19 个城市的软件收入前百家企业收入在该城市软件产业收入中的占比

资料来源：2011 年中国软件收入百强企业名单。

表 5　2011 年部分城市软件收入亿元以上企业分布

单位：家

城　市	1 亿元以上	10 亿元以上	城　市	1 亿元以上	10 亿元以上
北　京	440	40	武　汉	50	—
天　津	41	—	成　都	80	8
上　海	150	19	青　岛	10	3
杭　州	10	34	深　圳	150	15
广　州	50	2			

资料来源：ETIRI。

（三）上市公司分布向“北上深”高度集中，融资额超过200亿元

2000年以来，我国软件企业逐渐成为资本市场上比较活跃的群体。上市融资给企业带来大量资金的同时，也提升了公司的资本结构和管理水平，使企业在管理、人才机制、市场操作、商业模式、规模扩张等方面实现了质的飞跃。19个城市的软件和信息服务业境内外上市公司数量在2010年达302家，在2011年实现主营业务收入约6700亿元，平均净利润率约15.9%。这些上市公司主要集中在北京、深圳、上海、杭州等城市，这4个城市上市公司数量占19个城市上市公司总数量的78.15%。2011年，19个城市新增软件上市公司26家，其中北京11家、上海8家、深圳3家，重庆、南京、厦门、广州各1家，上市融资金额224.72亿元。

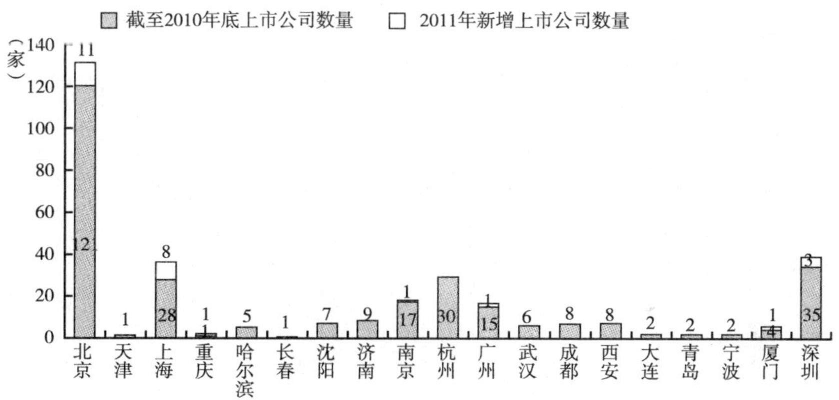

图15　19个城市软件和信息服务业上市公司数量（截至2011年12月）

资料来源：ETIRI。

（四）知识产权保护引起企业高度重视，软件专利申请加速增长

城市软件著作权登记数量较多的城市集中在东部沿海地区。2000～2009年，19个城市软件著作权登记累计约12.51万件，北京、上海、广州、深圳、杭州、南京位居前6位。其中，北京的登记量稳居全国第1位，累计达2.92万件，占19个城市登记总量的23.34%；上海的登记量位居第2位，累计达2.05万件，占19个城市登记总量的16.39%。

19个城市软件著作权登记量呈现爆发式增长。2009年，18个城市软件著作权登记量 48725 件（不含长春），占全国软件著作权登记数量 67912 件的 71.75%，同比增长约 50%，几乎是历年登记总和的一半以上。北京（22055 件）、深圳（5543 件）、上海（5475 件）三市位居前 3 位，广州、杭州两市紧随其后。其中，北京的登记量仍位居全国第一，并约占全国软件著作权登记总量的 1/3、占 18 个城市软件著作权登记总量的 1/2（见图 16）。

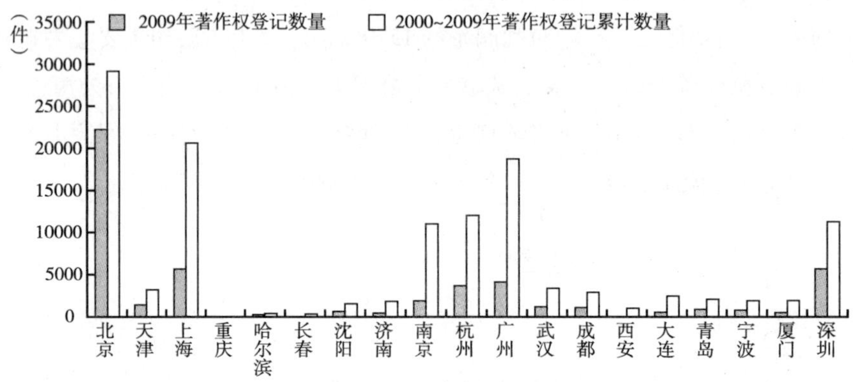

图 16　2000～2009 年 19 个城市软件著作权登记数量

注：2000～2009 年，南京、杭州软件著作权登记累计数量为估算数据；不包含长春市软件著作权登记统计数据。

资料来源：各地方软件服务业主管部门关于《〈鼓励软件产业和集成电路产业发展的若干政策〉执行 10 年情况评估报告》，中国软件版权保护中心网站。

除软件著作权保护之外，我国也开始将计算机软件纳入专利法的保护体系。目前，我国在软件专利的申请和授予方面界定了五种情况，而在实际操作过程中还存在一定困难。2009 年，北京软件专利权申请量为 1992 件，授予专利 1408 件；深圳软件专利权申请量 1298 件，授予专利 778 件；南京软件专利权申请量 879 件，授予专利 367 件；哈尔滨软件专利权申请量 27 件，授予专利 20 件。北京自 2006 年以来申请以 42.18% 的增速快速增长，授予专利数量成倍增长，其次是武汉（36.78%）、深圳（24.54%）。

四　人才竞争力

为促进本地软件和信息服务业发展，各城市都积极引进高端人才。在北京、

上海、西安、南京、成都、武汉等高校云集的城市，更是形成了高校与培训机构互补的、较为完善的产业人才教育资源。近年来，由于工资成本快速增长的因素，软件人才呈现从北京、上海、深圳等城市向二线城市流动的趋势，以杭州、南京、成都等为代表的城市除了采取更为灵活的机制和鼓励政策吸引人才之外，还因地制宜，根据城市软件产业发展重点吸纳不同领域的人才。

（一）从业人员数量大幅增加，向中西部流动趋势显著

人才的数量和质量是一个城市软件服务业发展的核心要素之一。近年来，各个地方出台了扩大和引进专业人才的利好措施，19个城市软件服务业从业人员的数量逐年增加。2007～2011年，19个城市软件服务业从业人员由2007年的130.24万人增加到2011年的268.94万人，复合年均增长率为23.51%。

随着东北老工业基地的振兴，中西部地区软件产业的快速发展以及产业环境的优化，加之发达城市人员成本上升等多种因素，原本以北京、上海、深圳、广州为中心的人才聚集格局正在发生显著变化。2011年，上述4个城市软件人才数量在19个城市人才总数中的占比为47.55%，比2009年下降了3.62个百分点；而沈阳、南京、济南、成都等城市的人才吸引力逐步增强，占比由2007年的18.57%上升至2011年的28.99%（见图17）。

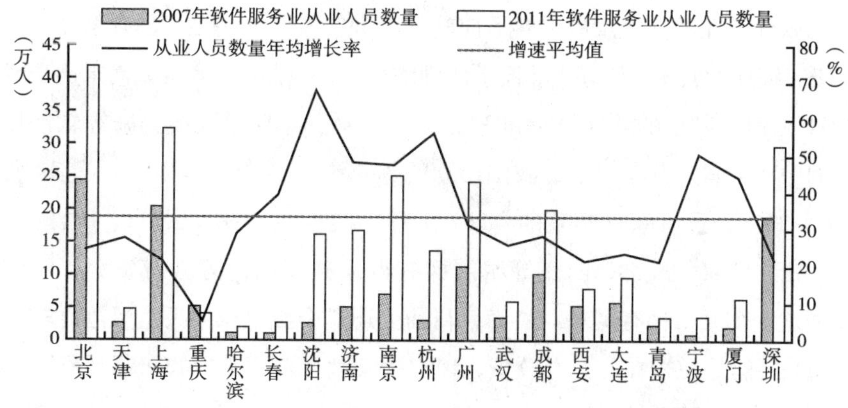

图17　2007年和2011年19个城市软件服务业从业人员数量及年均增长率

资料来源：工业和信息化部，19个城市软件和信息服务业主管部门。

2011 年，19 个城市软件服务业从业人员平均为 14.15 万人，在平均值水平线以上的城市分别为北京、上海、南京、广州、成都、深圳。其中，从业人员超过 30 万人的城市有北京、深圳、上海；20 万～30 万人的城市有广州、成都、南京；而哈尔滨、长春的从业人员不足 5 万人。从从业人员数量增长看，人才多向上海、天津、青岛、沈阳、南京、成都等 6 个城市流动，从业人员数量增幅均达 40% 以上（见图 18）。

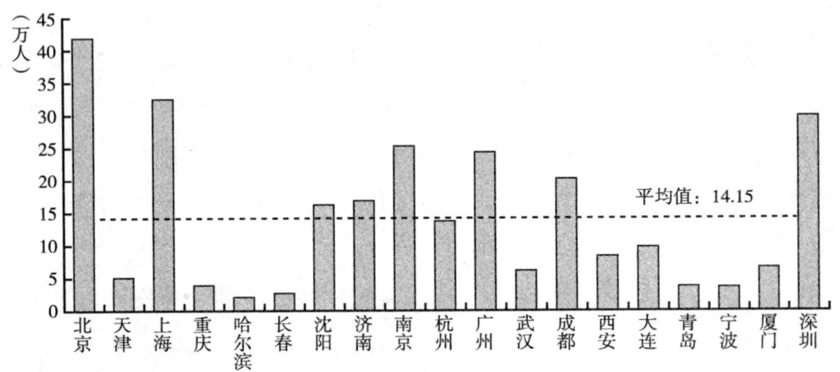

图 18　2011 年 19 个城市软件服务业从业人员数量

资料来源：工业和信息化部，19 个城市软件和信息服务业主管部门。

（二）高等教育资源分布不均，社会培训和职业教育占主流

我国软件产业的高速发展，对适应软件产业需求，实用型、复合型和国际化的软件高级工程技术人才和管理人才需求急剧增长，各地方对教育资源需求逐步增加。

“211 工程”院校的软件学院和 37 所示范性软件学院已经成为高等软件技术人才培养的中坚力量。截至目前，我国设立的 37 所示范性软件学院中，有 32 所都位于这 19 个城市，设有软件学院的“211 工程”院校达 47 所。北京、天津、上海、南京、广州、武汉、成都、西安等城市拥有得天独厚的高等教育资源，宁波、青岛、深圳这 3 个城市稍有劣势。然而，目前上述 3 个城市积极吸引示范性软件学院或者“211 工程”院校在此开办分校，以解决其教育资源不足的问题（见图 19）。

以 19 个城市所属 32 所国家示范性软件学院在校生统计情况为例，2010 年在校生共计 77037 人，集中在北京、上海、成都等教育资源丰富的地区，为带动当地软件产业发展提供了丰富的人力资源（见图 20）。

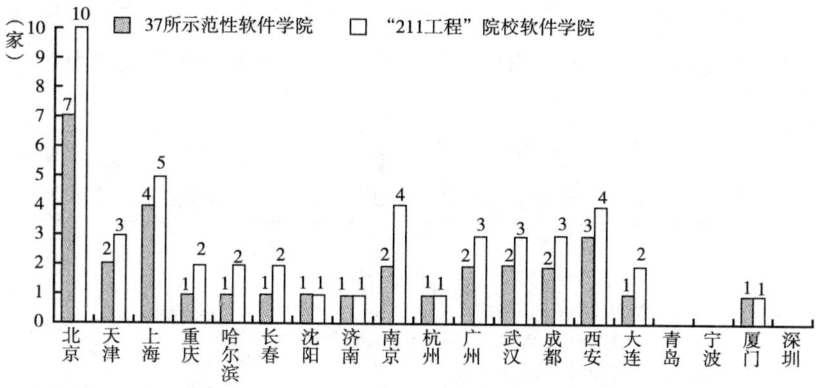

图19　19个城市软件服务业教育资源情况

资料来源：《37所国家示范性软件学院名单》，《211工程院校软件学院名单》。

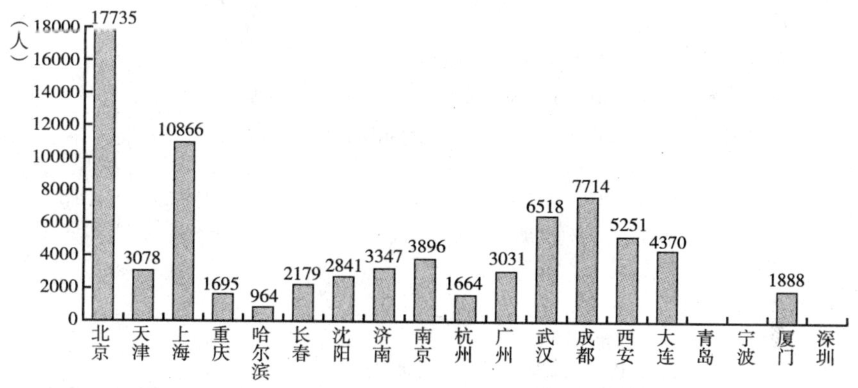

图20　19个城市所属37所国家示范性软件学院在校生统计

资料来源：《37所国家示范性软件学院名单》，《211工程院校软件学院名单》。

单纯的高等院校培养模式已经无法满足我国软件人才市场的需求，社会培训机构也发挥了重要作用，从2010年百度IT培训行业搜索指数来看，日均值可达23万。19个城市都较为重视软件服务业从业人员的培训工作，构建了政府引导和扶持，高校、社会机构和企业共同参与的多层次人才培训体系。根据统计数据，19个城市具有资质的专业软件培训机构全部在20家以上，年均培训超过1万人次。“订单式培养”、“院校企业联合培养”等多元化的培训模式，为软件服务业发展不同层次人才的需求提供了保障。同时，2011年，政府与业界加强合作，创新人才培养和流动机制。例如，沈阳在国际软件园内建立人力资源联盟，面向100多家软件企业共享人力资源信息，引导建立园区内人才流动机制，通过园区门户网站传递人才需求与供给信息；深圳为加大引进高端人才力度，实施了条件极为优惠的“孔雀计划”；等等（见表6）。

表6　部分城市软件服务业从业人员培训概况

城　市	培训机构和方式
天　津	1. 依托天津市大学软件学院，整合软件人才培养教育资源 2. 建立实训基地和职业培训平台 3. 引进印度NIIT、APTECH软件工程师特许培训和软件蓝领培训 4. 2000~2009年共计培训15万人次
上　海	1. 依托软件学院，通过校企合作培养实用型人才 2. 实施“万名软件人才培养工程”，该工程计划在3年时间内为上海地区培养50名软件培训师和10000名合格的软件人才 3. 作为全国信息专业人才知识更新工程重点示范城市，开展上海市信息专业人才知识更新工程（“653工程”） 4. 着重加强高层次人员、基本技工的培养 5. 支持国际著名公司对国内软件管理的核心技术应用的培训工作
重　庆	1. 具备丰富的高等教育、职业教育、科研机构和民办培训机构 2. 依托惠普、NTT DATA等跨国公司进行人才培训，启动实施了“IT5000公益培训计划”、“中高级人才百人深造计划”、“对日外包特需人才引进培养计划”、“软件蓝领万人培训计划”等 3. 推进高校课程“3+1”改革，推进产学合作“1+1”、“N+1”、“1+N”等“学校+企业”的人才培养模式 4.“软件蓝领万人培养工程”
哈尔滨	1. 具有丰富的高等教育资源 2. 通过已认定的人才培训机构12家开展培训工作
沈　阳	1. 沈阳国际软件园内建立人力资源联盟
长　春	1. 与印度QAI公司联合开展了CMMI认证和软件外包人才培训 2. 以长春光电信息产业协会为载体，开展针对在校大学生的人才培养资助计划，与10所高校签订软件与服务外包人才培养资助协议 3. 长春软件园教育培训中心、长春国基职业培训学校、吉林教育开元信息网络股份有限公司与长春大学合作成立的软件学院、长春信息技术职业学院每年可培训外包人才共计3500人以上
济　南	1. 以齐鲁软件学院和大学科技园为基础的软件人才教育培训区，加强实训基地建设 2. 注重引进国际知名培训机构和优秀课程体系 3. 实行校企对接工程，在大专院校开设行色班，进行定向式、定单式培训
南　京	1. 2家国家级示范性软件学院 2. 7家江苏省软件产业人才培训基地 3. 认定36家人才培训基地
杭　州	1. 建立了学历教育为培养主体，社会培训机构和软件企业共同参与的软件人才培训体系（杭州市服务外包人才培训联盟，杭州国家电子产业基地实训中心） 2. 市内近40所高校基本上都设立有计算机软件相关专业

续表

城　市	培训机构和方式
武　汉	1. 有45家高等院校设立计算机与信息相关专业，各类软件与信息培训机构约100家，每年有5万多计算机及软件相关人才毕业 2. 开展"万名软件人才培训工程"，2万~3万人参加软件职业培训
成　都	1. 拥有40余所高校，近10万名IT专业学生，每年毕业大学生超过10万人 2. 拥有华迪、国信安、北大青鸟、朗沃、金海洋、电子科大科园、科力特、游戏学院、数字娱乐软件学院等多家社会培训机构，每年培训IT人才约2万人 3. 拥有IBM实训基地、赛灵思FPGA创新中心、NIIT、eSchool－软件与信息服务外包人才实训基地等国际级软件及服务外包人才培训机构，每年培训软件外包实用人才近2万人
西　安	1. 创办西安软件服务外包学院，为在校学生提供实习、实训及技术培训 2. 对与市高新区签约的培训机构培训的人员，被高新区软件及服务外包企业聘用并签订两年以上劳动合同的，正式录用三个月后，给予培训机构奖励
大　连	1. 100余家培训机构 2. 大连高端IT教育实训基地企业与高校合作开展"订单式"培训 3. 创建了国内第一所软件高级经理人学院； 4. 专门设立了IT教师培训资金，加强IT师资培训 5. 首开外语大学创办软件学院先河 6. 印度NIIT软件工程培训 7. IBM人才培训HP大学项目
青　岛	1. 依托青岛大学软件技术学院 2. 开展"1.5学历软件人才实训工程"，在软件园、驻青高校、软件企业建立三级实习基地
宁　波	1. 10所社会培训机构、16所高校开展软件技术培训 2. 建立华为和甲骨文研发科研培训机构 3. 开展"宁波市高校大学生软件设计大赛"
厦　门	1. 依托厦门软件园、厦门大学国家示范性软件学院、厦门大学信息科学与技术学院，建设"国家软件与集成电路国际人才培训基地" 2. 8所高等院校及十余所中等专科学校，每年培养6000名软件人才 3. 规模企业、部属研究院所和软件园区内的企业博士后工作站、研究生实习基地、教育培训中心等机构 4. 厦门大学软件学院与荷兰6所大学联合进行高层次软件人才培养的国际合作 5. 每季一期举办专场软件人才招聘会 6. 中软ETC、万策智业等实训机构进行大学生实训
深　圳	1. 市内高校设有8个软件及相关院系，在校生近万人 2. 深圳软件园培训平台作为教育部软件工程专业大学生实习基地 3. 设立中国软件行业协会人才服务中心
广　州	1. 天河软件园培训中心 2. 华南理工大学软件人才培训中心 3. 广州开发区软件和动漫人才培养培训基地 4. 中山大学软件人才培训中心 5. 广州科技贸易职业学院软件和动漫人才培训基地 6. 广州城市职业学院动漫人才培训基地

资料来源：各地方软件服务业主管部门关于《〈鼓励软件产业和集成电路产业发展的若干政策〉执行10年情况评估报告》，地方软件服务业主管部门网站。

（三）应需而变，高端人才引进渠道多样

19 个城市都结合自身产业发展实际，出台了各具特色的吸引软件服务业人才的各种办法或措施。近年来，随着市场竞争的加剧和产业需求的提升，各城市人才政策的重点也有所转移，较为显著地表现为以下几个特点。

第一，开展中小企业引智专项，积极吸引高端管理人才和高级技术人才，突破软件产业人才瓶颈。相对历年各个城市实施专项奖励政策和人才引进计划，吸引软件企业高级管理人员和高级技术人员的做法，2011 年各城市在中央积极扶持和鼓励中小企业发展的号召下，重点开展了中小企业人才引进的专项工作。例如，天津设立“天津市科技型中小企业引智专项”，市经济和信息化委还制定了《天津市工业和信息化系统 2011 年人才工作要点》，实施企业创新人才培养工程、高技能人才开发工程、经营管理人才素质提升工程等“三个人才工程”，提升企业自主创新和科学管理能力。

第二，以培养行业领军人物和领军企业为目标，实施人才鼓励政策。软件企业做大做强一直是各城市所追求的重要目标，本年度在普惠型的软件人才政策基础上，有了新的突破。例如，上海市政府决定出台重奖政策，对于全年营收达到 10 亿元、50 亿元、100 亿元的软件企业管理团队，给予最高奖金超过千万元的奖励，这在全国尚属首例；除了对软件业领军人才的奖励外，政府还拿出 3.5 亿元的资金，奖励各企业上报的优秀软件开发人员。南京开展了评选年度南京市软件产业领军人物活动，发掘和奖励优秀软件领军企业和人才。

第三，各个城市因地制宜，从产业发展实际出发制定自身的人才政策。19 个城市在发展软件产业过程中，对人才政策也略有调整。例如，为了缓解广州市软件和动漫人才的短缺，广州设立了“广州市软件和动漫人才培养培训专项资金”，2007 年至今连续五年共投资 1.5 亿元，用于加大对软件和动漫人才的培训。武汉针对惠普武汉分公司、软通动力武汉研发中心提出的人才培养、招聘困难的问题，主管部门和软件行业协会组织专业培训机构制订方案，为企业定制培养所需人才。

五　政策竞争力

各城市地方政府除依照中央政策的核心原则，还针对当地的软件产业发展水平，以及经济发展程度、地理位置等出台具体的政策。

（一）各城市积极出台产业发展规划、产业发展政策，谋求差异化发展

2011年初，国务院颁布了《进一步鼓励软件产业集成电路产业发展的若干政策》，将政策重心由促进产业全面发展转向扶优扶强。继而，各地方产业主管部门紧跟步伐，从财税、投融资、研究开发、进出口、人才、知识产权和市场等方面修订或者充实了本地的新举措。

北京、天津、上海、成都、杭州、武汉、成都、厦门等城市纷纷出台了面向“十二五”的软件和信息服务业规划，部分城市还出台了具有较强针对性的规划，如天津的知识产权规划、杭州电子商务规划、广州和武汉的云计算规划、成都面向软件名城建设的规划、大连和重庆积极发展软件和信息服务外包、宁波将软件产业发展与打造智慧城市相联系、深圳立足互联网发展软件产业等。

表7　19个城市地方软件服务业配套政策一览

城　市	地方促进软件产业发展相关规划出台情况	地方促进软件产业发展政策法规出台情况
北　京	《北京市高级人才奖励管理规定》、《北京市软件和信息服务业“十二五”发展规划》	《关于贯彻国务院鼓励软件产业和集成电路产业发展若干政策的实施意见》、《北京市软件企业认定和软件产品登记管理实施办法（试行）》、《关于鼓励软件产业和集成电路产业发展有关企业所得税问题的补充通知》《北京市人民政府办公厅关于加强知识产权工作意见的通知》、《北京市人民政府办公厅转发市版权局等部门关于加强计算机软件保护工作意见的通知》、《关于北京市软件企业高级人才专项奖励管理暂行办法》、《关于2004年度对北京市通过CMMI三级以上评估的软件企业进行补助的通知》、《北京市促进软件和信息服务业发展的指导意见》
天　津	《天津市软件产业发展“十二五”规划》、《天津市知识产权战略实施推进计划（2011～2012年）》	《关于批转市科委关于加快我市软件产业发展实施意见的通知》、《天津市软件产品和集成电路产品增值税税收优惠管理办法（暂行）》、《天津市软件企业和集成电路企业认定标准及管理办法》、《天津市规范和促进软件出口暂行办法》、《天津市软件企业和集成电路设计及生产企业高级人才专项奖励暂行办法》、《关于加快我市软件人才培养和队伍建设实施意见的通知》、《关于印发天津市鼓励软件企业CMM认证工作的管理办法的通知》、《鼓励采购天津正版软件补贴资金的管理办法》、《天津市软件产业发展专项资金使用管理办法》、《关于印发天津市促进服务外包发展若干意见的通知》、《关于加强投融资服务体系建设若干意见》、《天津高新区促进小额贷款公司体系建设若干扶持政策（试行）》

续表

城市	地方促进软件产业发展相关规划出台情况	地方促进软件产业发展政策法规出台情况
上海	《上海中长期科学和技术发展规划纲要(2006～2020年)》、《关于加快上海高新技术产业化的实施意见》、《上海推进软件和信息服务业高新技术产业化行动方案(2009～2012年)》、《推进战略性新兴产业发展2011年工作总结和2012年工作要点》、《上海市战略新兴产业发展"十二五"规划》、《上海市信息服务业发展"十二五"规划》、《上海推进云计算产业发展行动方案(2010～2012年)》、《上海推进智能电网产业发展行动方案(2010～2012年)》、《上海推进物联网产业发展行动方案(2010～2012年)》、《上海市振兴工业软件专项行动方案(2010～2012年)》、《上海推进软件和信息服务业高新技术产业化行动方案(2009～2012年)》	《上海市财政局、地方税务局〈关于本市鼓励软件产业和集成电路产业发展的若干政策规定〉的财税政策实施细则》(沪财法〔2001〕3号)、《关于做好本市软件产业和集成电路产业人才工作的实施细则》、《上海市软件著作权登记费资助办法》、《关于明确上海市具有自主知识产权的软件和集成电路设计人员奖金免征个人所得税办理事项的通知》、《关于进一步简化"软件企业"申请认定"市高新技术企业"有关程序的通知》、《上海市海外留学人员来沪创办软件和集成电路设计企业创业专项资金管理暂行办法》《上海市软件企业软件能力成熟度模型认证资助管理暂行办法》、《上海市信息安全测评管理办法》、关于推行使用《上海市计算机软件开发合同示范文本和〈上海市计算机系统集成合同示范文本〉的通知》、《上海市市级电子信息产业园管理办法(试行)》、《上海市电子公文归档管理实施办法(暂行)》、《上海市软件质量专业技术职业资格暂行规定》、《张江国家自主创新示范区企业股权和分红权激励试行办法》、《上海市关于加快培育和发展战略性新兴产业的实施意见》
重庆	《重庆市软件及信息服务外包产业发展规划》、《重庆市软件和信息服务业"十二五"规划》	《关于贯彻国务院鼓励软件产业和集成电路产业发展的若干政策的实施意见》、《重庆市人民政府关于加快推进互联网产业发展的指导意见》、《重庆市软件产品增值税即征即退管理暂行办法(修订稿)》、《关于加快我市软件及信息服务外包产业发展的暂行规定》、《重庆市软件及信息服务外包发展专项资金管理暂行办法》、《重庆市引进软件中高级人才优惠政策的规定》、《重庆市软件企业BMM/BMMI认证资助资金管理暂行办法》、《关于大力发展微型信息技术企业的通知》、《重庆市人民政府关于促进服务外包产业发展的意见》、《关于加快我市软件产业发展的工作意见》、《"软件蓝领万人培养工程"工作方案》、《重庆市信息技术实训基地认定管理办法(暂行)》、《关于申报2010年重庆市信息产业及服务外包专项资金项目的通知》
哈尔滨	—	《哈尔滨市关于促进服务外包产业发展资金支持政策的补充意见》、《哈尔滨市人民政府关于促进服务外包产业发展的意见》

续表

城　市	地方促进软件产业发展相关规划出台情况	地方促进软件产业发展政策法规出台情况
长　春	《长春光电子国家产业基地总体发展规划》	《关于加快光电信息技术产业发展的若干规定》、《长春高新区关于促进软件和服务外包产业的若干政策（试行）》、《长春高新区关于鼓励和扶持动漫产业发展的若干政策（试行）》、《关于支持吉林省光电信息产业园发展的若干政策（试行）》、《关于进一步加快工业经济转型升级的若干意见》、《长春市人民政府关于支持现代服务业集聚区建设的意见》
沈　阳	—	《沈阳市加快发展服务业若干政策措施》、《沈阳市促进软件及动漫产业发展的若干政策措施》、《沈阳市软件（动漫）高级人才专项奖励办法》
济　南	—	《济南市建设创新型城市若干政策》、《济南市人民政府关于进一步加快软件产业发展的意见》、《济南市人民政府关于创建中国软件名城的意见》、《济南市创建中国软件名城若干政策》、《济南市创建国家创新型城市若干政策》、《济南市人民政府关于促进服务外包产业发展的意见》、《济南市人民政府关于进一步促进服务外包产业发展的意见》、《济南市鼓励软件产业发展若干政策规定》
南　京	《南京软件产业发展十年规划纲要（2006～2015年）》	《南京市计算机软件著作权登记费用资助办法（试行）》、《市政府关于进一步加快软件产业发展的意见》、《南京市进一步推进软件产业发展的若干政策意见》、《南京市软件人才培训基地认定及管理办法》、《南京市科技发展计划及项目管理暂行办法》、《南京市软件企业上市培育工作实施意见（试行）》、《南京市软件产业领军人物评选管理暂行办法》、《南京市优秀软件产品评选管理办法》、《南京市优秀软件产品评选管理办法》、《南京市软件著作权及集成电路布图设计登记资助专项资金管理办法》、《南京市进一步推进软件产业发展的若干政策意见》、《南京市软件外包企业认定暂行办法》、《南京市软件服务企业认定暂行办法》、《南京市软件企业发展专项资金管理暂行办法》、《南京市软件产业创业种子专项资金管理暂行办法》、《南京市软件公共服务平台建设专项资金管理暂行办法》、《南京市软件产业宣传推介专项资金管理暂行办法》、《南京市软件企业技术和管理人才专项奖励实施办法》、《南京市软件人才引进与培训专项资金管理暂行办法》、《以打造"一谷两园"软件产业集聚区为重点，高标准建设中国软件名城的意见》
杭　州	《杭州市软件和信息服务业"十二五"发展规划》、《杭州市电子信息产业"十二五"发展规划》、《杭州市电子商务"十二五"发展规划》	—
广　州	《广州市创新型企业建设工作方案》、"天云计划"	《广州市进一步扶持软件和动漫产业发展的若干规定的通知》、《关于加快软件和动漫产业发展的意见》、《广州市科技型中小企业贷款担保专项资金管理试行办法》、《广州市技术先进型服务企业认定管理办法》、《广州市加快软件产业发展的实施意见》及配套政策

续表

城　市	地方促进软件产业发展相关规划出台情况	地方促进软件产业发展政策法规出台情况
武　汉	《武汉市软件产业"十二五"发展规划》、《武汉云计算产业发展行动计划》(即"黄鹤白云"计划)	《省人民政府办公厅转发省信息产业厅等部门关于加快软件产业发展有关鼓励政策实施意见的通知》、《东湖高新区促进服务外包产业发展的暂行规定》、《省人民政府办公厅转发省信息产业厅等部门关于加快软件产业发展有关鼓励政策实施意见的通知》、《武汉市财政局、市信息产业局关于印发〈武汉市软件产业发展专项资金管理暂行办法〉的通知》、《湖北省财政厅湖北省信息产业厅关于印发〈湖北省软件产业专项资金管理暂行办法〉的通知》、《省人民政府关于加快软件产业发展的若干意见》(鄂政发〔2004〕1号)、《湖北省人民政府关于鼓励软件产业和集成电路产业发展若干政策的通知》(鄂政发〔2001〕58号)、《市人民政府关于进一步鼓励软件产业和集成电路产业发展的意见》(武政发〔2004〕71号)、《武汉市促进服务外包产业发展暂行规定》、《市人民政府办公厅关于应用信息技术改造提升我市传统产业的指导意见》
成　都	《成都市城乡一体化信息服务体系建设规划》、《成都市十二五信息化发展规划》、《成都市"中国软件名城"十二五发展规划》、《服务外包产业发展规划(2010~2014年)》、《成都市物联网产业发展规划(2010~2012)》、《成都市云计算应用与产业发展"十二五"规划纲要》	《成都市关于加快信息化建设和信息产业发展的意见》、《成都市创业资本投资高新技术产业的试行办法》、《成都市鼓励软件产业发展的政策意见》、《关于鼓励成都市集成电路设计产业发展的实施细则》、《成都市软件产业发展专项资金管理暂行办法》、《成都市鼓励企业引进急需高层次人才暂行办法》、《关于进一步加快推进软件产业发展的意见》
西　安	《西安高新区"十二五"发展规划纲要》	《西安市促进软件产业发展联席会议制度》和《西安市促进软件产业发展基金管理办法》、《西安市软件服务外包产业发展专项资金管理暂行办法》(2008年3月)、《西安市软件和服务外包产业发展专项资金管理暂行办法》(2009年5月)、《西安市政府关于进一步加快软件产业发展的意见》、《中共西安市委西安市人民政府关于加快发展软件服务外包产业的实施意见》、《西安市人民政府关于进一步加快发展软件和服务外包产业的若干意见》
大　连	《大连市建设软件和服务外包新领军城市规划》、《大连市软件和信息服务业"十二五"发展规划》	《关于实行软件出口在线登记管理的通知》、《大连海关支持软件出口的若干措施》、《大连市软件产业发展专项资金管理暂行办法》、《大连市关于吸引软件高级人才的若干规定》、《大连市人民政府关于加快发展软件产业的实施意见》、《大连市软件人才专项资金管理暂行办法》、《中共大连市委、大连市人民政府关于加快软件和服务外包产业发展的意见》、《大连市进一步促进软件和服务外包产业发展的若干规定》

续表

城　市	地方促进软件产业发展相关规划出台情况	地方促进软件产业发展政策法规出台情况
青　岛	—	《青岛市软件企业及软件产品认定管理办法(试行)》(2000年10月)、《青岛市促进软件产业发展规定》(2002)、《青岛高新区鼓励软件产业发展有关优惠政策》(2005)、《关于加快软件产业发展的实施意见》
宁　波	《宁波市加快创建智慧城市行动纲要(2011~2015年)》	《宁波市软件产业发展专项资金管理办法》、《宁波市工业企业信息化扶持资金使用管理暂行办法》、《宁波市加快服务外包产业发展扶持政策实施细则》、《关于大力引进高层次海外留学人员的若干规定》、《宁波市电子商务试点专项资金管理暂行办法》、《宁波市信息服务业孵化平台管理暂行办法》、《宁波市行业网站技术孵化平台管理暂行办法》、《宁波市信息化条例》(2007年)、《宁波市政务信息资源共享管理办法》(政府令〔2009〕171号)、《宁波市鼓励软件产业发展的若干政策》、《关于进一步加快软件产业发展的意见》、《关于加快我市金融后台服务产业发展的若干意见》、《关于加快创新型领军和拔尖人才引进培养的若干意见》
厦　门	《厦门市软件和信息服务业"十二五"专项规划》	《厦门市人民政府印发〈厦门市关于扶持软件企业发展的若干规定〉的通知》、《厦门市人民政府关于进一步加快软件和信息服务业发展的若干意见》
深　圳	《深圳互联网产业振兴发展规划(2009~2015年)》	《关于鼓励软件产业发展的若干政策》、《关于加强自主创新促进高新技术产业发展若干政策措施》、《深圳市软件企业能力成熟度模型认证资助管理暂行办法》

资料来源：各地方软件服务业主管部门关于《〈鼓励软件产业和集成电路产业发展的若干政策〉执行10年情况评估报告》。

（二）税收优惠力度不减，助力软件企业腾飞

2011年国家税务总局最新统计数据显示，2010年19个城市软件业和计算机服务业税收总计323.44亿元，占全国该行业税收额的89.38%。其中，北京109.17亿元、上海81.74亿元、深圳43.87亿元。

在19个城市软件业和计算机服务业税收收入中，软件业税收收入占54.21%，高于计算机服务业。北京、天津、哈尔滨、广州、武汉、大连、宁波、厦门等城市有所不同，计算机服务业的税收收入要高于软件业的税收收入（见图21）。

在退税方面，2000~2009年间15个城市（不含上海、沈阳、南京、厦门）软件企业退税合计400.24亿元，其中的12个城市（不含上海、沈阳、南京、厦门、杭州、西安、宁波）软件企业增值税退税总额达251.39亿元。退税总额最大的三个城市是北京、深圳、广州（见图22）。

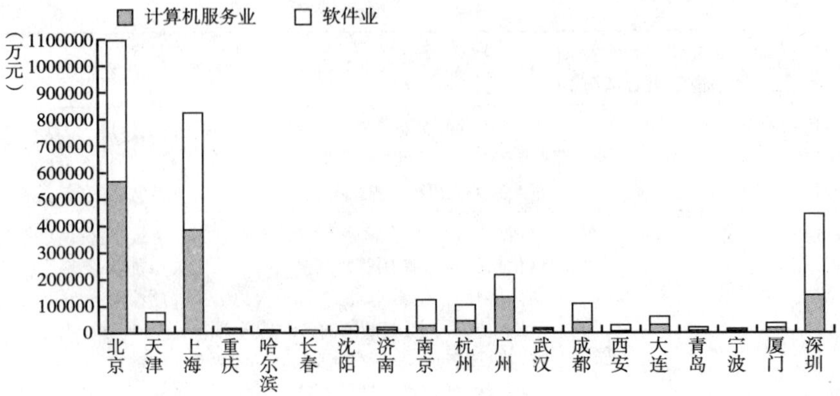

图 21　2010 年 19 个城市软件业和计算机服务业税收收入统计

注：图中所指的软件产业税收统计，遵循了《中国税务年鉴 2011》的定义和分类方式，即包含软件业和计算机服务业，不包含电信传输业。

资料来源：国家税务总局。

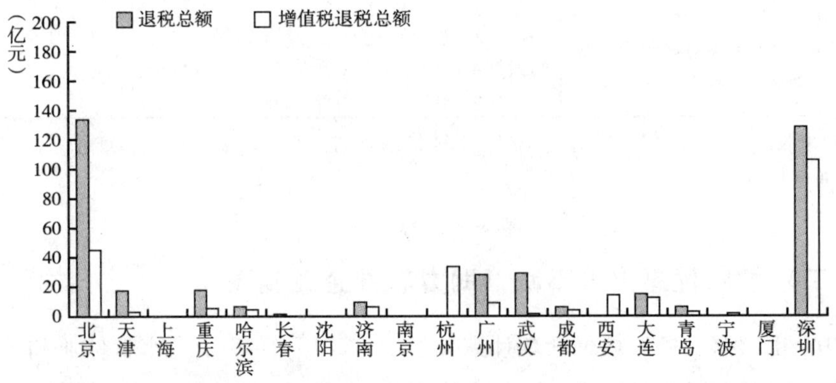

图 22　2000～2009 年 19 个城市软件企业享受税收优惠累计

注：19 个城市软件产业税收优惠累计数据为不完全统计，其中上海、沈阳、南京、厦门等 4 个城市没有相关数据，杭州、西安、宁波等 3 个城市仅有增值税退税总额。

资料来源：各地方软件服务业主管部门关于《〈鼓励软件产业和集成电路产业发展的若干政策〉执行 10 年情况评估报告》，《副省级以上城市软件服务业企业享受优惠政策情况调查》。

（三）政府财政扶持力度持续加大，资金投入的方向性更为明确

近年来，国家层面加大了对软件和信息服务业的财政支持力度，主要通过

“电子信息产业发展基金”、“核高基”科技重大专项等方式来实现。2000年以来，“电子信息产业发展基金”向软件领域共投入资助基金近20亿元，带动了地方政府、金融机构和企业资金投入超过200亿元。2008年科技部启动“核高基”科技重大专项，对基础软件研发进行大力支持，每年投入的资金规模超过10亿元，加上地方配套资金，总投入超过20亿元。

地方也通过财政资金支持本地软件和信息服务业发展。19个城市都相继设立了软件产业专项资金，形成了以软件产业发展专项资金主体，其他专项资金为补充的财政资金支持体系（见表8）。

表8　部分城市地方财政用于支持软件产业的财政资金项目

城　市	项目名称
天　津	1. 软件产业发展专项资金：重点投入金融软件、智能通信软件、工业软件、信息安全软件，2004～2009年共带动企业投入20多亿元 2. 软件产业风险投资引导资金：重点扶持有潜力的企业，支持具有良好产业化前景的项目，引导企业加大科技投入力度，吸引金融资本和民间资本、外资的投入 3. 软件企业风险投资补贴和保险基金：重点建立风险投资、企业管理、商业规划的咨询队伍，专门为中小型软件创业企业提供全方位的咨询服务，降低中小型软件企业的投资风险
上　海	1. 软件和集成电路产业发展专项资金 2. 上海市科教兴市重大产业科技攻关项目专项资金
重　庆	1. 信息产业发展专项资金 2. 信息产业及服务外包发展专项资金 3. 互联网产业专项资金
哈尔滨	1. 高新技术产业专项资金 2. 发展服务外包产业专项资金 3. 支持承接国际服务外包业务发展资金
沈　阳	1. 沈阳市软件及动漫产业发展专项资金 2. 动漫公共服务平台建设资金 3. 人才实训基地建设资金 4. 辽宁省软件发展资金配套
济　南	软件产业发展专项资金
南　京	1. 软件企业发展专项资金 2. 创业种子专项资金 3. 软件公共服务平台建设专项资金 4. 软件人才引进与培训专项资金 5. 软件产业宣传推介专项资金 6. 先进制造业与企业信息化专项

续表

城　市	项目名称
杭　州	1."信息港"产业发展专项项目资金 2. 信息服务业专项资金:重点支持企业自主创新能力建设项目、具有高技术优势的软件开发与产业化项目、数字内容产品开发与服务项目、信息技术公共服务平台建设项目,带动社会资金200多亿元 3. 电子商务发展专项资金 4. 信息服务业专项资金
广　州	1. 软件产业发展专项资金:每年安排不少于5000万元的项目专项资金用于支持软件企业或集成电路设计企业的项目攻关、中试以及产业化;通过ISO9000认证的给予最高额度5万元的财政补助;通过CMM2级以上认证的给予最高额度30万元的财政补助;担保机构为软件企业提供担保期在1年以上的,按担保总额1%的比例奖励,单笔不超50万元 2. 科技三项经费 3. 电子专项资金 4. 服务外包产业资金 5. 技术改造专项资金
武　汉	1. 市电子发展基金 2. 软件产业发展基金
西　安	软件产业发展扶持基金:每年1500万元
大　连	1."科技三项经费"(2000~2003年) 2."软件产业专项资金"(2003年至今):重点用于引导软件企业自主开发新产品、加强市场推广、吸引人才和扩大出口,研发资金比例超过80% 3."软件人才专项资金":重点支持软件技术创新、软件人才培养、认证补贴、动漫游戏开发,十年投入20亿元,带动产值30.5亿元
青　岛	1. 市信息产业专项资金(1500万~3000万元):1/4用于支持软件与信息服务业企业 2. 市科技局三项经费:各项科技计划资金每年有2000万~3000万元用于支持软件与信息服务业企业 3. 商务局服务外包专项资金:重点包括外包服务业扶持资金、技术先进型服务外包企业奖励奖金、软件外包企业开展CMMI及ISO27000等认证的补助资金等
宁　波	"宁波市软件产业发展专项资金":重点对新落户骨干企业按照注册资金额6%给予补助
厦　门	软件产业发展专项资金:重点支持公共平台建设、动漫产业发展和对日外包
深　圳	1. 软件产业发展专项资金:2008年后向新兴产业倾斜,特别是相关企业研发投入占财政资金60%以上,重点向嵌入式软件开发、系统解决方案和服务提供的"大软件"领域倾斜 2. 科技经费三项 3. 互联网产业发展专项资金 4. 高新技术重大项目专项资金 5. 创业投资引导专项资金

资料来源:各地方软件服务业主管部门关于《〈鼓励软件产业和集成电路产业发展的若干政策〉执行10年情况评估报告》。

2005～2011年，19个城市面向软件和信息服务业领域的市级财政投入逐步增加，财政支持力度增大。据不完全统计，相关财政支出由2005年的7.93亿元增加至2011年的16.22亿元，资金总额翻了一番（见图23）。2011年，广州、深圳两市地方财政投入力度最大，其中，广州为4.2亿元，深圳为2.94亿元，远高于其他城市。

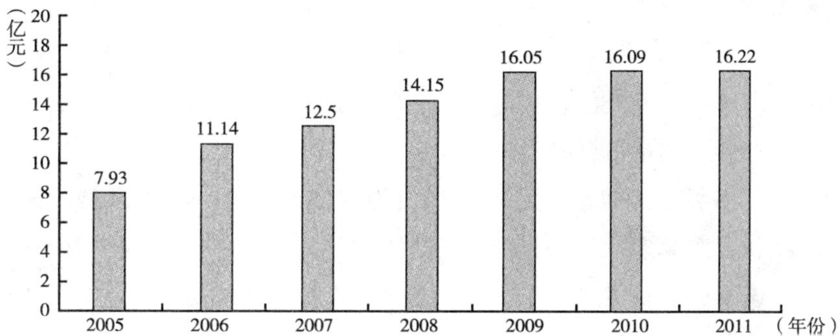

图23　2005～2011年19个城市地方财政支持软件产业总额

注：本报告财政资金统计数据主要来源于市级财政，一般不含区县配套财政资金。
资料来源：各地方软件服务业主管部门。

2005～2011年，19个城市市级财政向软件和信息服务业领域财政资金累计投入超过百亿元。其中，广州、深圳、上海、北京、天津排在前5位，而且远远超出了其他14个城市的财政投入额度（见图24）。

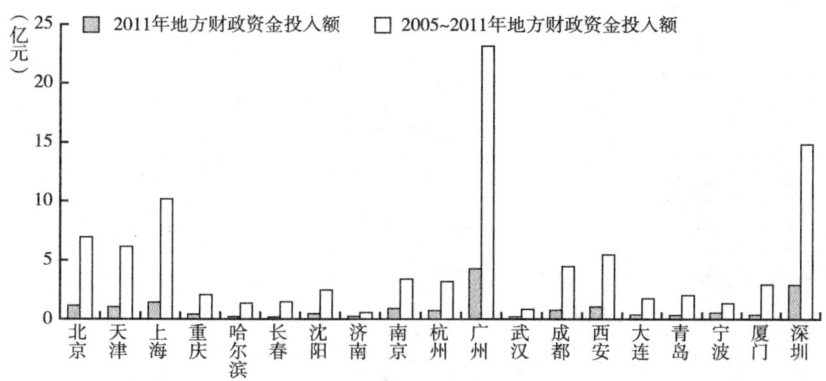

图24　2005～2011年19个城市地方财政支持软件产业的资金额

注：本报告财政资金统计数据主要来源于市级财政，一般不含区县配套财政资金；哈尔滨、长春、济南、青岛等4个城市的数据不包含2000～2004年财政资金数据。

资料来源：各地方软件服务业主管部门关于《〈鼓励软件产业和集成电路产业发展的若干政策〉执行10年情况评估报告》。

（四）公共服务平台建设力度增强，服务关键技术的研发与创新

公共服务平台是软件和信息服务业发展的重要载体，“18 号文”颁布后的十年间，19 个城市纷纷建立了软件领域的公共服务平台，在提升当地产业公共服务水平和区域产业集聚效应，促进区域内软件和信息服务业产业链完善方面发挥了积极作用。目前 19 个城市所拥有的公共服务平台中，主要内容以技术研发、网游动漫、出口和服务外包、知识产权、信息服务、人才培训等为主，技术研发和创新平台的建立数量占据绝对主导地位。

2011 年，各城市加快新平台的建设。为推动云计算产业的发展，深圳建立云计算国际联合实验室。为加速“两化融合”，青岛市推出工业设计 CAD 在线服务平台，该平台具备信息发布、软件下载、在线服务等功能，主要为中小企业提供工业产品设计和解决方案；平台通过技术应用创新、人才培训、服务推广三大支撑体系，搭建面向制造企业、工业设计服务机构设计师和院校的三方在线服务平台。

表 9　部分城市软件服务业公共服务平台建设情况

城　市	平台名称
上　海	软件评测公共研发平台、构件服务公共研发平台、高性能计算等公共研发平台
天　津	数字版权交易所
重　庆	知识产权公共服务平台
长　春	软件产业集中发展园、软件与服务外包示范区和软件服务业支撑平台、汽车电子嵌入式软件企业孵化器、网游动漫企业集中区和技术研发平台、长春软件企业技术支撑与综合信息资源共享公共服务平台、长春软件园公共信息资源服务平台、软件与服务外包创业培训平台
沈　阳	浑南动漫公共技术服务平台、沈北动漫公共技术服务平台、浑南软件公共技术服务平台、工业软件公共服务平台
济　南	齐鲁软件园产业合作联盟、济南软件外包人才实训基地、软件与服务外包公共支撑平台、动漫渲染与制作平台、数据与信息服务中心、山东省移动信息化综合服务平台、山东省无线宽带通信技术研发中心、山东省虚拟技术研发中心等产业与研发平台
武　汉	湖北软件开发与测试公共平台、软件与信息服务外包公共支撑平台建设
西　安	软件孵化基地、集成电路设计专业孵化器、西安科技大市场、企业技术创新服务中心
大　连	大连嵌入式系统公共开发服务平台、大连软件公共技术平台、大连开源软件公共开发服务平台、大连动漫游戏公共服务平台、大连 IC 设计产业公共服务平台
青　岛	技术资源应用平台、集成电路设计平台、数字动漫技术平台、软件人才服务平台、嵌入式软件开发服务平台、工业设计 CAD 在线服务平台

续表

城　市	平台名称
宁　波	宁波市软件评测中心、宁波下一代互联网公共技术服务平台、浙江大学嵌入式系统研发中心宁波分中心、市信息服务业孵化平台、行业网站技术孵化平台
厦　门	数字媒体公共技术平台、软件技术公共技术平台、创新体验公共技术平台、ICC 设计公共技术平台
深　圳	技术支撑服务平台、软件人才培训平台、软件公共技术服务平台、深圳云计算国际联合实验室
广　州	广东省 LINUX 公共服务技术支持中心、华南理工大学软件和动漫人才培训中心、中山大学软件人才培训中心、广州中间件研究中心、中国赛宝评测等
成　都	成都市软件企业技术中心或研究机构达到 77 个。其中,国家级企业技术中心或研发机构 6 个,省级企业技术中心或研发机构 14 个;省级以上重点实验室 10 个

资料来源：各地方软件服务业主管部门关于《〈鼓励软件产业和集成电路产业发展的若干政策〉执行 10 年情况评估报告》，各城市软件服务业主管部门网站。

政　策　篇

The Plans and Policies

B.19

软件和信息技术服务业“十二五”发展规划

前　言

软件和信息技术服务业是关系国民经济和社会发展全局的基础性、战略性、先导性产业，具有技术更新快、产品附加值高、应用领域广、渗透能力强、资源消耗低、人力资源利用充分等突出特点，对经济社会发展具有重要的支撑和引领作用。发展及提升软件和信息技术服务业，对于推动信息化和工业化深度融合，培育和发展战略性新兴产业，建设创新型国家，加快经济发展方式转变和产业结构调整，提高国家信息安全保障能力和国际竞争力具有重要意义。

“十二五”时期是我国全面建设小康社会的关键时期，是深化改革开放、加快转变经济发展方式的攻坚时期。全球软件技术和产业格局孕育着新一轮重大变革，为我国软件和信息技术服务业带来创新突破、应用深化、融合发展的战略机遇。为深入贯彻《国务院关于印发进一步鼓励软件产业和集成电路产业发展若干政策的通知》（国发〔2011〕4 号）和《国务院关于加快培育和发展战略性新

兴产业的决定》（国发〔2010〕32 号），按照《国民经济和社会发展第十二个五年规划纲要》的总体部署，落实《工业转型升级规划（2011～2015）》、《信息化发展规划（2011～2015）》和《信息产业“十二五”发展规划》的总体要求，编制本规划。

一 “十一五”发展回顾

（一）主要成就

“十一五”时期，我国软件和信息技术服务业持续快速发展，年均增速达28.3%，产业规模不断扩大，创新能力显著增强，产业集聚日益明显，国际化水平持续提高，人才队伍不断壮大，对国民经济和社会发展的支撑作用进一步增强，已具备再上新台阶的坚实基础。

产业规模持续扩大，产业结构不断优化。2010 年，我国软件和信息技术服务业务收入达到 1.36 万亿元，是 2005 年的 3.5 倍，超额完成“十一五”规划目标。软件和信息技术服务业占电子信息产业产值的比重从 2005 年的 10.2% 提高到 2010 年的 18%，从业人员超过 300 万人。产业结构向服务化发展，信息技术服务所占比重稳步上升，新兴网络软件和应用服务快速发展。

产业聚集效应突出，企业实力明显提高。2010 年，广东、北京、江苏、山东、辽宁、上海、浙江、福建和四川 9 个省市的软件和信息技术服务业务收入之和占全国的 87%。中国软件名城创建工作取得显著成效，示范带动作用和影响力快速提升。2010 年，我国年收入过亿元的软件和信息技术服务企业（以下简称“软件企业”）已经超过 2000 家，其中业务收入超过 50 亿元的企业有 7 家，超过 100 亿元有 4 家，超过 500 亿元有 1 家，大企业日益成为产业创新和规模发展的主导力量。

创新能力显著增强，部分领域取得突破。在“核高基”国家科技重大专项的有力推动下，操作系统、数据库、办公套件、中间件等产品的质量和性能明显提升，集成整合不断深化，在党政等关键部门、电子政务等重点领域以及电信、电力、邮政、制造等重点行业得到了较好应用。信息安全关键技术和产品研发取得良好进展，信息安全服务迅速发展。企业管理软件、互联网应用软件、游戏软件等产品技术创新能力不断增强，市场份额逐步扩展。中小企业创新活跃，在移动互联网、电子商务等新兴领域迅速崛起。

知识产权保护不断加强，产业发展环境持续改善。软件和信息技术服务业领域的知识产权创造、保护和应用等各方面取得较大进展，知识产权意识进一步增强，极大激发了产业创新活力。政府软件正版化工作实现预期目标。计算机预装正版操作系统软件比例逐年提高。企业积极运用知识产权手段提高核心竞争力，参与国际市场竞争，主动应对技术标准制约和市场竞争纠纷，维护合法权益。在《国务院关于印发鼓励软件产业和集成电路产业发展若干政策的通知》（国发〔2000〕18号）等一系列产业政策的推动下，产业发展的市场环境、应用环境、政策环境得到改善。

产业地位显著提升，对经济社会发展贡献突出。软件和信息技术服务业推动了国民经济和社会信息化建设，带动了传统产业改造升级，催生了一批高附加值、绿色低碳的新兴产业，为提升社会管理和公共服务水平提供了技术支撑。许多省市立足产业资源优势，把软件和信息技术服务业作为重要的战略性新兴产业和支柱产业加快培育发展，创造了大量就业机会，有力促进了当地经济结构调整和发展方式转变。

（二）主要问题

近年来，我国软件和信息技术服务业发展迅速，但产业规模和实力还不能满足国民经济和社会发展需要，依然存在一些制约产业发展的突出问题，具体表现在：缺乏具有全球领先地位的大企业，产业整体上处于价值链的中低端；产业创新体系不健全，核心技术缺乏；产业链协同效应尚未充分发挥，亟待建立龙头企业带动、中小企业支撑的产业发展格局；人才结构矛盾突出，高层次、复合型、领军型人才依然缺乏；以市场为导向、政产学研用结合的支撑体系有待完善，产业可持续发展能力亟须提升。

二　发展趋势和发展环境

（一）发展趋势

“十二五”时期，伴随信息通信技术的迅速发展和应用的不断深化，软件与

网络深度耦合，软件与硬件、应用和服务紧密融合，软件和信息技术服务业加快向网络化、服务化、体系化和融合化方向演进。产业技术创新加速，商业模式变革方兴未艾，新兴应用层出不穷，将推动产业融合发展和转型升级。

网络化。计算技术的重心正逐步从计算机转向网络，软件的技术和业务创新与网络发展将深度耦合，网络将成为软件开发、部署、运行和服务的主流平台。软件产品基于网络平台开发和运行、内容基于网络发布和传播、应用基于网络构架和部署、服务基于网络创新和发展成为大趋势，网络化操作系统、网络软件开发工具、网络运行管理平台、智能终端平台、远程运维等基于网络的技术、产品和服务应运而生，基于云计算、物联网、移动互联网、下一代互联网等的新兴服务将推动服务模式、商业模式不断创新。网络化趋势进一步打破了市场竞争的区域、国别界限，全面呈现出全球性竞争态势。网络化环境下，网络空间安全面临的挑战更加严峻，并严重影响国家经济安全、社会安全、国防安全和信息安全，提高安全保障能力成为软件和信息技术服务业的重要战略任务。

服务化。软件服务化进程不断加快，原有软件产品开发、部署、运行和服务模式正在改变，软件技术架构、企业组织结构和商业模式将面临重大调整。以软件应用商店等为代表，服务导向的业务创新、商业模式创新推动了产业的转型升级。以用户为中心，按照用户需求动态提供计算资源、存储资源、数据资源、软件应用等服务成为软件服务的主要模式。产品和服务的进一步深化耦合，推动了硬件、软件、应用与服务协同发展，加速了软件产品开发企业和部分电子制造企业向服务的转型。服务化趋势促进了产业的服务模式、商业模式变革，加快了产业结构调整，推动了产业转型和升级。

体系化。操作系统、数据库、中间件和应用软件相互渗透，软件向更加综合、广泛的一体化软件平台的新体系演变，硬件与软件、内容与终端、应用与服务的一体化整合速度加快。未来软件和信息技术服务业将围绕主流软件平台体系构造产业链，市场竞争从单一产品的竞争发展为基于平台体系的产业链竞争，产业纵向、横向整合步伐加快，围绕主流软件平台体系形成的产业生态系统将主导市场竞争。产品、资源和服务的体系化趋势日趋明显，软件即服务（SaaS）、平台即服务（PaaS）和基础设施即服务（IaaS）等基于平台的服务模式日趋成熟，移动互联网、移动智能终端、数字电视等综合平台不断涌现，基于产品、信息、客户的资源整合平台及其商业模式创新成为产业核心竞争力。

融合化。随着信息技术应用的不断深化，与业务融合的日趋紧密，软件正成为经济社会各领域重要的支撑工具。基于移动智能终端的个人计算、通信与娱乐等服务功能的融合，网络平台上通信、内容、计算等服务的融合，软硬件之间的融合，为软件和信息技术服务业带来了巨大的业务创新空间。信息技术加快向传统产业、现代制造业和现代服务业等领域渗透，将推动行业间的融合渗透，促进战略性新兴产业、面向生产的信息服务业的发展。

（二）发展环境

1. 面临的机遇

“十二五”时期，是全球软件和信息技术服务业转型的关键时期。新一代信息技术和通信技术加快融合，云计算、物联网、移动互联网等蓬勃发展，信息通信技术的应用渗透到经济和社会生活各个领域，将培育众多新的产业增长点。软件和信息技术服务产业格局面临重大调整，为后发国家实现追赶和跨越带来更多机会。

“十二五”时期，是我国软件和信息技术服务业加快发展和提升的重要战略机遇期。我国以加快转变经济发展方式为主线，推动经济结构战略性调整，促进信息化和工业化深度融合，培育发展战略性新兴产业，加快发展生产性服务业，着力推进社会民生事业发展，软件和信息技术服务支撑引领的作用和地位将更加突出。软件和信息技术服务向经济社会各个领域的融合渗透不断深化，行业应用需求更为强劲，这为产业带来了更为广阔的创新发展空间。《国务院关于印发进一步鼓励软件产业和集成电路产业发展若干政策的通知》（国发〔2011〕4号）发布后，各级地方政府正在加快制定和完善扶持政策，产业发展环境将不断优化。

2. 存在的挑战

“十二五”时期，我国软件和信息技术服务业面临着外部竞争和自我提升的双重压力。国外大企业凭借雄厚的技术、资本和人才优势，加快技术创新、业务转型和产业整合，不断强化技术领先优势，力图继续占领软件和信息技术服务产业链的高端环节。我国软件企业由于规模不大、创新能力不强、高端和领军人才不足，缺乏拥有自主知识产权的核心技术和关键产品，无法满足国内市场需求。同时，长期以来软件和信息技术服务价值被低估的局面未得到根本改观，

企业竞争行为需进一步规范，国内市场在地域和行业上相对分散，不利于企业做大做强。

三　发展思路和发展目标

（一）指导思想

以邓小平理论和“三个代表”重要思想为指导，深入贯彻落实科学发展观，抓住我国加快经济发展方式转变和结构调整、推进信息化和工业化深度融合、培育和发展战略性新兴产业的重大契机，以市场驱动、应用牵引、创新支撑、融合扩展为主线，以促进软件和信息技术服务业做大做强、提高对经济社会发展的支撑服务能力为目标，注重政府引导与市场机制结合，进一步优化发展环境，促进产学研用结合，大力培育龙头企业，着力增强产业自主创新能力，推进产业链协同发展，不断提高产业规模化、创新化、高端化和国际化发展水平。

（二）发展原则

市场主导、创新发展。发挥市场机制的基础性作用，强化企业的市场主体地位，加强政府推动与市场机制的结合，进一步完善市场环境，培育市场需求，规范市场秩序。加快培育以企业为主体、市场为导向、政产学研用相结合的创新体系，以技术能力、产业能力、市场能力、服务能力融合为主要方法，构建符合国情和产业特征的自主发展模式，集中力量突破基础软件、新型网络化高端软件等核心关键技术，形成一批拥有自主知识产权、市场地位领先的技术、产品和标准，初步建立安全可靠的产业技术体系。

应用牵引、融合发展。坚持以用立业、以用兴业、以用强业，以应用带动软件技术、服务模式和商业模式创新，提升软件对业务的支撑服务能力，形成应用、技术、产业良性互动的发展格局。把握信息化和工业化深度融合的市场机遇，营造良好的应用环境，拓展市场空间，促进面向生产的信息服务业发展，大力发展社会民生领域的软件和信息技术服务。加快推进软件与硬件、软件与网络、产品与服务、软件与业务之间相互融合，推动行业间横向和纵向整合，扩展产业发展空间。

培育龙头、协同发展。充分发挥企业的主体作用，政府积极引导，重点扶持，加快做大做强龙头企业。鼓励企业兼并重组，实现优势联合，提高企业技术创新能力、市场拓展能力、经营管理能力和国际竞争能力，在具有国际市场竞争潜力的重点领域培育扶持一批龙头企业。强化整机和系统对软件核心技术和产品的牵引带动作用，促进技术、产品、应用和服务的一体化协同发展。发挥龙头骨干企业的引领作用，构建产业链上下游良性互动、大中小企业协作发展的产业生态系统。

优化布局、集聚发展。突出区域比较优势，推进产业差异化发展，加强区域合作，促进资源共享，实现优势互补，加快形成特色明显、布局合理的区域一体化发展格局。加快中国软件名城、软件和信息服务业示范基地建设，依托重点地区、重点园区，汇聚优势资源，发挥产业集聚效应。

（三）发展目标

“十二五”时期，实现软件和信息技术服务业平稳较快发展，产业的整体质量效益得到全面提升，创新能力显著增强，应用水平明显提高，推动经济社会发展、促进信息化和工业化深度融合的服务支撑能力显著增强。具体发展目标如下。

1. 产业规模

到 2015 年，业务收入突破 4 万亿元，占信息产业比重达到 25%，年均增长 24.5% 以上，软件出口达到 600 亿美元。信息技术服务收入超过 2.5 万亿元，占软件和信息技术服务业总收入比重超过 60%。

2. 技术创新

基本形成以企业为主体的产业创新体系，软件业务收入前百家企业的研发投入超过业务收入的 10%。拥有自主知识产权的基础软件、业务支撑工具和核心技术取得重大突破，自主发展能力显著提升。技术水平和产业化能力进一步提高，具备主要应用领域安全可靠解决方案的提供和实施能力。基本形成软件和信息技术服务标准体系，各类技术和服务的标准、规范得到普遍推广。

3. 应用推广

初步建立安全可靠软件应用推广体系，推动安全可靠的基础软件进入自我良性发展阶段。操作系统、数据库、中间件、办公软件等基础软件的成熟度、可靠

性、安全性全面提升，与整机和应用系统的集成应用能力、系统协同运行水平和综合服务保障水平得到显著提高，基于安全可靠关键软硬件的产业生态链基本形成，在国民经济重要领域得到规模化应用推广，对国家信息安全的保障能力得到实质性提高。

4. 产业组织

培育一批具有国际竞争力的龙头企业，扶持一批具有创新活力的中小企业，打造一批著名软件产品和服务品牌。到2015年，培育10家以上年收入超过100亿元的软件企业，产生3~5个千亿级企业。

5. 人才建设

调整和优化人才队伍结构，创新人才培养模式，拓宽人才引进渠道，营造有利于优秀人才脱颖而出的成长环境，着力培养一批高端领军人才，形成结构合理、满足产业发展需求的高素质人才队伍。到2015年，从业人员超过600万人。

6. 区域布局

产业集聚度进一步提高，创建若干中国软件名城、软件和信息服务业示范基地，形成充分利用区域资源优势、能够发挥区域协同效应的产业发展格局，有力支撑城市经济社会转型和可持续发展。到2015年，形成10个以上产业收入超过千亿元的城市，培育2~3个产业收入超过5千亿元的产业集聚区。

四　发展重点

（一）基础软件

加强基础软件核心技术研发，重点支持高可信服务器操作系统、安全桌面操作系统、高可靠高性能的大型通用数据库管理系统等基础软件的开发应用，加快突破网络资源调度管理系统和移动互联环境下跨终端操作系统研发和产业化，着力打造新型计算模式和网络应用环境下的安全可靠基础软件平台。面向新型网络应用需求，加快研发新一代搜索引擎及浏览器、智能海量数据存储与管理系统、云计算平台等网络化关键软件，加快培育新兴网络化高端软件，创新应用与服务模式。加强非结构化数据处理技术和产品的开发及产业化。支持开源软件开发和应用推广，加快形成基于开源模式的产业生态系统。

（二）工业软件与行业解决方案

围绕工业产品研发设计、生产控制、生产管理、市场流通、销售服务、回收再制造等关键环节，重点扶持计算机辅助设计和辅助制造（CAD、CAM）、制造执行管理系统（MES）、计算机集成制造系统（CIMS）、过程控制系统（PCS）、产品生命周期管理（PLM）、企业管理、绿色制造等软件研发。加快工业软件应用和产业化进程，提高产品技术水平、安全可靠程度和综合集成应用能力，推动工业软件在航空、航天、船舶、机械、汽车、石化、钢铁、有色、建材、电子、轻工和纺织等工业领域的广泛应用。加强工业控制系统软件安全研究，提高安全隐患发现能力。

面向政府、金融、通信、交通、贸易、物流、能源等领域的行业信息化需求，提高关键核心应用的业务架构、应用架构、技术架构和信息架构的规划、设计与开发能力，重点突破核心业务信息系统、大型应用系统研发和应用。集中优势力量，提高应用系统与基础平台的整合能力、信息系统间的综合集成能力，形成结构完整、扩充性强、安全可靠的整体应用解决方案。重视社会民生领域软件研发，提高在科技、教育、医疗、社保、环保和安全生产等领域的应用水平，大力支持面向生活领域的软件开发和消费型信息服务业发展，满足人民群众日益增长的物质生活和精神文化新需求。

（三）嵌入式软件

面向工业装备、通信网络、汽车电子、消费电子、医疗电子、数控机床、电力电子、交通运输、环保监测等重点领域，积极开展符合开放标准的嵌入式软件开发平台、嵌入式操作系统和应用软件的开发，加快研发面向下一代互联网、物联网应用的嵌入式系统软件，推动软件研发模式创新发展，进一步提高产业化水平和产品出口能力。

（四）信息安全软件与服务

加强网络安全、数据安全、可信计算、安全测评等关键技术的研发与产业化，重点发展安全可靠的安全基础产品、电子认证公共服务平台、网络与边界安全产品、信息安全支撑工具等，发展云计算、物联网等新一代信息技术应用环境

下的安全技术产品。加大相关标准的研制力度，推进国家信息安全产品制度建设。规范和促进风险评估、容灾备份和灾难恢复、安全集成、安全测评等信息安全服务。开展安全可靠产品应用试点示范和推广，提升重要信息系统和工业系统的安全可靠水平。

（五）信息系统集成服务

做大做强信息系统集成服务，完善信息系统集成资质管理，重点发展信息系统设计、集成实施、系统运维等服务，提高信息系统的综合集成、应用集成能力。以集成拉动整机、整机拉动软硬件协同发展，提高信息系统安全可靠水平，满足重点部门和重要领域信息化发展需要。大力培育高水平的专业化信息系统集成企业，支持专业化支撑工具开发，鼓励信息系统运维模式、机制创新。以软件技术为核心，以信息技术服务为主线，推动软件技术、产品和服务的一体化协同发展。

（六）信息技术咨询服务

发展业务咨询、信息化规划、企业架构规划、信息技术管理、信息系统工程监理、测试评估、信息技术培训等服务，增强高端咨询能力、设计规划能力。引导支持信息技术服务企业加强知识库建设，不断提升咨询服务水平。以咨询服务为牵引，加强与信息系统集成服务和软件产品研发应用间的互动，促进软件产品和信息技术服务的应用推广。

（七）数字内容加工处理

加快开发支持虚拟现实、三维重构等技术的内容制作系统和基于互联网、移动互联网的内容管理平台，重点在动漫、游戏、数字影音、数字出版、数字学习、空间地理信息等领域支持自主知识产权的数字内容加工处理技术开发和产业化。促进信息网络、数字内容和智能终端的融合发展，拓展数字影音、数字动漫、健康游戏、网络文学、数字学习等生活领域的内容服务，大力发展生产经营领域的数字内容服务。加强数字文化教育产品开发和公共信息资源深化利用，构建便捷、安全、低成本的数字内容服务体系，进一步推进人口、地理、医疗、社保等信息资源深度开发和社会化服务。面向日益增长的数据处理需求，积极发展数据编辑、整理、分析、挖掘等数据加工处理服务。

（八）服务外包

积极拓展服务外包业务领域，重点发展软件开发、软件测试、系统租赁、系统托管等信息技术外包（ITO），扶持基于信息技术的业务流程外包（BPO），推动工业设计、研发服务、知识产权服务等知识流程外包（KPO），促进业务向规模化、高端化方向发展。积极承接全球离岸服务外包业务，提升服务外包企业承接和交付能力、管理能力与国际市场开拓能力。探索并推动云计算模式下服务外包模式创新。

（九）新兴信息技术服务

依托新一代移动通信、下一代互联网、数字广播电视网、卫星导航通信系统等信息基础设施，大力发展数字互动娱乐、数字媒体、数字出版、移动支付、位置服务、社交网络服务等基于网络的信息服务。加快培育下一代互联网、移动互联网、物联网等环境下的新兴服务业态，着力推进云计算等业务创新和服务模式创新。

发展电子商务服务。鼓励电子商务企业与相关企业加强合作，促进信息服务、交易服务和物流、支付、信用、融资、保险、检测和认证等服务协同发展。鼓励集交易、电子认证、在线支付、物流、信用评估等服务于一体的第三方电子商务综合服务平台建设，培育一批骨干电子商务服务企业。

（十）集成电路（IC）设计

面向通信网络、消费电子、工业装备、信息安全等领域的应用需求，提高高端通用芯片设计能力，开发网络通信芯片、数模混合芯片、信息安全芯片以及重点领域专用集成电路产品，形成系统方案解决能力。完善集成电路设计公共技术服务平台，发展覆盖集成电路设计全流程的高端工具和开发环境，提升集成电路设计产品测试、认证、标准、专利等服务能力。

五　重大工程

（一）龙头企业培育工程

积极培育行业龙头企业，扶持一批“专、精、特、新”的中小企业，提高

产业集中度，优化产业组织结构。支持骨干企业进一步提升已有优势技术和产品的核心竞争力，尽快形成规模优势。鼓励企业兼并重组，推动产业链横向和纵向整合，加快培育一批管理水平先进、创新能力强、规模效益好、市场竞争力强的龙头企业，培育一批名牌产品，打造一批服务品牌。集中政产学研用多方资源，优先安排公共资金，加强产业链薄弱环节的技术攻关，支持企业开发应用前景广、产业链带动作用强的新兴软件平台。充分发挥龙头企业带动作用，以龙头企业为引领形成良好的产业生态环境，提高中小企业专业化、区域化集聚发展能力，形成全产业链协同发展的局面。

（二）基础软件提升工程

加快实施“核高基”国家科技重大专项，在战略部署上强化应用导向，以重大信息化应用、系统整机为牵引，以重大产品为目标，突破服务器操作系统、桌面操作系统、网络化操作系统、新型智能移动终端操作系统、大型通用数据库等重点领域关键技术，形成产业化和市场竞争能力。加快安全可靠基础软件应用推广，加强军民结合、软硬件协同，组建基础软件应用联盟，搭建基础软件集成应用的验证和移植测试环境，在政府部门、公共领域率先开展应用试点，形成示范效应。

（三）工业软件应用促进工程

针对我国工业发展的迫切需求，重点支持一批应用效果好、技术创新性强、市场认可度高的工业软件产品。根据不同行业特点，制定工业软件推广计划，建立工业软件行业解决方案中心，促进工业软件规模化应用。推动工业软件公共服务平台建设，支持工业软件产业联盟发展，联合产业链上下游企业制定工业软件相关技术标准。大力推动软件产业和传统工业的融合发展，引导软件企业与工业企业开展多层次合作，支持工业企业充分利用软件技术提升自身创新发展能力。加快制定工业软件安全评测和监理的标准规范，确保工业软件应用安全和质量。

（四）信息技术服务能力提升工程

加快信息技术服务业务支撑工具研发和服务产品化进程，重点研发信息技术咨询、信息系统设计、集成实施、运行维护、测试评估、数据处理与运营服务等领域的业务支撑工具。研究制定和应用推广信息技术服务标准（ITSS），加强业务标准库、知识库和案例库建设，鼓励相关企业依据自主标准建立服务能力体系。推动建立信息技术服务企业与工业企业间的协调机制，开展面向生产的信息服务业务示范工作，支持工业企业内设的信息服务机构面向行业和社会提供专业化服务。在数字内容加工处理服务、数字媒体服务、基于云计算环境的新型在线信息服务等领域开展特色示范，引导并推动信息技术服务业创新发展。

（五）软件名城和示范基地创建工程

开展中国软件名城创建工作，不断汇聚和引导城市资源投向软件和信息技术服务业，培育若干集聚效应明显、示范带动作用突出、质量效益良好、各具特色的中国软件名城，逐步增强产业在经济社会各方面的融合发展与辐射带动效应。开展软件和信息服务业示范基地创建工作，认定和建设一批特色鲜明、对地方经济社会发展带动和支撑效果好的示范基地，试行相关信息技术服务标准和规范，积极开展各项示范工作，树立典型。加强对地方产业基地和园区建设的引导，参考国家整体规划和区域分工布局，根据比较优势原则，确立各园区重点发展领域和主导产业，形成特色产业聚集区。

（六）公共服务体系建设工程

继续完善国家软件和信息服务业公共服务支撑平台，推动与指导地方平台的建设，面向产业发展需求，不断丰富平台资源和内容，创新服务运营模式，形成覆盖全国、资源共享、互联互通的服务平台网络，促进产业公共服务体系的专业化、网络化、一体化建设。扶持一批面向软件企业的知识产权、投融资、产权交易、人才服务、企业孵化和品牌推广等专业服务机构，建立支持企业实施“走出去”战略的服务平台。在有条件的地区和园区部署一批产业创新平台和工程技术中心，加快共性技术研发和成果转化。

（七）安全可靠软硬件应用推广工程

以满足国民经济各领域的应用需求、安全需求和服务保障需求为目标，以整体集成为应用方向，以系统集成商为纽带，建立和完善各项标准、制度，加强资金、人才等措施保障，加快安全可靠软硬件的应用推广，实现应用与技术、产业

的互动发展。通过先试点、再示范、后推广的方式逐步推进，在关系国计民生的重点领域大力推广安全可靠关键软硬件应用，提高软硬件的成熟度、可靠性、安全性和质量，增强系统整体集成应用和协同运行水平，提高服务保障能力。

（八）云计算创新发展工程

结合国民经济和社会发展重大需求，开展云计算服务创新发展试点示范。以加快我国云计算服务产业化为主线，坚持以服务创新拉动技术创新，以示范应用带动能力提升，推动云计算服务模式发展。以重点领域应用示范和产业化项目为牵引，发展一批面向智慧城市、智能交通、医疗卫生、教育科普、文化资源、生产制造、中小企业等领域的云计算服务示范应用，在整合计算资源、创新服务模式、保障信息安全、促进节能减排等方面推广典型经验，形成一批满足重点领域需求的安全可靠关键技术和产品，初步建立较为完整的技术支撑体系。制定一批重要的标准规范，建立健全产业公共服务体系，形成产业链较为健全、相关服务国际竞争力明显提升的云计算产业发展格局。

六　保障措施

（一）全面贯彻落实产业政策

加快推动出台《国务院关于印发进一步鼓励软件产业和集成电路产业发展若干政策的通知》（国发〔2011〕4 号）相关配套措施和实施细则，完善产业政策环境。积极推动软件和信息技术服务业相关立法进程。加快实施软件和信息技术服务业知识产权战略，提升知识产权创造、运用、保护、管理和服务能力。进一步推进软件正版化工作，制定相关技术标准和规范，探索建立长效机制。推动完善相关制度，积极推进安全可靠软硬件在各个行业的应用。鼓励各地因地制宜出台支持产业发展的政策法规，积极落实相关配套政策，支持有条件的地区开展软件和信息技术服务业政策创新试点。

（二）鼓励企业创新发展

发挥市场机制的基础性作用，加强政策引导和资金扶持，鼓励企业承担国家重大科技专项，着力提高基础软件的自主创新能力，重点攻克系统软件核心关键技术。强化创新引领，鼓励企业在云计算、物联网、移动互联网等重点和新兴领域开展创新研究，推动企业技术中心建设。探索创新合作机制，鼓励企业间建立以产业链为基础的多层次合作机制，支持以龙头企业为引领建立产学研用结合的技术、标准和应用等各类联盟，实现联合创新和应用推广，充分激发中小企业的创新活力，在基础软件、应用软件、软件服务方面实现协同发展。推动软件企业技术改造，对企业的研发环境、测试环境、质量保障体系予以支持，提高企业研发、生产和服务能力。

（三）加快拓宽应用市场

适应信息化和工业化深度融合和经济社会信息化建设需要，加快面向重点领域拓宽应用和市场，形成应用与产业发展的良性互动与协调发展。面向船舶、机械、汽车、石化、钢铁、电子制造、轻工、通信、物流、能源等重点行业，开展基于自主知识产权的工业软件和行业解决方案的试点示范与应用推广工作。在信息服务、知识产权、检验检测等领域进一步开放市场准入，充分发挥非公有制企业的作用，增加市场供给。结合国家改善民生相关工程的实施，加强软件和信息技术服务在科技、教育、医疗、就业、社保、交通、环保和安全生产等领域中的应用。鼓励政府部门、事业单位、国有大中型企业将信息技术服务外包给专业企业，积极培育信息技术服务市场。鼓励大中型企业将其信息技术研发应用业务机构剥离，成立专业软件企业，为全行业和全社会提供服务。支持少数民族地区的软件开发和应用推广。

（四）强化标准体系建设与推广

顺应产业发展与技术创新的趋势，完善有利于应用的标准化机制，以市场立标准，以应用支撑标准，促进标准与自主知识产权的结合，推进产业标准体系建设。加快基础软件、面向服务体系结构（SOA）、中文办公软件文档格式规范（UOF）、版式文档、少数民族语言文字软件、工业软件和测试评估等重点软件和服务标准的制定和实施。完善信息技术服务标准（ITSS）体系，加快信息系统运行维护等重点标准的研究制定，开展标准验证和应用试点示范，建立标准符合性评估体系，强化标准培育服务市场、提升服务能力、支撑行业管理的作用。加强

对云计算、物联网等相关标准的跟踪研究，及时推动相关标准的制订和实施。积极参与国际标准的制订，提升在国际标准领域的话语权。

（五）加快人才培养和引进

强化财税、金融、科研、创业、管理和服务等综合支持手段，健全医疗、科研、住房、户籍、职称、奖励等人才政策，建立和完善期权、股权、技术入股、业绩等分配制度和激励机制，建立高层次人才的创业与创新支持体系、人才评价体系、管理与服务保障体系，营造有利于高端人才脱颖而出的人才发展环境。推动建立多层次的软件和信息技术服务人才培养体系，创新培养模式。引导发挥社会教育与培训机构的作用，鼓励企业与高等院校及培训机构合作培养人才，建立企业实习培训机制，建设实践实训基地，积极开辟海外培训渠道，加强品牌企业认证培训。制定领军人才梯队培养计划，依托中国软件名城、软件和信息服务业示范基地创建工作，开展领军人才滚动培养。加快软件和信息技术服务业海外高层次人才的引进，鼓励海外留学人员特别是海外高端人才回国就业、创业。

（六）完善产业投融资环境

落实国家鼓励软件和信息技术服务业发展的投融资政策，推动各类产业投资机构和担保机构加大对软件企业的支持力度，通过出口补助、贷款贴息等方式支持软件出口、服务外包和境外并购。鼓励地方设立支持软件企业发展的风险投资基金和股权投资基金，建立投资风险补偿机制，引导社会资金，特别是国内风险投资基金投资软件和信息技术服务业。积极支持软件企业进入境内外资本市场融资，努力为企业境内外重组并购创造更加宽松的金融、外汇政策环境。鼓励金融创新，探索开展软件企业股权质押、知识产权质押、合同质押、信用保险等试点，提高金融机构对软件企业的服务能力和水平。

（七）加速产业国际化进程

推进建立多层次的国际合作体系，加快建立和完善软件和信息技术服务业国际合作与交流平台。逐步建立以专业化、市场化为导向的海外市场服务体系，拓宽海外市场渠道，提高企业国际市场拓展能力。各级政府应努力营造良好的政策环境，鼓励骨干企业在境外设立公司、组建营销网络和研发中心、开展跨国并购等。鼓励外商投资软件和信息技术服务业，鼓励跨国软件企业在我国设立离岸服务中心、研发中心、经营总部，着力提高利用外资的质量和水平。巩固软件开发离岸外包，支持软件和信息技术服务出口。

（八）加强产业管理工作

各级主管部门应加强对行业的指导、监管和服务，充分发挥部省市合作机制的作用，加强部门间、区域间协调配合。加大内地与港澳台地区产业交流与合作的力度，推动建立海峡两岸软件和信息技术服务业协作机制。加强行业统计和运行监测分析工作，建立健全相关工作体系，逐步完善行业统计指标体系和运行分析系统。充分发挥中介组织的桥梁纽带作用，注重发挥中介组织在市场调研、人才培训、行业运行分析、政策研究、诚信建设、资质认证、知识产权运用与保护、标准推广等方面的作用。建立公平竞争的市场环境，规范市场秩序，反对恶性竞争，加强资质认证、市场准入、价格管理、反垄断、反倾销、反盗版等工作，形成良好的行业规范。完善网络环境下消费者隐私及企业秘密保护制度，促进软件和信息技术服务向网络化发展。

B.20

信息安全产业“十二五”发展规划

前　言

信息安全产业是保障国家信息安全的战略性核心产业，肩负着为国家信息化基础设施和信息系统安全保障提供信息安全产品及服务的战略任务。“十二五”时期是我国全面推进经济和社会信息化的关键时期，迫切需要加快发展信息安全产业，提供安全可控的信息安全技术、产品和服务。为指导和推动信息安全产业持续快速发展，根据《国民经济和社会发展第十二个五年规划纲要》、《国家信息安全工作“十二五”规划》的总体部署和要求，编制本规划。

本规划中信息安全是指保护信息、信息系统和网络的安全以避免未授权的访问、使用、泄漏、破坏、修改或者销毁，以确保信息与信息系统的完整性、保密性和可用性。信息安全技术是指用以保障信息、信息系统和网络安全的技术，包括密码技术、数据安全技术、系统安全和防护技术、网络安全技术等。信息安全产品是保障信息安全的软件、固件或硬件及其组合体，它提供信息安全相关功能且可用于或组合到多种系统中。信息安全服务是指为保障信息安全所需要的服务，包括信息系统安全分析评估、规划设计、测试、实施、运行和维护，以及相关的测评、预防、监测、响应、恢复、咨询和培训等服务内容。信息安全产业是指从事信息安全技术研究开发、产品生产经营以及提供相关服务的产业。

一　发展现状与趋势

（一）发展现状

“十一五”时期，在国家高度重视和业界共同努力下，我国信息安全产业实现了较快发展，在部分关键领域基本满足了信息化建设的需要，有力支撑了国家信息安全保障体系建设，为“十二五”时期的信息安全产业发展奠定了基础。

产业规模持续扩大。“十一五”期间，我国信息安全产业规模迅速扩大，2010年达182亿元，年均增速超过30%。信息安全产业占信息产业的比重稳步提高。

产品体系逐渐健全。信息安全产品种类不断丰富，密码产品、防火墙、病毒防护、入侵检测、终端接入控制、网络隔离、安全审计、安全管理、备份恢复等技术领域产品研发取得明显进展，产品功能逐步向集成化、系统化方向发展。

企业实力逐步提升。截至2010年底，国内信息安全相关企业已超过700家，信息安全业务年收入超亿元企业10多家，建立了一批国家级信息安全研发中心。安全可控的信息安全产品和服务在国家重要信息系统和基础信息网络以及重点行业信息化建设和个人信息安全中应用比例不断提高，在北京奥运会、上海世博会和广州亚运会等国家重大活动的信息安全保障工作中发挥了重要作用。

人才队伍得到强化。国内设立信息安全专业及信息安全学科的高等院校数量明显增加，社会机构和企业也日渐重视信息安全技能、意识教育和培训，信息安全人才培养培训体系逐步形成。初步建立了涵盖技术研究、产品开发、安全服务等领域的信息安全产业人才队伍，人员素质不断提升。

标准化体系不断完善。“十一五”期间，信息安全标准化工作有序推进，初步建立了信息安全标准体系框架，形成了覆盖信息安全基础、技术、管理、测评等领域一批支撑国家信息安全保障体系建设的国家标准，信息安全产品认证认可体系逐步完善。

我国信息安全产业虽然取得了长足发展，但依然存在以下问题：产业整体相对弱小，关键产品和高端服务依赖进口，对国家信息安全保障的支撑能力需要进一步提升；产业核心技术积累不足，创新能力急需提升，缺乏引领产业发展的大企业；高端信息安全人才不能满足产业快速发展的需要；市场竞争急需进一步规范，管理体制迫切需要调整优化，产业发展环境有待完善。

（二）发展趋势

随着信息技术的快速发展和广泛应用，基础信息网络和重要信息系统安全、信息资源安全以及个人信息安全等问题与日俱增，应用安全日益受到关注，主动

防御技术成为信息安全技术发展的重点，信息安全产品与服务演化为多技术、多产品、多功能的融合，多层次、全方位、全网络的立体监测和综合防御趋势不断加强。

向系统化、主动防御方向发展。信息安全保障逐步由传统的被动防护转向“监测－响应式”的主动防御，信息安全技术正朝着构建完整、联动、可信、快速响应的综合防护防御系统方向发展。产品功能集成化、系统化趋势明显，功能越来越丰富，性能不断提高；产品间自适应联动防护、综合防御水平不断提高。

向网络化、智能化方向发展。计算技术的重心从计算机转向互联网，互联网正在逐步成为软件开发、部署、运行和服务的平台，对高效防范和综合治理的要求日益提高，信息安全产品向网络化、智能化方向发展。网络身份认证、安全智能技术、新型密码算法等信息安全技术日益受到重视。

向服务化方向发展。信息安全产业结构正从技术、产品主导向技术、产品、服务并重调整，安全服务逐步成为产业发展重点。信息技术网络化、服务化等都在积极推动信息安全服务化，信息安全服务在产业中的比重将不断提高，将逐渐主导产业的发展。

（三）面临的机遇和挑战

1. 面临的机遇

国家高度重视信息安全。十六届四中全会把信息安全与政治安全、经济安全和文化安全提到同等高度；《2006～2020年国家信息化发展战略》提出“促进我国信息安全技术和产业的自主发展”；《国民经济和社会发展第十二个五年规划纲要》对“加强网络与信息安全保障”提出了明确要求；《进一步鼓励软件产业和集成电路产业发展的若干政策》（国发〔2011〕4号）明确提出“完善网络环境下消费者隐私及企业秘密保护制度，……逐步在各级政府机关和事业单位推广符合安全要求的产品”。国家还出台了多项加强信息安全技术研发、推进产业发展的政策措施，为信息安全产业的发展、企业技术创新能力的提高和核心竞争力的提升提供了良好的市场环境和政策保障。

信息安全保障需求日益增加为信息安全产业带来更大的发展机遇。随着我国信息化进程的不断加速，信息化和工业化深度融合，信息安全保障体系建设稳步推进，信息安全等级保护、风险评估、分级保护等工作扎实开展，数字产品广泛普及，隐私保护、个人终端与企业信息系统的安全、数字版权保护等方面的需求越来越受到重视。2010 年我国信息安全产业与软件和信息服务业相比不到 1.5%，远低于全球的平均水平，具有很大发展空间。

云计算等新技术、新应用和新模式带来新的发展机遇。云计算、物联网、移动互联网等新技术、新应用和新模式的出现，对信息安全提出了新的要求，拓展了信息安全产业的发展空间。同时，新技术、新应用和新模式在国内外市场的全面开拓将加快国内信息安全技术创新速度，催生云安全等新的信息安全应用领域，为国内企业与国际同步发展提供了契机。

2. 面临的挑战

信息安全领域竞争日益激烈给我国信息安全产业带来巨大压力。随着信息技术的广泛应用，国际上围绕信息资源和互联网发展主控权的争夺愈演愈烈，发达国家争相出台网络空间发展战略，给我国信息安全产业带来挑战，迫切需要技术、产品和服务模式创新，提高信息安全防护支撑能力。从市场竞争态势看，国内外信息安全企业之间、大型 IT 企业与信息安全企业之间的并购不断加速，并采用捆绑销售策略占领市场空间，对国内信息安全企业发展带来了较大的市场压力，增加了产业管理的难度。

应用环境日趋复杂和新技术的不断涌现对信息安全提出更高要求。随着云计算、物联网、移动互联网等新技术、新模式的应用和发展，信息的获取方法、存储形态、传输渠道和处理方式等发生了新的变化，网络结构的复杂化、用户的爆炸性增长、数据的快速膨胀增加了信息安全防护的难度，要求开发性能更高、功能更丰富、智能化更高的信息安全技术和产品。信息安全产品形态不断发生变化，安全产品之间、安全产品与信息设备之间加快融合，新产品开发、交付和服务模式发生变革，给产业发展带来重大影响。信息安全产业需要加快创新步伐，满足国家信息安全保障体系建设对安全可控信息安全产品和服务的需求。

二　指导思想和发展目标

（一）指导思想

以邓小平理论和“三个代表”重要思想为指导，深入贯彻落实科学发展观，

紧紧围绕国家信息安全保障要求，面向信息安全市场需求，以提升对国家信息安全保障的支撑能力为目标，以保障基础信息网络安全和重要信息系统安全为中心，按照“安全可控、创新发展、应用牵引、环境营造”的原则，推进技术产品创新、应用和服务模式创新，积极培育骨干企业，加快发展特色中小企业，构建产业链完整、分工合理的产业体系，推动信息安全产业向体系化、规模化、特色化、高端化方向发展，做大做强信息安全产业。

（二）发展原则

安全可控。建立完整的信息安全技术、产品、服务和标准体系，保障新技术、新应用的安全可控，保障基础信息网络和重要信息系统的安全可控，为国家、企业和个人的信息安全保障提供产业支撑。

创新发展。聚集各方资源，加大信息安全技术创新投入力度，突破影响产业发展的核心技术和关键产品，创新服务模式，占领价值链高端，提升产业核心竞争力。

应用牵引。面向国家信息化建设和“两化”深度融合带来的信息安全保障需求，加快安全可控信息安全技术、产品和服务的应用推广。鼓励和支持采用安全可控的产品和服务，通过重大应用提升产业竞争能力，加速产业发展。

环境营造。加大政府在政策、规划和标准等方面的支持、引导和规范力度，营造良好的产业发展环境，充分发挥市场机制作用，促进产业持续、健康、快速发展。

（三）发展目标

产业规模目标。到 2015 年，我国信息安全产业规模突破 670 亿元，保持年均 30% 以上的增长速度，占信息产业的比重稳步提高。

产业结构目标。信息安全产品体系进一步丰富，服务在信息安全产业中的比重以及安全可控的信息安全产品和服务在国内市场的占有率明显提高，集聚效应明显、协同效应突出、发展特色鲜明的产业格局逐步形成，信息安全产业链日趋完整。

技术创新目标。进一步提升信息安全技术和服务创新能力，突破一批信息安全关键技术和产品，形成支撑云计算、物联网和移动互联网等应用的信息安全保障能力，逐步提高信息安全防护水平，部分信息安全技术和产品达到国际先进水平，信息安全竞争能力显著提高。

产业组织目标。形成以具有核心技术研发能力、新技术创新能力、国际竞争力的信息安全骨干企业为龙头，具有创新活力强、特色明显、产业链协同的中小企业为基础的产业发展格局，打造一批信息安全产品和服务知名品牌，发展一批特色突出、专业水平高、创新能力强的中小企业，形成30家信息安全业务收入过亿元企业，力争培育出信息安全业务收入达50亿元的骨干企业。

三　发展重点和重大工程

（一）发展重点

1. 信息安全关键技术

加大新型信息安全架构的研发力度，积极开发主动防护技术。加强密码技术、保密技术、安全芯片技术、可信计算技术、安全智能技术、数据安全技术、访问控制技术、安全审计跟踪与取证技术、网络与信息安全监测技术、网络安全管理与服务技术、终端安全管理和配置技术、应用安全支撑技术、工业控制系统安全技术、数字版权保护技术、隐私保护技术等信息安全关键技术的研发和产业化。发展数据隔离与交换、虚拟化安全、安全认证等支撑云计算、物联网、移动互联网等应用的信息安全技术，重点发展保障下一代国家宽带基础网络相关的网络空间安全防护技术。

2. 信息安全产品

（1）基础类产品

发展安全芯片、安全操作系统、安全数据库、安全中间件以及高可靠基础密码设备、可信主机与可信终端设备、可信计算平台、可信软件配置管理工具等部署在主机及其计算环境中的产品，加强对基础安全硬件平台架构研究，促进安全硬件平台快速发展。

（2）网络与边界安全类产品

面向大规模复杂网络环境及云计算技术与应用模式的应用需求，重点发展下一代防火墙、大规模入侵检测与防御、面向应用内容安全防护的深度包检测系统、高性能信道与网络密码设备、密码网关、安全 Web 网关、安全邮件网关、

虚拟专用网、安全路由及交换设备、统一威胁管理平台、高性能网络隔离与交换系统、网络行为监控系统、基于云计算的安全查杀和防御类网关产品、反垃圾邮件系统、恶意代码检测与防护系统等部署在网络设备或安全域边界上的网络与边界安全类产品。

（3）终端与数字内容安全类产品

重点发展病毒木马识别引擎、反钓鱼反欺诈反恶意网址系统、终端接入控制、数据保护与防泄密、主动防御等终端安全防护产品。发展数据加密、容灾备份和数据恢复、身份认证与授权管理等保障数据安全相关的产品。发展数字版权保护、隐私保护、网站安全监测与防护等相关的产品和系统。

（4）安全管理类产品

重点发展面向大规模网络应用的网络内容、流量、安全状态、信息泄密以及系统行为的安全监控与审计类产品，发展面向大规模网络环境的集成产品配置管理、网络安全事件管理、网络安全态势评估以及安全策略管理等功能的网络综合安全管理系统。

（5）信息安全支撑工具

重点发展系统及网络脆弱性评估工具、安全配置核查类工具、信息安全等级保护支撑工具、信息系统风险评估工具、密码测评工具、安全测评工具、应急响应工具、软件安全保障工具、信息安全技术与产品的标准符合性评估工具，以及其他信息安全管理与服务支撑工具产品。加快面向云计算、物联网、移动互联网等信息安全保障的相关支撑工具产品的研发与产业化。

3. 信息安全服务

重点发展信息安全风险评估、信息系统等级保护咨询、信息系统安全方案设计咨询、信息系统安全集成、信息安全工程监理、信息系统安全运维、网络安全应急处理、数据与系统容灾备份、电子认证、信息安全测评、信息安全认证、信息安全培训、电子取证、安全审计等信息安全服务，提高国内企业的信息安全服务能力，满足信息化建设对安全可控信息安全服务的需求。

（二）重大工程

1. 关键技术和重点产品研发及产业化工程

针对制约信息安全产业发展的关键技术和重点产品，聚集国家和地方资源，发挥产学研用资源优势，继续实施国家信息安全专项，进行技术攻关和产业化。制定信息安全关键技术和重点产品目录，基础信息网络和重要信息系统优先使用目录产品，引导企业和普通消费用户使用目录产品。通过工程的实施突破一批核心技术，形成一批具有市场竞争力的产品，建立和推广自主知识产权的标准规范，构建完整的产品体系和产业链。

2. 新一代信息技术应用安全支撑工程

研究建立支撑云计算、物联网、移动互联网等新一代信息技术应用保障的信息安全技术体系架构，开发关键信息安全技术产品和系统，加强云计算安全服务创新，通过试点示范逐步推动应用，提升信息安全防护水平，促进新一代信息技术的安全可控发展和应用。

3. 信息安全示范工程

充分利用国家重点信息化工程建设机遇，开展安全可控信息安全产品和服务在电子政务、电子商务、电子医疗、金融、能源、交通运输、远程教育等领域，以及云计算、物联网、移动互联网和工业控制系统中的示范应用。建设集规划设计、咨询、培训、宣传、展示等为一体的信息安全应用推广中心，推动组建相应的产业应用联盟，加快安全可控信息安全产品和服务产业化步伐。

4. 信息安全公共服务平台建设工程

加强信息安全公共服务基础设施建设，建设国家级和区域级信息安全专业服务平台，开展等级保护设计咨询、风险评估、安全咨询、安全测评、病毒快速预警响应、第三方资源共享的容灾备份、标准验证等服务；建设国家级信息安全数据库，包括脆弱性漏洞库、安全事件检测库、软件补丁库、恶意代码库、标准信息库等，为国家和社会公众提供快速、高效的信息安全咨询、预警、应急处理等服务，实现信息安全公共资源的共享共用，切实提高信息安全保障能力。

四　保障措施

（一）完善政策和法律制度，优化产业发展环境

贯彻落实《进一步鼓励软件产业和集成电路产业发展的若干政策》（国发〔2011〕4号），加快制定促进信息安全产业发展的产业政策，鼓励地方出台扶持

信息安全产业发展的政策措施。鼓励将信息安全产业纳入国家相应的基金和专项资金支持范围。加快制定和完善信息安全相关法律法规，加强信息安全的宣传和教育培训，提高公众信息安全意识，营造有利于产业健康、快速发展的良好环境。

（二）加强创新能力建设，增强产业竞争实力

加强政产学研用相结合，鼓励企业与科研机构、高校合作共建研发中心、技术与产业联盟。创新合作机制，鼓励企业间建立以产业链为基础的多层次合作联盟，支持以骨干信息安全企业和专业研发机构为核心的联合团队通过共同承担国家重大项目等方式开展信息安全技术自主创新，提升创新能力。通过推进信息安全技术成果的转移和交易，加强知识产权的保护和管理等手段，促进创新成果产业化。加强以骨干企业为龙头的国家信息安全产业基地建设，促进产业集聚发展。

（三）加快培育骨干企业，引领产业发展

联合政产学研用多方资源，加快培育一批管理先进、创新能力强、规模效益好、市场竞争力强的骨干企业，加大国家和地方财政资金对信息安全骨干企业的扶持力度。加大创新产品的政府采购力度，提倡信息安全服务外包，鼓励政府先行先试，提升骨干企业的创新能力和核心竞争力。支持骨干企业通过在国内外资本市场上市、投融资、兼并重组，以及买方信贷等多种手段，构建产业链条，提升市场竞争力，尽快做大做强。

（四）加大应用推广力度，促进产业发展

对基础信息网络和重要信息系统制定明确的信息安全评估和保障要求，鼓励和支持采用安全可控的信息安全产品和服务，以国家重要信息系统建设和重大信息技术应用带动信息安全产业发展。研究建立创新产品的首购风险补偿机制，加快创新产品上市步伐。建立健全供应链安全管理体系，确保基础信息网络和重要信息系统供应链各环节的安全。通过加强应用推广，促进产业发展，提升国家信息安全保障能力，实现产业发展与满足信息安全保障需求的良性互动。

（五）完善标准体系，支撑产业发展

进一步加强信息安全标准化战略与基础理论研究，跟踪信息安全技术和标准化发展动态，推动信息安全技术、产品和服务国家标准与行业规范的制定，围绕国家信息安全工作实际需求强化信息安全标准的自主研制、验证和推广实施机制，全面提升信息安全标准的质量和实施成效。加强政策法规对标准应用的指导作用，加大标准规范的宣传贯彻力度，切实做好标准实施监督和检查工作。积极参与信息安全国际标准化活动及工作规则制定，逐步提升我国在信息安全国际标准化组织中的影响力。

（六）完善信息安全产品认证，规范产业发展

进一步完善国家信息安全产品认证认可制度，推动信息安全等级保护、风险评估等制度的实施。加强信息安全产品检测与认证机构建设，推进信息安全产品测评认证、信息技术产品安全性测评认证等工作，加大统筹协调力度，减少重复检测和认证，切实减轻企业负担。大力提高检测认证技术水平，有效提升认证结果的权威性和效果。

（七）加强人才队伍建设，夯实产业发展基础

加强信息安全学科建设、人员素质教育和高端人才培养，鼓励各类教育、培训机构采用多种形式培养高素质多层次的信息安全专业人才。完善信息安全人才培养和引进机制，支持和鼓励各类企业与高校共建实训基地，推动实用型人才的培养，充分利用各项人才培养和引进计划，培养、引进一批信息安全领军人才。加强对信息安全培训机构和人员认证活动的规范管理，逐步提升人才培养层次和水平。

B.21

进一步鼓励软件产业和集成电路产业发展的若干政策

《国务院关于印发鼓励软件产业和集成电路产业发展若干政策的通知》（国发〔2000〕18号，以下简称“国发18号文件”）印发以来，我国软件产业和集成电路产业快速发展，产业规模迅速扩大，技术水平显著提升，有力推动了国家信息化建设。但与国际先进水平相比，我国软件产业和集成电路产业还存在发展基础较为薄弱，企业科技创新和自我发展能力不强，应用开发水平急待提高，产业链有待完善等问题。为进一步优化软件产业和集成电路产业发展环境，提高产业发展质量和水平，培育一批有实力和影响力的行业领先企业，制定以下政策。

一、财税政策

（一）继续实施软件增值税优惠政策。

（二）进一步落实和完善相关营业税优惠政策，对符合条件的软件企业和集成电路设计企业从事软件开发与测试，信息系统集成、咨询和运营维护，集成电路设计等业务，免征营业税，并简化相关程序。具体办法由财政部、税务总局会同有关部门制定。

（三）对集成电路线宽小于0.8微米（含）的集成电路生产企业，经认定后，自获利年度起，第一年至第二年免征企业所得税，第三年至第五年按照25%的法定税率减半征收企业所得税（以下简称企业所得税“两免三减半”优惠政策）。

（四）对集成电路线宽小于0.25微米或投资额超过80亿元的集成电路生产企业，经认定后，减按15%的税率征收企业所得税，其中经营期在15年以上的，自获利年度起，第一年至第五年免征企业所得税，第六年至第十年按照25%的法定税率减半征收企业所得税（以下简称企业所得税“五免五减半”优惠政策）。

（五）对国家批准的集成电路重大项目，因集中采购产生短期内难以抵扣的增值税进项税额占用资金问题，采取专项措施予以妥善解决。具体办法由财政部会同有关部门制定。

（六）对我国境内新办集成电路设计企业和符合条件的软件企业，经认定后，自获利年度起，享受企业所得税“两免三减半”优惠政策。经认定的集成电路设计企业和符合条件的软件企业的进口料件，符合现行法律法规规定的，可享受保税政策。

（七）国家规划布局内的集成电路设计企业符合相关条件的，可比照国发 18 号文件享受国家规划布局内重点软件企业所得税优惠政策。具体办法由发展改革委会同有关部门制定。

（八）为完善集成电路产业链，对符合条件的集成电路封装、测试、关键专用材料企业以及集成电路专用设备相关企业给予企业所得税优惠。具体办法由财政部、税务总局会同有关部门制定。

（九）国家对集成电路企业实施的所得税优惠政策，根据产业技术进步情况实行动态调整。符合条件的软件企业和集成电路企业享受企业所得税“两免三减半”、“五免五减半”优惠政策，在 2017 年 12 月 31 日前自获利年度起计算优惠期，并享受至期满为止。符合条件的软件企业和集成电路企业所得税优惠政策与企业所得税其他优惠政策存在交叉的，由企业选择一项最优惠政策执行，不叠加享受。

二、投融资政策

（十）国家大力支持重要的软件和集成电路项目建设。对符合条件的集成电路企业技术进步和技术改造项目，中央预算内投资给予适当支持。鼓励软件企业加强技术开发综合能力建设。

（十一）国家鼓励、支持软件企业和集成电路企业加强产业资源整合。对软件企业和集成电路企业为实现资源整合和做大做强进行的跨地区重组并购，国务院有关部门和地方各级人民政府要积极支持引导，防止设置各种形式的障碍。

（十二）通过现有的创业投资引导基金等资金和政策渠道，引导社会资本设立创业投资基金，支持中小软件企业和集成电路企业创业。有条件的地方政府可按照国家有关规定设立主要支持软件企业和集成电路企业发展的股权投资基金或创业投资基金，引导社会资金投资软件产业和集成电路产业。积极支持符合条件的软件企业和集成电路企业采取发行股票、债券等多种方式筹集资金，拓宽直接

融资渠道。

（十三）支持和引导地方政府建立贷款风险补偿机制，健全知识产权质押登记制度，积极推动软件企业和集成电路企业利用知识产权等无形资产进行质押贷款。充分发挥融资性担保机构和融资担保补助资金的作用，积极为中小软件企业和集成电路企业提供各种形式的贷款担保服务。

（十四）政策性金融机构在批准的业务范围内，可对符合国家重大科技项目范围、条件的软件和集成电路项目给予重点支持。

（十五）商业性金融机构应进一步改善金融服务，积极创新适合软件产业和集成电路产业发展的信贷品种，为符合条件的软件企业和集成电路企业提供融资支持。

三、研究开发政策

（十六）充分利用多种资金渠道，进一步加大对科技创新的支持力度。发挥国家科技重大专项的引导作用，大力支持软件和集成电路重大关键技术的研发，努力实现关键技术的整体突破，加快具有自主知识产权技术的产业化和推广应用。紧紧围绕培育战略性新兴产业的目标，重点支持基础软件、面向新一代信息网络的高端软件、工业软件、数字内容相关软件、高端芯片、集成电路装备和工艺技术、集成电路关键材料、关键应用系统的研发以及重要技术标准的制订。科技部、发展改革委、财政部、工业和信息化部等部门要做好有关专项的组织实施工作。

（十七）在基础软件、高性能计算和通用计算平台、集成电路工艺研发、关键材料、关键应用软件和芯片设计等领域，推动国家重点实验室、国家工程实验室、国家工程中心和企业技术中心建设，有关部门要优先安排研发项目。鼓励软件企业和集成电路企业建立产学研用结合的产业技术创新战略联盟，促进产业链协同发展。

（十八）鼓励软件企业大力开发软件测试和评价技术，完善相关标准，提升软件研发能力，提高软件质量，加强品牌建设，增强产品竞争力。

四、进出口政策

（十九）对软件企业和集成电路设计企业需要临时进口的自用设备（包括开发测试设备、软硬件环境、样机及部件、元器件等），经地市级商务主管部门确认，可以向海关申请按暂时进境货物监管，其进口税收按照现行法规执行。对符合条件的软件企业和集成电路企业，质检部门可提供提前预约报检服务，海关根据企业要求提供提前预约通关服务。

（二十）对软件企业与国外资信等级较高的企业签订的软件出口合同，政策性金融机构可按照独立审贷和风险可控的原则，在批准的业务范围内提供融资和保险支持。

（二十一）支持企业“走出去”建立境外营销网络和研发中心，推动集成电路、软件和信息服务出口。大力发展国际服务外包业务。商务部要会同有关部门与重点国家和地区建立长效合作机制，采取综合措施为企业拓展新兴市场创造条件。

五、人才政策

（二十二）加快完善期权、技术入股、股权、分红权等多种形式的激励机制，充分发挥研发人员和管理人员的积极性和创造性。各级人民政府可对有突出贡献的软件和集成电路高级人才给予重奖。对国家有关部门批准建立的产业基地（园区）、高校软件学院和微电子学院引进的软件、集成电路人才，优先安排本人及其配偶、未成年子女在所在地落户。加强人才市场管理，积极为软件企业和集成电路企业招聘人才提供服务。

（二十三）高校要进一步深化改革，加强软件工程和微电子专业建设，紧密结合产业发展需求及时调整课程设置、教学计划和教学方式，努力培养国际化、复合型、实用性人才。加强软件工程和微电子专业师资队伍、教学实验室和实习实训基地建设。教育部要会同有关部门加强督促和指导。

（二十四）鼓励有条件的高校采取与集成电路企业联合办学等方式建立微电子学院，经批准设立的示范性微电子学院可以享受示范性软件学院相关政策。支持建立校企结合的人才综合培训和实践基地，支持示范性软件学院和微电子学院与国际知名大学、跨国公司合作，引进国外师资和优质资源，联合培养软件和集成电路人才。

（二十五）按照引进海外高层次人才的有关要求，加快软件与集成电路海外高层次人才的引进，落实好相关政策。制定落实软件与集成电路人才引进和出国培训年度计划，办好国家软件和集成电路人才国际培训基地，积极开辟国外培训渠道。

六、知识产权政策

（二十六）鼓励软件企业进行著作权登记。支持软件和集成电路企业依法到

国外申请知识产权，对符合有关规定的，可申请财政资金支持。加大政策扶持力度，大力发展知识产权服务业。

（二十七）严格落实软件和集成电路知识产权保护制度，依法打击各类侵权行为。加大对网络环境下软件著作权、集成电路布图设计专有权的保护力度，积极开发和应用正版软件网络版权保护技术，有效保护软件和集成电路知识产权。

（二十八）进一步推进软件正版化工作，探索建立长效机制。凡在我国境内销售的计算机（大型计算机、服务器、微型计算机和笔记本电脑）所预装软件必须为正版软件，禁止预装非正版软件的计算机上市销售。全面落实政府机关使用正版软件的政策措施，将软件购置经费纳入财政预算，对通用软件实行政府集中采购，加强对软件资产的管理。大力引导企业和社会公众使用正版软件。

七、市场政策

（二十九）积极引导企业将信息技术研发应用业务外包给专业企业。鼓励政府部门通过购买服务的方式将电子政务建设和数据处理工作中的一般性业务发包给专业软件和信息服务企业，有关部门要抓紧建立和完善相应的安全审查和保密管理规定。

鼓励大中型企业将其信息技术研发应用业务机构剥离，成立专业软件和信息服务企业，为全行业和全社会提供服务。

（三十）进一步规范软件和集成电路市场秩序，加强反垄断工作，依法打击各种滥用知识产权排除、限制竞争以及滥用市场支配地位进行不正当竞争的行为，充分发挥行业协会的作用，创造良好的产业发展环境。加快制订相关技术和服务标准，促进软件市场公平竞争，维护消费者合法权益。

（三十一）完善网络环境下消费者隐私及企业秘密保护制度，促进软件和信息服务网络化发展。逐步在各级政府机关和事业单位推广符合安全要求的软件产品。

八、政策落实

（三十二）凡在我国境内设立的符合条件的软件企业和集成电路企业，不分所有制性质，均可享受本政策。

（三十三）继续实施国发 18 号文件明确的政策，相关政策与本政策不一致的，以本政策为准。本政策由发展改革委会同财政部、税务总局、工业和信息化部、商务部、海关总署等部门负责解释。

（三十四）本政策自发布之日起实施。

B.22

关于软件产品增值税政策的通知

——财税〔2011〕100号

各省、自治区、直辖市、计划单列市财政厅（局）、国家税务局、地方税务局，新疆生产建设兵团财务局：

为落实《国务院关于印发进一步鼓励软件产业和集成电路产业发展若干政策的通知》（国发〔2011〕4号）的有关精神，进一步促进软件产业发展，推动我国信息化建设，现将软件产品增值税政策通知如下。

一、软件产品增值税政策

（一）增值税一般纳税人销售其自行开发生产的软件产品，按17%税率征收增值税后，对其增值税实际税负超过3%的部分实行即征即退政策。

（二）增值税一般纳税人将进口软件产品进行本地化改造后对外销售，其销售的软件产品可享受本条第一款规定的增值税即征即退政策。

本地化改造是指对进口软件产品进行重新设计、改进、转换等，单纯对进口软件产品进行汉字化处理不包括在内。

（三）纳税人受托开发软件产品，著作权属于受托方的征收增值税，著作权属于委托方或属于双方共同拥有的不征收增值税；对经过国家版权局注册登记，纳税人在销售时一并转让著作权、所有权的，不征收增值税。

二、软件产品界定及分类

本通知所称软件产品，是指信息处理程序及相关文档和数据。软件产品包括计算机软件产品、信息系统和嵌入式软件产品。嵌入式软件产品是指嵌入在计算机硬件、机器设备中并随其一并销售，构成计算机硬件、机器设备组成部分的软件产品。

三、满足下列条件的软件产品，经主管税务机关审核批准，可以享受本通知规定的增值税政策：

1. 取得省级软件产业主管部门认可的软件检测机构出具的检测证明材料；

2. 取得软件产业主管部门颁发的《软件产品登记证书》或著作权行政管理部门颁发的《计算机软件著作权登记证书》。

四、软件产品增值税即征即退税额的计算

（一）软件产品增值税即征即退税额的计算方法：

即征即退税额 = 当期软件产品增值税应纳税额 − 当期软件产品销售额 × 3%

当期软件产品增值税应纳税额 = 当期软件产品销项税额 − 当期软件产品可抵扣进项税额

当期软件产品销项税额 = 当期软件产品销售额 × 17%

（二）嵌入式软件产品增值税即征即退税额的计算：

1. 嵌入式软件产品增值税即征即退税额的计算方法

即征即退税额 = 当期嵌入式软件产品增值税应纳税额 − 当期嵌入式软件产品销售额 × 3%

当期嵌入式软件产品增值税应纳税额 = 当期嵌入式软件产品销项税额 − 当期嵌入式软件产品可抵扣进项税额

当期嵌入式软件产品销项税额 = 当期嵌入式软件产品销售额 × 17%

2. 当期嵌入式软件产品销售额的计算公式

当期嵌入式软件产品销售额 = 当期嵌入式软件产品与计算机硬件、机器设备销售额合计 − 当期计算机硬件、机器设备销售额

计算机硬件、机器设备销售额按照下列顺序确定：

①按纳税人最近同期同类货物的平均销售价格计算确定；

②按其他纳税人最近同期同类货物的平均销售价格计算确定；

③按计算机硬件、机器设备组成计税价格计算确定。

计算机硬件、机器设备组成计税价格 = 计算机硬件、机器设备成本 × （1 + 10%）。

五、按照上述办法计算，即征即退税额大于零时，税务机关应按规定，及时办理退税手续。

六、增值税一般纳税人在销售软件产品的同时销售其他货物或者应税劳务的，对于无法划分的进项税额，应按照实际成本或销售收入比例确定软件产品应分摊的进项税额；对专用于软件产品开发生产设备及工具的进项税额，不得进行分摊。纳税人应将选定的分摊方式报主管税务机关备案，并自备案之日起一年内

不得变更。

专用于软件产品开发生产的设备及工具，包括但不限于用于软件设计的计算机设备、读写打印器具设备、工具软件、软件平台和测试设备。

七、对增值税一般纳税人随同计算机硬件、机器设备一并销售嵌入式软件产品，如果适用本通知规定按照组成计税价格计算确定计算机硬件、机器设备销售额的，应当分别核算嵌入式软件产品与计算机硬件、机器设备部分的成本。凡未分别核算或者核算不清的，不得享受本通知规定的增值税政策。

八、各省、自治区、直辖市、计划单列市税务机关可根据本通知规定，制定软件产品增值税即征即退的管理办法。主管税务机关可对享受本通知规定增值税政策的纳税人进行定期或不定期检查。纳税人凡弄虚作假骗取享受本通知规定增值税政策的，税务机关除根据现行规定进行处罚外，自发生上述违法违规行为年度起，取消其享受本通知规定增值税政策的资格，纳税人三年内不得再次申请。

九、本通知自2011年1月1日起执行。《财政部 国家税务总局关于贯彻落实〈中共中央国务院关于加强技术创新，发展高科技，实现产业化的决定〉有关税收问题的通知》（财税字〔1999〕273号）第一条、《财政部 国家税务总局 海关总署关于鼓励软件产业和集成电路产业发展有关税收政策问题的通知》（财税〔2000〕25号）第一条第一款、《国家税务总局关于明确电子出版物属于软件征税范围的通知》（国税函〔2000〕168号）、《财政部 国家税务总局关于增值税若干政策的通知》（财税〔2005〕165号）第十一条第一款和第三款、《财政部 国家税务总局关于嵌入式软件增值税政策问题的通知》（财税〔2006〕174号）、《财政部 国家税务总局关于嵌入式软件增值税政策的通知》（财税〔2008〕92号）、《财政部 国家税务总局关于扶持动漫产业发展有关税收政策问题的通知》（财税〔2009〕65号）第一条同时废止。

财政部 国家税务总局

二〇一一年十月十三日

B.23

关于进一步鼓励软件产业和集成电路产业发展企业所得税政策的通知

——财税〔2012〕27 号

各省、自治区、直辖市、计划单列市财政厅（局）、国家税务局、地方税务局：

根据《中华人民共和国企业所得税法》及其实施条例和《国务院关于印发进一步鼓励软件产业和集成电路产业发展若干政策的通知》（国发〔2011〕4 号）精神，为进一步推动科技创新和产业结构升级，促进信息技术产业发展，现将鼓励软件产业和集成电路产业发展的企业所得税政策通知如下：

一、集成电路线宽小于 0.8 微米（含）的集成电路生产企业，经认定后，在 2017 年 12 月 31 日前自获利年度起计算优惠期，第一年至第二年免征企业所得税，第三年至第五年按照 25% 的法定税率减半征收企业所得税，并享受至期满为止。

二、集成电路线宽小于 0.25 微米或投资额超过 80 亿元的集成电路生产企业，经认定后，减按 15% 的税率征收企业所得税，其中经营期在 15 年以上的，在 2017 年 12 月 31 日前自获利年度起计算优惠期，第一年至第五年免征企业所得税，第六年至第十年按照 25% 的法定税率减半征收企业所得税，并享受至期满为止。

三、我国境内新办的集成电路设计企业和符合条件的软件企业，经认定后，在 2017 年 12 月 31 日前自获利年度起计算优惠期，第一年至第二年免征企业所得税，第三年至第五年按照 25% 的法定税率减半征收企业所得税，并享受至期满为止。

四、国家规划布局内的重点软件企业和集成电路设计企业，如当年未享受免税优惠的，可减按 10% 的税率征收企业所得税。

五、符合条件的软件企业按照《财政部 国家税务总局关于软件产品增值税政策的通知》（财税〔2011〕100号）规定取得的即征即退增值税款，由企业专项用于软件产品研发和扩大再生产并单独进行核算，可以作为不征税收入，在计算应纳税所得额时从收入总额中减除。

六、集成电路设计企业和符合条件软件企业的职工培训费用，应单独进行核算并按实际发生额在计算应纳税所得额时扣除。

七、企业外购的软件，凡符合固定资产或无形资产确认条件的，可以按照固定资产或无形资产进行核算，其折旧或摊销年限可以适当缩短，最短可为2年（含）。

八、集成电路生产企业的生产设备，其折旧年限可以适当缩短，最短可为3年（含）。

九、本通知所称集成电路生产企业，是指以单片集成电路、多芯片集成电路、混合集成电路制造为主营业务并同时符合下列条件的企业：

（一）依法在中国境内成立并经认定取得集成电路生产企业资质的法人企业；

（二）签订劳动合同关系且具有大学专科以上学历的职工人数占企业当年月平均职工总人数的比例不低于40%，其中研究开发人员占企业当年月平均职工总数的比例不低于20%；

（三）拥有核心关键技术，并以此为基础开展经营活动，且当年度的研究开发费用总额占企业销售（营业）收入（主营业务收入与其他业务收入之和，下同）总额的比例不低于5%；其中，企业在中国境内发生的研究开发费用金额占研究开发费用总额的比例不低于60%；

（四）集成电路制造销售（营业）收入占企业收入总额的比例不低于60%；

（五）具有保证产品生产的手段和能力，并获得有关资质认证（包括ISO质量体系认证、人力资源能力认证等）；

（六）具有与集成电路生产相适应的经营场所、软硬件设施等基本条件。

《集成电路生产企业认定管理办法》由发展改革委、工业和信息化部、财政部、税务总局会同有关部门另行制定。

十、本通知所称集成电路设计企业或符合条件的软件企业，是指以集成电路设计或软件产品开发为主营业务并同时符合下列条件的企业：

（一）2011 年 1 月 1 日后依法在中国境内成立并经认定取得集成电路设计企业资质或软件企业资质的法人企业；

（二）签订劳动合同关系且具有大学专科以上学历的职工人数占企业当年月平均职工总人数的比例不低于 40%，其中研究开发人员占企业当年月平均职工总数的比例不低于 20%；

（三）拥有核心关键技术，并以此为基础开展经营活动，且当年度的研究开发费用总额占企业销售（营业）收入总额的比例不低于 6%；其中，企业在中国境内发生的研究开发费用金额占研究开发费用总额的比例不低于 60%；

（四）集成电路设计企业的集成电路设计销售（营业）收入占企业收入总额的比例不低于 60%，其中集成电路自主设计销售（营业）收入占企业收入总额的比例不低于 50%；软件企业的软件产品开发销售（营业）收入占企业收入总额的比例一般不低于 50%（嵌入式软件产品和信息系统集成产品开发销售（营业）收入占企业收入总额的比例不低于 40%），其中软件产品自主开发销售（营业）收入占企业收入总额的比例一般不低于 40%（嵌入式软件产品和信息系统集成产品开发销售（营业）收入占企业收入总额的比例不低于 30%）；

（五）主营业务拥有自主知识产权，其中软件产品拥有省级软件产业主管部门认可的软件检测机构出具的检测证明材料和软件产业主管部门颁发的《软件产品登记证书》；

（六）具有保证设计产品质量的手段和能力，并建立符合集成电路或软件工程要求的质量管理体系并提供有效运行的过程文档记录；

（七）具有与集成电路设计或者软件开发相适应的生产经营场所、软硬件设施等开发环境（如 EDA 工具、合法的开发工具等），以及与所提供服务相关的技术支撑环境；

《集成电路设计企业认定管理办法》、《软件企业认定管理办法》由工业和信息化部、发展改革委、财政部、税务总局会同有关部门另行制定。

十一、国家规划布局内重点软件企业和集成电路设计企业在满足本通知第十条规定条件的基础上，由发展改革委、工业和信息化部、财政部、税务总局等部门根据国家规划布局支持领域的要求，结合企业年度集成电路设计销售（营业）收入或软件产品开发销售（营业）收入、盈利等情况进行综合评比，实行总量控制、择优认定。

《国家规划布局内重点软件企业和集成电路设计企业认定管理办法》由发展改革委、工业和信息化部、财政部、税务总局会同有关部门另行制定。

十二、本通知所称新办企业认定标准按照《财政部 国家税务总局关于享受企业所得税优惠政策的新办企业认定标准的通知》（财税〔2006〕1 号）规定执行。

十三、本通知所称研究开发费用政策口径按照《国家税务总局关于印发〈企业研究开发费用税前扣除管理办法（试行）〉的通知》（国税发〔2008〕116 号）规定执行。

十四、本通知所称获利年度，是指该企业当年应纳税所得额大于零的纳税年度。

十五、本通知所称集成电路设计销售（营业）收入，是指集成电路企业从事集成电路（IC）功能研发、设计并销售的收入。

十六、本通知所称软件产品开发销售（营业）收入，是指软件企业从事计算机软件、信息系统或嵌入式软件等软件产品开发并销售的收入，以及信息系统集成服务、信息技术咨询服务、数据处理和存储服务等技术服务收入。

十七、符合本通知规定须经认定后享受税收优惠的企业，应在获利年度当年或次年的企业所得税汇算清缴之前取得相关认定资质。如果在获利年度次年的企业所得税汇算清缴之前取得相关认定资质，该企业可从获利年度起享受相应的定期减免税优惠；如果在获利年度次年的企业所得税汇算清缴之后取得相关认定资质，该企业应在取得相关认定资质起，就其从获利年度起计算的优惠期的剩余年限享受相应的定期减免优惠。

十八、符合本通知规定条件的企业，应在年度终了之日起 4 个月内，按照本通知及《国家税务总局关于企业所得税减免税管理问题的通知》（国税发〔2008〕111 号）的规定，向主管税务机关办理减免税手续。在办理减免税手续时，企业应提供具有法律效力的证明材料。

十九、享受上述税收优惠的企业有下述情况之一的，应取消其享受税收优惠的资格，并补缴已减免的企业所得税税款：

（一）在申请认定过程中提供虚假信息的；

（二）有偷、骗税等行为的；

（三）发生重大安全、质量事故的；

（四）有环境等违法、违规行为，受到有关部门处罚的。

二十、享受税收优惠的企业，其税收优惠条件发生变化的，应当自发生变化之日起15日内向主管税务机关报告；不再符合税收优惠条件的，应当依法履行纳税义务；未依法纳税的，主管税务机关应当予以追缴。同时，主管税务机关在执行税收优惠政策过程中，发现企业不符合享受税收优惠条件的，可暂停企业享受的相关税收优惠。

二十一、在2010年12月31日前，依照《财政部 国家税务总局关于企业所得税若干优惠政策的通知》（财税〔2008〕1号）第一条规定，经认定并可享受原定期减免税优惠的企业，可在本通知施行后继续享受到期满为止。

二十二、集成电路生产企业、集成电路设计企业、软件企业等依照本通知规定可以享受的企业所得税优惠政策与企业所得税其他相同方式优惠政策存在交叉的，由企业选择一项最优惠政策执行，不叠加享受。

二十三、本通知自2011年1月1日起执行。《财政部 国家税务总局关于企业所得税若干优惠政策的通知》（财税〔2008〕1号）第一条第（一）项至第（九）项自2011年1月1日起停止执行。

财政部 国家税务总局

二〇一二年四月二十日

附　　录

Appendix

B.24
附录1　城市名片

北　　京

城市软件和信息服务业竞争力:A⁺	
软件业务收入占 GDP 的比重:18.41%	从业人员:41.6 万人
2011 年产业规模:2946 亿元	国家规划布局内软件企业数量:55 家
2010 年出口规模:1382.69 百万美元	软件收入前百家企业数量:30 家

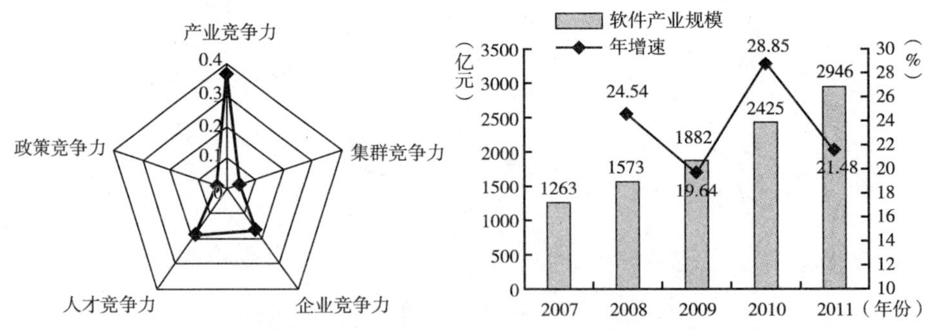

2011 年，北京市软件产业规模 2946 亿元，同比增长 21.48%，收入占 GDP 的 18.41%，从业人员达到 41.6 万人。服务外包总额约 24.5 亿美元，同比增长

67.8%；网络游戏出口超过2亿美元（12.7亿元）。软件和信息服务业收入3476亿元，产业实现增加值1492.6亿元，同比增长22.9%，占全市GDP的比重为9.3%，比重比上年提高0.3个百分点，在全市经济中的支柱地位愈加巩固。

北京市已初步成为具有世界影响力的软件和信息服务业城市。北京市软件和信息服务业形成了涵盖信息传输、基础软件、应用软件、信息技术（IT）服务、信息服务、嵌入式软件、集成电路（IC）设计等完整的产业链。2011年，北京年收入10亿元以上的软件和信息服务企业超过40家，占全行业业务总收入的比例超过40%。无论从中国软件业务收入前百家企业、国家规划布局内重点软件企业，还是上市软件企业数量和市值规模来看，北京市软件和信息服务业均占全国的三分之一。北京市已成为全国互联网信息服务中心和极具竞争力的全球新兴接包地之一。中关村国家自主创新示范区的软件和信息服务业收入占全市的82%，聚集200余家企业和35家国际知名软件研发中心，是全国经济规模最大的软件和信息服务产业基地，培育了一批国内领先、国际知名的企业，正向世界一流的软件和信息服务业园区迈进。

2011年，北京市发布了《北京市软件和信息服务业“十二五”发展规划》，“十二五”期间，北京市将继续扩大北京市软件和信息服务业在全国的领先优势，进一步增强首都支柱产业地位，培育一批具有全球竞争力的大型企业，成为全球软件和信息服务业创新中心。具体目标是：产业规模在全球知名软件城市中位居前列，总营业收入6800亿元，年均增长19%以上；在首都经济发展中的支柱产业地位更加巩固，产业增加值占地区GDP的12%左右；产业结构更加优化，软件服务的比重超过60%，新兴业务收入比重超过20%；成为世界最具潜力的接包地之一，出口额力争达到45亿美元；培育一批具有全球竞争力的大型企业，营业收入过百亿元的企业超过5家。

深　圳

城市软件和信息服务业竞争力：A+	
软件业务收入占GDP的比重：19.85%	从业人员：29.47万人
2011年产业规模：2283.00亿元	国家规划布局内软件企业数量：27家
2010年出口规模：12232.84百万美元	软件收入前百家企业数量：9家

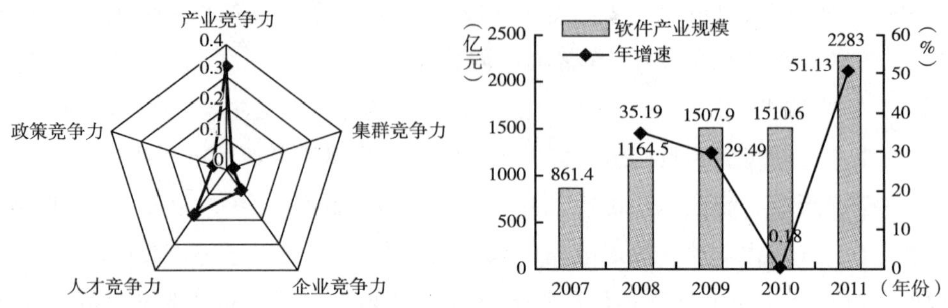

2011 年，深圳市软件产业规模 2283 亿元，同比增长 51.13%，从业人员为 29.47 万人，国家规划布局内软件企业增至 27 家，软件收入前百家企业数量增至 9 家。

深圳正在不断完善以嵌入式软件为主体，金融、电信、能源等大型行业应用软件、系统集成与运维服务、IC 设计等行业多元发展的格局。嵌入式软件占比近 50%，是深圳软件产业发展中最具特色、最具规模、最具竞争优势的主要行业。与此同时，云计算、互联网和三网融合等新兴业态快速发展。

2011 年，深圳继续推动软件产业发展，技术创新能力持续提升，骨干企业群体不断壮大，软件产业已经成为引领深圳产业升级、建设现代产业体系的重要产业载体。目前，深圳软件产业已经形成了明显的集聚态势，嵌入式软件等重点行业优势突出，新兴业务快速成长，初步构建了深圳特色的软件产业生态环境；研发投入强度高于全国平均水平，软件企业的研发投入占全市研发投入总额的六成以上；梯队互补、协同发展的良性企业生态体系基本形成。

到“十二五”期末，深圳软件产业形成较为完善的产业链和产业布局，基本建成全国领先的软件和信息服务集聚和创新基地，产业规模和综合发展水平位居全国前列。到 2015 年，软件业务收入超过 4000 亿元，出口额超过 200 亿美元。“十二五”期间，深圳将积极打造嵌入式软件发展高地，加快电子信息及其他终端产品的嵌入式软件研发和应用推广；大力发展行业应用软件，特别是为通信、金融、物流、能源、制造等大型行业以及交通、公安、医疗、教育等公共服务领域提供信息化服务的行业应用软件；以国家集成电路设计深圳产业化基地为载体，打造全方位 IC 设计服务体系，形成集成电路设计应用优势产业链；推进信息服务向高端发展，加强深港服务外包合作，打造国际高端服务外包基地。同时，大力发展互联网、物联网和云计算等新兴业态，加快培育云计算产业群。

上 海

城市软件和信息服务业竞争力:A	
软件业务收入占GDP的比重:5.70%	从业人员:32.3万人
2011年产业规模:1095.11亿元	国家规划布局内软件企业数量:31家
2010年出口规模:1574.71百万美元	软件收入前百家企业数量:6家

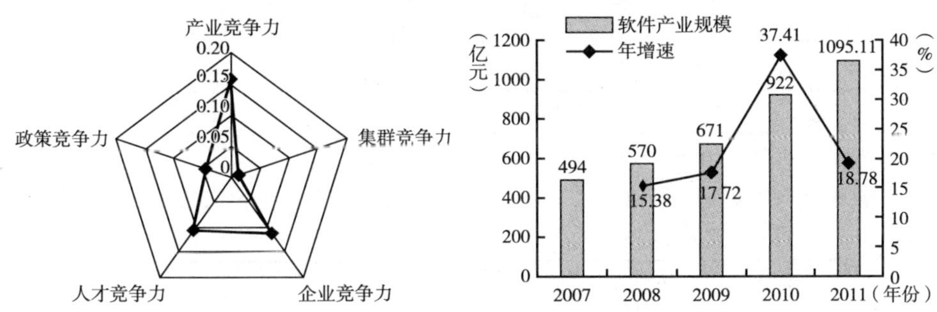

2011年，上海市软件产业规模1095.11亿元，同比增长18.78%，收入占GDP的比重为5.70%，从业人员为32.3万人，经营收入超亿元软件企业192家，超10亿元的软件企业19家。

“十一五”期间，上海信息服务业抓住全球信息化大发展的历史机遇，加强产业链完善和发展模式创新，实现了从新技术领域到支柱产业的跨越式发展，顺利实现了“十一五”产业发展目标，并成为上海经济发展中速度最快、技术创新最密集、效益较好的产业之一，有力支撑了上海产业结构调整和经济发展方式转变。上海信息服务业增加值在第三产业中仅次于批发零售、金融、房地产业，居第四位，成为上海经济发展的支柱领域。

2011年，《上海市信息服务业发展“十二五”规划》发布，到“十二五”末，上海信息服务业发展水平继续保持国内领先，部分重点领域具有较强国际竞争力，成为国内信息服务业产业高地。到2015年，上海信息服务业实现“6363”的总体目标，即经营收入力争达到6000亿元，年经营收入超亿元企业超过300家，从业人员达到60万人，信息服务业基地30个。信息服务业收入占信息产业总规模比重40%左右；增加值占第三产业比重超过10%，增加值占全市国内生产总值比重达到7%左右。6000亿元收入中，软件产业经营收入3000亿元，年均增长20%左右；电信传输服务业经营收入700亿元，年均增长5%左右。到2015年，上海年经营收入超亿元信息服务业企业超过300家。其中，超100亿元的企业3~5家，50亿~100亿元的企业5~10家，10亿~50亿元的企业20家；从业人员超万人的信息服务业企业5~10家；上市信息服务业企业超过60家。

到2020年，上海信息服务业经营收入超过10000亿元。

成　都

城市软件和信息服务业竞争力:A	
软件业务收入占GDP的比重:19.08%	从业人员:20万人
2011年产业规模:1308.00亿元	国家规划布局内软件企业数量:7家
2010年出口规模:603.63百万美元	软件收入前百家企业数量:0

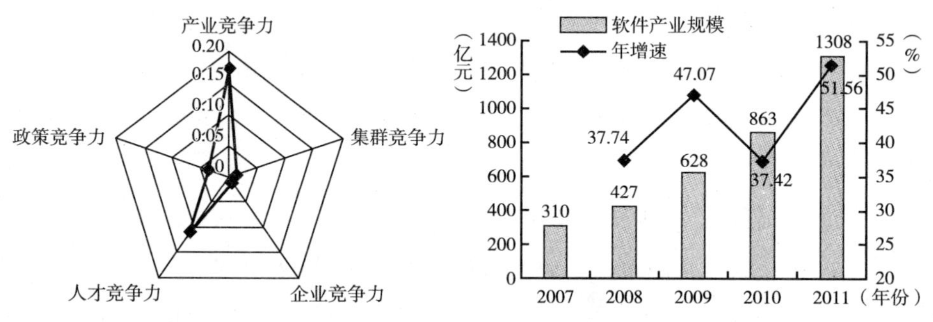

2011年，成都市软件产业同比增长51.56%，达1308.00亿元，收入占GDP的比重上升至19.08%，从业人员20万人，国家规划布局内软件企业增至7家。

成都人力资源丰富，人员流动率低，聚集了众多软件和服务外包企业，已成为西部的软件中心城市。2012年，成都成为第三个“中国软件名城”。

近年来，成都软件和信息服务业以超过35%的增速迅猛发展，产业规模不断壮大，配套设施日趋完善，大企业大集团加速聚集，在IC设计、服务外包、信息安全、数字新媒体、电子商务等多个产业领域竞争优势显著，在政策、人才和载体建设等产业环境方面吸引力突出。“成都造”应用软件在社保、金融、空

管、通信、军工等细分领域，一直在全国保持着较大的市场份额和较强的竞争力；信息安全产业规模仅次于北京，位列全国第二；游戏动漫产业占全国市场比重达7.4%，是全国数字游戏产业五大聚集区之一；外包产业在全国21个服务外包示范城市中排位第13，列西部示范城市之首。

“十二五”时期，成都将打造成为全国软件和信息服务业的重要布局地和领先发展、领军发展城市，成为世界著名软件服务业企业的主流聚集区、全球软件产品和信息技术服务的主要提供地，成为“世界软件名城”。到2015年，软件服务业主营业务收入达到3200亿元，对GDP贡献率达到10%，出口额达到20亿美元。到2015年，经认定的软件企业累计达到1500家，登记软件产品达到6000个。将形成“一核、两带、多园”产业布局，全市软件和信息服务业规划面积超过30平方公里。

南　　京

城市软件和信息服务业竞争力:A	
软件业务收入占GDP的比重:24.76%	从业人员:25万人
2011年产业规模:1520.00亿元	国家规划布局内软件企业数量:17家
2010年出口规模:380.73百万美元	软件收入前百家企业数量:8家

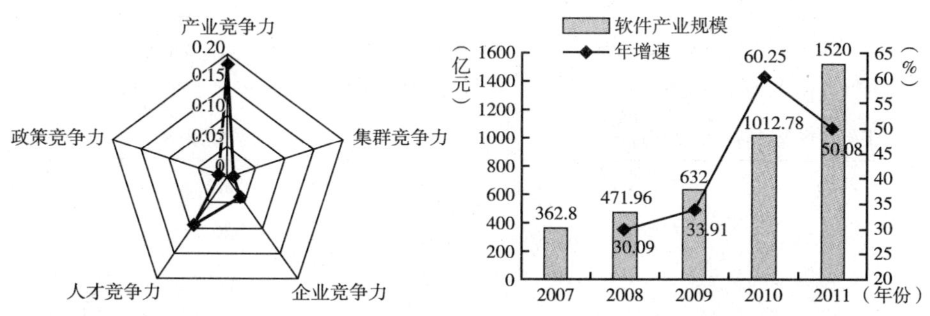

2011年，南京市软件产业规模为1520.00亿元，同比增长50.08%，收入占GDP的比重增加近10%，从业人员增长近1倍，国家规划布局内软件企业增至17家。2011年，南京成为首个获得“中国软件名城”称号的城市。

作为“中国软件名城”之一，南京现在已经形成了电力自动化及管理软件、电信系统管理软件、企业信息化软件、网络与安全系统软件、嵌入式软件、教育软件六大特色产品群，在全国市场中占有重要地位。电力自动化、通信、智能交通等三大应用软件产品集群分别占据了国内市场份额的50%、30%和20%。

“十二五”期间，南京市软件和信息服务业收入2012年力争达到2000亿元，2015年力争达到4000亿元，实现5年翻两番；从事软件和信息服务业的企业2012年达到2200家，2015年达到4000家；经认定的软件企业2012年达到1500家以上，2015年达到2200家以上；力争到2015年全市软件和信息服务业超百亿元企业10家，2020年达30家；软件和信息服务业从业人员2012年达到25万人，2015年达到50万人；软件和信息服务业建筑面积2012年达到800万平方米以上，2015年达到1500万平方米以上。加快软件产业“两园多基地”大发展，建设中国一流、世界知名的中国南京软件谷，打造云计算中心等一批国家级公共服务平台，营造软件产业企业和人才向南京集聚的氛围。

到2020年，全市软件和信息服务业收入超过10000亿元，全面建成“一谷两园”，跨入世界软件名城行列。

广　州

城市软件和信息服务业竞争力:A	
软件业务收入占GDP的比重:7.92%	从业人员:24.05万人
2011年产业规模:974.57亿元	国家规划布局内软件企业数量:17家
2010年出口规模:197.76百万美元	软件收入前百家企业数量:3家

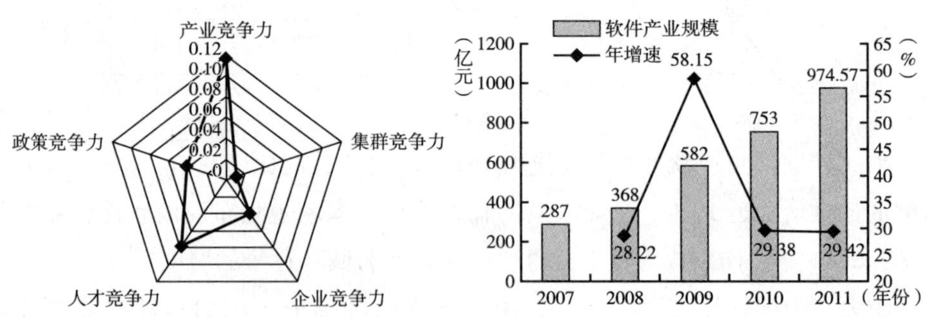

2011年，广州市软件和信息服务业同比增长29.42%，产业规模达974.57亿元，从业人员达24.05万人，国家规划布局内软件企业增至17家。2011年全市软件业务收入超亿元软件企业达129家。

广州力求用十年左右的时间，形成与广州中心城市功能地位和产业结构优化升级需要相适应的，辐射全省、面向全国，逐步走向世界的软件产业，将广州逐步打造成为我国主要的软件研制开发中心和软件产业基地。

2011年，广州加快建设“智慧广州”，大力推进国家级信息化和工业化融合试验区建设，加大力度发展软件和信息服务业，产业发展呈现良好势头。一是集聚了一批重大高端项目，中国移动南方研发基地、中金数据系统华南数据中心等相继投入建设，对带动信息服务业集群发展发挥了积极作用。二是助力一批成长型骨干企业上市融资，奠定了快速发展的企业基础。三是电子商务、移动互联网、集成电路设计等产业快速发展，涌现出一批高成长、高潜力的企业，占据了行业的领先地位。四是创新能力显著增强，广州市承接了一批核高基国家科技重大专项等国家、省创新项目，在移动互联网、数字家庭、云计算、高端芯片设计等领域研发了一批核心关键技术，显著提高了产业核心创新能力。

到2012年，广州软件和信息服务业收入突破2000亿元，行业增加值占全市GDP比重达到6%，从业人员超过30万人；培育一批骨干企业，年收入超10亿元的企业超过10家，新增10家企业上市；基本形成“一核三区六园”合理分布、特色鲜明、错位发展的产业空间格局。到2015年，全市软件和信息服务业收入突破3500亿元，形成产值两个千亿元级的高增长产业群，成为国际一流、国内领先的中国软件名城，形成软件和信息服务业高度集聚区、创新发展先导区、高端人才汇聚区和现代服务业引领区。

杭　　州

城市软件和信息服务业竞争力:A	
软件业务收入占GDP的比重:10.95%	从业人员:13.78万人
2011年产业规模:768.08亿元	国家规划布局内软件企业数量:18家
2010年出口规模:713.69百万美元	软件收入前百家企业数量:11家

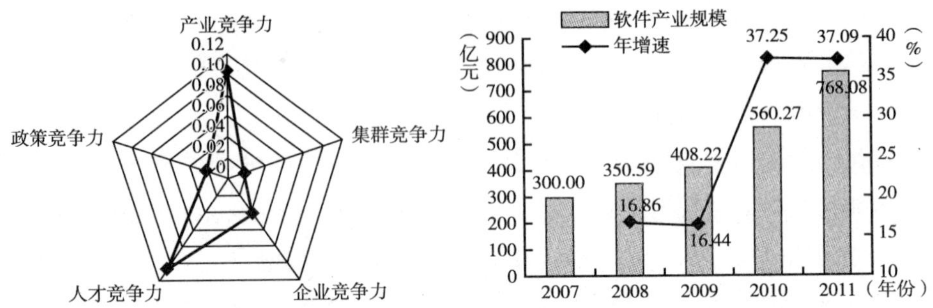

2011 年，杭州市软件产业同比增长 37.09%，产业规模达 768.08 亿元，从业人员为 13.78 万人，国家规划布局内软件企业增至 18 家。

杭州是国务院确定的全国重点风景旅游城市和历史文化名城，获得了国际花园城市、联合国人居奖、中国城市总体投资环境最佳城市等一系列荣誉称号。杭州着力打响经济强市、文化名城、旅游胜地、天堂硅谷四张金名片，大力实施“环境立市”战略。良好的城市环境吸引越来越多的国内外软件企业前来投资。落户于杭州的阿里巴巴公司是中国电子商务和互联网产业的一面旗帜。

杭州市软件和信息服务业在涉及电子商务、金融财税、工业控制、安防监控、建筑节能、集成电路研发和设计、数字电视、新媒体、动漫游戏、RFID 研发应用、医疗卫生、服务外包和互联网娱乐服务等行业的应用软件发展领域，已走在全国前列。

济　　南

城市软件和信息服务业竞争力:A	
软件业务收入占 GDP 的比重:18.84%	从业人员:16.8 万人
2011 年产业规模:830.00 亿元	国家规划布局内软件企业数量:5 家
2010 年出口规模:208.43 百万美元	软件收入前百家企业数量:4 家

2011年，济南市软件产业规模为830.00亿元，同比增长36.07%，收入占GDP的比重达18.84%，从业人员数量为16.8万人。软件和信息服务业对第三产业的贡献率达到25.6%，成为全市支柱产业。2011年，济南获“中国软件名城”称号。

济南围绕创建中国软件名城目标，立足自身优势和特色，不断优化发展环境，大力支持自主创新，积极深化行业应用，在全市软件和信息服务业产业实力、企业培育、人力保障、创新能力、应用水平、发展环境、带动效应等各方面都取得了显著成效。

2015年，全市软件和信息服务业收入将达1700亿元，增加值占全市GDP的比重超过10%，年均增长速度保持在25%以上；软件产业出口额突破10亿美元；从业人员达到28万人，涌现出超100亿元和过万人软件企业，形成“一城五区”、“多园多基地”的产业布局，济南软件产业整体规模和自主创新能力位居国内前列。

大　连

城市软件和信息服务业竞争力:A	
软件业务收入占GDP的比重:9.75%	从业人员:9.59万人
2011年产业规模:599.38亿元	国家规划布局内软件企业数量:3家
2010年出口规模:1635.71百万美元	软件收入前百家企业数量:2家

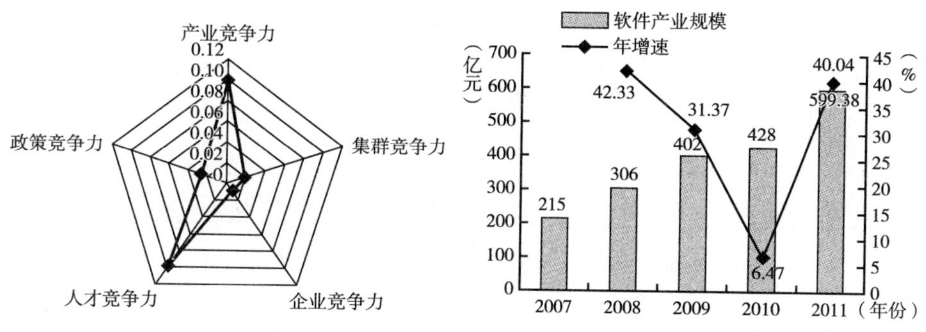

2011年，大连市软件和产业规模同比增长40.04%，达到599.38亿元，从业人员为9.59万人，软件收入前百家企业数量增至2家。

大连市以一个IT服务外包强市的形象出现。大连市有着多年的软件外包服务经验，与日本地理上接近的地缘优势及日语人才丰富，使得其对日外包服务在国内处于领先地位。

“十二五”时期，大连软件和信息服务业发展将着重从四方面寻求突破。一是由做大向做强迈进，通过具有核心技术的重大项目发展，带动形成若干在国内外处于领先水平的优势领域，培育一批市场潜力大、规模增长快、产品附加值高的软件产品和信息技术服务；二是由接包向创新转变，以外包服务承接为基础，注重重点领域技术创新与模式创新，促进创新体系的建立和完善；三是由低端向高端突破，将业务领域扩展与产业结构调整优化相结合，着力发展技术密集型的新兴产品和高附加值业务；四是由离岸向在岸延伸，在巩固日韩市场、拓展欧美市场的基础上，大力拓展东北乃至全国的信息化建设和信息技术应用市场，以内需市场支撑产业持续发展。

与此同时，大连将通过“六大工程”来提升产业的规模和能力。“融合工程”将推动工业软件研发应用；“提升工程”将提升软件和信息服务外包发展层级；“民生工程”将满足个人信息技术服务消费需求；“强基工程”将增强并发挥公共服务平台作用；“名牌工程”将打造一批名园、名企、名牌；“示范工程”将加强产业试点示范，建立工业软件和行业应用解决方案体验中心，确定典型产品和解决方案并重点推广。

2015 年，大连软件和信息服务业将超过 1000 亿元，出口达 50 亿美元。

青　　岛

城市软件和信息服务业竞争力:A	
软件业务收入占 GDP 的比重:5. 31%	从业人员:3 万人
2011 年产业规模:351. 00 亿元	国家规划布局内软件企业数量:3 家
2010 年出口规模:262. 05 百万美元	软件收入前百家企业数量:2 家

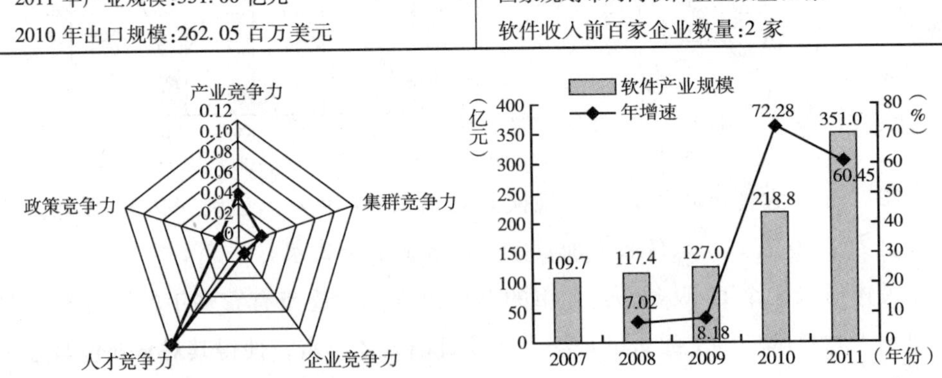

2011年，青岛市软件产业规模为351.00亿元，同比增长60.45%，收入占GDP的比重增加至5.31%，国家规划布局内软件企业增至3家，软件收入前百家企业数量增至2家。

青岛市软件企业聚集性较强，并且在对日韩IT服务外包、集成电路设计、嵌入式软件、数字动漫、互联网信息服务、行业应用软件等领域已具备一定的规模和优势。

“十二五”期间，青岛市软件和信息服务业将以建设区域性信息中心为目标，突出基础网络设施建设、信息资源开发利用与共享，建设“数字青岛”。青岛市将重点发展嵌入式软件，加快发展工业软件和行业应用软件，培育发展集成电路设计和基础软件产业，大力培育软件人才培训产业，大力发展软件外包服务业，着力培育新兴软件产业业态。软件和信息服务业增加值年均增长22%，到2015年占全市生产总值的比重将提高到3%。力争到2015年，青岛市软件产业主营业务收入超过1000亿元，软件出口达10亿美元；着力把青岛市打造成“国家软件名城”、“国家软件和信息服务业示范基地”；服务外包业务额达到1200亿元，其中，离岸服务外包业务额达到40亿美元，离岸服务外包企业达到800家，年离岸业务额达到1000万美元以上企业150家，从业人员30万人以上，千人以上企业50家以上，引进国内外知名服务外包企业50家以上。

武　汉

城市软件和信息服务业竞争力:A⁻	
软件业务收入占GDP的比重:5.56%	从业人员:5.94万人
2011年产业规模:363.40亿元	国家规划布局内软件企业数量:2家
2010年出口规模:52.42百万美元	软件收入前百家企业数量:1家

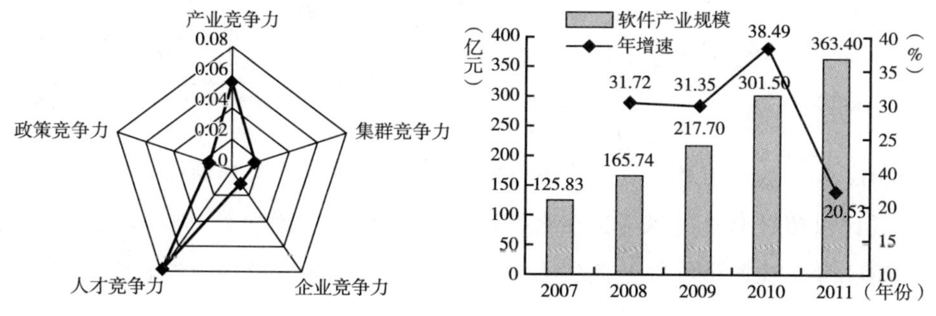

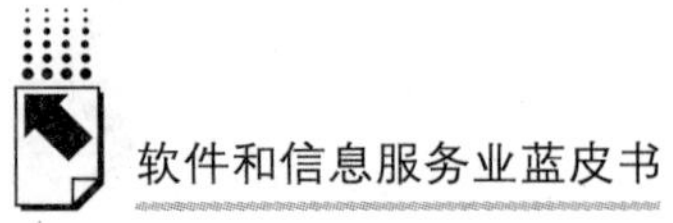

2011 年，武汉市软件产业规模为 363.40 亿元，同比增长 20.53%，从业人员增加 1.49 万人。

武汉市软件产业覆盖空间信息技术、信息安全、网络通信、制造业、医药化工、物流、现代服务业、金融、汽车、钢铁等重点领域。

2011 年，武汉嵌入式软件、应用软件、系统集成、数字内容产业进一步扩大优势。武汉市以“三园一街”为依托，集中精力推进武汉国家软件产业基地建设。在市场环境和财税制度方面，鼓励本地企业积极开拓国内市场和国际市场，加大财政支持力度，拓宽软件产业投融资渠道；在骨干企业培育方面，实行培育与引进相结合，发展了一批在通信、汽车电子、集成电路设计、制造业信息化以及信息安全等领域的龙头企业和国内知名品牌。武汉拥有较为完整的工业体系，带动了相应行业信息化应用的发展，在基础通信、电子商务和管理软件方面的投资增速较快。

沈　　阳

城市软件和信息服务业竞争力:A⁻	
软件业务收入占 GDP 的比重:10.18%	从业人员:16.16 万人
2011 年产业规模:606 亿元	国家规划布局内软件企业数量:1 家
2010 年出口规模:519.01 百万美元	软件收入前百家企业数量:5 家

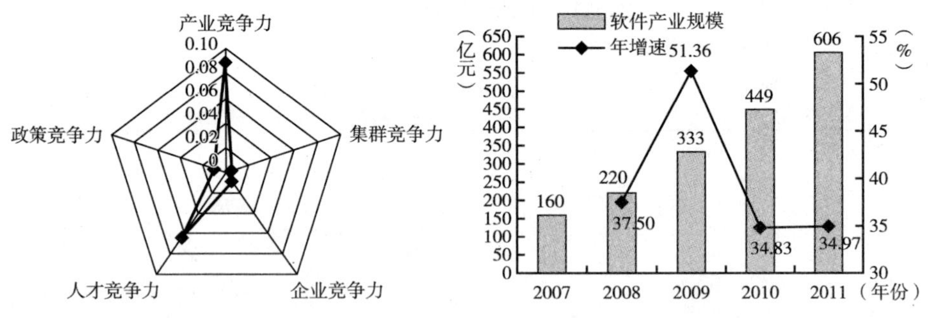

2011 年，沈阳市软件产业规模同比增长 34.97%，达到 606 亿元，收入占 GDP 的比重超过 10%，从业人员大幅增加，比 2010 年增加了 193%。

2011 年，沈阳市软件企业实力日益增强，软件区域结构日渐优化，软件和

信息服务业几乎涵盖国民经济和社会信息化的各个方面，形成了以行业应用软件、工业软件、服务外包、动漫为主的优势产业。软件服务业已成为沈阳市最具发展潜力的新兴产业之一。沈阳市依托自身雄厚的装备制造业基础和软件园区，着力打造“工业软件”品牌，重点发展嵌入式系统软件，走出了一条独具特色的装备智能化、企业信息化道路，使软件产业与工业控制、航空航天、医疗、能源、交通、金融等行业的融合日益加深。

西　安

城市软件和信息服务业竞争力:A⁻	
软件业务收入占 GDP 的比重:8.90%	从业人员:7.9 万人
2011 年产业规模:344.03 亿元	国家规划布局内软件企业数量:1 家
2010 年出口规模:222.66 百万美元	软件收入前百家企业数量:0

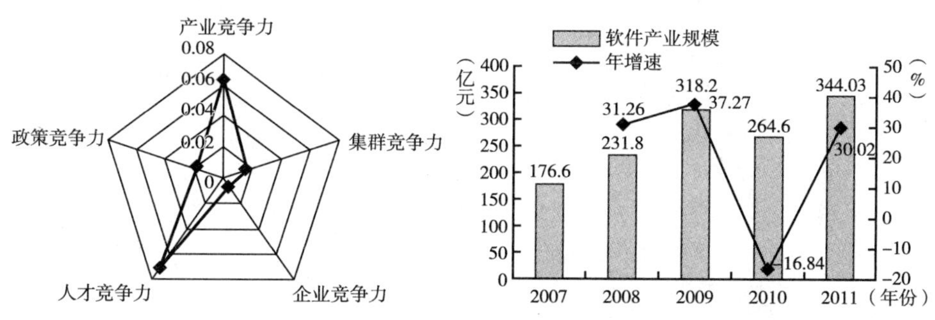

2011 年，西安市软件产业规模为 344.03 亿元，同比增长 30.02%，出口为 2.2 亿美元，占 GDP 的比重为 8.9%。

2011 年，西安市软件和信息服务业延续了持续快速发展的态势，全行业产业环境不断优化，整体规模迅速扩大，出口持续增长，行业应用、嵌入式系统和信息服务外包等业务收入稳步提高，成为拉动西安电子信息产业和经济增长的重要力量。

“十二五”期间，西安市将努力构建西安软件产业各专业领域从研发、设计、生产、销售到服务完备的产业链，构筑产业发展基础性平台和企业生态发展体系，使西安成为产业远景明确、行业资源集聚、创新能力活跃、加工属地配套、品牌效益突出、发展生态体系完备的西部最重要的软件产业发展基地。力争到2015年，全市软件产业主营业务收入达到1500亿元，年均增长35%左右。其中：软件业务收入达到900亿元，软件出口达到8亿美元，税收50亿元，软件企业达到2000家，千人企业达到20家，从业人员25万人，基本建成“国内领先、国际一流”的软件研发和信息服务外包基地。

天　津

城市软件和信息服务业竞争力:A⁻	
软件业务收入占GDP的比重:3.31%	从业人员:5万人
2011年产业规模:370.12亿元	国家规划布局内软件企业数量:3家
2010年出口规模:769.77百万美元	软件收入前百家企业数量:0

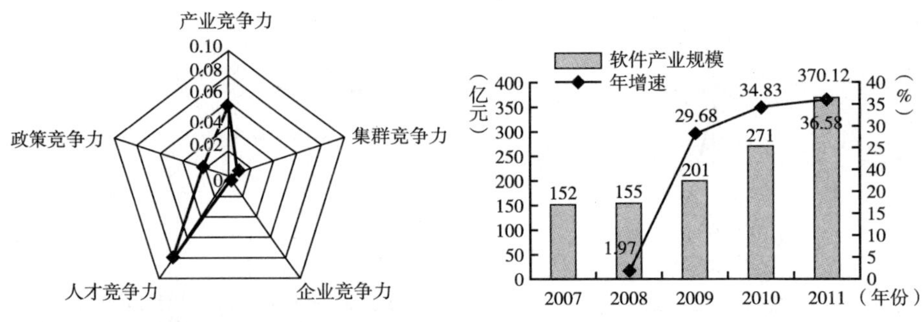

2011年，天津市软件产业规模为370.12亿元，同比增长36.58%，收入占GDP的比重为3.31%，国家规划布局内软件企业数量由1家增加至3家。

天津是我国北方最重要的港口，且周边地区高端制造业聚集，为天津市聚集、引进相关服务外包企业提供了良好的发展空间。“十一五”时期，软件产业在全市经济社会发展和信息化建设的强力驱动下，保持了良好的发展势头，产业规模持续增长，产业结构不断优化，企业实力逐渐增强，优势产品不断涌现，聚集效应日益明显，主要指标较“十五”末均有较大增幅，基本形成了以园区为载体、以企业为主体、以创新产品为特色的软件产业发展格局。与“十五”末相比，“十一五”末，天津市软件企业总数年增加了340家，同比增长超过1倍，达到了750家，其中收入过亿元的企业达到41家，比“十五”末增加了7倍。

滨海新区目前正成为天津市软件产业发展的主体，聚集的软件企业数占全市总量的 70%，软件业务收入占总量的 90%。

2011 年，由天津市政府正式批复的《天津市软件产业发展“十二五”规划》指出，“十二五”期间，天津市软件产业将以年均 35% 的速度增长，到 2015 年，全市软件业务收入将超过 1200 亿元，占电子信息产业收入比重达到 20%，出口额达到 25 亿美元，从业人员达到 10 万人。软件企业户数超过 1000 家，其中国家规划布局内重点软件企业超过 10 家，收入过 10 亿元的企业达到 10 家、过亿元的企业达到 50 家、上市企业达到 10 家以上。打造 3 个亿元级软件产业聚集区，即 1 个千亿元级、1 个百亿元级和 1 个 50 亿元级软件产业聚集区。

“十二五”时期，天津着力推动智能通信软件的发展，重点开发智能手机操作系统、智能终端防火墙产品；拓展服务外包领域和发展空间，发展人力资源、公共信息等服务外包；加快推进软件产业与优势产业融合发展，在飞机研发设计、汽车电子、药物自动化生产控制等领域，形成一批具有行业特色和专业特点的工业软件；加快推进物联网应用软件研发和产业化；支持网络游戏、动漫软件开发等发展，打造特色动漫游戏产业；大力发展电子商务、数据库服务、数字出版等内容产业，培育信息服务业新兴业态。

厦　门

城市软件和信息服务业竞争力:A⁻	
软件业务收入占 GDP 的比重:13.95%	从业人员:6.3 万人
2011 年产业规模:353.77 亿元	国家规划布局内软件企业数量:4 家
2010 年出口规模:56.59 百万美元	软件收入前百家企业数量:0

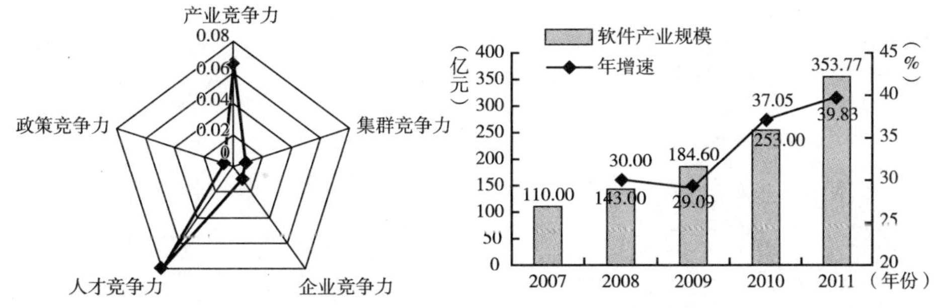

2011 年，厦门市软件产业规模为 353.77 亿元，同比增长 39.83%，国家规划布局内软件企业增至 4 家。

厦门市充分利用海峡两岸的桥梁优势，积极建设“信息厦门”、“科技厦门”，努力建成海峡西岸重要的信息港和电子商务中心城市。

2011 年，厦门市软件和信息服务业继续保持快速发展态势。厦门市围绕“集成电路设计、嵌入式软件、数字内容、信息技术服务”四个重点领域以及“对台合作”、“服务外包”两个方向，逐步形成了一批应用软件、系统集成、数字内容、集成电路设计、嵌入式软件、信息技术服务与人才培训等骨干企业。

“十二五”期间，全市软件和信息服务业发展将按国家“十二五”规划和产业振兴计划，围绕市经济社会发展总体目标与任务，突出内需拉动和创新发展，着力壮大产业规模，提升企业品牌，不断提高软件产业对厦门市经济社会发展的贡献率。从 2011 年起，争取用 5 年时间实现销售收入超过“翻两番”，即到“十二五”期末，厦门市软件和信息服务业（不含信息传输业）总收入达到 1000 亿元，实现年均增长约 32%，增加值达到 500 亿元，增加值占全市 GDP 比重超过 10%，成为厦门市重要支柱产业。争取到 2015 年末，厦门市年产值超过 10 亿元的软件企业有 10 家以上，年产值 1 亿 ~ 10 亿元的企业有 30 家以上，上市企业达到 10 家。重点组织实施“宽带厦门计划”、动漫基地、物联网等重大项目建设。

重　庆

城市软件和信息服务业竞争力:A⁻	
软件业务收入占 GDP 的比重:4.96%	从业人员:3.92 万人
2011 年产业规模:324.00 亿元	国家规划布局内软件企业数量:2 家
2010 年出口规模:16.66 百万美元	软件收入前百家企业数量:1 家

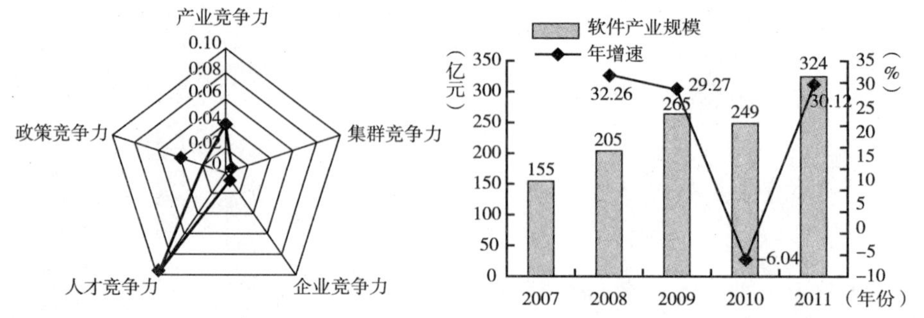

2011 年，重庆市软件业产业规模为 324 亿元，同比增长 30.12%。

2011 年，在软件和信息服务业快速增长的支撑下，以制造业为代表的重庆市传统产业继续展开大规模信息化建设，通过与软件和信息服务业的融合，重庆传统产业结构得到了有效提升。为抢占战略性新兴产业的发展机遇，2011 年重庆大力发展云计算产业。2010～2020 年，重庆市将在云计算领域投入 3000 亿元，将建成“九大云平台 + 十大城市云”，并形成特定的产业集群。

“十二五”期间，重庆市将通过发展嵌入式软件、信息安全软件、软件信息服务外包和物联网产业，打造 10 条以上百亿元级产业链，形成 60 亿美元的软件出口，从业人员达 30 万人，销售收入达 1500 亿元。

《重庆市软件及信息服务外包产业发展规划》提出，未来重庆将以内需引擎推动与外需牵引拉动并举，力争打造成为“中国软件服务外包前沿城市”，形成涵盖“操作外包规模做大、职能外包行业做精、战略外包层次做高”三大产业层次与“离岸外包、两化协同和数字交互”三大产业集群的“3×3”产业组合体系。预计到 2020 年，重庆市服务外包产业收入规模将达 2500 亿元，其中，软件和信息服务外包规模突破 1800 亿元，力争进入全国前三名。

长　春

城市软件和信息服务业竞争力:A⁻	
软件业务收入占 GDP 的比重:4.26%	从业人员:2.63 万人
2011 年产业规模:172.29 亿元	国家规划布局内软件企业数量:4 家
2010 年出口规模:15.23 百万美元	软件收入前百家企业数量:1 家

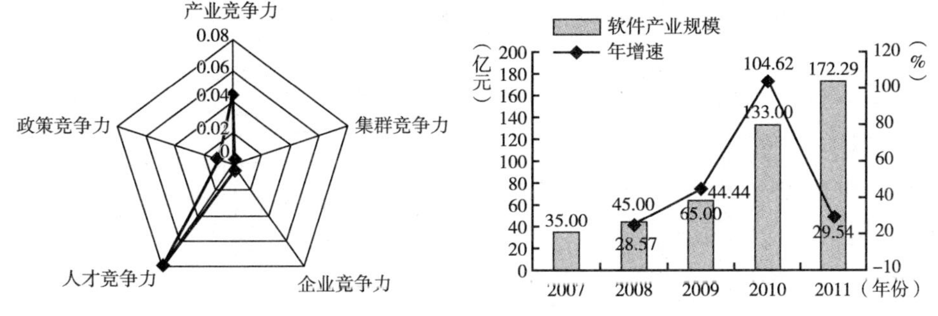

2011年，长春市软件产业规模同比增长29.54%，达到172.29亿元，收入占GDP的比重和从业人员均增长了近1倍。

依托长春国家光电子产业基地、国家汽车电子产业园区，长春市充分发挥自身的工业基础优势和人才培养能力，坚持以自主创新为核心，发挥软件产业在工业化和信息化融合中的加速器作用。2011年，长春市嵌入式软件增长显著，企业创新能力不断提升。以鸿达公司、迪瑞实业有限公司、启明车载电子有限公司为代表的嵌入式软件企业全年实现收入逾3.4亿元，同比增长近2倍。软件企业海外市场开拓、关键核心技术研发都取得了瞩目成绩：鸿达公司左右四指、双拇指模式平面采集、单指平面采集的生物识别产品，顺利通过美国FBI认证，并在拓展东南亚、俄罗斯等海外市场中取得新成果；启明公司与清华大学共建车载电子电器平台联合研发中心，共同研究前沿技术，在专利、标准方面进行布局，全面地提升技术实力与成果储备，满足产业竞争力持续提高的需求，由公司研制的国内第一款满足汽车要求的CMMB产品，已在奔腾轿车上应用，以后将推广应用到一汽全系列产品；长春凤凰惠邦公司自主研发的"出租汽车远程智能识别系统"是目前国内最先进的RFID车辆管理系统之一，将有利于促进出租车行业物联网的应用与普及。

宁　　波

城市软件和信息服务业竞争力:A⁻	
软件业务收入占GDP的比重:1.78%	从业人员:3.5万人
2011年产业规模:106.70亿元	国家规划布局内软件企业数量:2家
2010年出口规模:183百万美元	软件收入前百家企业数量:0

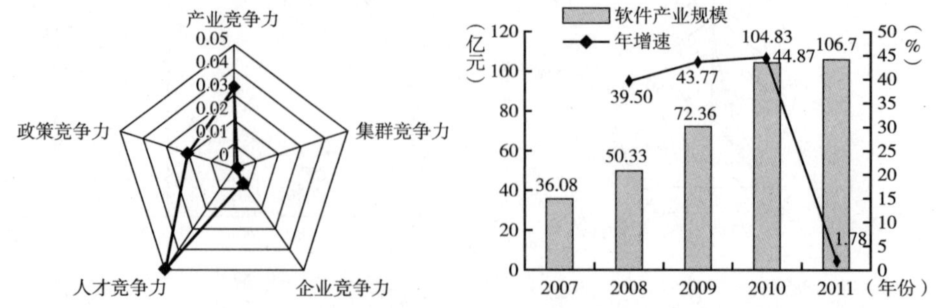

2011年，宁波市软件产业规模为106.70亿元，从业人员为3.5万人。

2011年，宁波市通过加快创建“智慧城市”，建设软件研发推广产业基地，大力推进“智慧城市”十大智慧应用系统软件研发与推广应用；建设网络数据基地，着力提升政府数据中心、互联网交换中心和数据灾备中心的建设水平，加快培育和建设物联网公共服务平台；引进移动通信数据中心、金融数据处理中心等一批面向重点行业应用的数据中心项目，大力推动云计算中心。

“十二五”期间，宁波市软件和信息服务业年均增长将保持在20%以上，形成一个具有地方特色和相当规模的信息服务业产业聚集区，培植3家以上销售收入过十亿元的信息服务企业，打造一批著名信息服务商和知名品牌，初步形成具有国际化特征、布局和结构合理、创新和服务体系完善的信息服务业架构，使信息服务业成为宁波市现代服务业的重要主导产业和经济社会持续快速发展的重要推动力量。重点发展领域有：强化和提升信息传输业，在不断增加市网络通信能力的基础上，重点发展新兴的互联网服务业，加快网络数据中心（IDC）建设，积极推进网络应用服务商（ASP）发展；促进短信服务、呼叫中心和其他信息增值业务的发展；发挥市制造业的优势，积极促进软件服务企业为传统产业的升级改造和新兴产业的扶持培育提供优质服务，重点推进应用软件的产业化、规模化和国际化；大力发展外包业务，逐步实现软件生产、销售的国际化；大力发展数字内容产业，加快重点领域和特色网站建设，积极推进文化、出版、广播、影视等行业发展数字化产品，通过推进技术与业务的融合，促进动漫、网络游戏、数字媒体等数字内容产业的全面发展；重点发展电子商务与现代物流等。

哈尔滨

城市软件和信息服务业竞争力:A⁻	
软件业务收入占GDP的比重:1.15%	从业人员:2万人
2011年产业规模:49亿元	国家规划布局内软件企业数量:2家
2010年出口规模:13.63百万美元	软件收入前百家企业数量:1家

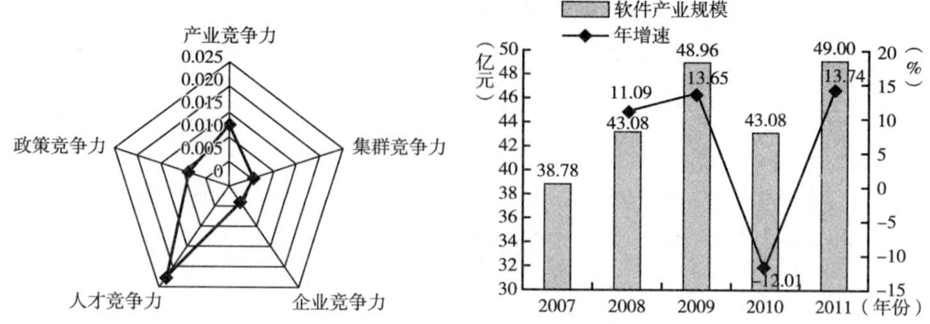

2011 年，哈尔滨软件产业高速增长，产业规模达到 49 亿元，同比增长 13.74%，从业人员增长了近 1/3。

哈尔滨以东北老工业基地为依托，重点发展工业软件，充分发挥地域优势，积极发展云计算产业。

2011 年，哈尔滨软件企业从以公共事业和政府领域为主向能源软件领域扩展。哈尔滨工大八达、亿阳信通、九州电器等一批国内外知名的 IT 企业，成为引领全市软件产业发展的龙头。哈尔滨市充分发挥专项资金引导作用，加快发展云计算产业，推进哈南“中国云谷”和松北“云飞扬”基地建设；积极推广信息服务在农业、物流、安防、交通以及节能环保等领域的应用；抓好国家三网融合试点城市建设和电子商务示范城市创建工作。

B.25

附录 2　2011 年软件和信息服务业企业主要投资数据

序号	融资方	融资时间	投资方	融资类型	所属行业	融资金额（万元）	所在地
1	网秦	2011. 1	联发科技	风险投资	网络安全	1419	北京
2	乐淘网	2011. 1	策源基金等	风险投资	电子商务	20000	北京
3	饭否	2011. 1	松禾资本	风险投资	网络服务	N/A	广东
4	博雅软件	2011. 1	杨仁贵	管理层	软件服务	N/A	北京
5	主流商网	2011. 1	厚道资本	私募投资	电子商务	18000	吉林
6	玛萨玛索	2011. 1	北极光创投	风险投资	电子商务	N/A	北京
7	豌豆荚	2011. 1	N/A	风险投资	软件服务	N/A	北京
8	椰子网	2011. 1	Koolanoo	风险投资	电子商务	3225	广东
9	九九淘金	2011. 1	云锋基金	风险投资	电子商务	5000	上海
10	乐途	2011. 1	中视金桥	风险投资	行业网站	3000	北京
11	华拓数码	2011. 1	辰能风投	风险投资	IT 服务	3000	黑龙江
12	中国联通	2011. 1	西班牙电信	战略投资	电信运营	50000	北京
13	PBA	2011. 1	蔡文胜	风险投资	电子商务	N/A	福建
14	知乎网	2011. 1	创新工场等	天使投资	网络服务	N/A	北京
15	多玩游戏	2011. 2	老虎基金	风险投资	网络游戏	64500	广东
16	PPTV	2011. 2	软银中国	私募投资	网络视频	161250	上海
17	南京擎天科技	2011. 2	阿里巴巴投资	风险投资	软件服务	17000	江苏
18	Unwall 无墙网	2011. 2	CNL Ventures	风险投资	网络服务	12900	广东
19	大龙网	2011. 2	N/A	风险投资	电子商务	N/A	重庆
20	传漾科技	2011. 2	祥峰投资等	风险投资	IT 服务	N/A	上海
21	美兮阁	2011. 2	N/A	风险投资	电子商务	N/A	北京
22	24 券	2011. 2	N/A	风险投资	电子商务	N/A	北京
23	点点网	2011. 2	创新工场	风险投资	网络社区	N/A	北京
24	爱点击	2011. 3	贝塔斯曼投资	风险投资	网络广告	N/A	北京
25	麦考林	2011. 3	中国动向	战略投资	电子商务	N/A	上海
26	麦考林	2011. 3	新浪	战略投资	电子商务	N/A	上海

续表

序号	融资方	融资时间	投资方	融资类型	所属行业	融资金额（万元）	所在地
27	优雅网	2011.3	IDG 及 DCM	风险投资	电子商务	6450	北京
28	思源信息	2011.3	ACE 基金	风险投资	IT 服务	3225	广东
29	美团	2011.3	红杉中国	风险投资	电子商务	6450	北京
30	深讯和	2011.3	复星等	风险投资	无线增值	10000	广东
31	安居客	2011.3	百度	私募投资	网络服务	32250	上海
32	银联商务	2011.3	雅戈尔	战略投资	电子支付	22500	上海
33	钻石小鸟	2011.3	方源资本等	私募投资	电子商务	32250	上海
34	好乐买	2011.3	腾讯	风险投资	电子商务	38700	北京
35	聚美优品	2011.3	红杉中国	风险投资	电子商务	N/A	北京
36	喜事网	2011.3	泰山天使创业	风险投资	电子商务	N/A	北京
37	点心 OS	2011.3	金沙江创投	风险投资	软件服务	N/A	北京
38	御网科技	2011.3	盛大	战略投资	电子商务	20000	北京
39	点点网	2011.3	红杉资本等	风险投资	网络社区	6450	北京
40	走秀网	2011.3	凯鹏华盈	风险投资	电子商务	12900	广东
41	京东商城	2011.3	DST	私募投资	电子商务	645000	北京
42	爱狗网	2011.3	软银等	风险投资	电子商务	6450	北京
43	联嘉祥	2011.3	深圳创新投	风险投资	IT 服务	N/A	广东
44	摩卡世界	2011.4	(日本)IVP	风险投资	网络游戏	1290	北京
45	宜搜科技	2011.4	软银中国等	风险投资	搜索引擎	13210	广东
46	米兰网	2011.4	红杉资本	风险投资	电子商务	N/A	北京
47	猪八戒网	2011.4	IDG 资本	风险投资	电子商务	N/A	重庆
48	咕咚网	2011.4	盛大资本	风险投资	网络社区	N/A	四川
49	拉手网	2011.4	麦顿资本等	私募投资	电子商务	71595	北京
50	途牛旅游	2011.4	高原资本等	私募投资	行业网站	32250	上海
51	米奇网	2011.4	N/A	天使投资	电子商务	N/A	北京
52	拓明科技	2011.4	上海涌铧等	风险投资	软件服务	8000	北京
53	酒仙网	2011.4	N/A	风险投资	电子商务	12900	北京
54	浪淘金	2011.4	经纬创投	风险投资	网络广告	N/A	北京
55	心游科技	2011.4	创新工场等	天使投资	网络游戏	N/A	广东
56	BLOVES	2011.4	涌铧资本	私募投资	电子商务	N/A	广东
57	聚尚网	2011.4	IDG	风险投资	电子商务	N/A	上海
58	爱物网	2011.4	经纬中国	风险投资	网络社区	N/A	北京
59	大众点评	2011.4	挚信资本等	私募投资	网络社区	64500	上海
60	天天网	2011.4	软银亚洲	私募投资	电子商务	N/A	北京
61	创业软件	2011.4	英特尔投资	风险投资	软件服务	N/A	浙江

续表

序号	融资方	融资时间	投资方	融资类型	所属行业	融资金额（万元）	所在地
62	闪团	2011. 4	百分通联传媒	风险投资	电子商务	N/A	福建
63	杭州熙浪	2011. 5	N/A	风险投资	电子商务	N/A	浙江
64	推图	2011. 5	王峰	风险投资	网络社区	N/A	北京
65	千团网	2011. 5	徐小平	天使投资	网络服务	N/A	北京
66	优逸网络	2011. 5	联想控股等	风险投资	网络服务	N/A	广东
67	也买网	2011. 5	成为资本等	风险投资	电子商务	25800	上海
68	唯品会	2011. 5	红杉等	私募投资	电子商务	32250	广东
69	58 同城	2011. 5	Recruit 集团	战略投资	网络服务	N/A	北京
70	豆丁网	2011. 5	N/A	风险投资	网络服务	3225	北京
71	艺龙	2011. 5	腾讯等	战略投资	网络服务	81012	北京
72	浩基网络	2011. 5	东方传媒	战略投资	网络游戏	N/A	上海
73	聚胜万合	2011. 5	量子基金等	风险投资	网络广告	32250	上海
74	机锋网	2011. 5	N/A	风险投资	软件服务	3225	北京
75	兰缪网	2011. 5	DCM	私募投资	电子商务	25800	北京
76	中软国际	2011. 5	联想控股	公开市场	软件服务	13500	北京
77	发网	2011. 6	凯石投资	风险投资	电子商务	N/A	北京
78	51wan	2011. 6	Ventech 等	风险投资	网络游戏	N/A	北京
79	宜搜科技	2011. 6	软银中国等	私募投资	搜索引擎	32250	广东
80	欧安派	2011. 6	徐汇科技	风险投资	网络广告	1000	上海
81	E 店宝	2011. 6	红杉资本等	风险投资	软件服务	N/A	北京
82	中科创达	2011. 6	高通公司等	私募投资	软件服务	10000	北京
83	中软国际	2011. 6	弘毅投资	战略投资	软件服务	23157	北京
84	M360	2011. 6	深圳创新投	风险投资	电子商务	N/A	上海
85	安智网	2011. 6	盛大	风险投资	网络社区	N/A	北京
86	摩卡世界	2011. 6	N/A	风险投资	网络游戏	N/A	北京
87	珂兰	2011. 6	腾讯	战略投资	电子商务	N/A	北京
88	响应网	2011. 6	试客联盟网	风险投资	电子商务	N/A	广西
89	妈妈网	2011. 6	腾讯	战略投资	行业网站	5000	北京
90	品尚红酒	2011. 6	同创伟业	风险投资	电子商务	2500	广东
91	莱富特佰	2011. 6	百度	公开市场	网络服务	310	北京
92	挖财	2011. 6	李治国	天使投资	软件服务	N/A	浙江
93	方正国际	2011. 6	摩根大通	私募投资	软件服务	16125	北京
94	豆果网	2011. 6	盛大	风险投资	网络社区	1000	北京
95	ihush	2011. 6	今日资本等	私募投资	电子商务	27735	上海
96	亿次方	2011. 6	N/A	天使投资	网络游戏	N/A	上海

续表

序号	融资方	融资时间	投资方	融资类型	所属行业	融资金额（万元）	所在地
97	亲亲团	2011.6	N/A	风险投资	电子商务	N/A	山东
98	万兴软件	2011.6	IDG 资本等	战略投资	软件服务	N/A	广东
99	乐蛙科技	2011.6	松禾资本	风险投资	软件服务	2000	上海
100	满座网	2011.6	凯鹏华盈	风险投资	电子商务	32250	北京
101	去哪儿	2011.6	百度	战略投资	电子商务	197370	北京
102	炎黄娱动	2011.6	科华银赛	风险投资	网络游戏	500	湖北
103	九九维康	2011.6	红杉资本等	风险投资	电子商务	N/A	上海
104	百合网	2011.7	N/A	风险投资	网络交友	N/A	北京
105	名鞋库	2011.7	阿里巴巴	战略投资	电子商务	9675	北京
106	韩都衣舍	2011.7	IDG 资本	风险投资	电子商务	N/A	山东
107	金山网络	2011.7	腾讯	战略投资	软件服务	12900	北京
108	金山软件	2011.7	腾讯	战略投资	网络游戏	74036	北京
109	美团	2011.7	阿里巴巴等	风险投资	电子商务	32250	北京
110	西街网	2011.7	中兴合创等	风险投资	电子商务	8000	北京
111	五百城	2011.7	薛蛮子	天使投资	电子商务	N/A	北京
112	工控网	2011.7	天堂硅谷	私募投资	网络服务	N/A	北京
113	奇艺网	2011.7	弘毅投资等	私募投资	网络视频	193500	北京
114	优购网	2011.7	百丽国际等	战略投资	电子商务	300000	北京
115	寺库	2011.7	IDG 资本	风险投资	电子商务	3225	北京
116	百纳信息	2011.7	红杉资本等	风险投资	软件服务	6450	湖北
117	童壹库	2011.7	赛富合伙人	风险投资	电子商务	3000	北京
118	爱日租	2011.7	N/A	天使投资	行业网站	1290	北京
119	巨鲸音乐	2011.7	CMC	风险投资	网络服务	12900	北京
120	批发网	2011.7	N/A	风险投资	电子商务	N/A	广东
121	讯鸟软件	2011.7	立达资本	风险投资	软件服务	N/A	北京
122	百分点	2011.7	IDG 资本	风险投资	软件服务	4644	北京
123	大街网	2011.7	富达等	风险投资	网络社区	N/A	北京
124	人人围	2011.7	分众传媒	风险投资	网络社区	3000	江苏
125	返利网	2011.7	启明创投等	风险投资	电子商务	N/A	上海
126	尚品网	2011.7	成为资本等	私募投资	电子商务	32250	北京
127	米游网	2011.7	中友集团	战略投资	网络游戏	20000	广东
128	多盟	2011.7	启明创投等	风险投资	网络广告	6450	北京
129	博雅互动	2011.7	红杉	风险投资	网络游戏	3870	广东
130	麒麟游戏	2011.8	鼎晖投资等	私募投资	网络游戏	12900	北京
131	耀点 100	2011.8	英特尔投资	风险投资	电子商务	N/A	上海

续表

序号	融资方	融资时间	投资方	融资类型	所属行业	融资金额（万元）	所在地
132	优谈网	2011.8	N/A	风险投资	网络社区	N/A	上海
133	易到用车网	2011.8	晨兴创投	风险投资	电子商务	N/A	北京
134	灵禅	2011.8	日本 Gree	战略投资	网络游戏	N/A	上海
135	好联络	2011.8	Infinity Venture	风险投资	软件服务	4515	北京
136	品聚网	2011.8	盛大	战略投资	电子商务	20000	上海
137	走秀网	2011.8	华平投资等	私募投资	电子商务	64500	广东
138	CC 视频	2011.8	思伟投资等	风险投资	网络视频	12900	北京
139	互动百科	2011.8	N/A	私募投资	网络社区	10000	北京
140	逛街助手	2011.8	N/A	天使投资	网络服务	100	广东
141	涂鸦移动	2011.8	凯鹏华盈等	风险投资	网络游戏	N/A	北京
142	环球易购	2011.8	深创投投资	风险投资	电子商务	N/A	广东
143	土豆网	2011.9	新浪	战略投资	网络视频	42828	上海
144	好帮手电子	2011.9	弘毅投资	私募投资	IT 服务	21700	广东
145	佳品网	2011.9	英特尔投资等	风险投资	电子商务	12900	北京
146	上讯信息	2011.9	浦东科技	风险投资	网络安全	N/A	上海
147	贝瓦网	2011.9	启明创投	风险投资	网络教育	N/A	北京
148	微笑计算机	2011.9	潘多拉投资等	风险投资	网络服务	12900	广东
149	芭乐	2011.9	盛大	战略投资	网络视频	N/A	北京
150	新华网	2011.9	皖新传媒	风险投资	行业网站	1800	北京
151	驴妈妈	2011.9	江南资本等	私募投资	电子商务	N/A	上海
152	艾德思奇	2011.9	海纳亚洲等	风险投资	网络服务	12900	北京
153	米奇网	2011.9	德同资本	风险投资	电子商务	N/A	北京
154	酒美网	2011.9	深圳市创新投资等	风险投资	电子商务	8000	北京
155	易积网络	2011.9	挚信资本等	私募投资	电子商务	12900	广东
156	新华旅行	2011.9	麦顿投资	私募投资	网络服务	14835	北京
157	鲜果网	2011.9	凯鹏华盈	风险投资	行业网站	5160	北京
158	36 团	2011.9	百度	风险投资	电子商务	N/A	北京
159	阿里巴巴	2011.9	巨人集团	战略投资	电子商务	32250	浙江
160	看书网	2011.9	红杉资本	风险投资	网络社区	2700	四川
161	佐卡伊钻石	2011.9	浙江创新产业基金等	私募投资	电子商务	20000	广东
162	立德高科	2011.9	天图创投	风险投资	IT 服务	3000	北京
163	F 团	2011.9	腾讯	私募投资	电子商务	38700	北京
164	盛源文化	2011.9	深创新投	风险投资	动漫动画	N/A	黑龙江
165	豆瓣	2011.9	挚信资本等	私募投资	网络社区	32250	北京
166	哇哇网	2011.10	N/A	私募投资	网络社区	12900	北京

续表

序号	融资方	融资时间	投资方	融资类型	所属行业	融资金额（万元）	所在地
167	优士网	2011.10	格理集团	风险投资	网络社区	1935	上海
168	买买茶	2011.10	深创投等	私募投资	电子商务	N/A	北京
169	环球数码	2011.10	凯雷集团	战略投资	动漫动画	48375	香港
170	乐元素	2011.10	联想投资等	风险投资	网络游戏	19350	北京
171	Green Tomato Limited.	2011.10	盛大	风险投资	软件服务	N/A	香港
172	PPStream	2011.10	电讯盈科	私募投资	网络视频	18473	上海
173	同步网络	2011.10	李开复等	风险投资	软件服务	N/A	福建
174	蚂蜂窝	2011.10	今日资本	风险投资	行业网站	3225	北京
175	派瑞威行	2011.10	好望角基金	风险投资	网络广告	8000	北京
176	酷狗	2011.10	A8 音乐	战略投资	数字音乐	4208	广东
177	布丁	2011.10	清科等	风险投资	软件服务	N/A	北京
178	奇艺网	2011.10	百度	私募投资	网络视频	14835	北京
179	街库网	2011.10	鼎信集团	战略投资	网络服务	N/A	广东
180	开心网	2011.10	腾讯	战略投资	网络社区	N/A	北京
181	百伯	2011.11	百度	战略投资	网络招聘	N/A	北京
182	六度人和	2011.11	腾讯	风险投资	软件服务	N/A	广东
183	掌门科技	2011.11	盛大文学	战略投资	行业网站	N/A	江苏
184	优通科技	2011.11	启迪创投	风险投资	软件服务	968	江苏
185	图吧	2011.11	人人等	风险投资	网络服务	19350	北京
186	唯礼网	2011.11	好望角等	风险投资	电子商务	N/A	北京
187	天天加分	2011.11	三井创投等	私募投资	电子商务	6450	上海
188	Animoca	2011.11	英特尔投资	风险投资	软件服务	N/A	香港
189	马可波罗	2011.11	英特尔投资	风险投资	电子商务	N/A	北京
190	杭州熙浪	2011.11	N/A	风险投资	电子商务	N/A	浙江
191	开心人网上药店	2011.11	N/A	私募投资	电子商务	6450	江西
192	酒仙网	2011.11	红杉中国等	私募投资	电子商务	32250	北京
193	美丽说	2011.11	纪源资本等	私募投资	网络社区	N/A	北京
194	顺网科技	2011.11	腾讯	战略投资	软件服务	13000	浙江
195	艺龙	2011.11	Expedia	战略投资	行业网站	46698	北京
196	春雨医生	2011.11	N/A	风险投资	无线增值	N/A	北京
197	115 网盘	2011.11	N/A	风险投资	网络服务	12900	广东
198	乐年	2011.11	好望角	风险投资	电子商务	2000	上海
199	瀚银信息	2011.11	深圳创新投	风险投资	电子支付	N/A	上海
200	租房宝	2011.11	华瓯创投	风险投资	电子支付	N/A	浙江
201	儒豹	2011.11	腾讯	战略投资	搜索引擎	N/A	江苏

续表

序号	融资方	融资时间	投资方	融资类型	所属行业	融资金额（万元）	所在地
202	24 券	2011.12	N/A	风险投资	电子商务	N/A	北京
203	丁丁网	2011.12	宏达电子	风险投资	网络服务	N/A	上海
204	知我网	2011.12	百度等	风险投资	电子商务	N/A	北京
205	福昕软件	2011.12	亚马逊	战略投资	软件服务	N/A	福建
206	91 博远	2011.12	祥峰投资等	私募投资	手机游戏	12900	福建
207	椰子网	2011.12	Koolanoo	风险投资	电子商务	3225	广东
208	活力天汇	2011.12	经纬创投等	风险投资	软件服务	9675	北京
209	磊友科技	2011.12	中经合	风险投资	网络游戏	N/A	北京
210	小米科技	2011.12	启明创投等	私募投资	无线增值	58050	北京
211	花瓣网	2011.12	凯鹏华盈	风险投资	网络社区	N/A	北京
212	Bshare	2011.12	N/A	风险投资	网络服务	N/A	上海
213	蓝橙	2011.12	华策影视	风险投资	电子商务	N/A	上海
214	有啊	2011.12	IDG 资本等	私募投资	电子商务	32250	北京
215	么卡	2011.12	世铭投资等	风险投资	无线增值	5160	江苏
216	聚划算	2011.12	IDG 资本	私募投资	电子商务	120000	北京

注：融资类型中，私募投资是指私募股权投资，公开市场是指公开市场增持，管理层是指管理层收购。

资料来源：ETIRI。

B.26

附录3　2011年软件和信息服务业企业并购数据

序号	并购方	所在地	时间	并购对象	所在地	涉及金额（万元）	行业
1	京东商城	北京	2011.1	成都无双工作室	四川	N/A	网络游戏
2	东软集团	辽宁	2011.1	望海康信	北京	N/A	软件服务
3	软通动力	北京	2011.1	事天讯通	北京	1485	软件服务
4	神州泰岳	北京	2011.1	中科白云	广东	20000	IT服务
5	摩力游	上海	2011.1	悠乐无线	广东	8160	网络游戏
6	腾讯	广东	2011.1	同程网	江苏	6000	网络服务
7	CBSi	北京	2011.1	闺蜜网等	北京	N/A	行业网站
8	四维图新	北京	2011.1	Mapscape	荷兰	6164	网络服务
9	三五互联	福建	2011.1	中亚互联	北京	N/A	网络服务
10	畅游	北京	2011.1	神州新桥	北京	N/A	IT服务
11	易宝集团	北京	2011.1	不夜城国旅	上海	N/A	电子商务
12	顺网科技	浙江	2011.1	新浩艺软件	上海	48000	软件服务
13	畅游	北京	2011.1	晶茂文化	上海	N/A	广告服务
14	腾讯	广东	2011.2	Riot Game	美国	230000	网络游戏
15	时富集团	香港	2011.2	遨龙信息技术	江苏	6570	网络游戏
16	完美世界	北京	2011.2	住哪网	北京	N/A	行业网站
17	百度	北京	2011.2	中国高科	上海	50000	IT服务
18	高德软件	北京	2011.2	兴安得力	上海	32000	软件服务
19	神州泰岳	北京	2011.3	奇点国际	北京	2050	IT服务
20	金山网络	北京	2011.3	千寻网	北京	2628	电子商务
21	米奇网	北京	2011.3	世界之窗	山东	1314	软件服务
22	中青宝网	广东	2011.3	天一讯灵	北京	3600	网络游戏
23	方正国际	北京	2011.3	协进科技	北京	5453	软件服务
24	中国服装网	浙江	2011.3	T100服装趋势网	广东	N/A	网络服务
25	灵禅	上海	2011.3	Red Entertainment	日本	N/A	网络游戏
26	华胜天成	北京	2011.4	驱动之家	北京	N/A	软件服务
27	畅游	北京	2011.4	第七大道	广东	N/A	网络游戏
28	蓝港在线	北京	2011.4	格鲁网	山东	N/A	电子商务

续表

序号	并购方	所在地	时间	并购对象	所在地	涉及金额（万元）	行业
29	阿里巴巴	浙江	2011.5	CNZZ	北京	N/A	网络服务
30	奇虎360	北京	2011.5	网御星云	北京	32200	网络安全
31	沃尔玛	广东	2011.5	1号店	上海	N/A	电子商务
32	阿里巴巴	浙江	2011.5	支付宝	浙江	33000	电子支付
33	四维图新	北京	2011.5	Cryptic Studios	美国	32900	网络游戏
34	海辉软件	辽宁	2011.6	亚思晟	北京	N/A	IT服务
35	北大方正	北京	2011.6	世奇广告	上海	N/A	网络服务
36	阿里巴巴	浙江	2011.6	singlefeed	美国	N/A	网络服务
37	神州泰岳	北京	2011.6	宁波普天	浙江	24000	通信
38	58同城	北京	2011.7	淘房网	北京	N/A	行业网站
39	携程	上海	2011.7	久久票务网	上海	N/A	电子商务
40	金蝶软件	广东	2011.8	广州慧通	广东	12000	软件服务
41	真旅网	北京	2011.8	番薯网	北京	15360	电子商务
42	人人网	北京	2011.8	Adventier	美国	N/A	软件服务
43	支付宝	浙江	2011.9	安卡支付	上海	N/A	电子支付
44	广联达	北京	2011.9	广州石竹	广东	9000	软件服务
45	Match	美国	2011.9	珍爱网	广东	N/A	网络交友
46	启明星辰	北京	2011.9	56网	广东	51200	网络视频
47	东华软件	北京	2011.11	山海经纬	北京	N/A	软件服务
48	百度	北京	2011.11	魔图精灵	北京	N/A	软件服务
49	神州泰岳	北京	2011.11	广州歌华	广东	5900	IT服务
50	世纪互联	北京	2011.11	中交宇科	北京	13800	IT服务
51	高新兴	广东	2011.11	讯美电子	重庆	17900	软件服务
52	艺龙	北京	2011.11	中国制造贸易网	广东	N/A	电子商务
53	网龙	福建	2011.12	四叶草等	山东	550	软件服务
54	百度日本	日本	2011.12	Simeji	日本	N/A	软件服务
55	昌荣传播	北京	2011.12	17173	福建	103505	网络游戏
56	英飞拓	广东	2011.12	March Networks	加拿大	55862	软件服务

资料来源：ETIRI。

B.27

附录4　2011年中国软件百家名单

单位：万元

排名	公司名称	收入规模
1	华为技术有限公司	8269870
2	中兴通讯股份有限公司	3808000
3	神州数码(中国)有限公司	1968973
4	海尔集团公司	1804857
5	北大方正集团有限公司	684025
6	南京联创科技集团股份有限公司	594396
7	浪潮集团有限公司	550236
8	浙大网新科技股份有限公司	484578
9	同方股份有限公司	480376
10	东软集团股份有限公司	472077
11	南京南瑞集团公司(含国电南瑞)	421553
12	熊猫电子集团有限公司	414479
13	北京华胜天成科技股份有限公司	406892
14	株洲南车时代电气股份有限公司	359964
15	航天信息股份有限公司	348252
16	杭州海康威视数字技术股份有限公司	346123
17	中国银联股份有限公司	343580
18	武汉邮电科学研究院	338981
19	福州福大自动化科技有限公司	330098
20	沈阳先锋计算机工程有限公司	324791
21	中冶赛迪工程技术股份有限公司	301830
22	中国软件与技术服务股份有限公司	301207
23	用友软件股份有限公司	292000
24	中国民航信息网络股份有限公司	246505
25	杭州恒生电子集团有限公司	242000
26	上海宝信软件股份有限公司	215945
27	上海贝尔软件有限公司	209269
28	北京全路通信信号研究设计院有限公司	197333
29	大唐电信科技股份有限公司	192895

续表

排名	公司名称	收入规模
30	东华软件股份公司	187047
31	国电南京自动化股份有限公司	176700
32	山东中创软件工程股份有限公司	175458
33	上海华讯网络系统有限公司	164944
34	中控科技集团有限公司	164185
35	深圳市金证科技股份有限公司	158636
36	启明信息技术股份有限公司	154106
37	太极计算机股份有限公司	148837
38	东方电子集团有限公司	141183
39	金蝶软件(中国)有限公司	139271
40	福建星网锐捷通讯股份有限公司	137250
41	浙江大华技术股份有限公司	133666
42	博雅软件股份有限公司	132993
43	海信集团有限公司	118682
44	中科软科技股份有限公司	118447
45	广州广电运通金融电子股份有限公司	112060
46	软通动力信息技术(集团)有限公司	109386
47	文思创新软件技术有限公司	104967
48	石化盈科信息技术有限公司	102753
49	信雅达系统工程股份有限公司	102631
50	大连华信计算机技术股份有限公司	101010
51	广州数控设备有限公司	100058
52	云南省通信产业服务有限公司	100035
53	珠海金山软件有限公司	97139
54	福建新大陆电脑股份有限公司	95000
55	沈阳东大自动化有限公司	94320
56	深圳市大族激光科技股份有限公司	91342
57	辽宁天久信息科技产业有限公司	89951
58	北京首钢自动化信息技术有限公司	87618
59	北京神州泰岳软件股份有限公司	84163
60	南京南瑞继保电气有限公司	84021
61	杭州士兰微电子股份有限公司	83139
62	江苏集群信息产业股份有限公司	81223
63	东方电气自动控制工程有限公司	79710
64	云南南天电子信息产业股份有限公司	79121
65	杭州和利时自动化有限公司	77002

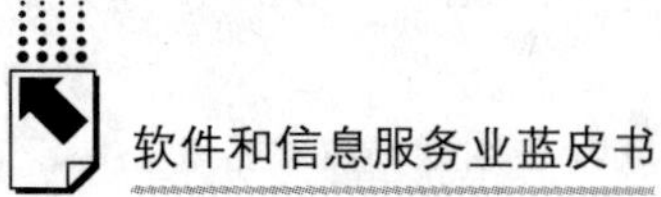

续表

排名	公司名称	收入规模
66	国脉科技股份有限公司	75748
67	威海北洋电气集团股份有限公司	75546
68	三维通信股份有限公司	74882
69	北京联想软件有限公司	74554
70	深圳市怡化电脑有限公司	74202
71	南威软件股份有限公司	72282
72	国民技术股份有限公司	70005
73	航天恒星科技股份有限公司	69774
74	大连环宇阳光集团	69578
75	北京联信永益科技股份有限公司	69107
76	上海华虹集成电路有限责任公司	68657
77	北京四维图新科技股份有限公司	67523
78	山东巨洋神州信息技术有限公司	64007
79	中程科技有限公司	63942
80	浙江省公众信息产业有限公司	63137
81	长城计算机软件与系统有限公司	62355
82	先锋软件股份有限公司	61972
83	江苏南大苏福特科技股份有限公司	61490
84	北京四方继保自动化股份有限公司	59764
85	亿阳信通股份有限公司	59693
86	东信和平智能卡股份有限公司	59416
87	昆明昆船物流信息产业有限公司	59249
88	北京水晶石数字科技股份有限公司	57936
89	卡斯柯信号有限公司	56863
90	上海大智慧股份有限公司	56433
91	江苏金智科技股份有限公司	55915
92	福建富士通信息软件有限公司	55851
93	深圳市科陆电子科技股份有限公司	55830
94	中盈优创资讯科技有限公司	55551
95	广州海格通信集团股份有限公司	55288
96	北京中电普华信息技术有限公司	55140
97	易程科技股份有限公司	54167
98	北京交大微联科技有限公司	53332
99	深圳市紫金支点技术股份有限公司	53204
100	思创数码科技股份有限公司	53135

资料来源：工业和信息化部。

B.28

附录5　2010年国家规划布局内重点软件企业

序号	企业名称	所属省(市)	所属市(区)
1	北京用友政务软件有限公司	北京	海淀
2	北京赛迪时代信息产业股份有限公司	北京	昌平
3	高德软件有限公司	北京	昌平
4	二六三网络通信股份有限公司	北京	昌平
5	北京超图软件股份有限公司	北京	朝阳
6	北京握奇数据系统有限公司	北京	朝阳
7	建研科技股份有限公司	北京	朝阳
8	北京富士通系统工程有限公司	北京	朝阳
9	北京索浪计算机有限公司	北京	朝阳
10	北京东方通科技发展有限责任公司	北京	丰台
11	北京视博数字电视科技有限公司	北京	海淀
12	日电卓越软件科技(北京)有限公司	北京	海淀
13	北京四维图新科技股份有限公司	北京	海淀
14	北京中科大洋科技发展股份有限公司	北京	海淀
15	北京神州泰岳软件股份有限公司	北京	海淀
16	中联绿盟信息技术(北京)有限公司	北京	海淀
17	北京中创信测科技股份有限公司	北京	海淀
18	中铁信弘远(北京)软件科技有限责任公司	北京	海淀
19	北京久其软件股份有限公司	北京	海淀
20	中国民航信息网络股份有限公司	北京	海淀
21	百度在线网络技术(北京)有限公司	北京	海淀
22	北京联想软件有限公司	北京	海淀
23	中科软科技股份有限公司	北京	海淀
24	北京北大方正电子有限公司	北京	海淀
25	北京紫光华宇软件股份有限公司	北京	海淀
26	汉王科技股份有限公司	北京	海淀
27	北京启明星辰信息安全技术有限公司	北京	海淀
28	北京天融信网络安全技术有限公司	北京	海淀
29	同方鼎欣信息技术有限公司	北京	海淀

续表

序号	企业名称	所属省(市)	所属市(区)
30	北京数码视讯科技股份有限公司	北京	海淀
31	文思创新软件技术有限公司	北京	海淀
32	北京三星通信技术研究有限公司	北京	海淀
33	北京恩梯梯数据系统集成有限公司	北京	海淀
34	佳能信息技术(北京)有限公司	北京	海淀
35	首都信息发展股份有限公司	北京	海淀
36	中讯计算机系统(北京)有限公司	北京	海淀
37	北京拓尔思信息技术股份有限公司	北京	海淀
38	北京新媒传信科技有限公司	北京	海淀
39	网之易信息技术(北京)有限公司	北京	海淀
40	北京中软国际信息技术有限公司	北京	海淀
41	京北方科技股份有限公司	北京	海淀
42	大唐软件技术股份有限公司	北京	海淀
43	北京日立华胜信息系统有限公司	北京	海淀
44	北京慧点科技开发有限公司	北京	海淀
45	用友软件股份有限公司	北京	海淀
46	亚信联创科技(中国)有限公司	北京	海淀
47	太极计算机股份有限公司	北京	海淀
48	中国软件与技术服务股份有限公司	北京	海淀
49	北京利达智通信息技术有限公司	北京	海淀
50	东华软件股份公司	北京	海淀
51	广联达软件股份有限公司	北京	海淀
52	北京瑞友科技股份有限公司	北京	海淀
53	北京华胜天成科技股份有限公司	北京	海淀
54	北京市天元网络技术股份有限公司	北京	海淀
55	博彦科技(北京)有限公司	北京	海淀
56	天津南开创元信息技术有限公司	天津	滨海高新
57	天津南大通用数据技术有限公司	天津	滨海高新
58	大宇宙信息创造(中国)有限公司	天津	高新区
59	上海宝信软件股份有限公司	上海	浦东新区
60	希姆通信息技术(上海)有限公司	上海	长宁区
61	上海万得信息技术股份有限公司	上海	上海
62	博朗软件开发(上海)有限公司	上海	浦东区
63	上海启明软件股份有限公司	上海	徐汇区
64	上海华腾软件系统有限公司	上海	徐汇区
65	上海博科资讯股份有限公司	上海	静安区

续表

序号	企业名称	所属省(市)	所属市(区)
66	万达信息股份有限公司	上海	徐汇区
67	东方财富信息股份有限公司	上海	嘉定区
68	群硕软件开发(上海)有限公司	上海	浦东区
69	上海大智慧股份有限公司	上海	浦东新区
70	盛大计算机(上海)有限公司	上海	浦东新区
71	趋势科技(中国)有限公司	上海	浦东新区
72	上海普华科技发展有限公司	上海	浦东新区
73	上海普元信息技术股份有限公司	上海	浦东新区
74	上海海勃物流软件有限公司	上海	浦东新区
75	花旗软件技术服务(上海)有限公司	上海	浦东新区
76	思华科技(上海)有限公司	上海	浦东新区
77	上海理想信息产业(集团)有限公司	上海	浦东新区
78	中国银联股份有限公司	上海	浦东新区
79	上海新华控制技术(集团)有限公司	上海	浦东新区
80	银联数据服务有限公司	上海	浦东新区
81	上海汉得信息技术股份有限公司	上海	青浦区
82	上海微创软件有限公司	上海	闵行区
83	环达电脑(上海)有限公司	上海	闸北区
84	上海文思信息技术有限公司	上海	徐汇区
85	中标软件有限公司	上海	徐汇区
86	上海海隆软件股份有限公司	上海	徐汇区
87	上海维塔士电脑软件有限公司	上海	徐汇区
88	上海征途信息技术有限公司	上海	徐汇区
89	上海中和软件有限公司	上海	杨浦区
90	长春吉大正元信息技术股份有限公司	吉林省	长春市
91	长春吉联科技集团有限公司	吉林省	长春市
92	东北师大理想软件股份有限公司	吉林省	长春市
93	启明信息技术股份有限公司	吉林省	长春市
94	成都卫士通信息产业股份有限公司	四川省	成都市
95	成都金山数字娱乐科技有限公司	四川省	成都市
96	成都索贝数码科技股份有限公司	四川省	成都市
97	迈普通信技术股份有限公司	四川省	成都市
98	音泰思计算机技术(成都)有限公司	四川省	成都市
99	成都三泰电子实业股份有限公司	四川省	成都市
100	四川川大智胜软件股份有限公司	四川省	成都市
101	福建邮科通信技术有限公司	福建省	福州市

续表

序号	企业名称	所属省(市)	所属市(区)
102	福建榕基软件股份有限公司	福建省	福州市
103	福建三元达通讯股份有限公司	福建省	福州市
104	福建富士通信息软件有限公司	福建省	福州市
105	福建新大陆软件工程有限公司	福建省	福州市
106	厦门吉比特网络技术股份有限公司	福建省	厦门市
107	厦门市美亚柏科信息股份有限公司	福建省	厦门市
108	厦门三五互联科技股份有限公司	福建省	厦门市
109	东南融通(中国)系统工程有限公司	福建省	厦门市
110	福建南威软件工程发展有限公司	福建省	泉州市
111	广东高新兴通信股份有限公司	广东省	广州市
112	广州海格通信集团股份有限公司	广东省	广州市
113	广州数控设备有限公司	广东省	广州市
114	新太科技股份有限公司	广东省	广州市
115	方欣科技有限公司	广东省	广州市
116	广东省电信规划设计院有限公司	广东省	广州市
117	蓝盾信息安全技术股份有限公司	广东省	广州市
118	广州广电运通金融电子股份有限公司	广东省	广州市
119	广州中望龙腾软件股份有限公司	广东省	广州市
120	广州御银科技股份有限公司	广东省	广州市
121	广州华南资讯科技有限公司	广东省	广州市
122	汇丰软件开发(广东)有限公司	广东省	广州市
123	广州市品高软件开发有限公司	广东省	广州市
124	广东亿迅科技有限公司	广东省	广州市
125	广州博冠信息科技有限公司	广东省	广州市
126	友邦资讯科技(广州)有限公司	广东省	广州市
127	广州从兴电子开发有限公司	广东省	广州市
128	腾讯科技(深圳)有限公司	广东省	深圳市
129	深圳市怡化软件有限公司	广东省	深圳市
130	深圳证券信息有限公司	广东省	深圳市
131	深圳联友科技有限公司	广东省	深圳市
132	深圳市银之杰科技股份有限公司	广东省	深圳市
133	深圳市迈科龙电子有限公司	广东省	深圳市
134	深圳市天维尔通讯技术有限公司	广东省	深圳市
135	深圳市茁壮网络股份有限公司	广东省	深圳市
136	金蝶软件(中国)有限公司	广东省	深圳市
137	深圳市深信服电子科技有限公司	广东省	深圳市

续表

序号	企业名称	所属省(市)	所属市(区)
138	酷派软件技术(深圳)有限公司	广东省	深圳市
139	深圳市紫金支点技术股份有限公司	广东省	深圳市
140	深圳市同洲软件有限公司	广东省	深圳市
141	深圳华强智能技术有限公司	广东省	深圳市
142	深圳天源迪科信息技术股份有限公司	广东省	深圳市
143	深圳海联讯科技股份有限公司	广东省	深圳市
144	深圳市长亮科技股份有限公司	广东省	深圳市
145	深圳市海云天科技股份有限公司	广东省	深圳市
146	深圳市易讯天空网络技术有限公司	广东省	深圳市
147	深圳市中兴软件有限责任公司	广东省	深圳市
148	深圳迈瑞生物医疗电子股份有限公司	广东省	深圳市
149	宇星科技发展(深圳)有限公司	广东省	深圳市
150	海能达通信股份有限公司	广东省	深圳市
151	国民技术股份有限公司	广东省	深圳市
152	深圳市创维软件有限公司	广东省	深圳市
153	深圳市万兴软件有限公司	广东省	深圳市
154	深圳市脉山龙信息技术股份有限公司	广东省	深圳市
155	远光软件股份有限公司	广东省	珠海市
156	珠海共创电力安全技术股份有限公司	广东省	珠海市
157	珠海世纪鼎利通信科技股份有限公司	广东省	珠海市
158	珠海优特电力科技股份有限公司	广东省	珠海市
159	东信和平智能卡股份有限公司	广东省	珠海市
160	重庆亚德科技股份有限公司	重庆市	高新区
161	重庆南华中天信息技术有限公司	重庆市	高新区
162	贵阳朗玛信息技术股份有限公司	贵州省	贵阳市
163	哈尔滨新中新电子股份有限公司	黑龙江省	哈尔滨市
164	亿阳信通股份有限公司	黑龙江省	哈尔滨市
165	杭州华三通信技术有限公司	浙江省	杭州市
166	阿里巴巴(中国)网络技术有限公司	浙江省	杭州市
167	杭州海康威视数字技术股份有限公司	浙江省	杭州市
168	恒生电子股份有限公司	浙江省	杭州市
169	三维通信股份有限公司	浙江省	杭州市
170	聚光科技(杭州)股份有限公司	浙江省	杭州市
171	浙江核新同花顺网络信息股份有限公司	浙江省	杭州市
172	杭州新世纪信息技术股份有限公司	浙江省	杭州市
173	快威科技集团有限公司	浙江省	杭州市

续表

序号	企业名称	所属省(市)	所属市(区)
174	杭州宏华数码科技股份有限公司	浙江省	杭州市
175	浙江大华技术股份有限公司	浙江省	杭州市
176	浙江中控技术股份有限公司	浙江省	杭州市
177	银江股份有限公司	浙江省	杭州市
178	杭州东信北邮信息技术有限公司	浙江省	杭州市
179	税友软件集团股份有限公司	浙江省	杭州市
180	浙江大立科技股份有限公司	浙江省	杭州市
181	虹软(杭州)科技有限公司	浙江省	杭州市
182	杭州和利时自动化有限公司	浙江省	杭州市
183	宁波理工监测科技股份有限公司	浙江省	宁波市
184	东蓝数码有限公司	浙江省	宁波市
185	金华利诚信息技术有限公司	浙江省	金华市
186	合肥美亚光电技术有限责任公司	安徽省	合肥市
187	合肥工大高科信息技术有限责任公司	安徽省	合肥市
188	安徽电力继远软件有限责任公司	安徽省	合肥市
189	安徽科大讯飞信息科技股份有限公司	安徽省	合肥市
190	科大恒星电子商务技术有限公司	安徽省	合肥市
191	安徽蓝盾光电子股份有限公司	安徽省	铜陵市
192	积成电子股份有限公司	山东省	济南市
193	山东万博科技股份有限公司	山东省	济南市
194	山东中创软件工程股份有限公司	山东省	济南市
195	浪潮集团山东通用软件有限公司	山东省	济南市
196	NEC 软件(济南)有限公司	山东省	济南市
197	软控股份有限公司	山东省	青岛市
198	青岛东软载波科技股份有限公司	山东省	青岛市
199	青岛海信网络科技股份有限公司	山东省	青岛市
200	山东新北洋信息技术股份有限公司	山东省	威海市
201	烟台创迹软件有限公司	山东省	烟台市
202	云南南天电子信息产业股份有限公司	云南省	昆明市
203	思创数码科技股份有限公司	江西省	南昌市
204	泰豪软件股份有限公司	江西省	南昌市
205	贝谷科技股份有限公司	江西省	南昌市
206	南京富士通南大软件技术有限公司	江苏省	南京市
207	南京擎天科技有限公司	江苏省	南京市
208	江苏爱信诺航天信息科技有限公司	江苏省	南京市
209	联迪恒星(南京)信息系统有限公司	江苏省	南京市

续表

序号	企业名称	所属省(市)	所属市(区)
210	联创亚信科技(南京)有限公司	江苏省	南京市
211	南京中兴软创科技股份有限公司	江苏省	南京市
212	国电南瑞科技股份有限公司	江苏省	南京市
213	焦点科技股份有限公司	江苏省	南京市
214	南京欣网视讯通信科技有限公司	江苏省	南京市
215	爱可信(南京)技术有限公司	江苏省	南京市
216	南京新模式软件集成有限公司	江苏省	南京市
217	南京三宝科技股份有限公司	江苏省	南京市
218	南京南瑞继保电气有限公司	江苏省	南京市
219	南京国电南自软件工程有限公司	江苏省	南京市
220	江苏金智科技股份有限公司	江苏省	南京市
221	南京智达康无线通信科技股份有限公司	江苏省	南京市
222	江苏润和软件股份有限公司	江苏省	南京市
223	新宇软件(苏州工业园区)有限公司	江苏省	苏州市
224	横新软件工程(无锡)有限公司	江苏省	无锡市
225	软通动力信息系统服务有限公司	江苏省	无锡市
226	冲电气软件技术(江苏)有限公司	江苏省	常州市
227	东软集团股份有限公司	辽宁省	沈阳市
228	东软集团(大连)有限公司	辽宁省	大连市
229	大连东软金融信息技术有限公司	辽宁省	大连市
230	大连创盛科技有限公司	辽宁省	大连市
231	辽宁聚龙金融设备股份有限公司	辽宁省	鞍山市
232	荣信电力电子股份有限公司	辽宁省	鞍山市
233	太原罗克佳华工业有限公司	山西省	太原市
234	武汉达梦数据库有限公司	湖北省	武汉市
235	武汉天喻信息产业股份有限公司	湖北省	武汉市
236	西安未来国际信息股份有限公司	陕西省	西安市
237	新疆公众信息产业股份有限公司	新疆自治区	乌鲁木齐市
238	许昌许继软件技术有限公司	河南省	许昌市
239	株洲时代电子技术有限公司	湖南省	株洲市
240	衡阳镭目科技有限责任公司	湖南省	衡阳市

资料来源：工业和信息化部。

B.29

附录6　城市软件和信息技术服务竞争力分析模型

一　评价指标的选取

在评价指标的选取过程中需要坚持的原则包括：目的明确、比较全面、切实可行。指标分为定量指标和定性指标。定量指标筛选方法包括条件广义方差极小法、极大不相关法和选取典型指标法等。定性指标的处理方法通常是将其量化为定量指标。本报告使用专家调查法和条件广义方差极小法选取了以下36项评价指标。

表1　模型采用的评价指标

一级指标	二级指标	三级指标	四级指标
城市竞争力A	产业竞争力(B1)	产业规模(C1)	2011年软件产业收入(D1)
			2011年软件产业收入占GDP的比重(D2)
			2011年软件产业收入占第三产业增加值的比重(D3)
		企业规模(C2)	2011年软件企业新认定数量(D4)
		产业出口规模(C3)	2010年软件产业出口收入占总收入的比重(D5)
			2010年出口收入(D6)
		产业发展走势(C4)	2007～2011年软件产业年均增长率(D7)
			2007～2011年出口规模年均增速(D8)
			2004～2009年软件服务业收入增长率与GDP增长率的比值(D9)
	集群竞争力(B2)	产业载体发展(C5)	国家级产业基地和园区数量(D10)
			园区和基地建设情况(D11)
		产业集聚规模(C6)	园区和基地软件服务业收入(D12)
			园区和基地软件服务业出口收入(D13)
			园区和基地从业人员数量(D14)
	企业竞争力(B3)	骨干企业(C7)	2010年国家规划布局内重点企业数量(D15)
			2011年软件业务收入前百家企业数量(D16)
			2011年软件业务收入前百家企业收入占所在城市软件服务业总收入的百分比(D17)
			2011年软件业务收入前百家企业收入(D18)

续表

一级指标	二级指标	三级指标	四级指标
城市竞争力 A	企业竞争力(B3)	创新能力(C8)	2011 年软件服务业企业上市数量(D19)
			上市公司合计(D20)
			2011 年软件产品登记数量(D21)
			软件著作权登记(D22)
	人才竞争力(B4)	从业人员(C9)	2011 年从业人员数量(D23)
			2011 年从业人员人均产出(D24)
			2007～2011 年从业人员年均增长率(D25)
		教育资源(C10)	37 所示范性软件学院数量(D26)
			"211 工程"院校软件学院数量(D27)
			培训机构建设(D28)
			人才机制(D29)
	政策竞争力(B5)	战略规划和政策制定(C11)	重要战略规划和政策措施(D30)
		财政政策(C12)	2011 年财政专项资金设立情况(D31)
			2010 年专项资金总额、税收总额(D32)
			2005～2011 年市级财政资金投入总额(D33)
		税收政策(C13)	2010 年税收总额(D34)
		平台建设(C14)	公共服务平台建设情况(D35)
			投融资平台建设情况(D36)

二 评价指标权重的确定

本报告选取层次分析法确定各项指标的权重。层次分析法是一种定性和定量分析相结合的分析工具，更是一种思维方式。它把复杂问题分解成各个组成元素，又将这些因素按支配关系分组形成阶梯层次结构。通过两两比较的方式确定层次中诸因素的相对重要性，最后综合决策者的判断，确定决策方案重要性的权重的方法。

层次分析法的具体步骤如下。

首先，确定递阶层次结构。层次分析法通常有三类层次：目标层、准则层和方案层。其中目标层是最高层，只有一个元素。下一层必须要求有至少一个上一层次的支配元素。

然后构造两两比较矩阵。建立递阶层次结构后，上下层元素的支配关系就确定了。构造两两比较矩阵就是同一层次的准则层或方案层元素就上一层次同一支配元素进行的两两比较，形成比较矩阵。度量一般按表3标度进行比较。从上至下完成所有两两比较，形成判断矩阵，如表2所示。

表2　因素两两比较评价表

分值	定义
1	i因素与j因素同样重要
3	i因素比j因素略重要
5	i因素比j因素稍重要
7	i因素比j因素重要得多
9	i因素比j因素重要很多
2,4,6,8	i与j两因素重要性比较结果处于以上结果的中间
倒数	j与i两因素重要性比较结果是i与j两因素重要性比较结果的倒数

表3　判断矩阵

	A_1	A_2	…	A_n
A_1	a_{11}	a_{12}	…	a_{1n}
A_2	a_{21}	a_{22}	…	a_{2n}
…	…	…	…	…
A_n	a_{n1}	a_{n2}		a_{nn}

第三步，计算矩阵最大特征值λmax、对应的特征向量（归一化后）W，以及一致性指标。这一步骤手算比较繁琐，特别是对于较大的矩阵。可以使用matlab或其他软件帮助计算。利用最大特征值可以计算一致性指标C. I.。C. I. = (λmax - N) /N - 1，N为矩阵的阶数。C. R = C. I/R. I。R. I可通过查表得出。当C. R. < =0.1时表明判断矩阵是可以接受的。对于多层递阶层次结构的分析，还需要计算整体的C. I. 值，并作一致性判断。

最后，符合一致性条件的最终各方案的特征向量就是我们需要的结果。用于竞争力分析，它就是指标的权重。

三　数据预处理

对于已选定的综合指标评价体系，由于各个指标的计量单位不同，有的数量可能还相差较大，不能直接加总计算。所以在数据采集后，应该对原始数据进行

数据趋同化处理和无量纲化处理。

（1）数据同趋化的处理：主要解决不同性质数据问题。对不同性质指标直接加总不能正确反映不同作用力的综合结果，须先考虑改变数据性质，使所有指标对测评方案的作用力趋同化，再加总才能得出正确结果。

（2）数据无量纲化的处理：主要解决数据的可比性。一般通常有正态标准化法、功率系数法、极值标准化法、指数化法等常用方法，经过处理，去除计量单位的影响。

正态标准化法：记 X_{ij} 为第 i 个示范城市在第 j 个指标上的数据值，该 $\overline{X_j}$ 为第 j 项指标的平均值，则变换后的指标为：

$$X_{ij} = \frac{X_{ij} - \overline{X_j}}{S_j}$$

这里 $i=1，2，\cdots，19$；$j=1，2，\cdots，36$。S_i 为评价指标 X_j 的样本均方差，经如此处理后，X_{ij}服从均值为0，方差为1的正态分布。

功效系数法（极值标准化法）：该方法是根据多目标规划原理，对每一项评价指标确定一个满意值和不允许值，以满意值 X_{ia} 为上限，以不允许值 X_{ib} 为下限，计算各指标实现满意值的程度。其变换公式为：

$$X_{ij} = \frac{X_{ij} - X_{ib}}{X_{ia} - X_{ib}}$$

如果 X_{ia}取最大值 X_{imax}，X_{ib}取最小值 X_{imin}，则变换公式为：

$$X_{ij} = \frac{X_{ij} - X_{imin}}{X_{imax} - X_{imin}}$$

此为极值标准化法，经过这种处理，变换后的指标值就会在（0，1）区间了。

指数化法：即以第 N 年的指标数据作为基期 X_{io}，第（N+1）年指标数据作为报告期 X_{ij}，用公式：$X_{ij}\frac{X_{ij}}{X_{io}}$进行标准化处理。

这种方法消除了指标的计量单位，但由于基期和观测期数值不定，该比值会在1左右甚至更大的范围内浮动。

四　竞争力打分

本报告中，第 i 个城市的竞争力综合得分 $= \sum_{j=1}^{36} \alpha_j X_{ij}$，其中 α_j 为第 j 项指标的权重，$j=1$，2，…，36。X_{ij}为第 i 个城市，第 j 项指标的值。计算结果如表 4 所示。

表 4　城市软件和信息服务业竞争力指数排名

城市名称	竞争力指数	综合排名	城市名称	竞争力指数	综合排名
北　京	0.8013	A +	武　汉	0.1771	A −
深　圳	0.6428	A +	沈　阳	0.1760	A −
上　海	0.4271	A	西　安	0.1752	A −
成　都	0.3393	A	天　津	0.1707	A −
南　京	0.3324	A	厦　门	0.1688	A −
广　州	0.2875	A	重　庆	0.1670	A −
杭　州	0.2862	A	长　春	0.1370	A −
济　南	0.2576	A	宁　波	0.1082	A −
大　连	0.2455	A	哈尔滨	0.0528	A −
青　岛	0.2241	A			

B.30

附录7　缩略词表

2D	Two Dimensional(二维)
3D	Three Dimensional(三维)
3G	3rd-Generation(第三代移动通信技术)
ARM	Advanced Risc Machines(嵌入式系统中应用的一种32位微处理器)
B2B	Business To Business(企业对企业)
B2C	Business-to-Customer(商家对顾客)
BOSS	Business & Operation Support System(业务运营支撑系统)
BPM	Business Process Management(业务流程管理)
BPO	Business Process Outsourcing(业务流程外包)
BSS	Business Support System(业务支持系统)
C2B	Customer-to-Business(消费者对企业)
C2C	Customer-to-Customer(个人与个人)
CAD	Computer Aided Design(计算机辅助设计软件)
CAE	Computer Aided Engineering(计算机辅助工程)
CAM	Computer Aided Manufacturing(计算机辅助制造)
CAPP	Computer Aided Process Planning(计算机辅助工艺过程设计)
CMMI	Capability Maturity Model Integration(综合能力成熟度模型)
CP	Content Provider(内容提供商)
CRM	Customer Relationship Management(客户关系管理)
CRO	Contract Research Organization(合同研究组织)
ERP	Enterprise Resource Planning(企业资源计划)
GDP	Gross Domestic Product(国内生产总值)
IaaS	Infrastructure as a Service(基础设施即服务)
IBM	International Business Machines Corporation(国际商业机器公司)

IC	Integrated Circuit（集成电路）
IDS	Intrusion Detection Systems（入侵检测系统）
IMF	International Monetary Fund（国际货币基金组织）
IP	Internet Protocol（互联网协议）
IPO	Initial public offerings（首次公开募股）
IPS	Intrusion Prevention System（入侵预防系统）
ISV	Independent Software Vendor（独立软件开发商）
IT	Information Technology（信息技术）
ITO	Information Technology Outsourcing（信息技术外包）
KPCB	Kleiner Perkins Caufield & Byers（凯鹏华盈，美国最大的风险基金）
KPO	KnowledgeProcessOutsourcing（知识流程外包）
LBS	Location Based Service（基于位置服务）
M2M	Machine to Machine（机器与机器的对话）
MEMS	Micro-Electro-Mechanical Systems（微机电系统）
MES	Manufacturing Execution System（制造执行系统）
MID	Mobile Internet Device（移动互联设备）
NoSQL	Not only SQL（指非关系型的数据库）
O2O	Online to Offline（线上线下）
OLAP	On-Line Analytical Processing（联机分析处理）
OLTP	On-Line Transaction Processing（联机事务处理系统）
PaaS	Platform as a Service（平台即服务）
PC	Personal Computer（个人计算机）
PDM	Product Data Management（产品数据管理软件）
PLM	Product Lifecycle Management（产品生命周期管理）
RFID	Radio Frequency Identification（射频识别，俗称电子标签）
SaaS	Software as a Service（软件即服务）
SCADA	Supervisory Control And Data Acquisition（数据采集与监视控制系统）
SEC	Securities and Exchange Commission（美国证券交易委员会）
SNS	Social Networking Services（社会性网络服务）
SOA	Service Oriented Architecture（面向服务的体系结构）

SoC	System on Chip(系统及芯片)
SoLoMo	Social Local Mobile(社交的、本地的、移动的,未来互联网发展趋势)
SP	Service Provider(服务提供商)
SSD	Solid State Disk(固态硬盘)
TD	Time Division(移动通信标准)
UOF	Unified Office document Format(标文通)
UTM	Unified Threat Management(安全网关)
VPN	Virtual Private Network(虚拟专用网)
WAP	Wireless Applcation Protocol(无线应用通信协议)
WiFi	Wireless Fidelity(无线相容性认证)
WIPO	World Intellectual Property Organization(世界知识产权组织)

B.31
参考文献

Market Share Analysis: *Security Software*, *Worldwide*, Gartner, May 20, 2011.

Asia/Pacific Security Software Market 2010, IDC, Aug., 2011.

Volum 16 of the Symantec Internet Security Threat Report, Symantec, Apr., 2011.

IT Threat Evolution: *Q2 2011*, Kaspersky Lab, Aug., 2011.

Market Publisher, *Global SCADA Based Industrial Control Systems Market 2010 – 2014*, 2011.

IDC, IDC MarketScape, *Worldwide Product Life-Cycle Management* (*PLM*) *Applications 2011 Vendor Assessment*: *CAx*, *Discrete*, *and Process PLM*, 2011.

ARC Advisory Group, *New Business Processes Also Transforming SCADA Market*, 2011.

2011 Software Top 500, Software Magazine, 2011.

特サビ動態統計（速報），経済産業省，2011 年 11 月。

スマート・クラウド戦略，日本総務省，2010 年 5 月。

《“十二五”发展规划发布培育 10 个产业聚集区 100 家骨干企业》，《中国无线电》2012 年第 2 期。

卢涛、尤安军：《美、欧、日、韩等国物联网产业的发展战略及其对我国的启示》，《科技进步与对策》2012 年第 4 期。

施卫东、高雅：《基于产业技术链的物联网产业发展策略》，《科技进步与对策》2012 年第 41 期。

伍航：《建立浙江省物联网产业标准体系对策探索》，《中国标准导报》2012 年第 2 期。

贾学良：《浅析山西物联网产业现状及发展建议》，《机械管理开发》2012 年第 1 期。

梁柏榉：《物联网实验教学与战略性新兴产业高素质人才培养》，《计算机时代》2012年第2期。

毕皖雯、郑惠莉：《营造我国物联网产业生态圈》，《中国电信业》2012年第2期。

范鹏飞、任小璇：《物联网产业链的演进与培育》，《中国电信业》2012年第2期。

康进：《物联网：新兴产业腾飞的引擎》，《中国中小企业》2012年第2期。

李响：《标准化引领物联网产业健康发展》，《品牌与标准化》2012年第2期。

陈坤、武立：《物联网产业系统成长演化机制研究》，《上海经济研究》2012第1期。

王又军：《基于物联网产业价值链的办公设备维修服务优化》，《中国市场》2012年第2期。

宋孟凯：《物联网产业商业模式解析》《商业时代》2012第2期。

范鹏飞、任小璇：《有效培育与优化物联网产业链》，《中国电信业》2012年第1期。

周晓唯、杨露：《基于主成分聚类分析的我国物联网产业发展潜力评价研究》，《华东经济管理》2012年第1期。

工业和信息化部：《软件和信息技术服务业“十二五”发展规划》，2012。

工业和信息化部：《信息安全产业“十二五”发展规划》，2012。

工业和信息化部电子科学技术情报研究所：《2011中国系统集成行业发展报告》，2012。

北京市经信委：《北京市软件和信息服务业发展发展报告2011》，2011。

吴军：《浪潮之巅》，电子工业出版社，2011。

尼尔森：《美国社交媒体报告》，2011。

工业和信息化部电子科学技术情况研究所：《2011世界软件产业发展年度报告》，2011年12月。

计世资讯：《2009中国制造业ERP行业白皮书》，2009年4月。

中国工业软件产业发展联盟：《工业软件简报》，2011年10月。

计世资讯：《2010年中国制造执行系统（MES）软件市场研究报告》，2011。

佚名：《2010年DCS市场规模及增长预期》，控制工程网，2011。

周宏仁：《〈信息化论〉之一：现代信息技术与机构改造》，《信息系统工程》2009年第1期。

石勇等：《ICS的安全性分析》，2011。

姚立波等：《工业控制技术及其应用》，天津大学出版社，2009。

安天实验室：《对Stuxnet蠕虫攻击工业控制系统事件的综合报告》，2010。

工业和信息化部：《中国软件与服务外包产业发展报告》，2011。

国务院：《国务院关于印发进一步鼓励软件产业和集成电路产业发展若干政策的通知》（国发〔2011〕4号），2011。

阿里巴巴研究中心：《2011年度网商发展研究报告》，2011。

商务部：《商务部"十二五"电子商务发展指导意见》，2011。

商务部：《服务贸易发展"十二五"规划纲要》，2011。

商务部：《第三方电子商务交易平台服务规范》，2011。

工业和信息化部：《电子认证服务业"十二五"发展规划》，2011。

工业和信息化部：《电子商务"十二五"发展规划》，2012。

领团网：《2011年中国团购行业年度报告》，2011。

艾瑞咨询：《中国社交化电子商务专题报告》，2011。

易观国际：《2011年中国第三方支付市场季度监测》，2012。

B.32
编后记

《中国软件和信息服务业发展报告（2012）》作为《软件和信息服务业蓝皮书》的第二册，在继承2011版的基础上，从内容广度和深度上进行了多方面的创新，既突出了软件产业发展的年度特征，又体现了报告作为蓝皮书系列的历史延续性。

2011年，中国软件和信息服务业最为明显的特点是：产业加速发展，增速为32.4%，超过“十一五”期间平均增速4.4个百分点，并超过同期电子信息制造业增速10个百分点以上。战略性新兴产业发展迅猛，以移动互联网、云计算、物联网为代表的战略性新兴产业迅速发展成规模行业，移动互联网已形成千亿元规模产业。企业规模和能力明显提升，2011年，华为销售收入将达到310亿美元，仅次于排名第一的爱立信，是排名第三的诺基亚西门子的两倍。中兴通讯和华为两家中国企业的国际专利申请量在全球企业中分列第二位和第四位。规划未来蓝图，《软件和信息技术服务业“十二五”发展规划》提出，到2015年，业务收入突破4万亿元，软件出口达到600亿美元。东软规划未来10年营业收入成长5倍以上，达到300亿元，国际业务占60%，有望达到25~30亿美元。正是基于这样的发展特点，编写组把本年度报告的主题定为“面向十二五的软件和信息服务业”，并从技术趋势、产品形态、市场竞争、企业发展、资本动态、政策措施等多层面进行深入剖析。

工业和信息化部对本报告的撰写提供了大量第一手统计数据等宝贵的资料。在各相关部门和专家的大力支持下，编写组从2011年10月到2012年3月中旬，圆满完成了报告框架设计、编写分工、初稿审核、修订和统稿等工作。现在奉献给大家的这份报告是编写组集体努力和精诚合作的成果。

《中国软件和信息服务业发展报告（2012）》共计十八章，各章作者（括号内为作者单位）分工如下：

B.1　陈新河、夏弈（工业和信息化部电子科学技术情报研究所）

B.2　田奇峰（工业和信息化部电子科学技术情报研究所）

B.3　王文忠（工业和信息化部电子科学技术情报研究所）

B.4　李　飞（工业和信息化部电子科学技术情报研究所）

B.5　田奇峰（工业和信息化部电子科学技术情报研究所）

B.6　宋燕飞（工业和信息化部电子科学技术情报研究所）

B.7　付万琳（工业和信息化部电子科学技术情报研究所）

B.8　宋燕飞（工业和信息化部电子科学技术情报研究所）

B.9　田奇峰（工业和信息化部电子科学技术情报研究所）

B.10　陈新河、夏弈（工业和信息化部电子科学技术情报研究所）

B.11　王忠（工业和信息化部电子科学技术情报研究所）

B.12　李飞（工业和信息化部电子科学技术情报研究所）

B.13　李飞（工业和信息化部电子科学技术情报研究所）

B.14　付伟（工业和信息化部电子科学技术情报研究所）

B.15　付伟（工业和信息化部电子科学技术情报研究所）

B.16　付伟（工业和信息化部电子科学技术情报研究所）

B.17　付伟、曲柳莺（工业和信息化部电子科学技术情报研究所）

B.18　刘巍（工业和信息化部电子科学技术情报研究所）

附录1　刘巍（工业和信息化部电子科学技术情报研究所）

附录2　付伟（工业和信息化部电子科学技术情报研究所）

附录3　付伟（工业和信息化部电子科学技术情报研究所）

附录4　付伟（工业和信息化部电子科学技术情报研究所）

附录5　付伟（工业和信息化部电子科学技术情报研究所）

附录6　刘巍（工业和信息化部电子科学技术情报研究所）

工业和信息化部电子科学技术情报研究所洪京一、毕开春、邱惠君、黄鹏、李德升等同志参与了报告整体结构设计、重点内容讨论工作。付伟、夏弈、修松博、宋艳飞、曲柳莺、张毅夫和王晓华等参加了大量的文献整理和数据统计分析工作。

中国工程院倪光南院士非常关心本报告的编写工作，它不仅对本报告的编写工作给予热心的关怀和悉心的指导，同时在百忙之中为本报告作序。报告的作者、统稿人员以及编写组其他成员为报告的完成付出了辛勤的劳动，社会科学文献出版社对本报告的公开出版给予了大力支持，对本报告提出了很多切中肯綮的意见，特别是承担了繁重的编辑任务，在此也一并表示衷心的感谢。

由于成稿时间仓促、水平有限，加之中国软件产业发展日新月异，本书中疏漏、错误之处在所难免，恳请各位读者批评指正并不吝赐教。

《中国软件和信息服务业发展报告（2012）》编写组

2012 年 5 月

约稿启事

行业蓝皮书《中国软件和信息服务业发展报告》（简称《软件和信息服务业蓝皮书》）是工业和信息化部指导，电子科学技术情报研究所（电子一所）软件与信息服务部撰写的年度国家软件产业报告，此为第二次公开出版发行，该蓝皮书与我们连续三年编辑发行的《世界软件产业发展报告》已经得到业内的广泛好评，读者的鼓励给我们持续编纂该系列报告莫大的支持。《软件和信息服务业蓝皮书》每年出版一次，为各级政府管理部门、各类行业机构和国内外企业提供参考。相信这一皮书系列将会产生较大的社会影响，对中国软件和信息服务业的健康快速发展作出独特的贡献。

为全面反映我国软件产业的发展状况，《软件和信息服务业蓝皮书》编写组特面向全国征集稿件。

《软件和信息服务业蓝皮书》提倡用科学的模型与分析方法，从战略和整体行业的高度，联系软件产业相关政策法规，对软件产业进行宏观分析与深入探讨。本书分为总报告、产业篇、热点篇、资本篇、城市篇和政策篇，内容涵盖：产业发展战略、技术发展趋势、市场展望、软件进出口、软件外包、产业促进政策、软件知识产权、资本市场分析、国内外对比分析、软件园区等等，您可以自行选择合适题目。请在确定选题后，于当年 9 月 30 日前将文章提纲发送给《软件和信息服务业蓝皮书》编写组。

来稿要求观点明晰、论据充足、材料翔实、数据准确、研究方法科学、行文简洁流畅。篇幅在 5000～8000 字左右。文章体例要求请见已出版的《软件和信息服务业蓝皮书》。

来稿应是未公开发表的学术论文，敬请作者自留底稿。来信请注明作者工作单位。如决定使用，《软件和信息服务业蓝皮书》总编写组将对来稿进行文字编辑，如有删改意见，将与作者联系。

《软件和信息服务业蓝皮书》撰稿人将享有以下权利：以蓝皮书撰稿人或者

分课题主持人身份，在本单位立项，编委会根据撰稿人申请，发出课题立项通知：获得稿酬和样书；与蓝皮书相关的其他学术研讨活动（如“《软件和信息服务业蓝皮书》年度撰稿人会议”、“软件产业沙龙等”等等）。

联系方式：北京市石景山区鲁谷路35号电科大厦，邮编100040

工业和信息化部电子科学技术情报研究所

软件与信息服务研究部

联系人：陈新河

办公电话：010－88686123

传真：010－68633171

电子邮件：chenxinhe@gmail.com，chenxinhe@etiri.com.cn

“皮书”起源于十七八世纪的英国，主要指官方或社会组织正式发表的重要文件或报告，并多以白皮书命名。在中国，“皮书”这一概念被社会广泛接受，并被成功运作、发展成为一种全新的出版形态，则源于中国社会科学院社会科学文献出版社。

皮书是对中国与世界发展状况和热点问题进行年度监测，以专家和学术的视角，针对某一领域或区域现状与发展态势展开分析和预测，具备权威性、前沿性、原创性、实证性、时效性等特点的连续性公开出版物，由一系列权威研究报告组成。皮书系列是社会科学文献出版社编辑出版的蓝皮书、绿皮书、黄皮书等的统称。

皮书系列的作者以中国社会科学院、著名高校、地方社会科学院的研究人员为主，多为国内一流研究机构的权威专家学者，他们的看法和观点代表了学界对中国与世界的现实和未来最高水平的解读与分析。

自20世纪90年代末推出以经济蓝皮书为开端的皮书系列以来，至今已出版皮书近800部，内容涵盖经济、社会、政法、文化传媒、行业、地方发展、国际形势等领域。皮书系列已成为社会科学文献出版社的著名图书品牌和中国社会科学院的知名学术品牌。

皮书系列在数字出版和国际出版方面也是成就斐然。皮书数据库被评为“2008~2009年度数字出版知名品牌”；经济蓝皮书、社会蓝皮书等十几种皮书每年还由国外知名学术出版机构出版英文版、俄文版、韩文版和日文版，面向全球发行。

法律声明

“皮书系列”（含蓝皮书、绿皮书、黄皮书）由社会科学文献出版社最早使用并对外推广，现已成为中国图书市场上流行的品牌，是社会科学文献出版社的品牌图书。社会科学文献出版社拥有该系列图书的专有出版权和网络传播权，其 LOGO（ ）与“经济蓝皮书”、“社会蓝皮书”等皮书名称已在中华人民共和国工商行政管理总局商标局登记注册，社会科学文献出版社合法拥有其商标专用权。

未经社会科学文献出版社的授权和许可，任何复制、模仿或以其他方式侵害“皮书系列”和（ ）、“经济蓝皮书”、“社会蓝皮书”等皮书名称商标专用权的行为均属于侵权行为，社会科学文献出版社将采取法律手段追究其法律责任，维护合法权益。

欢迎社会各界人士对侵犯社会科学文献出版社上述权利的违法行为进行举报。电话：010－59367121，电子邮箱：fawubu@ssap.cn。

社会科学文献出版社

皮书系列

皮书系列

广视角·全方位·多品种

皮书系列

皮书系列

皮书系列

皮书系列

皮书系列为“十二五”国家重点图书出版规划项目

皮书系列

皮书系列